Schriftenreihe der Forschungsstelle für Bankrecht und Bankpolitik an der Universität Bayreuth

Herausgeber:

Prof. Dr. Bernhard Herz
und
Prof. Dr. Klaus Schäfer

Band 18

ISSN 1613-5032

Verlag Dr. Kovač

Marc Mehlhorn

Marktmikrostruktur und die aktienspezifische Aufmerksamkeit der Marktteilnehmer aus theoretischer und empirischer Sicht

Verlag Dr. Kovač

Hamburg
2018

VERLAG DR. KOVAČ GMBH
FACHVERLAG FÜR WISSENSCHAFTLICHE LITERATUR

Leverkusenstr. 13 · 22761 Hamburg · Tel. 040 - 39 88 80-0 · Fax 040 - 39 88 80-55

E-Mail info@verlagdrkovac.de · Internet www.verlagdrkovac.de

Bibliografische Information der Deutschen Nationalbibliothek
Die Deutsche Nationalbibliothek verzeichnet diese Publikation
in der Deutschen Nationalbibliografie;
detaillierte bibliografische Daten sind im Internet
über http://dnb.d-nb.de abrufbar.

ISSN: 1613-5032
ISBN: 978-3-8300-9728-0

Zugl.: Dissertation, Universität Bayreuth, 2017

© VERLAG DR. KOVAČ GmbH, Hamburg 2018

Printed in Germany
Alle Rechte vorbehalten. Nachdruck, fotomechanische Wiedergabe, Aufnahme in Online-Dienste und Internet sowie Vervielfältigung auf Datenträgern wie CD-ROM etc. nur nach schriftlicher Zustimmung des Verlages.

Gedruckt auf holz-, chlor- und säurefreiem, alterungsbeständigem Papier. Archivbeständig nach ANSI 3948 und ISO 9706.

Für meine Familie

Inhaltsübersicht

Inhaltsverzeichnis ix
Abbildungsverzeichnis xi
Tabellenverzeichnis xiii
Formelverzeichnis xvii
Abkürzungs- und Symbolverzeichnis xv
1. Einleitung 1
2. Kapitalmarkttheoretische Grundlagen im Hinblick auf die
    Informationsstände der Marktteilnehmer 9
3. Die Zusammensetzung der Marktteilnehmerschaft als mikrostrukturelle
    Erklärung der Preisbildung 55
4. Konkretisierung der Forschungsfrage anhand empirisch überprüfbarer
    Hypothesen 113
5. Datenbasis, Berechnung von Variablen und deskriptive Statistik 139
6. Modelle und Ergebnisse der empirischen Untersuchung 201
7. Fazit und Ausblick 265
8. Anhang: Regressionsdiagnostik 269
9. Literaturverzeichnis 287

Inhaltsverzeichnis

Abbildungsverzeichnis xi

Tabellenverzeichnis xiii

Formelverzeichnis xvii

Abkürzungs- und Symbolverzeichnis xv

1. Einleitung 1
   1.1 Motivation und Problemstellung 1
   1.2 Aufbau der Untersuchung 5

2. Kapitalmarkttheoretische Grundlagen im Hinblick auf die Informationsstände der Marktteilnehmer 9
   2.1 Perspektivenwechsel von symmetrischer hin zu asymmetrischer Informationsverteilung 9
   2.2 Informationsverarbeitung am Aktienmarkt und die Informationsstände der Marktteilnehmer 24
      2.2.1 Teilnehmergruppen auf dem Aktienmarkt 24
      2.2.2 Informationsströme zwischen den Marktteilnehmern 28
      2.2.3 Annahmen zur Verteilung der Informationsstände unter den Marktteilnehmern 29
         2.2.3.1 Zum Begriff des Informationsstands eines Marktteilnehmers ... 29
         2.2.3.2 Modelltheoretische Zusammensetzung der Marktteilnehmerschaft im Sinne der Marktmikrostruktur 32
         2.2.3.3 Verhaltensorientierte Erklärungsansätze zur Entstehung asymmetrisch verteilter Informationen 40

3. Die Zusammensetzung der Marktteilnehmerschaft als mikrostrukturelle Erklärung der Preisbildung 55
   3.1 Die Preisbildung am Aktienmarkt bei asymmetrisch verteilten Informationen 55
      3.1.1 Übersicht zu Modellen der Marktmikrostruktur 55
      3.1.2 Das Modell von Easley u.a. (1996) als theoretische Grundlage 59
   3.2 Überblick zu empirisch überprüfbaren Hypothesen 72
   3.3 Stand der Forschung 75
      3.3.1 Forschungsfragen der relevanten Literatur und Nutzung von Suchmaschinendaten 75

  3.3.2 Forschungsfragen der relevanten Literatur und Nutzung von Soziale Medien-Daten 92

  3.3.3 Marktmanipulation im Zusammenhang mit Sozialen Finanzmedien 108

  3.3.4 Erweiterung bisheriger Untersuchungen durch die vorliegende Arbeit 111

4. Konkretisierung der Forschungsfrage anhand empirisch überprüfbarer Hypothesen 113

 4.1 Hypothese A 113

  4.1.1 Anlegeraufmerksamkeit und Kapitalmarktreaktion 113

  4.1.2 Ableitung der Hypothese A 125

 4.2 Hypothese B 132

 4.3 Hypothese C 134

5. Datenbasis, Berechnung von Variablen und deskriptive Statistik 139

 5.1 Das Internet als Datenquelle für die empirische Forschung 139

 5.2 Zeitraum der Untersuchung und Auswahl der Unternehmen 148

 5.3 Übersicht zur Zusammensetzung der Datenbasis 151

 5.4 Fundamentaldaten 152

 5.5 Börsendaten 165

 5.6 Google- und Soziale Mediendaten 180

6. Modelle und Ergebnisse der empirischen Untersuchung 201

 6.1 Paneldaten-Regressionsmodell zur Überprüfung der Hypothese A 201

  6.1.1 Modellbeschreibung und Durchführung der Regression 201

  6.1.2 Ergebnisse und Ergebnisinterpretation 205

 6.2 Paneldaten-Regressionsmodell zur Überprüfung der Hypothese B 220

  6.2.1 Modellbeschreibung und Durchführung der Regression 220

  6.2.2 Ergebnisse und Ergebnisinterpretation 224

 6.3 Paneldaten-Regressionsmodell zur Überprüfung der Hypothese C 238

  6.3.1 Modellbeschreibung und Durchführung der Regression 238

  6.3.2 Ergebnisse und Ergebnisinterpretation 242

 6.4 Zusammenfassung zentraler Ergebnisse 258

7. Fazit und Ausblick 265

8. Anhang: Regressionsdiagnostik 269

9. Literaturverzeichnis 287

Abbildungsverzeichnis

Abbildung 1:   Übersicht zur Beantwortung der Forschungsfrage mittels den empirisch überprüfbaren Hypothesen 8

Abbildung 2:   Kategorisierung unterschiedlicher Forschungsrichtungen der Marktmikrostrukturforschung 19

Abbildung 3:   Vereinfachtes Schema der bewertungsrelevanten Informationsströme am Aktienmarkt 29

Abbildung 4:   Einordnung des Begriffs des Informationsstands eines Marktteilnehmers 30

Abbildung 5:   Vereinfachtes Phasenschemata des Informations- und Entscheidungsprozesses 34

Abbildung 6:   Verteilung der Informationsstände unter den Marktteilnehmern in Modellen der Marktmikrostruktur 39

Abbildung 7:   Detailliertes Phasenschema des Informations- und Entscheidungsprozesses 42

Abbildung 8:   Restriktionen der Marktteilnehmer beim Informationszugang und der Informationswahrnehmung 46

Abbildung 9:   Restriktionen der Marktteilnehmer bei der Informationsverarbeitung 54

Abbildung 10: Baumdiagramm des Handelsprozesses 63

Abbildung 11: Graphische Verdeutlichung der Schätzung des Bid-Ask Spreads nach der Methode von Corwin/Schultz (2012) 172

Tabellenverzeichnis

Tabelle 1: Idealtypische Abgrenzung privater und institutioneller Anleger............ 26

Tabelle 2: Wahrscheinlichkeitsüberlegungen des Market-Makers zum Informationsgehalt von Kauf- und Verkaufsorder.................................. 65

Tabelle 3: Literaturüberblick zu Untersuchungen bzgl. der Charakteristika der Informationsnachfrage von Marktteilnehmern des Kapitalmarktes........ 79

Tabelle 4: Literaturüberblick zu Untersuchungen bzgl. Veränderungen von Aktienkursen im Zusammenhang mit sich verändernden Suchanfragen (I)... 82

Tabelle 5: Literaturüberblick zu Untersuchungen bzgl. Veränderungen von Aktienkursen im Zusammenhang mit sich verändernden Suchanfragen (II).. 83

Tabelle 6: Literaturüberblick zu Untersuchungen bzgl. Veränderungen von Handelsaktivitäten im Zusammenhang mit sich verändernden Suchanfragen.. 87

Tabelle 7: Literaturüberblick zu Untersuchungen bzgl. Veränderungen der Liquidität einzelner Aktien im Zusammenhang mit sich verändernden Suchanfragen.. 91

Tabelle 8: Literaturüberblick zu Untersuchungen bzgl. der Charakteristika des durch Marktteilnehmer bereitgestellten Informationsangebots in Sozialen Finanzmedien (I)... 97

Tabelle 9: Literaturüberblick zu Untersuchungen bzgl. der Charakteristika des durch Marktteilnehmer bereitgestellten Informationsangebots in Sozialen Finanzmedien (II).. 98

Tabelle 10: Literaturüberblick zu Untersuchungen bzgl. der Charakteristika des durch Marktteilnehmer bereitgestellten Informationsangebots in Sozialen Finanzmedien (III).. 99

Tabelle 11: Literaturüberblick zu Untersuchungen bzgl. Veränderungen von Aktienkursen im Zusammenhang mit einem sich verändernden Informationsangebot in Sozialen Finanzmedien (I)............................. 102

Tabelle 12: Literaturüberblick zu Untersuchungen bzgl. Veränderungen von Aktienkursen im Zusammenhang mit einem sich verändernden Informationsangebot in Sozialen Finanzmedien (II)........................... 103

Tabellenverzeichnis

Tabelle 13: Literaturüberblick zu Untersuchungen bzgl. Veränderungen von Handelsaktivitäten im Zusammenhang mit einem sich verändernden Informationsangebot in Sozialen Finanzmedien (I) 105

Tabelle 14: Literaturüberblick zu Untersuchungen bzgl. Veränderungen von Handelsaktivitäten im Zusammenhang mit einem sich verändernden Informationsangebot in Sozialen Finanzmedien (II) 106

Tabelle 15: Literaturüberblick zu verschiedenen wissenschaftlichen Untersuchungen im Hinblick auf Onlinedaten (I) 143

Tabelle 16: Literaturüberblick zu verschiedenen wissenschaftlichen Untersuchungen im Hinblick auf Onlinedaten (II) 144

Tabelle 17: Literaturüberblick zu verschiedenen wissenschaftlichen Untersuchungen im Hinblick auf Onlinedaten (III) 145

Tabelle 18: Literaturüberblick zu verschiedenen wissenschaftlichen Untersuchungen im Hinblick auf Onlinedaten (IV) 146

Tabelle 19: Literaturüberblick zu verschiedenen wissenschaftlichen Untersuchungen im Hinblick auf Onlinedaten (V) 147

Tabelle 20: Übersicht der betrachteten Unternehmen 149

Tabelle 21: Übersicht zu den handelsfreien Tagen im Untersuchungszeitraum 150

Tabelle 22: Übersicht zu den aus Fundamentaldaten berechneten Variablen 154

Tabelle 23: Korrelationsmatrix zu den aus Fundamentaldaten berechneten Variablen 155

Tabelle 24: Ergänzende Korrelationsmatrix zu den aus Fundamentaldaten berechneten Variablen 155

Tabelle 25: Deskriptive Statistik zu den aus Fundamentaldaten berechneten Variablen 156

Tabelle 26: Deskriptive Statistik zu allen veröffentlichten Analystenberichten 158

Tabelle 27: Deskriptive Statistik zu veröffentlichten Analystenberichten mit Bezug auf die Earnings per Share (EPS) 159

Tabelle 28: Deskriptive Statistik zur Anzahl veröffentlichter Medienberichte auf CNNmoney 161

Tabelle 29: Deskriptive Statistik zu den Dummyvariablen der Fundamentaldaten ... 164

Tabelle 30: Übersicht zu den aus Börsendaten berechneten Variablen 166

Tabelle 31: Korrelationsmatrix zu den aus Börsendaten berechneten Variablen 175

Tabellenverzeichnis

Tabelle 32: Ergänzende Korrelationsmatrix zu den aus Börsendaten berechneten Variablen 175

Tabelle 33: Deskriptive Statistik zu den aus Börsendaten berechneten Variablen ... 176

Tabelle 34: Deskriptive Statistik zur Anzahl pro Tag gehandelter Aktien im Verhältnis zum im Streubesitz befindlicher Aktien (*Turnover*) 178

Tabelle 35: Abfrageprozess in Google Trends für Daten auf Tagesbasis über längere Zeiträume 183

Tabelle 36: Übersicht zu den aus Googledaten berechneten Variablen (I) 186

Tabelle 37: Übersicht zu den aus Googledaten berechneten Variablen (II) 187

Tabelle 38: Übersicht zu den aus Sozialen Mediendaten berechneten Variablen (I) 188

Tabelle 39: Übersicht zu den aus Sozialen Mediendaten berechneten Variablen (II) 189

Tabelle 40: Korrelationsmatrix zu den aus Google-Daten berechneten Variablen ... 190

Tabelle 41: Korrelationsmatrix zu den aus Sozialen Mediendaten berechneten Variablen 190

Tabelle 42: Ergänzende Korrelationsmatrix zu den aus Google- und Soziale Mediendaten berechneten Variablen (I) 190

Tabelle 43: Ergänzende Korrelationsmatrix zu den aus Google- und Soziale Mediendaten berechneten Variablen (II) 191

Tabelle 44: Deskriptive Statistik zu den aus Google-Daten berechneten Variablen ... 192

Tabelle 45: Deskriptive Statistik zu den aus Sozialen Mediendaten berechneten Variablen 192

Tabelle 46: Deskriptive Statistik zum Suchvolumen in Google mit Kategorienfilter Finanzen *(Search_fin)* 195

Tabelle 47: Deskriptive Statistik zum allgemeinen Suchvolumen im Google *(Search_all)* 196

Tabelle 48: Deskriptive Statistik zum gesamten Beitragsvolumen Sozialer Finanzmedien *(Socialm_total)* 198

Tabelle 49: Ergebnisse des Paneldaten-Regressionsmodells (1) bis (6) zur Überprüfung der Hypothese A 206

Tabelle 50: Ergebnisse des Paneldaten-Regressionsmodells (7) bis (12) zur Überprüfung der Hypothese A 209

Tabellenverzeichnis

Tabelle 51: Ergebnisse des Paneldaten-Regressionsmodells (13) bis (18) zur Überprüfung der Hypothese A 212

Tabelle 52: Zusammenfassung der Regressionsergebnisse zur Überprüfung der Hypothese A 216

Tabelle 53: Ergebnisse des Paneldaten-Regressionsmodells (19) bis (24) zur Überprüfung der Hypothese B 225

Tabelle 54: Ergebnisse des Paneldaten-Regressionsmodells (25) bis (30) zur Überprüfung der Hypothese B 229

Tabelle 55: Ergebnisse des Paneldaten-Regressionsmodells (31) bis (36) zur Überprüfung der Hypothese B 232

Tabelle 56: Zusammenfassung der Regressionsergebnisse zur Überprüfung der Hypothese B 235

Tabelle 57: Ergebnisse des Paneldaten-Regressionsmodells (37) bis (42) zur Überprüfung der Hypothese C 244

Tabelle 58: Ergebnisse des Paneldaten-Regressionsmodells (43) bis (48) zur Überprüfung der Hypothese C 248

Tabelle 59: Ergebnisse des Paneldaten-Regressionsmodells (49) bis (54) zur Überprüfung der Hypothese C 250

Tabelle 60: Zusammenfassung der Regressionsergebnisse zur Überprüfung der Hypothese C 253

Tabelle 61: Ergebnisse des Paneldaten-Regressionsmodells (55) bis (60) zur Überprüfung der Hypothese C 254

Tabelle 62: Ergebnisse des Paneldaten-Regressionsmodells (61) bis (66) zur Überprüfung der Hypothese C 255

Formelverzeichnis

Formel 1:	Ausführliche Berechnung der bedingten Wahrscheinlichkeit einer Verkaufsorder unabhängig eines Informationsereignisses	65
Formel 2:	Ausführliche Berechnung der bedingten Wahrscheinlichkeit einer Verkaufsorder bei einem guten Informationsereignis	66
Formel 3:	Ausführliche Berechnung der bedingten Wahrscheinlichkeit einer Verkaufsorder bei einem schlechten Informationsereignis	66
Formel 4:	Ausführliche Berechnung der bedingten Wahrscheinlichkeit einer Kauforder unabhängig eines Informationsereignisses	67
Formel 5:	Ausführliche Berechnung der bedingten Wahrscheinlichkeit einer Kauforder bei einem guten Informationsereignis	67
Formel 6:	Ausführliche Berechnung der bedingten Wahrscheinlichkeit einer Kauforder bei einem schlechten Informationsereignis	67
Formel 7:	Objektiver Erwartungswert des Wertpapierpreises ohne Kenntnis über eintreffende Order	68
Formel 8:	Korrigierter Bid-Preis des Market-Makers bei Eintreffen einer Verkaufsorder	68
Formel 9:	Korrigierter Ask-Preis des Market-Makers bei Eintreffen einer Kauforder	69
Formel 10:	Korrigierte Bid- und Ask-Preise des Market-Makers in Abhängigkeit eintreffender Order	69
Formel 11:	Bid-Ask-Spread bei nur informierten Marktteilnehmern im Markt	70
Formel 12:	Bid-Ask-Spread bei nur uninformierten Marktteilnehmern im Markt	70
Formel 13:	Berechnung der Variablen Turnover	167
Formel 14:	Berechnung von Beta im Rahmen der Schätzung des Bid-Ask Spreads nach Corwin/Schultz (2012)	169
Formel 15:	Berechnung von Gamma im Rahmen der Schätzung des Bid-Ask Spreads nach Corwin/Schultz (2012)	170
Formel 16:	Berechnung von Alpha im Rahmen der Schätzung des Bid-Ask Spreads nach Corwin/Schultz (2012)	170
Formel 17:	Berechnung des Spreads im Rahmen der Schätzung des Bid-Ask Spreads nach Corwin/Schultz (2012)	170
Formel 18:	Mittelung des Spreads im Rahmen der Schätzung des Bid-Ask Spreads nach Corwin/Schultz (2012)	170

Formelverzeichnis

Formel 19:	Berechnung der Variablen Illiq	173
Formel 20:	Berechnung der Variablen Turnover_price_impact	174
Formel 21:	Berechnung der Variablen Socialm_agree	199
Formel 22:	Gleichung des Paneldaten-Regressionsmodells A am Beispiel der Regression (5)	203
Formel 23:	Gleichung des Paneldaten-Regressionsmodells A am Beispiel der Regression (6)	204
Formel 24:	Gleichung des Paneldaten-Regressionsmodells B in spezieller Form am Bsp. der Regression (7)	223
Formel 25:	Gleichung des Paneldaten-Regressionsmodells B in spezieller Form am Bsp. der Regression (8)	223
Formel 26:	Gleichung des Paneldaten-Regressionsmodells C in spezieller Form am Bsp. der Regression (41)	240
Formel 27:	Gleichung des Paneldaten-Regressionsmodells C in spezieller Form am Bsp. der Regression (42)	240

Abkürzungs- und Symbolverzeichnis

#	Hashtag (Twitter)
$	Cashtag (Twitter)
%	Prozent
&	Und
µ	Fixer Fehlerterm der Regression, Markteintrittsrate informierter Marktteilnehmer
a(t)	Ask-Preis
a(t) - b(t)	Bid-Ask-Spread
AMEX	American Stock Exchange
AOL	America Online
APT	Arbitrage Pricing Theory
ARD	Arbeitsgemeinschaft der öffentlich-rechtlichen Rundfunkanstalten der Bundesrepublik Deutschland
B	Kauforder
b(t)	Bid-Preis
Bspw.	Beispielsweise
Bzgl.	Bezüglich
Bzw.	Beziehungsweise
c	Konstanter Faktor der Regression (Achsenabschnitt der Regressionsgeraden)
C.p.	Ceteris paribus (= bei gleichen sonstigen Umständen)
CAC 40	Französischer Aktienindex (40 größten Unternehmen)
CAPM	Capital Asset Pricing Model
CBOE	Chicago Board Options Exchange

Abkürzungs- und Symbolverzeichnis

CNN	Cable News Network
CRSP	Center for Research in Security Prices
DAX	Deutscher Aktienindex
DF	Dickey-Fuller Test
DJIA	Dow Jones Industrial Average
DW	Durbin-Watson-Teststatistik
EPS	Earnings per share
EU	Europäische Union
ε	Markteintrittsrate uninformierter Marktteilnehmer
ε	Fehlerterm der Regression
FIRST	Large scale inFormation extraction and Integration infRastructure for SupporTing financial decision making
FTSE 100	Britischer Aktienindex (100 größten Unternehmen)
GmbH	Gesellschaft mit beschränkter Haftung
H_t	Tageshochkurs
$H_{t,t+1}$	Höchster Kurs für das Zwei-Tageintervall
I/B/E/S	Institutional Brokers' Estimate System
IPO	Initial Public Offering (= Börsengang)
IT	Informationstechnik
Jg.	Jahrgang
L_t	Tagestiefkurs
$L_{t,t+1}$	Niedrigster Kurs für das Zwei-Tageintervall
MDax	Deutscher Aktienindex (mittelgroße Unternehmen)
MidCap 400	U.S.-amerikanischer Aktienindex (400 mittelgroße Unternehmen)

NASDAQ	National Association of Securities Dealers Automated Quotations
Nr.	Nummer
NYSE	New York Stock Exchange
o. Jg.	ohne Jahrgang
o. Nr.	ohne Nummer
P/E	Price/Earnings
$P_b(t)$	Wahrscheinlichkeit einer schlechten Information
$P_g(t)$	Wahrscheinlichkeit einer guten Information
$P_n(t)$	Wahrscheinlichkeit keiner neuen Information
R^2	Bestimmtheitsmaß der Regression
S	Verkauforder
S&P	Standard & Poor's
S&P 100	U.S.-amerikanischer Aktienindex (100 größten Unternehmen)
S&P 500	U.S.-amerikanischer Aktienindex (500 größten Unternehmen)
S.	Seite
SDax	Deutscher Aktienindex (kleinere Unternehmen)
SEC	Security and Exchange Commission
Sic	Sic erat scriptum (= Wirklich so)
SmallCap 600	U.S.-amerikanischer Aktienindex (600 kleinere Unternehmen)
Sog.	Sogenannte / Sogenannter / Sogenannten
S_t	Gemittelter Spread im Rahmen der Schätzung des Bid-Ask Spreads nach Corwin/Schultz (2012)
$S_{t,t+1}$	Spread im Rahmen der Schätzung des Bid-Ask Spreads nach Corwin/Schultz (2012)

Abkürzungs- und Symbolverzeichnis

t	Time (= Zeit)
TecDax	Deutscher Aktienindex (Technologiewerte)
U.a.	Unter anderem
U.S.	United States
V^*_i	Aktienkurs am Ende des Handelstages bei keiner neuen Information
Vgl.	Vergleiche
V_i	Aktienkurs am Ende eines Handelstages
$\overline{V_i}$ (mit Oberstrich)	Aktienkurs am Ende des Handelstages bei positiver Information
$\underline{V_i}$ (mit Unterstrich)	Aktienkurs am Ende eines Handelstages bei negativer Information
VIX	Volatilitätsindex
Xetra	Exchange Electronic Trading
α	Alpha im Rahmen der Schätzung des Bid-Ask Spreads nach Corwin/Schultz (2012), Wahrscheinlichkeit für den Eintritt eines Informationsereignisses
β	Beta als Variablenkoeffizient der Regression, Beta im Rahmen der Schätzung des Bid-Ask Spreads nach Corwin/Schultz (2012)
γ	Gamma im Rahmen der Schätzung des Bid-Ask Spreads nach Corwin/Schultz (2012)
δ	Wahrscheinlichkeit für den Eintritt eines negativen Informationsereignisses
ρ_1	Autokorrelationskoeffizient erster Ordnung

1. Einleitung

1.1 Motivation und Problemstellung

Ob eine Handelsentscheidung am Aktienmarkt richtig oder falsch war, stellt sich meist erst im Nachhinein heraus. Um diese Unsicherheit zumindest reduzieren zu können, ist es für Anleger daher wichtig, vor der Entscheidung möglichst viele entscheidungsrelevante Informationen zu sammeln und auszuwerten. Weil ein solcher Informationsprozess für jeden einzelnen Marktteilnehmer jedoch Kosten verursacht, zeigen die Marktteilnehmer ein sehr unterschiedliches Informationsverhalten:[1] Während manche Marktteilnehmer im Vorfeld ihrer Entscheidung möglichst viele Informationen suchen, treffen andere Marktteilnehmer ihre Entscheidungen auf einer kleineren Informationsbasis. Auch die Informationsquellen, auf welche die Marktteilnehmer zugreifen, sind häufig sehr unterschiedlich. Diese Situation führt hinsichtlich der Zusammensetzung der Marktteilnehmerschaft zu einer typischen Annahme der Marktmikrostrukturforschung, wonach zwischen den Marktteilnehmern Unterschiede in Bezug auf die Informationsmenge und -qualität bestehen. Eine solche asymmetrische Informationsverteilung beeinflusst wiederum das Handelsverhalten und hat einen Einfluss auf die Preisbildung am Aktienmarkt, was in einigen Forschungsarbeiten auch theoretisch modelliert ist.[2] Möchte man jedoch die Zusammensetzung der Marktteilnehmerschaft mittels empirisch implementierbarer Variablen messbar machen, steht man vor einigen Herausforderungen. Da das Internet zur Informationssuche auch in Bezug auf Anlageentscheidungen aber immer wichtiger wird und zugleich der dort anfallende Datenstrom analysierbar ist, können hierüber Hinweise auf die Zusammensetzung der Marktteilnehmerschaft gewonnen werden.

Weil der Zugang zu kapitalmarktrelevanten Informationen über das Internet vergleichsweise kostengünstig und jederzeit verfügbar ist und zudem eine Bündelung von Informationen stattfindet, die zuvor über verschiedene Medien transportiert werden mussten, erfreut sich das Internet auch bei Anlegern einer immer größeren

---

[1] Vgl. Grossman/Stiglitz (1980), S. 393–394 sowie Lee (2001), S. 234–235.
[2] Die Modelle von Merton (1987); Sims (2003); Hirshleifer/Teoh (2003) sowie Peng/Xiong (2006) sind hier prominente Vertreter.

Beliebtheit.[3] Vor allem aber den als *Mit-mach-Web* bezeichneten Sozialen Medien[4] gelingt nicht nur eine Bündelung von aus offiziellen Quellen stammenden Informationen, sondern die Schaffung eines globalen Austausch- und Diskussionsraums, in welchem Anleger selbst Informationen produzieren und diese gemeinsam verifizieren und bewerten können. *„Insider-Informationen waren schon immer da, nur noch nie so breit verfügbar wie jetzt. Viele Taxifahrer in London haben große Aktiendepots, weil sie die Gespräche und Telefonate der Händler in der City mitbekamen. Was sie früher vielleicht ihren Freunden oder ihrer Familie weitererzählt haben, können sie heute twittern."*[5] Wenngleich diese Aussage hinsichtlich der Qualität der für jedermann über das Internet meist kostengünstig zugänglichen Fülle finanzmarktrelevanter Informationen wohl etwas zu optimistisch erscheint, drückt es doch sehr zutreffend aus, wie die durch das Internet veränderten Kommunikationsmöglichkeiten auch die Informationsströme am Kapitalmarkt beeinflussen: *„Während zu Zeiten des Präsenzhandels die neuesten Finanzmarktgerüchte und Marktbewegungen in Handelssälen von Börsen oder Banken weitergegeben und diskutiert wurden, hat sich der Informa-*

---

[3] So werden bspw. die früher regelmäßig im Printformat veröffentlichten Geschäfts- und Analystenberichten wie auch Börsenbriefe online bereitgestellt. Zeitungen und Rundfunkeinrichtungen wie das Fernsehen und das Radio pflegen umfangreiche Internetseiten und stellen dort ihre journalistischen Beiträge einer breiten Interessengemeinschaft (meist gratis) zur Verfügung. Auch Internetdienstleister wie Yahoo und Google bieten interessierten Marktteilnehmern Zugang zu unzähligen Geschäftsberichten und liefern aktuelle sowie historische Handelsvolumen- und Preisinformationen. Banken und Broker nutzen das Internet, um ihre Kunden mit Handelsempfehlungen und Anleitungen zur richtigen Geldanlage zu versorgen. Vgl. hierzu Drake/Roulstone/Thornock (2012), S. 1007. Auch die Börsenaufsicht nutzt zur Verbesserung der Informationstransparenz des Kapitalmarkts das Internet und stellt sämtliche von Unternehmen oder deren Mitarbeitern meldepflichtigen Vorgänge öffentlich zugänglich bereit. Vgl. hierzu U.S. Securities and Exchange Commission (2014), S. 1 sowie (Bundesanstalt für Finanzdienstleistungsaufsicht (2014), S. 1.

[4] Obwohl Soziale Medien und Web 2.0 häufig synonym verwendet werden, lassen sie sich relativ eindeutig voneinander abgrenzen: Web 2.0 ist ein Begriff für die technologische Weiterentwicklung des Internets durch offene Webtechnologien und erweiterte Möglichkeiten der Programmierung. Das Web 2.0 unterscheidet sich vom Internet der ersten Stunde u.a. dadurch, dass die Übertragungsraten deutlich gesteigert und die Kosten der Nutzung des Internets reduziert werden konnten. Soziale Medien sind von den Internetnutzern selbst erstellte, *„auf Interaktion abzielende Beiträge, die in Form von Text, Bildern, Video oder Audio über Onlinemedien für einen ausgewählten Adressatenkreis einer virtuellen Gemeinschaft oder für die Allgemeinheit veröffentlicht werden"* (Hettler (2010), S. 14) und zur Beitragserstellung die Technologie des Web 2.0 genutzt wird. Vgl. hierzu Hettler (2010), S. 2-3, 14.

[5] boerse.ARD.de (2012), S. 1. Die zitierte Aussage stammt von Klemens Skibicki, Professor an der Cologne Business School.

tionsfluss drastisch gewandelt. Heute erfolgen Informationsaustausch und Meinungsbildung zu finanzwirtschaftlichen Themen häufig im Web 2.0."[6] So verbreiten sich die Informationen heutzutage nicht nur schneller als noch vor einigen Jahren, sie verteilen sich vor allem deutlich großflächiger im Sinne einer beachtlichen Anzahl im Internet aktiver Kapitalmarktakteure.[7]

Aus Forschungsgesichtspunkten ist das Besondere an diesem Datenstrom im Netz nun, dass durch ihn die Zusammensetzung der Marktteilnehmerschaft in direkter Form messbar wird: So ist davon auszugehen, dass sich die Marktteilnehmer vor allem im Internet auf Informationssuche zu Unternehmensaktien begeben, für die sie sich interessieren. In diesem Zusammenhang spielt die Nutzung der Suchmaschine mit den größten Marktanteilen - Google - womöglich eine sehr bedeutende Rolle. Aber auch die Sozialen Finanzmedien scheinen für einen Austausch finanzspezifischer Informationen immer wichtiger zu werden. Es ist also in Bezug auf Google- sowie Soziale Medien-Daten davon auszugehen, dass mit ihnen festgestellt werden kann, gegenüber welchen Unternehmensaktien die Marktteilnehmer zu einem bestimmten Zeitpunkt besonders aufmerksam sind.

Um hieraus nun jedoch Rückschlüsse auf die Zusammensetzung der Marktteilnehmerschaft ziehen zu können, müssen zwei Annahmen erfüllt sein: Zum einen muss die Aufmerksamkeit der Marktteilnehmer Handelsrelevanz in der Form haben, dass auf ein verstärktes Informationsbedürfnis auch tatsächlich Handelsaktivitäten zu beobachten sind. Darüber hinaus muss mittels dieser handelsrelevanten Aufmerksamkeit eine Marktteilnehmergruppe beschrieben werden können, die sich im Hinblick auf ihre Informationsstände von den übrigen Marktteilnehmergruppen abgrenzen lässt. In der Marktmikrostrukturforschung geht man üblicherweise von drei Marktteilnehmergruppen aus, welche anhand ihrer Informationsstände differenzierbar sind: Informierte und uninformierte Marktteilnehmer sowie ein Market-Maker, der als Intermediär den Handel mit Wertpapieren ermöglicht. Man könnte annehmen, dass v.a. die mit weniger (weniger guten) Informationen ausgestatteten uninformierten Marktteilnehmer im Rahmen ihres Informations- und Entscheidungsprozesses Google sowie Soziale Finanzmedien nutzen, während informierte Marktteilnehmer kostenpflichtige Datenlieferanten und Finanznachrichtenagenturen wie Bloomberg oder

---

[6] Burghof/Schroff/Spankowski (2012), S. 86.
[7] Vgl. boerse.ARD.de (2012), S. 1.

Reuters nutzen.[8] Im Rahmen der vorliegenden Arbeit wird nun die Forschungsfrage aufgeworfen, ob mittels der Analyse von Google- und Sozialen Medien-Daten der Handelsstrom uninformierter Marktteilnehmer antizipiert werden kann. Dafür soll geprüft werden, ob empirisch implementierbare Variablen konstruierbar sind, die eine präzise Aussage über die Zusammensetzung der Marktteilnehmerschaft erlauben. Das Besondere dieser Variablen im Vergleich zu bereits etablierten Variablen wäre, dass die Information hinsichtlich der Zusammensetzung der Marktteilnehmerschaft in direkter Form von den Anlegern selbst stammt und dabei nicht der Umweg über die Preissetzung des Market-Makers oder über andere indirekte Messgrößen gewählt werden muss. Darüber hinaus lassen sich diese Variablen vom Bid-Ask Spread dadurch abgrenzen, dass sie bereits messbar sind, bevor entsprechende Orders den Markt erreichen. Variablen aus Google- sowie Soziale Medien-Daten könnten also durchaus als alternative Indikatoren für die Zusammensetzung der Marktteilnehmerschaft betrachtet werden und in Ergänzung zum etablierten Bid-Ask Spread und anderen Variablen Eingang in die empirische Kapitalmarktforschung finden.

---

[8] Tabelle 1 auf Seite 26 der vorliegenden Arbeit wird später zeigen, dass uninformierte Marktteilnehmer auch als Privatanleger bezeichnet werden und von den institutionellen Anlegern u.a. aufgrund ihres Informationsverhaltens abgegrenzt werden. So geht man bei Privatanlegern eher davon aus, dass diese eine geringere Informationsmenge aus einer kleineren Anzahl von Quellen besitzen und neben ihrem geringeren ökonomischen Bildungsgrad auch eine vergleichsweise weniger professionelle Beschäftigung mit der Informationssuche und -verarbeitung erkennen lassen.

1.2 Aufbau der Untersuchung

Die vorliegende Arbeit richtet ihren Fokus auf die Beurteilung, inwiefern sich aus Google- sowie Soziale Medien-Daten Aussagen über die Marktaktivitäten sog. uninformierter Marktteilnehmer ableiten lassen.

Hierfür wird im zweiten Kapitel die Relevanz einer Betrachtung eben dieser Zusammensetzung der Marktteilnehmerschaft motiviert. Vor allem mit Blick auf die Forschungsrichtung der Marktmikrostruktur wird dabei deutlich gemacht, dass unterschiedliche Informationsstände innerhalb der Marktteilnehmerschaft das Marktergebnis beeinflussen und es damit aus empirischer Sicht wünschenswert ist, die Zusammensetzung quantifizieren zu können. Zu Beginn des zweiten Kapitels wird die Entstehung der Marktmikrostrukturforschung kurz aufgezeigt und vor allem die Entwicklungen im Bereich der Kapitalmarktforschung seit ihrer Entstehung nachgezeichnet. Um die späteren Ausführungen hinsichtlich der Informationsstände der Marktteilnehmer einordnen zu können, liefert das zweite Kapitel einen Überblick dazu, wer überhaupt die Marktteilnehmer des Aktienmarktes sind und wie die Informationsströme zwischen diesen grundsätzlich aussehen. Anschließend wird der Informationsstand eines Marktteilnehmers charakterisiert, bevor dann die modelltheoretische Sichtweise auf die Zusammensetzung der Marktteilnehmerschaft aus dem Blickwinkel der Marktmikrostruktur erläutert wird. Zentrales Ergebnis dieser Ausführungen wird sein, dass die Marktmikrostruktur regelmäßig von drei voneinander abgrenzbaren Marktteilnehmergruppen ausgeht: Uniformierten und uninformierten Marktteilnehmer auf der einen Seite sowie einem oder mehreren Market-Makern auf der anderen Seite. Die Antwort darauf, wie unterschiedliche Informationsstände entstehen können, wird durch die Marktmikrostruktur hingegen nicht beantwortet. Daher finden hierfür Erkenntnisse der verhaltensorientierten Kapitalmarkttheorie Erwähnung, die die Entstehung einer hinsichtlich der Informationsstände heterogenen Marktteilnehmerschaft erklären können.

Im dritten Kapitel wird anhand theoretischer Modelle erläutert, wie sich eine asymmetrische Informationsverteilung auf die Preisbildung am Aktienmarkt auswirkt. Während hierfür einige bekannte Modelle aus dem Bereich der Marktmikrostruktur vorgestellt werden, wird der Fokus auf dem Modell von Easley u.a. (1996) liegen. Mit diesem kann gezeigt werden, dass die Spanne zwischen den vom Market-Maker veröffentlichten Geld- und Briefkursen dann kleiner wird, wenn der Anteil uninformierter Marktteilnehmer zunimmt. Dieser Zusammenhang, der im Modell von Easley u.a. (1996) mit einer Reduktion der Kosten adverser Selektion begründet wird, bildet die Grundlage für die spätere empirische Untersuchung. Außerdem soll das dritte Kapitel erste Ideen zu empirisch überprüfbaren Hypothesen liefern und dem Leser diesbezüglich den aktuellen Stand der Forschung verdeutlichen. Dabei wird deutlich, dass die vorliegende Arbeit vor allem deshalb eine Forschungslücke schließt, weil sie im Vergleich zu anderen Untersuchungen über einen längeren Zeitraum Daten auf Tagesbasis betrachtet sowie die gewonnenen Ergebnisse auf weitere relevante Einflussfaktoren kontrolliert. Außerdem ist sie die erste empirische Untersuchung, die Daten Sozialer Finanzmedien im Kontext der Marktmikrostrukturforschung anwendet, und ebenfalls die erste Studie, welche Google-Daten sowie Daten Sozialer Finanzmedien in einer gemeinsamen Untersuchung parallel betrachtet.

Die Forschungsfrage beruht auf der Idee, ob mittels Daten aus Google und Sozialen Finanzmedien Variablen berechnet werden können, die eine Abschätzung der Zusammensetzung der Marktteilnehmerschaft am Aktienmarkt erlauben. Vor allem ist davon auszugehen, dass sich mittels dieser Variablen das Handelsverhalten uninformierter Marktteilnehmer beschreiben lässt und Veränderungen dieser Variablen daher einen steigenden Anteil sog. privater Anleger signalisieren. Die Forschungsfrage wird auf drei verschiedene Hypothesen heruntergebrochen, die aufeinander aufbauen und im Kapitel vierten hergeleitet werden:

- Mit Hypothese A wird zunächst geprüft, ob das unternehmens- und aktienspezifische Suchvolumen in Google sowie das Beitragsvolumen Sozialer Finanzmedien Zusammenhänge zu anderen, in der Literatur bereits etablierten, Variablen aufweisen. Diese bereits etablierten Variablen erlauben zwar wie bspw. der Bid-Ask Spread ebenfalls eine Abschätzung der Zusammensetzung der Marktteilnehmerschaft, weisen im Hinblick auf ihre Messqualität jedoch Schwächen auf. Zentrale Annahme dieser bisher zur Anwendung kommenden Variablen ist, dass vor allem uninformierte Anleger durch die Marketingaktivitäten eines Unternehmens, durch dessen Medienpräsenz oder aufgrund von Veröffentlichungen durch Analysten oder durch das Unternehmen selbst sowie im Zusammenhang mit ungewöhnlichen Marktbewegungen der entsprechenden Aktie auf Unternehmen aufmerksam werden und deren Aktien in Folge ihrer gestiegenen Aufmerksamkeit dann handeln. Diese Variablen können jedoch nicht zweifelsfrei die gesteigerte Aufmerksamkeit der Marktteilnehmer abbilden. Denn ob ein Anleger die entsprechenden Werbebotschaften tatsächlich wahrnimmt oder von dem veröffentlichten Analystenbericht überhaupt erfährt, können diese Variablen nicht erfassen. Die aktive Informationssuche über Google sowie das Verfassen von Beiträgen in Sozialen Medien kann diese Aufmerksamkeit nicht nur indirekt abschätzen, sondern im Vergleich dazu direkt messen. Das Ergebnis der empirischen Überprüfung von Hypothese A wird die Frage beantworten, ob die aus Google- und Sozialen Mediendaten berechneten Variablen die Aufmerksamkeit von Marktteilnehmern in geeigneter Form abbilden können.

- Im Sinne der Hypothese B wird überprüft, ob diese Aufmerksamkeit Handelsrelevanz hat. Es soll also die Frage beantwortet werden, ob sich in Folge einer zunehmenden Aufmerksamkeit seitens der Marktteilnehmer die Handelsaktivitäten erhöhen und damit ein Markteintritt derjenigen Marktteilnehmer erfolgt, die zuvor Informationen über Google gesucht bzw. Beiträge in Sozialen Finanzmedien veröffentlicht haben.

- Die empirische Überprüfung der Hypothese C wird abschließend die Frage beantworten, ob die handelsrelevante Aufmerksamkeit der Marktteilnehmer eher von informierten oder von uninformierten Marktteilnehmen stammt, sofern sie überhaupt einer dieser beiden Gruppen eindeutig zuordenbar ist. Wenn die Variablen eher die handelsrelevante Aufmerksamkeit von uninformierten Marktteilnehmern messen, müssten sich mit Veränderungen dieser Variablen auch Veränderungen in Bezug auf die Liquidität der jeweiligen Aktien zeigen. Die Liquidität würde sich nämlich mit einem verstärkten Markteintritt uninformierter Marktteilnehmer dann erhöhen.

Mit der nachfolgenden Abbildung wird nochmals graphisch aufgezeigt, wie die übergeordnete Forschungsfrage auf die drei Hypothesen A, B und C heruntergebrochen wird.

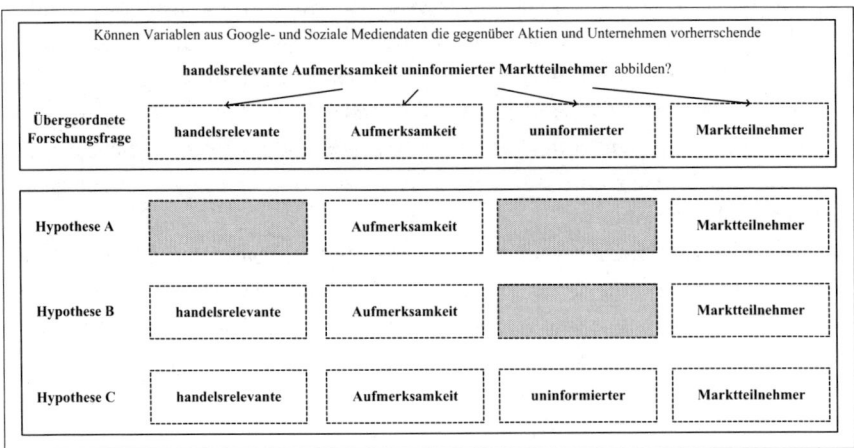

Abbildung 1: Übersicht zur Beantwortung der Forschungsfrage mittels den empirisch überprüfbaren Hypothesen

Das fünfte Kapitel liefert einen Überblick zu den verwendeten Daten und soll dem Leser die jeweiligen Datenquellen verdeutlichen. Im Hinblick auf die Google-Daten wird zudem ausführlich beschrieben, wie die Daten zu den verschiedenen Suchanfragen beschafft wurden. Die Daten aus Sozialen Finanzmedien stammen von einem externen Datenlieferanten. Das fünfte Kapitel liefert Hinweise zu den berechneten Variablen im Sinne einer formalen Darstellung der Variablenberechnung sowie einer daran anschließenden deskriptiven Statistik.

Die empirische Untersuchung ist Bestandteil des sechsten Kapitels. Insbesondere wird hier die Methodik der zur Anwendung kommenden Panelregression erläutert sowie die jeweiligen Regressionsmodelle mit ihren abhängigen und unabhängigen Variablen beschrieben. Die Hypothesen A, B und C werden jeweils getrennt voneinander untersucht und die Ergebnisse im Anschluss an die jeweilige Untersuchung benannt und interpretiert. Eine gemeinsame Betrachtung der zentralen Ergebnisse findet ebenfalls im sechsten Kapitel statt.

Das siebte Kapitel umfasst das Fazit der vorliegenden Arbeit sowie einen Ausblick.

2. Kapitalmarkttheoretische Grundlagen im Hinblick auf die Informationsstände der Marktteilnehmer

2.1 Perspektivenwechsel von symmetrischer hin zu asymmetrischer Informationsverteilung

Blickt man auf die bisherige Nachkriegsentwicklung der Finanzwirtschaftslehre und Kapitalmarkttheorie zurück, so verweist Krahnen (1993) darauf, dass sich „*in chronologischer Abfolge (...) ein steter Wechsel (..) zwischen einer Betonung der Finanzierung als marktbezogene Koordination und Bewertung einerseits und einer Betonung der Finanzierung als institutionelle Koordination und Vertragsgestaltung andererseits*"[9] beobachten lässt. Als Ausgangspunkt der traditionellen Finanzwirtschaftslehre findet man zunächst die Betrachtung und Einordnung finanzwirtschaftlicher Institutionen und das Herausarbeiten von Entscheidungsregeln. „*Im Vordergrund steht die Bemühung, die Vielfalt der Finanzierungsanlässe (Unternehmensgründung, Kapitalerhöhung, Schrumpfung, Sanierung), die Vielfalt der wählbaren Finanzierungsformen (Eigen- und Fremdkapital mit diversen Unterfällen und Zwischenformen) und die Vielfalt der nutzbaren Finanzmärkte (Geld- und Kapitalmärkte, einschl. Renten- und Aktienmärkten) möglichst erschöpfend zu beschreiben und zu systematisieren.*"[10] Die so entwickelten Entscheidungsregeln beziehen sich u.a. auf die optimale Dividenden- und Finanzierungspolitik und werden in Gestalt von Faustregeln vertreten, wonach Unternehmen ihre Dividenden gleichmäßig gestalten sowie bei der Finanzierung von Anlage- und Umlaufvermögen die goldene Bilanzregel im Blick behalten sollten.[11]

Weil durch die rein beschreibende Vorgehensweise jedoch viele Fragen unbeantwortet bleiben, hat sich aus der traditionellen Finanzwirtschaftslehre eine Kapitalmarkttheorie entwickelt, welche in Bezug auf tatsächlich beobachtbares Entscheidungsverhalten die Frage nach dem Warum beantwortet. „*Grundlage für diesen Versuch stellt – und das ist zu dieser Zeit eine weitreichende Neuerung in der Betriebswirtschaftslehre – das rational maximierende Wirtschaftssubjekt dar (...).*"[12] Es rückt die An-

---

[9] Krahnen (1993), S. 793
[10] Vgl. Krahnen (1993), S. 795.
[11] Vgl. Beckmann (1956), S. 223.
[12] Krahnen (1993), S. 796.

nahme der Gleichgewichtssituation des vollkommenen Kapitalmarktes in den Mittelpunkt, mit welcher Aussagen zur Bewertung von Finanztiteln getroffen werden können.[13] *Harry M. Markowitz* liefert mit der Portfoliotheorie einen Ansatz zur optimalen Wertpapiermischung, auf welchem das von *William F. Sharpe*, *John Lintner* und *Jan Mossin* entwickelte Capital Asset Pricing Model (CAPM) als Theorie der Preisbildung am Aktienmarkt aufbaut. Zusammen mit der von *Stephen Ross* entwickelten Arbitrage Pricing Theory (APT) sowie der Theorie zur präferenzfreien Optionsbewertung von *Fischer Black* und *Myron Samuel Scholes*, gelten diese Theorien als Kern der als Neoklassik bezeichneten Kapitalmarkttheorie.[14] Die Annahme der diesen Gleichgewichtstheorien zugrundeliegenden Marktvollkommenheit wurde zudem durch die zeitgleich von *Eugene Francis Fama* geprägte Effizienzmarkthypothese gestützt, wonach ein Markt dann als informationseffizient gilt, wenn in den Wertpapierpreisen alle verfügbaren Informationen vollständig berücksichtigt sind.[15] Je nach Grad der Informationseffizienz[16] bedeutet diese Annahme für die Marktakteure, dass sie lediglich die Wertpapierpreise kennen müssen, um alle für die Bewertung des

---

[13] Vgl. Krahnen (1993), S. 795 sowie Schmidt (2007), S. 66.

[14] Vgl. Krahnen (1993), S. 796 sowie Schmidt (2007), S. 67.

[15] Wenn bewertungsrelevante Informationen am Kapitalmarkt zufällig auftauchen und stets korrekt im Preis berücksichtigt werden, müssen Preisänderungen einem in der englischsprachigen Literatur als random walk bezeichneten Zufallsprozess folgen. Im Modell der Informationseffizienz am Kapitalmarkt gilt somit die Annahme voneinander unabhängiger Änderungen der Wertpapierkurse bei identischer Verteilung der Preisänderungen. Vgl. Fama (1970), S. 386.

[16] Kapitalmärkte sind schwach informationseffizient, wenn der aktuelle Marktpreis eines Wertpapiers sämtliche historischen Kursentwicklungen reflektiert. Kapitalmärkte sind halbstreng informationseffizient, wenn der aktuelle Marktpreis eines Wertpapiers sämtliche öffentlich verfügbaren Informationen reflektiert und sie sind streng informationseffizient, wenn der aktuelle Marktpreis eines Wertpapiers alle, auch nicht öffentlich verfügbare Informationen reflektiert.

Wertpapiers relevanten Informationen zu besitzen.[17] Es bedeutet aber auch, dass kein Marktteilnehmer Informationsvorsprünge gegenüber anderen Marktteilnehmern hat und dass man mit keiner Anlagestrategie dauerhaft den Markt schlagen kann.[18] Dieser durch die Marktpreise erzielte Informationstransfer zwischen den Marktteilnehmern beeinflusst jedoch nicht nur die Anleger: Wie *Franco Modigliani* und *Merton Miller* feststellen, hat die Annahme des Marktgleichgewichts auch auf die unternehmerische Finanzierungspolitik erheblichen Einfluss. Sie zeigen, dass die *„Finanzierungspolitik der Unternehmen auf informationseffizienten, gleichgewichtigen Märkten vollständig irrelevant für die Vermögensposition der Gesamtheit der Kapitalgeber, d.h. Eigenkapitalgeber und Fremdkapitalgeber, ist.“*[19] Schmidt (2007) überspitzt diese als Irrelevanztheorem bekannte Theorie, indem er zum Ausdruck bringt, dass durch sie nicht nur die gesamte Unternehmensfinanzierung sowie die Risikopolitik des Unternehmens irrelevant wird: *„Auch alle institutionellen Gegebenheiten von differenzierten Finanzierungsinstrumenten bis hin zu Banken und anderen Finanzintermediären wären (...) „irrelevant“, wenn sie in dieser Theorie überhaupt vorkämen. Sie sind dort aber nicht enthalten, und wichtiger: sie können auch nicht eingebaut werden, ohne*

---

[17] Wenngleich bis heute keine abschließende Klärung des tatsächlich am Kapitalmarkt vorherrschenden Grades der Informationseffizienz existiert, ist man sich in der Literatur zumindest dahingehend einig, dass die strenge Markteffizienz als nicht gegeben gilt: Aus einer theoretischen Annahme nicht vollständig kompetitiver Märkte heraus erklären Laffont/Maskin (1990) zumindest die strenge Form der Kapitalmarkteffizienz deshalb als nicht existent, weil sie Insidern mit einer gewissen Marktmacht strategisches Handelsverhalten attestieren: So gehen sie in ihrem Modell davon aus, dass ein die Marktpreise beeinflussender Insider mit privaten Informationen diese nur schrittweise preisgeben wird, um möglichst vollständig von dadurch bedingten Preisanpassungen profitieren zu können. Vgl. hierzu Laffont/Maskin (1990), S. 70–71. Mittels empirischer Überprüfung stellt Jaffe (1974) bspw. fest, dass ein solcher Handel auf Grundlage relevanter Insiderinformationen selbst unter Berücksichtigung der entstehenden Transaktionskosten des Erzielen von Überrenditen ermöglichen kann. Vgl. Jaffe (1974), S. 427. Fama (1991) fasst u.a. die in der Folge auf seine 1970 postulierte Hypothese entstandene Kapitalmarktforschung in Bezug auf private Informationen zusammen und kommt dabei zu dem Ergebnis, dass die strenge Form der Kapitalmarkteffizienz als nicht gegeben zu betrachten ist: So konnte festgestellt werden, dass das Ausmaß an Insiderhandel durchaus groß ist und dass es demzufolge Marktteilnehmer gibt, deren private Informationen nur schrittweise Berücksichtigung in den Wertpapierpreisen finden. Zudem haben manche Portfoliomanager Zugang zu derartigen Insiderinformationen und damit die Möglichkeit, diese gewinnbringen ausnutzen zu können. Vgl. hierzu Fama (1991), S. 1603–1607.

[18] Vgl. Krahnen (1993), S. 796.

[19] Krahnen (1993), S. 796.

dass die Geschlossenheit der Theorie zerstört und auch ihren praktisch nützlichen Aussagen die feste Basis genommen würde."[20]

„Die Unfähigkeit (...), ein adäquates Verständnis für praktische Probleme und zweifelsfrei existierende Institutionen zu entwickeln, bildet den Hintergrund für den Aufstieg des so genannten neo-institutionalistischen oder institutionenökonomischen Ansatz der Finanztheorie."[21] Das Ziel ist es, die Existenz von Institutionen zu erklären und der Theorie eine informationsökonomische Fundierung zu verleihen.[22] Dabei teilen die verschiedenen Modelle den Ausgangspunkt, keinen vollkommenen Kapitalmarkt zu unterstellen. „Es ist wichtig zu verstehen, dass in all diesen Arbeiten nicht einfach und willkürlich die Annahme vollkommener Kapitalmärkte durch die der Marktunvollkommenheit ersetzt wird. Vielmehr ist die Kapitalmarktunvollkommenheit selbst die Folge tiefer liegender Annahmen über die Informationsverteilung und die Unmöglichkeit, vollkommene Verträge zu schließen und damit die negativen Folgen der Informationsverteilung zu neutralisieren (...)."[23] Weil die Informationen unter den Marktteilnehmen asymmetrisch verteilt sind und nicht jeder Wunsch zur vertraglichen Regelung auch durchsetzbar ist, richtet sich der Fokus darauf zu analysieren, inwiefern zwischengeschaltete Institutionen solche Probleme (bzw. die Folgen dieser Probleme) überwinden können.[24] „In einer Welt mit asymmetrisch verteilter Information und unvollständigen Verträgen gibt es vielfältige und komplexe Institutionen. Ihre Funktion besteht darin, die negativen Folgen von Informations- und Anreizproblemen abzumildern, die sich in einer institutionell weniger reichhaltig ausgestalteten Welt ergeben würden. Durch diesen funktionellen Denkansatz können Institutionen in ihrer konkreten Ausgestaltung ökonomisch erklärt und auch Wege zu ihrer Verbesserung aufgezeigt werden."[25] Es wird deutlich, dass die Situation asymmetrisch verteilter Informationen einen Bedarf an Institutionalisierung schafft und somit bei den beteiligten Personen eine Einschränkung des Handlungsspielraums erfor-

---

[20] Schmidt (2007), S. 69.
[21] Vgl. Schmidt (2007), S. 69.
[22] Vgl. Krahnen (1993), S. 797; Schmidt (2004), S. 32 sowie Heun (2007), S. 86.
[23] Schmidt (2007), S. 70.
[24] Vgl. Schmidt (2004), S. 32–33.
[25] Schmidt (2007), S. 71.

dert.[26] „*Im Unterschied zur traditionellen Kapitalmarkttheorie sind Kooperationsergebnisse aus Sicht der informationsökonomischen Finanzwirtschaftslehre nun im allgemeinen nicht mehr vollständig effizient. Einschränkungen resultieren aus der Notwendigkeit, Anreizkonflikte über Mechanismen zu kontrollieren, die die Wahlmöglichkeiten der Parteien empfindlich beschränken (...). Man spricht hier von Agency-Kosten und sucht entsprechend nach Mechanismen, die diese Kostenkategorie mindern oder beseitigen können.*"[27] In der Literatur bekommen vor allem Prinzipal-Agenten-Konflikte besondere Bedeutung, die die unternehmensinterne Ineffizienz in Bezug auf angestellte Manager verdeutlichen. Die Frage nach möglicher Kontrolle der Autonomie des Managers lenkt den Blick auf eine Kontrolle durch den Markt. Für eine solche wirksame Außenkontrolle muss jedoch eine Antwort darauf gefunden werden, wie effizienzfördernd der Markt tatsächlich sein kann.[28]

An einem Beispiel lässt sich verdeutlichen, dass Unternehmenskontrolle theoretisch nicht nur intern sondern auch extern durch Märkte erfolgen kann – häufig ist damit der Markt für Eigenkapitalbeteiligungen gemeint: So wird mit Blick auf den Free Cash-Flow[29] eines Unternehmens deutlich, dass die ökonomisch effiziente Argumentation eine vollständige Ausschüttung an die Aktionäre empfiehlt, während die Geschäftsführung in manchen Fällen die Einbehaltung bevorzugt und es somit aufgrund von Anreizkonflikten zu ineffizienter Mittelverwendung kommen kann.[30] Die Macht der Unternehmenseigentümer im Sinne der Außenkontrolle durch den Markt liegt nun darin, dass aktionärsschädigendes Verhalten mit einem Rückgang des Aktienkurses bestraft werden kann und hierüber die eigentliche Kontrollfunktion ausgeübt werden kann: „*Clevere Investoren können diese Abweichung beobachten und sie profitabel nutzen, indem sie ausreichend Aktien (zu den aktuell niedrigen Kursen) aufkaufen, um eine Stimmenmehrheit zu erhalten. Eine solcher Art aktive Investorin kann quasi im Interesse der machtlosen Masse aller Kleinaktionäre handeln und mit ihrer Beteiligung eine geänderte Unternehmenspolitik (hier: erhöhte Ausschüttungen) auch*

---

[26] Vgl. Krahnen (1993), S. 798.
[27] Vgl. Krahnen (1993), S. 798.
[28] Vgl. Krahnen (1993), S. 798.
[29] Mit Free Cash Flow ist ein Teil des Gewinns gemeint, für welchen es im Unternehmen keine profitable Verwendung gibt bzw. die bessere Verwendung der Mittel in anderen Investitionsobjekten außerhalb des Unternehmens zu sehen wäre. Vgl. hierzu Krahnen (1993), S. 798.
[30] Vgl. Krahnen (1993), S. 798.

durchsetzen."[31] Weil eine solche Investorin aufgrund der dann einsetzenden Aktienkurssteigerungen jedoch von ihrem Verhalten profitiert, ergibt sich hieraus ein Anreiz für Marktteilnehmer, kontrollierend auf die Geschäftsführung eines Unternehmens Einfluss zu nehmen. Hinter der Annahme einer leistungsfähigen Unternehmenskontrolle durch den Markt steckt aber wieder das Vertrauen in die Informationseffizienz des Kapitalmarktes, wonach Kursbewegungen den Zugang von Informationen jederzeit perfekt wiederspiegeln.[32] Damit taucht in der Literatur zur Kapitalmarkttheorie erneut die Frage auf, inwiefern Märkte effizient und vor allem inwiefern die Preissetzung des Aktienmarktes informationseffizient ist.

Während zwar in Bezug auf die Markteffizienz von *„dem bestetablierten Faktum der gesamten Wirtschaftswissenschaften"*[33] gesprochen wird, werden in einer weiteren Phase der kapitalmarkttheoretischen Entwicklungen immer mehr sog. Marktanomalien vorgestellt, die mit der Annahme der Informationseffizienz nicht vereinbar sind.[34] Gemeint sind damit Fehlbepreisungen am Kapitalmarkt, die es so in einer informationseffizienten Welt gar nicht geben dürfte. Ein typisches Beispiel für derartige Fehlbewertungen ist das sog. Closed-End-Fund-Puzzle, wonach der in einem geschlossenen Investmentfonds befindliche Marktwert von Aktien und Renten nicht mit dem Marktwert der Fondsanteile übereinstimmt. Auch die empirische Feststellung, dass Risiko-Ertrags-Beziehungen teilweise einen saisonalen Verlauf aufweisen, der unabhängig neuer Informationen ist, lässt sich in die Kategorie der mit effizienten

---

[31] Krahnen (1993), S. 799.

[32] Vgl. Krahnen (1993), S. 800.

[33] Krahnen (1993), S. 800.

[34] Die Erklärungen solcher Marktanomalien müssen jedoch nicht zwangsläufig zu einer komplett neuen Finanzierungstheorie führen. Auch innerhalb der neoklassischen Sichtweise wurde versucht, die Modelle dahingehend zu verbessern, dass Anomalien mit diesen erklärt werden können: So wurde das CAPM durch das Drei-Faktoren-Modell dahingehend erweitert, dass neben der Entwicklung des Marktportfolios auch die Kapitalisierung des Unternehmens sowie dessen Verhältnis zwischen dem Buch- und dem Marktwert zur Renditeerklärung genutzt wird. Vgl. hierzu Fama/French (1996), S. 82. Auch wurde das CAPM durch die Berücksichtigung von Steuern oder die Annahme heterogener Erwartungen der Marktteilnehmer erweitert. Vgl. hierzu Roßbach (2001), S. 9. Auch Noise-Trader Modelle tragen zu einer Erklärung beobachtbarer Anomalien bei, indem dort angenommen wird, dass für eine Gruppe von Marktteilnehmern die Rationalitätsannahme nicht mehr gilt und deren Erwartungen auch nicht homogen sind. Da diese Marktteilnehmergruppe durch ihr Handelsverhalten die Preisfindung im Markt stört, werden Abweichungen vom eigentlich erwarteten Preis erklärbar. Vgl. hierzu Roßbach (2001), S. 9 sowie Heun (2007), S. 104–105.

Märkten nicht erklärbarer Anomalien einordnen.[35] Mit Blick auf die Transaktionskosten lässt sich in Bezug auf die meisten Anomalien jedoch feststellen, dass sich mit ihnen keine profitablen Anlagestrategien aufbauen lassen. *„Obwohl damit gezeigt wird, daß [sic] die Gleichgewichtsbedingung trotz Anomalie erfüllt ist, stellt die mittlerweile recht massive Evidenz die Überzeugung rationaler Bewertungen und damit insbesondere die Beziehung zwischen Preis und Wert, zwischen beobachteter Marktbewertung und nicht beobachtetem Fundamentalwert in Frage."*[36] Mit dem Versuch, Erklärungen für diese Beobachtungen zu finden, rückt zunehmend der Markt selbst als Institution in den Mittelpunkt und wird immer weniger als das Ideal zum Ausgleich von Angebot und Nachfrage betrachtet. Stattdessen werden Märkte genauso wie anderen Institutionen Strukturmerkmale zugesprochen, die die Preise der dort gehandelten Gegenstände beeinflussen. Im Rahmen dieser als Marktmikrostruktur bezeichneten Forschungsrichtung der Kapitalmarkttheorie wird z.B. angenommen, dass das durch Market-Maker stattfindende Verfahren der Preisermittlung an Börsen das Preisniveau der dort gehandelten Wertpapiere beeinflusst.[37]

Die Forschung im Bereich der Marktmikrostruktur soll also allgemein die Frage beantworten, *„welchen Einfluss die Organisation eines Marktes auf das Marktergebnis hat"*[38] und wie effizient der Tauschprozess mittels verschiedener Strukturmerkmale gestaltet werden kann. Sie grenzt sich wie bereits oben erwähnt von dem Gedanken ab, der Preis eines handelbaren Guts würde durch den Schnittpunkt zwischen der am Markt vorherrschenden Angebots- und Nachfragekurve zustande kommen und der sich so einstellende Gleichgewichtspreis würde zur vollständigen Markträumung führen.[39] Stattdessen wird in Bereich der Marktmikrostruktur davon ausgegangen, dass Institutionen die Wünsche der Käufer und Verkäufer zu koordinieren haben, damit hieraus ein Preis sowie Handel zwischen den Akteuren entstehen kann. Vor allem wird durch die Marktmikrostrukturforschung infrage gestellt, dass die Organisation des Marktes keine Rolle im Hinblick auf das Marktergebnis spielt und sich immer derselbe Gleichgewichtspreis einstellen würde. *„This assumption is particularly trou-*

---

[35] Vgl. Krahnen (1993), S. 801.
[36] Krahnen (1993), S. 801.
[37] Vgl. Krahnen (1993), S. 801–802.
[38] Hirth (2000), S. 1.
[39] Vgl. O'Hara (1995), S. 3.

bling for markets in which traders have differential information."[40] Das Besondere der Marktmikrostruktur ist dabei jedoch, dass die Modelle fast ausschließlich auf die Aktienmärkte fokussieren und folglich die Effizienz von Institutionen beurteilen, welche den Tauschprozess zwischen den dort aktiven Marktteilnehmern organisieren.[41] Insbesondere die Institution Börse findet dabei große Beachtung.[42] Aufgrund des fast ausschließlichen Fokus auf Börsen entstehen im Forschungsbereich der Marktmikrostruktur sowohl theoretische als auch empirische Arbeiten. Während die Börsenorganisation als Idealvorstellung des vollkommenen Marktes aus dem Blickwinkel der theoretischen Forschung Interesse weckt, wird für empirische Arbeiten gerne das vergleichsweise einfach zugängliche Datenmaterial des organisierten Wertpapierhandels genutzt.[43] In der Marktmikrostrukturtheorie tauchen zahlreiche Ansätze wieder auf, welche bereits im Rahmen der Neuen Institutionenökonomik beschrieben wurden: Man findet z.B. die Tatsache wider, dass auch an der Börse ein Handel im Sinne eines Ausgleichs von Angebot und Nachfrage existiert und dieser unter asymmetrischer Informationsverteilung stattfindet.[44] Die Marktmikrostruktur versucht nun Modelle zu entwickeln, die das Marktergebnis aus dem Zusammenspiel eines bestimmten Marktszenarios (z.B. asymmetrische Informationsverteilung) und einer bestimmten Marktorganisation heraus erklären können.[45] Bei der Marktorganisation werden bestimmte Marktformen definiert, was im Hinblick auf die eingeschalteten Intermediäre bspw. Market-Maker- oder Auktionsmärkte sein können. Dabei verdeutlichen die Theorien der Marktmikrostruktur einerseits, dass die verschiedenen Kombinationsmöglichkeiten aus Marktszenarien und Marktorganisationen ganz unterschiedliche Einflüsse auf die Wertpapierpreise haben. Andererseits versuchen sie eine Antwort darauf zu finden, welche Kombination die optimale Börsenform ist. Diese Optimalitätsbeurteilung erfolgt entlang verschiedener Kriterien, die nachfolgend kurz erläutert werden sollen:[46]

---

[40] O'Hara (1995), S. 3.
[41] Vgl. Heun (2007), S. 86.
[42] Vgl. Schmidt (2004), S. 34.
[43] Vgl. Hirth (2000), S. 1.
[44] Vgl. Schmidt (2004), S. 34.
[45] Vgl. de Jong/Rindi (2009), S. 1–2 sowie Hirth (2000), S. 1-3, 8-9.
[46] Vgl. Schmidt (2004), S. 36 sowie die dort angegebene Literatur.

- Effizienz im Sinne der Frage, ob sich alle verfügbaren Informationen im Marktpreis widerspiegeln.
- Transparenz im Sinne der Frage, ob alle relevanten Informationen unmittelbar verfügbar sind.
- Liquidität im Sinne der Frage, ob Handelsaufträge rasch und ohne Aufschläge abgewickelt werden.
- Transaktionskosten im Sinne der Frage, welche Kombination möglichst geringe Informations- und Entscheidungskosten sowie Vermittlungsgebühren verursacht.

Damit berührt die Marktmikrostruktur Fragestellungen, die sowohl in den Forschungsbereich der neoklassischen sowie der neoinstitutionalistischen Ansätze fallen.[47] Da die verschiedenen Modelle der Marktmikrostruktur jedoch meist nur einzelne Teilbereiche untersuchen, gibt es keinen generellen Konsens darüber, welche Form nun tatsächlich die optimale Börsenform ist: *„Zumindest muß [sic] man sich (..) fragen, welchen Beitrag die Theorie der Marktmikrostruktur für die Suche nach effizienten Börsenorganisationen leistet. Das Fazit dazu fällt eher ernüchternd aus. Angesichts der Sensitivität der Modellergebnisse bestehen enorme Schwierigkeiten, daraus allgemeingültige börsenpolitische Empfehlungen abzuleiten. Dominante Organisationsformen scheint es nicht zu geben, sondern eher Aussagen darüber, welche Klientel jeweils profitiert."*[48] Die bestehenden Modelle im Bereich der Marktmikrostruktur sind zudem sehr vielfältig, so dass man nicht von der einen Theorie der Marktmikrostruktur sprechen kann. Stattdessen richten die existierenden Modelle ihren Fokus teilweise auf unterschiedliche Einzelfragen und beurteilen in ihrem engen Rahmen das Marktergebnis unter Berücksichtigung der jeweiligen Marktorganisation.[49] In Bezug auf die Marktorganisation fokussieren die Modelle bspw. auf die Art, nach welcher Aufträge abgegeben und ausgeführt werden oder Informationen über diese publiziert werden. Die Marktorganisation kann jedoch auch im Hinblick auf die beteiligten Intermediäre definiert werden, so dass hier entsprechende Marktmikrostrukturmodelle entweder von Auktions- oder Market-Maker-Märkten ausgehen.[50]

---

[47] Vgl. Heun (2007), S. 86.
[48] Hirth (2000), S. 51.
[49] Vgl. Hirth (2000), S. 2–3.
[50] Vgl. Hirth (2000), S. 8–9.

Neben den Regeln, nach welchen gehandelt wird (Marktorganisation), definieren die Modelle der Marktmikrostruktur jeweils Szenarien bzw. Ausgangssituationen, aus denen heraus am Markt gehandelt wird: Dies sind z.b. die Informationsstände der Marktteilnehmer sowie deren Präferenzen und Anfangsausstattungen.[51]

Zahlreiche Modelle der Marktmikrostruktur widmen sich in Bezug auf die Marktorganisation vor allem den Market-Maker-Märkten. Bei den Marktszenarien scheinen einerseits Modelle mit risikoaversen Marktteilnehmern und andererseits mit asymmetrischen Informationsverteilungen modern zu sein. In der Marktmikrostrukturforschung haben sich deshalb vor allem zwei Strömungen entwickelt: Die sog. (i) inventory-based models betrachten modelltheoretisch den Bid-Ask-Spread als Kompensation für die vom risikoaversen Market-Maker durchzuführende Lagerhaltung. Die sog. (ii) information-based models analysieren demgegenüber, wie sich asymmetrische Informationsverteilungen auf das Marktergebnis und die Wertpapierpreise auswirken.[52] Diese beiden Strömungen sollen im Folgenden näher erläutert und mit Fokus auf letztere Modellgruppe die jeweils zugehörigen Modelle später genauer betrachtet werden. Die nachfolgende Abbildung 2 kategorisiert die unterschiedlichen Forschungsrichtungen der Marktmikrostruktur und hebt die Wichtigsten unter diesen hervor.

---

[51] Vgl. Hirth (2000), S. 2.

[52] Vgl. de Jong/Rindi (2009), S. 1–2. Die besondere Bedeutung dieser beiden Strömungen wird auch durch die Ausführungen von O'Hara (1995) unterstrichen: „*These inventory-based and information-based paradigms provide the general theoretical framework used in market microstructure theory*". (O'Hara (1995), S. 12).

Marktorganisation (Regeln, nach denen gehandelt wird)	Marktmikrostrukturmodelle

• Art der Auftragsabgabe
• Art der Auftragsausführung
• Publizität von abgegebenen und ausgeführten Aufträgen
• Einschaltung von Intermediären
    - Auktionsmärkte
    - Market-Maker-Märkte
	(i) Inventory-based models
	Betrachten modelltheoretisch den Bid-Ask-Spread als Kompensation für die vom risikoaversen Market Maker durchzuführende Lagerhaltung

Marktszenario **(Ausgangssituation, aus der heraus gehandelt wird)** • Anfangsausstattung der Marktteilnehmer • Informationsstände der Marktteilnehmer • Präferenzen der Marktteilnehmer	**(ii) Information-based models** Analysieren, wie sich asymmetrische Informationsverteilungen auf das Marktergebnis und die Wertpapierpreise auswirken

Quelle: de Jong/Rindi (2009), S. 1–2; Hirth (2000), S. 1-3, 8-9 sowie O'Hara (1995), S. 12.

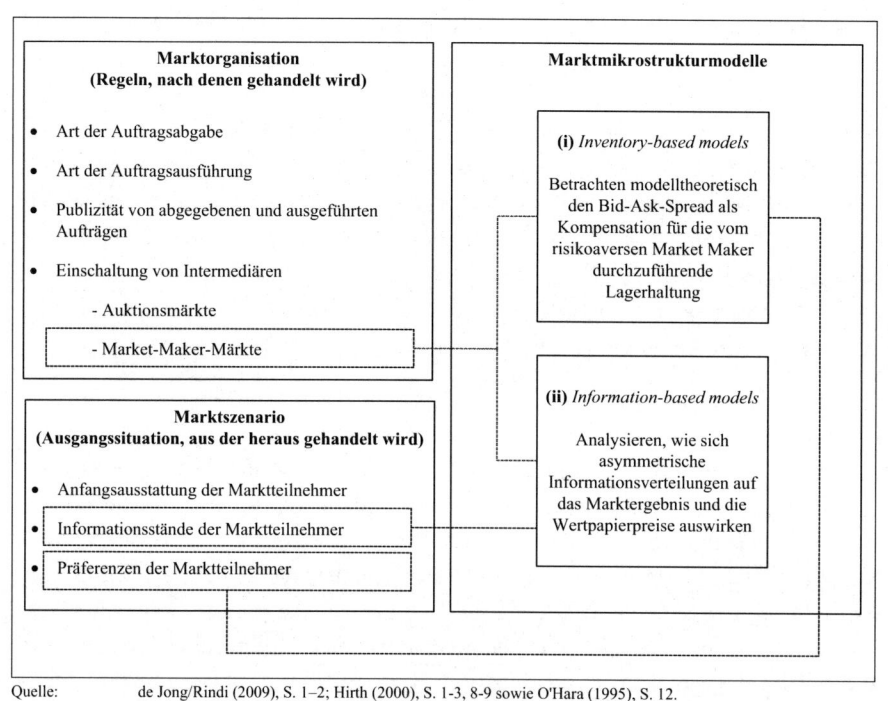

Abbildung 2: Kategorisierung unterschiedlicher Forschungsrichtungen der Marktmikrostrukturforschung

Inventory-based models modellieren eine Ausgangssituation, in der die Marktteilnehmer nicht zur selben Zeit in den Markt eintreten und ein risikoaverser Market-Maker kurzfristige Ungleichgewichte im Orderstrom ausgleicht. Für eine solche Bereitstellung von Liquidität stellt dieser regelmäßig verbindliche An- und Verkaufspreise, um die Handelswünsche der Marktteilnehmer unmittelbar befriedigen zu können. Weil der Market-Maker aber zur Sicherstellung der sofortigen Orderausführung selbst ein Portfolio an Wertpapieren halten muss, das aus seiner Sicht häufig eine unerwünschte Zusammensetzung aufweist und teilweise ein hohes systematisches Risiko hat, entstehen ihm hierdurch Kosten.[53] Weil diese Modelle dem Market-Maker Risikoaversion attestieren, ist dieser über mögliche Verluste aufgrund künftiger Preisveränderungen besorgt und lässt sich sein Risiko dementsprechend vergüten. So

---

[53] Vgl. Amihud/Mendelson (2000), S. 11; Grammig/Schiereck/Theissen (2000), S. 620–621 sowie Deutsche Börse (2014), S. 1.

beschreiben inventory-based models eine Komponente des Bid-Ask-Spreads, die sich auch bei gleicher (symmetrischer) Informationsverteilung am Markt einstellt und liefern so modelltheoretisch eine Antwort darauf, wie die Risikoaversion des Market-Makers dessen Preissetzung beeinflusst.[54] Die ersten Modelle in diesem Kontext stammen von Stoll (1978), Amihud/Mendelson (1980) sowie Ho/Stoll (1980, 1981, 1983).[55] Weil die Marktmikrostrukturmodelle dieser Gruppe auch bei symmetrischer Informationsverteilung die Existenz eines Bid-Ask Spreads theoretisch fundiert durch die Bestandshaltekosten des Market-Makers erklären, findet man in der deutschsprachigen Literatur häufig auch die Bezeichnung der Marktmikrostrukturtheorie bei symmetrischer Information wieder.[56]

Information-based models nehmen in Bezug auf die Marktteilnehmer Risikoneutralität und asymmetrische Informationsverteilung an und gehen meist von einem Markt aus, in dem ein Market-Maker regelmäßig verbindliche An- und Verkaufspreise stellt und die Marktteilnehmer gegen diese jederzeit handeln können. Die Marktteilnehmer sind unterschiedlich (gut) informiert und treten zu verschiedenen Zeitpunkten in den Markt ein.[57] Das Marktergebnis wird in diesen Modellen deshalb durch die asymmetrische Informationsverteilung beeinflusst, weil dem Market-Maker hierdurch Kosten adverser Selektion entstehen und dieser den Bid-Ask-Spread daraufhin anpasst.[58] Wegen der angenommenen asymmetrischen Informationsverteilung werden diese Modelle auch als Marktmikrostrukturtheorie bei asymmetrischer Information bezeichnet.[59] Weil besser informierte Marktteilnehmer nicht identifizierbar sind, aber immer genau dann Transaktionen tätigen, wenn es für sie profitabel ist, muss der Market-Maker die Geld-Brief-Spanne so wählen, dass seine Verluste im Handel mit diesen durch Gewinne im Handel mit schlechter informierten mindestens ausgegli-

---

[54] Vgl. Hirth (2000), S. 38 sowie de Jong/Rindi (2009), S. 80.
[55] Vgl. de Jong/Rindi (2009), S. 80. Für detaillierte Ausführungen zum Modell von Stoll (1978) vgl. bspw. de Jong/Rindi (2009), S. 81–90.
[56] Vgl. Lüdecke (1996), S. 8–10.
[57] Vgl. de Jong/Rindi (2009), S. 69.
[58] Vgl. Amihud/Mendelson (2000), S. 9.
[59] Vgl. Lüdecke (1996), S. 11–15.

chen werden.[60] Meist werden die informierten Marktteilnehmer als Handelswillige mit privaten Informationen beschrieben, deren Informationen sich noch nicht in den vom Market-Maker gestellten Preisen widerspiegeln.[61] Der Market-Maker versucht jedoch, die Auftragsmenge der Handelswilligen als Informationssignal für die evtl. im Markt befindlichen privaten Informationen zu nutzen und passt daraufhin regelmäßig seine Preisstellung an. Information-based models beschreiben also eine Komponente des Bid-Ask-Spreads aufgrund asymmetrischer Informationsverteilung, welche jedoch in Abhängigkeit des Orderstroms variiert. Sie liefern modelltheoretisch eine Antwort darauf, wie der Market-Maker die Geld-Brief-Spanne in Abhängigkeit des Auftragsvolumens wählen muss, um die Kosten der adverser Selektion kompensieren zu können.[62] Der Zusammenhang zwischen Geld-Brief-Spanne und der asymmetrischen Informationsverteilung ist positiv, so dass mit einem steigenden Anteil informierter Marktteilnehmer der Bid-Ask Spread ansteigen wird.[63]

So wie in der Marktmikrostruktur das Auftreten von Kapitalmarktanomalien über Strukturmerkmale des Marktes erklärt werden, werden diese in einer weiteren und noch recht jungen kapitalmarktorientierten Forschungsrichtung schlicht mit irrationalen Verhaltensweisen der Marktteilnehmer begründet.[64] Diese als Behavioral Finance bezeichnete verhaltensorientierte Finanzmarkttheorie beleuchtet intensiv das individuelle Informations- und Entscheidungsverhalten der einzelnen Marktteilnehmer: „*Dazu existieren mittlerweile eine Reihe von experimentellen Untersuchungen, die das Verhalten von Entscheidern am Aktienmarkt beobachten, um aus dieser Perspektive zu einem besseren Verständnis am Finanzmarktgeschehen beizutragen.*"[65] Ansatzpunkte der Behavioral Finance, solche Anomalien erklärbar zu machen, sind vor

---

[60] Vgl. Grammig/Schiereck/Theissen (2000), S. 621. Man spricht in diesem Zusammenhang auch davon, dass der Market-Maker durch die Veröffentlichung seiner Preise dem informierten Marktteilnehmer eine sog. kostenlose Handelsoption bereitstellt, die dieser wiederum gewinnbringend für sich ausnutzen kann. Vgl. hierzu Lüdecke (1996), S. 12.

[61] Vgl. Lüdecke (1996), S. 11.

[62] Vgl. de Jong/Rindi (2009), S. 2. Es ist davon auszugehen, dass die Informationsasymmetrie für den größten Anteil des Bid-Ask Spreads verantwortlich ist. Unter bestimmten Voraussetzungen ist sie sogar die einzige beeinflussende Komponente. Vgl. hierzu Lüdecke (1996), S. 11.

[63] Vgl. Lüdecke (1996), S. 12.

[64] Vgl. Krahnen (1993), S. 802.

[65] Schmidt (2004), S. 37.

allem die Heterogenität der Informationsprozesse der einzelnen Marktteilnehmer sowie die Annahme der Informationsasymmetrie.[66] Das größte Abgrenzungskriterium zu den übrigen Kapitalmarkttheorien ist dabei der Blick auf den Informations- und Entscheidungsprozess des einzelnen Anlegers und das Beschreiben sog. individueller Verhaltensanomalien.[67] Mit der Forschungsrichtung der Marktmikrostruktur weist die Behavioral Finance jedoch eine bemerkenswerte Perspektivenkonvergenz auf, die in der Entwicklung der Kapitalmarktforschung neu ist: *„Verhaltenswissenschaftliche Finanzwirtschaftslehre und Marktmikrostruktur bringen als Forschungsrichtungen beide zum Ausdruck, daß [sic] das ursprüngliche Spannungsverhältnis zwischen Markt und Institution, welches die Finanzwirtschaftslehre (...) so sehr beeinflusst hat, sich in der neueren Entwicklung (...) aufzulösen beginnt."*[68] Außerdem wird mit Blick auf die Forschungsrichtung der Marktmikrostruktur sowie der verhaltensorientierten Sichtweisen der Behavioral Finance deutlich, dass bei diesen neueren Finanzierungstheorien die Heterogenität der Marktteilnehmer und folglich die Situation asymmetrisch verteilter Informationen eine entscheidende Rolle spielt. *„Sinnvoll erscheint es, die einzelnen Forschungsrichtungen der neueren Finanzierungstheorie nicht isoliert zu betrachten, sondern gerade auch aus empirischer Sicht die Einzelaspekte zu verknüpfen und damit zu einer ganzheitlichen Sicht des Finanzmarktes zu gelangen."*[69]
In diesem Sinne ist auch der weitere Aufbau dieses Kapitels zu verstehen: Zunächst soll der Begriff der asymmetrischen Informationsverteilung definiert und in diesem Zusammenhang erklärt werden, wer die Marktteilnehmer des Aktienmarktes sind und wie die Informationsströme zwischen diesen grundsätzlich aussehen. Im Anschluss daran soll aus dem Blickwinkel der Marktmikrostruktur erläutert werden, wie die Informationsstände unter den Marktteilnehmern modelltheoretisch verteilt sind. Die darauf folgenden Ausführungen zur verhaltensorientierten Kapitalmarktforschung liefern praktische Erklärungsansätze, wie eine solche Situation asymmetrisch verteilter Informationen tatsächlich zustande kommen kann. Im weiteren Verlauf soll dann erläutert werden, welche Auswirkung diese asymmetrische Informationsverteilung auf das Marktergebnis hat. Hierzu werden zunächst die verschiedenen Modelle der Marktmikrostruktur systematisiert und später anhand des Modells von Easley u.a.

---

[66] Vgl. Schmidt (2004), S. 37.
[67] Vgl. Heun (2007), S. 120.
[68] Vgl. Krahnen (1993), S. 802.
[69] Schmidt (2004), S. 37.

(1996) erläutert, wie die Zusammensetzung der Marktteilnehmerschaft die Preissetzung des Market-Makers beeinflusst. Das Marktmikrostrukturmodell von Easley u.a. (1996) bildet auch die theoretische Grundlage für die im Rahmen der vorliegenden Arbeit stattfindende empirische Überprüfung.

2.2 Informationsverarbeitung am Aktienmarkt und die Informationsstände der Marktteilnehmer

2.2.1 Teilnehmergruppen auf dem Aktienmarkt

Der Aktienmarkt, auch als Markt für Beteiligungskapital in Form von Aktien bezeichnet, sowie der Rentenmarkt, als Markt für Schuldverschreibungen, bilden gemeinsam den Wertpapiermarkt. Wenngleich dieser häufig als Synonym für den Kapitalmarkt verwendet wird, ist er im engen Begriffsverständnis nur ein Bestandteil davon. Auf dem Kapitalmarkt, welcher ein Markt für die langfristige Beschaffung von Finanzmitteln ist, werden nämlich neben Wertpapieren auch bspw. Schuldscheindarlehen, Hypothekarkredite und Kommunalkredite gehandelt.[70]

Der Aktienmarkt setzt sich aus dem Primär- und dem Sekundärmarkt zusammen. Während auf dem Primärmarkt die Emission von Aktien stattfindet, erfüllt der Sekundärmarkt die Fungibilitätsfunktion im Sinne des Gläubigertausches durch die Möglichkeiten zum Handel mit Aktien. Der Sekundärmarkt wiederum lässt sich in den außerbörslichen Aktienhandel einerseits und den börsenmäßigen Aktienhandel andererseits unterteilen. Bei Letzterem handelt es sich um eine organisierte und regulierte Marktform.[71] Zu den Akteuren des Aktienmarktes (Primär- und Sekundärmarkt) zählen die folgenden Marktteilnehmergruppen:

- Anleger / Investoren
- Emittenten
- Systemlieferanten
- Handelsintermediäre
- Informationsintermediäre

Die einzelnen Marktteilnehmergruppen nehmen in ihrem Verhalten am Aktienmarkt durchaus Doppelrollen ein: So können sie für diesen Markt sowohl Lieferanten als auch Abnehmer gleichermaßen sein, Emittenten bspw. sind Produktlieferanten und Finanzmittelabnehmer. Investoren können Orderlieferanten sowie Orderabnehmer sein.[72] Außerdem ist u.a. auch davon auszugehen, dass einzelne Emittenten als Inves-

---

[70] Vgl. Mattern (2012), S. 827.
[71] Vgl. von Rosen (2012), S. 27.
[72] Vgl. Andreas (2000), S. 28 sowie Hartmuth (2003), S. 103–104.

toren auftreten oder Informationsintermediäre am Aktienmarkt Eigenkapital bereitstellen. Entlang der oben genannten Reihenfolge werden die einzelnen Marktteilnehmergruppen im Folgenden erläutert.

Anleger kaufen oder verkaufen Wertpapiere über den Handelsplatz Börse. Eine grobe Unterscheidung unterteilt Anleger in die beiden Gruppen Privatanleger und institutionelle Investoren.[73] In der Marktmikrostrukturforschung haben sich eher die Bezeichnungen uninformierte bzw. informierte Marktteilnehmer durchgesetzt, wenngleich diese nicht exakt gleichzusetzen sind.[74] Diese beiden Anlegergruppen weisen zahlreiche Unterscheidungsmerkmale auf, so dass im Folgenden entlang ausgewählter Kriterien hierzu eine Abgrenzung erfolgen soll. Diese ist jedoch keinesfalls überschneidungsfrei, so dass sie lediglich als idealtypisch zu begreifen ist. *„Obwohl der institutionelle Anleger nach wie vor die größeren Positionen auf sich vereint und auch den Preisbildungsprozess stärker beeinflusst als der Privatanleger, haben sich diese beiden Gruppierungen – das durchschnittliche Handelsvolumen und die Handelstaktik betreffend – stark angenähert, so dass sich eine exakte Abgrenzung als immer schwieriger erweist."*[75] Auch im Hinblick auf das Informationsverhalten scheint sich der Informationsvorsprung des institutionellen gegenüber dem privaten Anleger im Laufe der Zeit reduziert zu haben. Insbesondere die Ad-hoc-Publizität trägt hierzu maßgeblich bei.[76] Vor allem aber hat die Entwicklung und Verbreitung des Internets die Zugänglichkeit zu Informationen dramatisch erhöht und zu einem Abbau von Informationsasymmetrien geführt – Soziale Medien spielen hierbei eine entscheidende Rolle: *„In today's world, investors are free to browse the Securities and Exchange Commission website, Yahoo! Finance, and many other financial news and discussion sources to obtain as much information about companies as they choose; usually for*

---

[73] Vgl. Hartmuth (2003), S. 102 sowie Börse Frankfurt (2015), S. 1. Zusätzlich zu den privaten Anlegern und institutionellen Anlegern wird häufig noch davon ausgegangen, dass es einen sog. intermediären Sektor gibt, zu dem bspw. Stiftungen, Verbände und Kirchen zählen. Vgl. hierzu Oehler (1995), S. 6. Aus Gründen der Vereinfachung wird an dieser Stelle jedoch nur von den typischen zwei Marktteilnehmergruppen ausgegangen.

[74] Vgl. Glosten/Milgrom (1985), S. 76–77; Easley u.a. (1996), S. 1408–1409 sowie Hirth (2000), S. 6–7.

[75] Hartmuth (2003), S. 102.

[76] Vgl. Hartmuth (2003), S. 102.

free. Thus, with the abundance of the information sources available to individuals, it would only seem natural that many investors become more informed."[77]

Kriterien	Private Anleger	Institutionelle Anleger
Rechtlicher Status	Natürliche Person	Juristische Person
Informationsverhalten	Geringe Informationsmenge aus kleiner Anzahl von Quellen Keine professionelle (ausschließliche) Beschäftigung mit Informationssuche und -verarbeitung Geringer ökonomischer Bildungsgrad	Große Informationsmenge aus großer Vielfalt von Quellen Professionelle Informationssuche und -verarbeitung, d.h. Personen als Angestellte, die sich fast ausschließlich mit der Anlage von Finanzmitteln beschäftigen
Entscheidungsfindung	Eher Einzelentscheidungen: Der einzelne Anleger entscheidet meist selbst, ohne sich mit anderen abzustimmen	Eher Gruppenentscheidungen: Entscheidungen werden meist mit anderen abgestimmt und vor Ausführung der Entscheidung diskutiert
Eigentum der anzulegenden Finanzmittel	Anlage eigener Mittel	Überwiegend Anlage fremder Mittel
Volumen der anzulegenden Finanzmittel	Eher geringe Beträge	Hohe Anlagebeträge (und Bestände)
Motivationale Faktoren zur Teilnahme am Aktienmarkt	Vorsorgemotiv: Rücklagen für Notfälle (Krankheit, Unfälle), eigene Altersvorsorge, Vorsorge für die Familie, Vorsorge gegen Arbeitslosigkeit Konsummotiv: Ansparen für geplante Konsumausgaben Spekulationsmotiv: Mehrung des Vermögens, Erhöhung des zukünftigen laufenden Einkommens	Strategisches Investment: Zusammenhang zwischen der Investition und dem eigenen Geschäft/Vorhaben (Absicherungsgeschäfte und Beteiligungen) Finanzinvestment: Laufende Erträge und / oder Wertsteigerungsgewinne
Ausgewählte Beispiele	Private Haushalte Einzelpersonen	Banken und Versicherungen Pensionskassen sowie Sozialversicherungsträger Kapitalanlage- und Vermögensverwaltungsgesellschaften Öffentliche Haushalte und Zentralbanken Industrieunternehmen
Bezeichnung in der Marktmikrostrukturforschung / in theoretischen Modellen zur Marktmikrostruktur	Uninformierte Marktteilnehmer	Informierte Marktteilnehmer

Quelle: Glosten/Milgrom (1985), S. 76–77; Easley u.a. (1996), S. 1408–1409 sowie Oehler (1995), S. 5-6, 91-92.

Tabelle 1: **Idealtypische Abgrenzung privater und institutioneller Anleger**

---

[77] Rubin/Rubin (2010), S. 842.

Damit Aktien jedoch überhaupt gehandelt werden können, sind am Aktienmarkt neben den Anlegern sog. Emittenten notwendig. Das sind meist juristische Personen oder öffentlich-rechtliche Körperschaften, die die Aktien ausgeben.[78] Eine solche Ausgabe von Wertpapieren bezeichnet man als Emission, wozu die Ausstellung und die Platzierung der Wertpapiere am Primärmarkt sowie die Einführung in den Handel ebendieser am Sekundärmarkt zählt. Bei den Formen einer (Aktien-) Emission unterscheidet man die Selbstemission sowie die Fremdemission. Bei der Selbstemission platziert der Emittent seine Aktien selbst, weshalb er auch das Risiko selbst trägt (Platzierungsrisiko). Bei der Fremdemission übernehmen Dritte (meist Banken oder Bankenkonsortien) die technische Abwicklung der Emission und damit auch meist das Platzierungsrisiko.[79]

Systemlieferanten garantieren die Funktionsfähigkeit des Börsenhandels. In Gestalt des Börsenbetreibers bzw. des Börseneigentümers vereinen sie das Wissen sowie die Technik, einen Börsenhandel zu etablieren und aufrechterhalten zu können. Sie entsprechen also einem Akteur, dessen Zielsetzung die Etablierung und Umsetzung eines Börsenhandels ist. Auch der Staat ist ein wichtiger Systemlieferant, indem er die rechtliche Struktur schafft sowie die Aufsicht der Marktakteure regelt und gewährleistet.[80]

Damit die Anleger mit ihren Handelswünschen bzgl. der emittierten Aktien zueinanderfinden, müssen hierfür Märkte existieren. Wie bereits weiter oben beschrieben, können Aktien entweder außerbörslich oder an einer Börse gehandelt werden. An einer Börse sind für einen funktionierenden Handel u.a. sog. Börsenmakler (Market-Maker) in Form von Handelsintermediären aktiv. Zur Sicherstellung der Handelbarkeit von Wertpapieren veröffentlichen diese verbindliche Geld- und Briefkurse, gegen die die Handelswilligen jederzeit handeln können. Außerdem gleichen sie kurzfristige Ungleichgewichte zwischen der Wertpapiernachfrage und dem Wertpapierangebot aus, indem sie selbst ein Portfolio an Wertpapieren halten und so Marktteilnehmern auch ohne direkte Gegenposition Kaufs- und Verkaufswünsche ermöglichen. Selbst bei reinen Auktionsmärkten, welche theoretisch ohne Handelsintermedi-

---

[78] Vgl. Rauscher (2012b), S. 460.
[79] Vgl. Rauscher (2012a), S. 457.
[80] Vgl. Hartmuth (2003), S. 103.

är auskommen würden, findet meist die Eröffnungs- und Schlussauktion von Handelstagen durch einen Market-Maker statt.[81]

Die Rolle von Informationsintermediären wird im nachfolgenden Kapitel 2.2.2 erläutert.

2.2.2 Informationsströme zwischen den Marktteilnehmern

Im Rahmen ihrer Handelsentscheidungen sind alle Teilnehmer des Aktienmarktes auf richtige und zeitnahe Informationen angewiesen. Diese erhalten sie unter Umständen direkt von den jeweiligen Emittenten.[82] Diese stellen bspw. in Form von Jahresabschlüssen oder Ankündigungen durch den Vorstand relevante Informationen bereit und tragen somit zu der für die Funktionsfähigkeit des Aktienmarktes notwendigen Transparenz bei. Weil die Informationen jedoch meist sehr komplex und deren Konsequenzen im gesamten Informationsgeflecht für einzelne Marktteilnehmer oft schwer zu überblicken sind, haben sich zusätzlich sog. Informationsintermediäre etabliert, zu denen insbesondere Analysten und Medien gezählt werden. Diese Informationsintermediäre versuchen, *„aus der Fülle von vorliegenden Informationen die relevanten Sachverhalte zu identifizieren, zu sammeln, auszuwerten, in ihrer Bedeutung für Anlageentscheidungen fachlich fundiert zu analysieren und das Ergebnis dieser Arbeit für Anleger verständlich zu kommunizieren."*[83] Auch die Anleger selbst fungieren dank der technischen Entwicklung und insbesondere aufgrund der Etablierung Sozialer Medien mittlerweile selbst als Informationsintermediär am Aktienmarkt, indem sie in Sozialen Netzwerken Finanzinformationen bündeln, bewerten und anderen Anlegern zur Verfügung stellen. Die nachfolgende Abbildung 3 versucht, die verschiedenen Informationsströme des Aktienmarktes darzustellen. Dabei wird deutlich, dass neben den Emittenten auch Analysten und Medien eine entscheidende Rolle im Prozess der Informationsbereitstellung spielen und für die Anleger daher wichtige Informationsintermediäre sind. Des Weiteren zeigt sich in Abbildung 3, dass die Informationsströme nicht nur in eine Richtung laufen, sondern Analysten bspw. auf Medienberichte zurückgreifen und Medien wiederum die Meinungen von

---

[81] Vgl. Lüdecke (1996), S. 29. Der Market-Maker übernimmt im Rahmen der Eröffnungs- und Schlussauktion die Feststellung des Einheitspreises.
[82] Vgl. von Rosen/Gerke (2001), S. 9.
[83] von Rosen/Gerke (2001), S. 9.

Analysten in ihre Berichterstattung einfließen lassen. Mit besonderem Fokus soll zudem verdeutlicht werden, dass auch Anleger selbst füreinander als Informationsintermediär aktiv werden können: Hierzu schaffen Soziale Medien eine Plattform, über welche sich Anleger untereinander austauschen können und sich so gegenseitig relevante Informationen bereitstellen können.

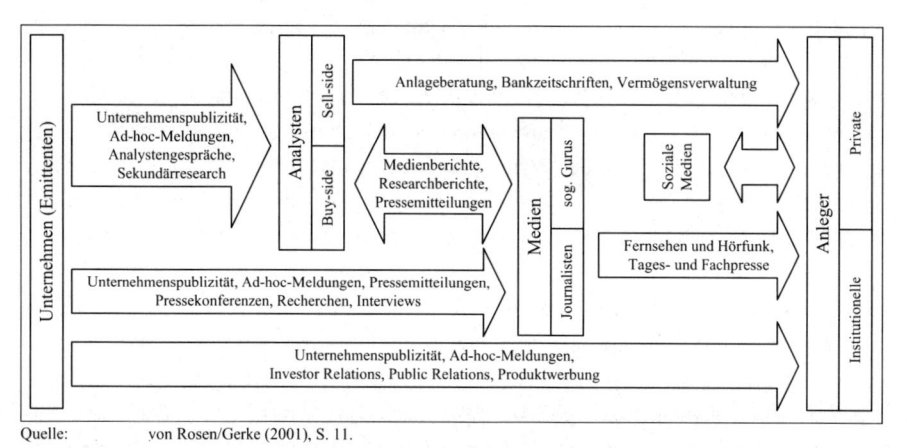

	Unternehmenspublizität, Ad-hoc-Meldungen, Analystengespräche, Sekundärresearch	Analysten	Sell-side	Anlageberatung, Bankzeitschriften, Vermögensverwaltung				Private
Unternehmen (Emittenten)			Buy-side	Medienberichte, Researchberichte, Pressemitteilungen	Medien	sog. Gurus	Soziale Medien	Anleger
						Journalisten	Fernsehen und Hörfunk, Tages- und Fachpresse	Institutionelle
	Unternehmenspublizität, Ad-hoc-Meldungen, Pressemitteilungen, Pressekonferenzen, Recherchen, Interviews							
	Unternehmenspublizität, Ad-hoc-Meldungen, Investor Relations, Public Relations, Produktwerbung							

Quelle: von Rosen/Gerke (2001), S. 11.
Abbildung 3: Vereinfachtes Schema der bewertungsrelevanten Informationsströme am Aktienmarkt

2.2.3 Annahmen zur Verteilung der Informationsstände unter den Marktteilnehmern

2.2.4 Zum Begriff des Informationsstands eines Marktteilnehmers

Damit alle Marktteilnehmer im Umfeld bewertungsrelevanter Informationen zu gleichen Informationsständen und homogenen Einschätzungen bzgl. der erwarteten Wertpapierrückflüsse kommen können, müssten zahlreiche Annahmen erfüllt sein: So sollten alle (relevanten) Informationen öffentlich verfügbar und für jeden Marktteilnehmer (frei) zugänglich sein. Die Informationen müssten zudem alle Marktteilnehmer (gleich schnell) erreichen und die Marktteilnehmer müssten die Informationen in gleicher Art und Weise verarbeiten. Wie bereits eingangs erwähnt, sind dies typische Annahmen der Neoklassik.[84] In einigen Modellen der Marktmikrostruktur sowie der Behavioral Finance findet sich eher die Annahme asymmetrisch verteilter Informationen wieder: Im Kontext der Marktmikrostruktur wird die asymmetrische

---

[84] Vgl. Heun (2007), S. 125.

Informationsverteilung dadurch begründet, dass neue Informationen nicht alle Marktteilnehmer gleichermaßen erreichen und ein Teil der Informationen für viele Marktteilnehmer auch nicht (kostenlos) zugänglich ist. Damit begründet die Situation asymmetrisch verteilter Informationen in der Theorie der Marktmikrostruktur hauptsächlich auf Unterschiede im jeweiligen Informationszugang der Marktteilnehmer. Ansätze der Behavioral Finance führen die Unterschiede im jeweiligen Informationsstand der Marktteilnehmer nicht nur auf verschiedene Möglichkeiten des Informationszugangs zurück, sondern gehen von teilweise erheblichen investorindividuellen Eigenheiten im Umgang mit den Informationen aus. Die Situation asymmetrisch verteilter Informationen wird in der Behavioral Finance also vielmehr auf den gesamten Informationsprozess eines Anlegers zurückgeführt. Die nachfolgende Abbildung 4 stellt diesen Sachverhalt dar. Bevor die Annahmen der Marktmikrostruktur sowie der Behavioral Finance im Hinblick auf die Verteilung der Informationsstände der Marktteilnehmer genauer erläutert werden, ist zunächst jedoch zu klären, was man generell unter dem Informationsstand eines Marktteilnehmers versteht. Wie in nachfolgender Abbildung 4 dargestellt, besteht der Informationsprozess eines Marktteilnehmers neben dem notwendigen Informationszugang zunächst aus der Informationswahrnehmung und der daran anschließenden Phase der Informationsverarbeitung. Im Vorfeld ist eine Entscheidung bzgl. der Zielsetzung, des Anlagebedarfs sowie der Anlageform zu treffen. Am Ende des gesamten Informationsprozesses hat der Marktteilnehmer seinen persönlichen Informationsstand im Hinblick auf die zu erwartenden Rückflüsse eines Wertpapiers, aus welchem er auf den derzeit wahren Wertpapierpreis schlussfolgern kann.

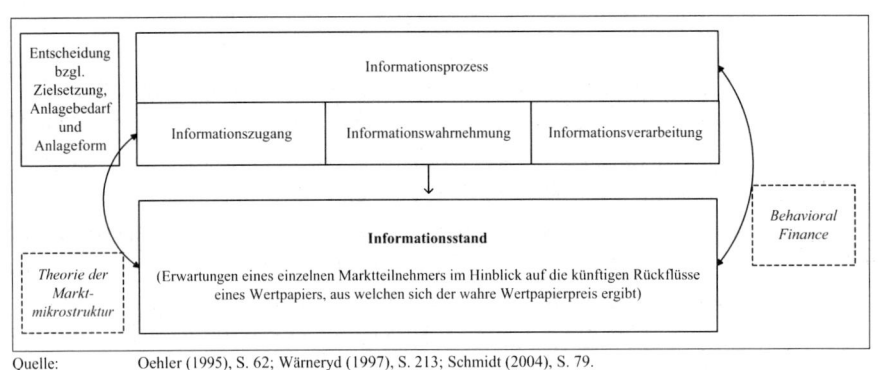

Entscheidung bzgl. Zielsetzung, Anlagebedarf und Anlageform	Informationsprozess		
	Informationszugang	Informationswahrnehmung	Informationsverarbeitung
	Informationsstand (Erwartungen eines einzelnen Marktteilnehmers im Hinblick auf die künftigen Rückflüsse eines Wertpapiers, aus welchen sich der wahre Wertpapierpreis ergibt)		Behavioral Finance
Theorie der Marktmikrostruktur			

Quelle: Oehler (1995), S. 62; Wärneryd (1997), S. 213; Schmidt (2004), S. 79.
Abbildung 4: **Einordnung des Begriffs des Informationsstands eines Marktteilnehmers**

Kapitalmarkttheoretische Grundlagen im Hinblick auf die Informationsstände der Marktteilnehmer

Wie ein Marktteilnehmer jedoch zu seinem persönlichen Informationsstand gelangt, ist zwischen der Theorie der Marktmikrostruktur und der Behavioral Finance sehr unterschiedlich. In obiger Abbildung ist dies durch die jeweiligen Verbindungspfeile verdeutlicht. So wird in der Marktmikrostruktur angenommen, dass unterschiedliche Marktteilnehmergruppen unterschiedliche Informationszugänge haben. Es wird also bereits vor dem Prozessschritt der Informationswahrnehmung davon ausgegangen, dass einzelne Marktteilnehmer bestimmte Informationen aufgrund eines fehlenden Informationszugangs gar nicht wahrnehmen können. Andere Marktteilnehmergruppen hingegen haben Zugang zu sämtlichen relevanten Informationen. Eine Betrachtung, wie die wahrgenommenen Informationen verarbeitet werden, wird in der Marktmikrostruktur nicht gesondert betont. Vielmehr wird davon ausgegangen, dass der Informationsstand dem Informationszugang des jeweiligen Marktteilnehmers entspricht. In der verhaltensorientierten Finanzmarkttheorie wird demgegenüber untersucht, wie die jeweiligen Informationen durch einen einzelnen Marktteilnehmer wahrgenommen und verarbeitet werden. So wurden in der Behavioral Finance in den letzten Jahren zahlreiche Erklärungsansätze entwickelt, die das Verhalten von Marktteilnehmern und deren Umgang mit Informationen thematisieren. Dabei werden alle Phasen des Informationsprozesses intensiv beleuchtet und mit Erkenntnissen der Psychologie und Soziologie in Verbindung gebracht.

Die nachfolgenden Ausführungen sind wie folgt zu verstehen: Für die Theorie der Marktmikrostruktur wird zunächst formuliert, wie sich die Zusammensetzung der Marktteilnehmerschaft am Aktienmarkt modelltheoretisch darstellt. Im Fokus steht dabei die Annahme, dass die Informationen zwischen den Marktteilnehmern asymmetrisch verteilt sind und es Marktteilnehmergruppen mit unterschiedlichen Informationsständen im Hinblick auf dasselbe Wertpapier gibt. Eine Antwort, warum die Informationen asymmetrisch verteilt sind, liefert die Marktmikrostruktur jedoch nicht. Hier hat aber die verhaltensorientierte Kapitalmarktforschung zahlreiche Erklärungsansätze hervorgebracht, die die Entstehung asymmetrisch verteilter Informationen am Aktienmarkt begründen können. Deshalb soll zunächst aus Sicht der Marktmikrostruktur die Annahme bzgl. der Zusammensetzung der Marktteilnehmerschaft dargestellt werden. Darauffolgend sollen Erklärungsansätze der Behavioral Finance erläutert werden, die die für das Entstehen einer asymmetrischen Informationsverteilung möglichen Ursachen darstellen.

2.2.4.1 Modelltheoretische Zusammensetzung der Marktteilnehmerschaft im Sinne der Marktmikrostruktur

Wie bereits oben erwähnt, wird in den informationsbasierten Marktmikrostrukturmodellen meist von drei Marktteilnehmergruppen ausgegangen:[85]

- Informierte Marktteilnehmer
- Uninformierte Marktteilnehmer
- Market-Maker

Informierte Marktteilnehmer haben private, nicht öffentlich verfügbare Informationen über den wahren Wert einer Aktie, welche sie für sich gewinnbringend nutzen können. Informiert zu sein bedeutet in diesem Zusammenhang, im Hinblick auf mindestens ein Wertpapier informiert zu sein, während ein solcher Marktteilnehmer in Bezug auf andere Wertpapiere durchaus uninformiert sein kann.[86] Die Informationsvorteile des informierten Marktteilnehmers können grundsätzlich im Bereich der Fundamental- sowie im Bereich der Marktdaten liegen, wenngleich die meisten informierten Marktteilnehmer Informationsvorteile mit Blick auf die Fundamentaldaten besitzen.[87] Innerhalb der Gruppe der informierten Marktteilnehmer unterscheidet man drei Fälle: (i) Ein einziger informierter, (ii) mehrere gleich gut informierte, (iii) mehrere unterschiedlich gut informierte Marktteilnehmer.[88] Das Unterscheidungskriterium zwischen den Fällen (ii) und (iii) liegt im jeweiligen Informationssignal, welches die Marktteilnehmer empfangen. Während diese im Fall (ii) alle dasselbe Informationssignal erhalten und dieses gleich interpretieren, empfangen die Marktteilnehmer im Fall (iii) unterschiedliche Informationssignale. Weil die informierten Marktteilnehmer ihren Informationsvorsprung gegenüber den uninformierten Marktteilnehmern und insbesondere gegenüber dem Market-Maker möglichst rasch und gewinnbringend ausnutzen wollen, setzen diese eher Markt- anstatt Limitorders ein.[89] Marktorders werden meist zügig zu den jeweils gültigen Bid- oder Ask-Preisen ausgeführt, während Limitorders entweder zu einem vom Marktteilnehmer vorgegebe-

---

[85] Vgl. Lüdecke (1996), S. 11.
[86] Vgl. Lüdecke (1996), S. 27.
[87] Vgl. Lüdecke (1996), S. 49 sowie Hirth (2000), S. 7.
[88] Vgl. Hirth (2000), S. 8.
[89] Vgl. Lüdecke (1996), S. 27.

nen Preis ausgeführt oder nach Ablauf der Orderlaufzeit gelöscht werden. Informierte Marktteilnehmer nutzen also eher den durch den Market-Maker bereitgestellten Sofortigkeitsservice und fragen daher im Moment des Informationsvorsprungs Liquidität nach. Sie vermeiden es, eine Limitorder zu platzieren und damit evtl. bereits einen Teil ihres Informationsvorsprungs in den Markt zu tragen, bevor die tatsächliche Ausführung der Order stattgefunden hat.[90]

Während die informierten Marktteilnehmer durch eine Verarbeitung privater, den wahren Aktienwert betreffender Informationssignale zu einer Handelsentscheidung gelangen, werden die Handelsaktivitäten uninformierter Marktteilnehmer vielmehr als unabhängig solcher Informationen beschrieben. Bei den uninformierten Marktteilnehmern betreffen die vorhandenen Informationen vielmehr situative und personale Faktoren, welche annahmegemäß jedoch nicht im Zusammenhang mit dem wahren Aktienwert stehen und im Anschluss an die nachfolgende Abbildung 5 detailliert erläutert werden. Abbildung 5 stellt zur besseren Verdeutlichung der Unterschiede dieser beiden Marktteilnehmergruppen einen idealtypischen Informations- und Entscheidungsprozess eines einzelnen Marktteilnehmers[91] dar. Dieser beginnt zunächst mit der Formulierung einer mit der Anlage verfolgten Zielsetzung und einer Bestimmung des Anlagebedarfs sowie mit einer Entscheidung bzgl. der Anlageform.[92] Bei den informierten Marktteilnehmern folgt dann ein Informationsprozess, bei welchem

---

[90] Vgl. Lüdecke (1996), S. 27.

[91] Individuelle Anlageentscheidungen sind von sog. Gruppenentscheidungen zu unterscheiden, bei welchen die Anlageentscheidungen nicht nur von einer Individualperson getroffen werden, sondern eine Entscheidung als eine gemeinsame, im Konsens getroffene Gruppenentscheidung formuliert wird. „*Kollektive Entscheidungsprozesse sind dadurch gekennzeichnet, daß [sic] mehrere soziale Aktoren in Interaktion ihre Entscheidung treffen.*" (Kirsch (1978), S. 75). Für eine ausführliche Darstellung kollektiver Entscheidungsprozesse, vgl. Kirsch (1978), S. 75–97. Während man bei privaten / uninformierten Marktteilnehmern von Einzelentscheidungen ausgeht, nimmt man bei institutionellen / informierten Marktteilnehmern eher die Entscheidungsfindung im Sinne einer Gruppenentscheidung an. Vgl. hierzu Oehler (1995), S. 5.

[92] Im Rahmen einer Entscheidung bzgl. der Anlageform unterscheidet man allgemein die Anlage der Mittel in Geldvermögen auf der einen Seite und in Sachvermögen auf der anderen. Vgl. hierzu Oehler (1995), S. 62. In einem weiteren Schritt sind dann innerhalb der gewählten Anlageform Entscheidungen hinsichtlich weiterer Unterarten zu treffen: Während so das Sachvermögen grundsätzlich als Gebrauchs- und Immobilienvermögen bezeichnet werden kann, umfasst eine Anlage in Geldvermögen vielmehr die „*Vermögensanlage in Wertpapiere und die Vermögensanlage bei Banken und Versicherungen sowie börsenmäßige Wertpapiertermingeschäfte*" (Oehler (1995), S. 67).

die relevanten Informationen zunächst wahrgenommen und anschließend verarbeitet werden. Im Ergebnis führt diese zu einer Handelsentscheidung.

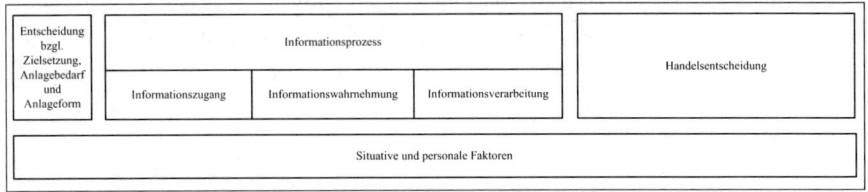

Entscheidung bzgl. Zielsetzung, Anlagebedarf und Anlageform	Informationsprozess			Handelsentscheidung
	Informationszugang	Informationswahrnehmung	Informationsverarbeitung	
	Situative und personale Faktoren			

Quelle: Oehler (1995), S. 62; Wärneryd (1997), S. 213 sowie Schmidt (2004), S. 79.
Abbildung 5: **Vereinfachtes Phasenschemata des Informations- und Entscheidungsprozesses**

Die uninformierten Marktteilnehmer lassen sich nun von den informierten Marktteilnehmern dadurch unterscheiden, dass ihre Handelsaktivitäten nicht aufgrund privater, den wahren Aktienwert betreffenden Informationen erfolgen. Weil sie stattdessen eher aus Liquiditätsgesichtspunkten heraus handeln oder um Risiken weiterzureichen bzw. sich gegen diese abzusichern, fehlt im Rahmen des Informationsprozesses uninformierter Marktteilnehmer der Informationszugang zu Informationen bzgl. des wahren Aktienwertes.[93] Stattdessen wird bereits die Entscheidung bzgl. der Zielsetzung, des Anlagebedarfs sowie der Anlageform durch situative und personale Faktoren beeinflusst und durch diese auch die spätere Handelsentscheidung determiniert. So wird bspw. deshalb gehandelt, weil aufgrund zurückliegender Aktienpreisentwicklungen Anpassungen im Portfolio vorzunehmen sind und dabei der tatsächliche Marktpreis zweitrangig gegenüber der unbedingten Handelsnotwendigkeit wird.[94] Auch die Veränderung der persönlichen Vermögens- und Liquiditätssituation bspw. aufgrund eines Berufswechsels (oder eines Glücksspielgewinns) kann dazu führen, dass betroffene Marktteilnehmer Handelsentscheidungen treffen, die unabhängig von neuen Informa-

---

[93] Vgl. Hirth (2000), S. 6.

[94] Solche in der englischsprachigen Literatur als „(...) portfolio rebalancing needs of investors in response to changes in asset valuations (..)" (Chordia/Huh/Subrahmanyam (2007), S. 711) bezeichneten Notwendigkeiten zur Portfolioumstrukturierung sind dann erklärbar, wenn bspw. grundsätzlich ein aus dem Anlagewert berechneter gleichbleibender Anteil des Portfolios in bestimmten Anlageklassen investiert sein soll. Marktteilnehmer wie Exchange Traded Funds sind z.B. teilweise gezwungen, Wertpapierkäufe oder -verkäufe unabhängig der tatsächlichen Wertpapierpreise zu tätigen und ihre Reservationspreise dementsprechend an die aktuellen Marktgegebenheiten anzupassen.

tionen sind.⁹⁵ Ähnliches ist ebenso im Zusammenhang mit sich verändernder Risikopräferenzen der Marktteilnehmer denkbar.⁹⁶ Des Weiteren determinieren neben steuerlichen Belastungen auch die Veränderlichkeit vorherrschender Konsumpräferenzen die Handelsnotwendigkeiten der Marktteilnehmer.⁹⁷ Zudem scheint das soziale Umfeld eine in Bezug auf die eigenen Kapitalmarktaktivitäten beeinflussende Wirkung zu haben.⁹⁸ Personale Faktoren im Sinne sich verändernder Einstellungen gegenüber bestimmten Wertpapieren und Geschäftsmodellen sind ebenfalls dazu geeignet, die Bildung individueller Handelswünsche zu determinieren.⁹⁹

Solche (uninformierten) Marktteilnehmer werden in den Modellen der Marktmikrostruktur regelmäßig als Liquiditätshändler bezeichnet.¹⁰⁰ In manchen Modellen findet man für die Bezeichnung der uninformierten Marktteilnehmer aber auch den Begriff der sog. Noise-Trader. Der Unterschied zu den Liquiditätshändlern ist dann jedoch, dass sie zwar ebenfalls als uninformiert in Bezug auf Fundamentalinformationen gelten, sich im Hinblick auf ihre Marktinformationen jedoch von den Liquiditätshändlern unterscheiden: Noise-Trader besitzen zwar ebenfalls keine privaten Informationen hinsichtlich des wahren Wertes einer Aktie und handeln letztlich auch nur aus Liquiditätsgründen heraus, täuschen im Handel jedoch vor, private Informationsvorteile zu haben.¹⁰¹ Sie schaffen sich dadurch praktisch ihren eigenen Informationsvorteil, da nur sie von ihren eigenen, vorgetäuschten Handelsaktivitäten wissen.¹⁰² *„Im Grunde besteht dieses Handelsmotiv der Noise-Trader im Wissen um eine gewinnbringende Handelsstrategie, deren Erfolg von den Reaktionen der anderen Marktteilnehmer abhängt."*¹⁰³ Sie haben also zwar keinen Informationsvorteil in Bezug auf fundamentale Informationen, besitzen jedoch Informationsvorteile bei den Marktin-

---

⁹⁵ Vgl. Morse (1980), S. 1130 sowie Mestel (2008), S. 96.
⁹⁶ Vgl. Morse (1980), S. 1130 sowie Mestel (2008), S. 96.
⁹⁷ Vgl. Morse (1980), S. 1130.
⁹⁸ Vgl. Oehler (1995), S. 76 sowie Hong/Kubik/Stein (2004), S. 161.
⁹⁹ Vgl. Oehler (1995), S. 86–92.
¹⁰⁰ Vgl. Hirth (2000), S. 6.
¹⁰¹ Vgl. Lüdecke (1996), S. 26–27 sowie Hirth (2000), S. 6.
¹⁰² Vgl. Lüdecke (1996), S. 6.
¹⁰³ Hirth (2000), S. 6.

formationen.[104] Das unterscheidet sie von den Liquiditätshändlern, deren Handelsverhalten meist durch den Zufall beschrieben wird und eher unabhängig von Markt- und Fundamentalinformationen ist. Je nachdem, welches Modell der Marktmikrostruktur betrachtet wird, findet man die Begriffe der Liquiditätshändler und der Noise-Trader eher als Synonym verwendet oder aber es erfolgt die oben beschriebene Differenzierung.[105] Im Vergleich zu den als informiert geltenden Marktteilnehmern wird jedoch in beiden Fällen der Informationsunterschied zu den uninformierten deutlich, weil die informierten Marktteilnehmer neben den Marktinformationen zusätzlich auch ihre überlegenen privaten Fundamentalinformationen im Handel nutzen.[106]

Für einen funktionsfähigen Markt und Tauschhandel sind sog. Intermediäre notwendig, die gleichzeitig die Funktion der Preisermittlung übernehmen. Die Preisermittlung und damit die Zuteilung der Wertpapiere können entweder nach dem Auktionsprinzip oder nach dem Market-Maker-Prinzip erfolgen. Der entsprechende Markt wird dann als Auktionsmarkt bzw. als Händlermarkt bezeichnet. *„Nach dem Auktionsprinzip werden Preise unter Mitwirkung vieler potentieller Interessenten festgestellt, die um die Aufträge auf der jeweils anderen Seite des Marktes konkurrieren. Kaufaufträge sind der Konkurrenz auf der Angebotsseite, Verkaufsaufträge der Konkurrenz auf der Nachfrageseite ausgesetzt. Somit finden zwei Auktionen simultan statt, so daß [sic] man auch von einer Doppelauktion oder zweiseitigen Auktion spricht."*[107] Die Preise entsprechen also immer der aktuellen Marktlage und schützen vor unvorteilhaften Ausführungen, weil zu unfairen Preisen keine Transaktionen stattfinden, sofern andere Marktteilnehmer bessere Preise bieten. Für Auktionen gibt es mit der periodischen und der kontinuierlichen Auktion zwei mögliche Formen: Bei der kontinuierlichen Auktion löst bereits die Abgabe eines Auftrags einseitig eine Auktion aus.[108] Als kontinuierliche Auktionen werden auch Orderbuchsysteme bezeichnet, die limitierte Aufträge erfassen, um anderen Marktteilnehmern einen jeder-

---

[104] Vgl. Lüdecke (1996), S. 27 sowie Hirth (2000), S. 7.
[105] Vgl. Lüdecke (1996), S. 26.
[106] Vgl. Hirth (2000), S. 7.
[107] Lüdecke (1996), S. 29.
[108] Vgl. Hirth (2000), S. 10.

zeitigen Handel gegen diese zu ermöglichen.[109] Entscheidend für die kontinuierliche Auktion ist, dass fortlaufend Einzelpreise ermittelt werden, zu denen zwischen zwei Marktteilnehmern sofort eine Transaktion stattfindet.[110] Die periodische Auktion findet hingegen nicht fortlaufend, sondern immer nur zu vorab festgelegten Zeitpunkten statt und unterscheidet sich von der kontinuierlichen Auktion vor allem dadurch, dass nicht fortlaufende Einzelpreise sondern ein Einheitspreis ermittelt wird. Die Einheitspreisermittlung erfolgt in der Form, dass für einen bestimmten Zeitraum Handelswünsche gesammelt und dann zu dem Einheitspreis ausgeführt werden, zu welchem die meisten Aufträge ausführbar sind und das Transaktionsvolumen maximiert werden kann. Das periodische Auktionsprinzip wird häufig bei sog. Eröffnungs- und Schlussauktionen von Handelstagen, bei Wiederaufnahme des Handels nach Handelsunterbrechungen und in Märkten mit einem generell niedrigen Handelsaufkommen angewandt.[111] Im Vergleich zum Auktionsprinzip konkurriert beim Market-Maker-Prinzip kein anderer Marktteilnehmer um die Ausführung eines Auftrags, weil alle Aufträge jeweils bilateral zwischen Market-Maker und dem Handelswilligen vereinbart werden.[112] Hierzu veröffentlicht der Market-Maker verbindliche Geld- und Briefkurse, zu welchen die Marktteilnehmer jederzeit mit ihm handeln können.[113] Diese müssen jedoch im Hinblick auf ihre Lage[114] annähernd den Verhältnissen am Markt entsprechen: Würde der Market-Maker nämlich zu hohe oder zu niedrige Kurse (abweichend von den Marktverhältnissen) veröffentlichen, würde er eine Long-

---

[109] Führt jedoch ein Market-Maker das Orderbuch und hat gleichzeitig die Möglichkeit, selbst auf eigene Rechnung zu handeln, zählt man dies nicht zum Auktionsprinzip. Vgl. hierzu Hirth (2000), S. 10.

[110] Vgl. Lüdecke (1996), S. 30.

[111] Vgl. Lüdecke (1996), S. 29. Durchgeführt wird eine solche Feststellung des Einheitspreises ebenfalls von einem Market-Maker: In diesem Fall sammelt der Market-Maker sämtliche Aufträge und wählt dann den Einheitspreis, bei welchem (zumindest annähernd) eine Markträumung stattfindet. Ein Ungleichgewicht zwischen Kauf- und Verkaufsaufträgen kann dadurch gelöst werden, dass der Market-Maker auf eigene Rechnung handeln darf und selbst entsprechende Gegenpositionen anbietet, die vom Markt nicht angeboten werden. Der ökonomische Vorteil liegt für den Market-Maker darin, dass er vor Bekanntgabe des Einheitspreises bereits die Überschussposition kennt und daher selbst entscheiden kann, welche markträumenden Aktivitäten für ihn gewinnbringend sind. Vgl. hierzu Lüdecke (1996), S. 50.

[112] Vgl. Lüdecke (1996), S. 30.

[113] Vgl. Hirth (2000), S. 9.

[114] Lage meint in diesem Kontext das generelle Preisniveau und ist von der Spanne als Differenz zwischen Geld- und Briefkurs zu unterscheiden.

bzw. eine Shortposition aufbauen.[115] Setzt der Market-Maker hingegen die Spanne zwischen Geld-und Briefkursen zu hoch an, wird diese den Wertpapierumsatz insgesamt negativ beeinflussen.[116] Sowohl das Auktionsprinzip als auch das Market-Maker-Prinzip führen also dazu, dass die Preise den tatsächlichen Verhältnissen im Markt angeglichen werden. Auktionen bezeichnet man auch als order-driven, während man Market-Maker-Märkte als quote-driven bezeichnet. Das liegt darin begründet, dass die Abwicklung einer Transaktion beim Auktionsmarkt durch die Aufträge der Marktteilnehmer initiiert wird, während im Market-Maker-Markt die Preisquotierung des Market-Makers den ersten Schritt hin zu einer Transaktion darstellt.[117] Für den Forschungsbereich der Marktmikrostruktur ist die Preisermittlung unter Einbezug eines Market-Makers deutlich interessanter als bei einer Auktion, weil der Market-Maker im Vergleich zum Auktionator auch auf eigene Rechnung handelt und damit auch der Informationsstand des Market-Makers eine entscheidende Rolle im Preisbildungsprozess spielt.[118] Von daher ist es nicht überraschend, dass zahlreiche Modelle der Marktmikrostruktur sog. Market-Maker-Märkte als Strukturmerkmal des Handels definieren. In so einem Fall ist für die Preisbildung am Markt von ganz besonderem Interesse, welchen Informationsstand der Market-Maker im Vergleich zu den anderen beiden Marktteilnehmergruppen (Informierte und Uninformierte) hat). Meist geht man davon aus, dass ein Market-Maker im Unterschied zu den informierten Marktteilnehmern selbst keine privaten Fundamentalinformationen besitzt.[119] Er hat jedoch stattdessen aufgrund seiner privilegierten Stellung am Markt Informationsvorteile im Hinblick auf Marktinformationen: So kennt der Market-Maker zu sämtlichen abge-

---

[115] Long- oder Shortposition meint in diesem Zusammenhang, dass er seinen eigenen Wertpapierbestand entweder auf- oder abbaut. Bei Lüdecke (1996) ist der Zusammenhang genau umgekehrt formuliert, wonach der Market-Maker bei zu hohen Kursen eine Shortposition aufbauen würde und bei zu niedrigen Kursen eine Longposition. Vgl. hierzu Lüdecke (1996), S. 30. Nach Auffassung des Autors der vorliegenden Arbeit kann es jedoch nur so sein, dass ein Market-Maker bei zu hohen Kursen verstärkt mit Handelswünschen konfrontiert wird, die einen Verkauf des Wertpapiers an den Market-Maker anstreben (Positionsaufbau beim Market-Maker / Longposition). Bei zu niedrigen Kursen würde dementsprechend verstärkt das Wertpapier nachgefragt, so dass in diesem Fall dann eher die Wertpapierbestände des Market-Makers kleiner werden würden (Shortposition).

[116] Vgl. Lüdecke (1996), S. 30.

[117] Vgl. Hirth (2000), S. 11.

[118] Vgl. Hirth (2000), S. 9.

[119] Vgl. Lüdecke (1996), S. 49.

schlossenen, offenen und gerade in Ausführung befindlichen Transaktionen die entsprechenden Preise und Mengen. Außerdem weiß er, wie das gegenwärtige Marktgeschehen im Hinblick auf die Bearbeitung von Großaufträgen ist und wie die Preise anderer Market-Maker desselben oder eines anderen Marktes sind. Einen besonderen Informationsvorteil erzielt der Market-Maker zusätzlich durch seinen Zugang zum Limitorderbuch.[120]

Der Unterschied in den jeweiligen Marktinformationen bzgl. der Noise-Trader sowie der informierten Marktteilnehmer ist von der Menge her nicht eindeutig unterscheidbar: Noise-Trader täuschen private Informationen im Handel vor und wissen damit, dass sie keine privaten Informationen besitzen. Informierte Marktteilnehmer handeln aufgrund von privaten Informationen und wissen folglich, dass sie private Informationen besitzen.

Die nachfolgende Abbildung 6 fasst die Annahmen der Marktmikrostrukturmodelle im Hinblick auf die Informationsstände der Marktteilnehmer nochmals zusammen. Vor allem soll mit der Abbildung illustriert werden, dass die Informationen zwischen den Marktteilnehmern sehr unterschiedlich verteilt sind und man generell die Aussage treffen kann, dass die informierten Marktteilnehmer besser informiert sind als der Market-Maker und dieser wiederum mehr Informationen besitzt als die uninformierten Marktteilnehmer.

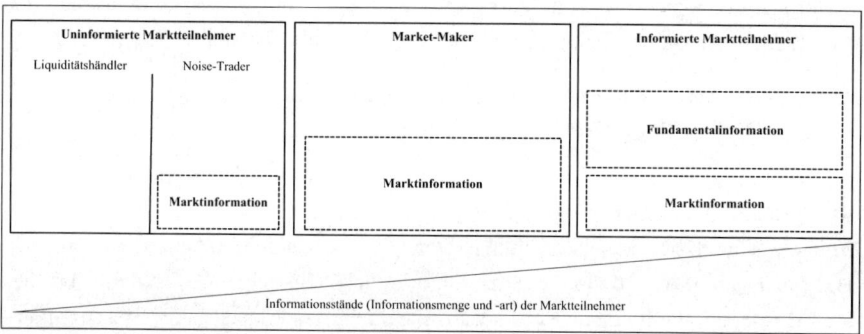

Uninformierte Marktteilnehmer		Market-Maker	Informierte Marktteilnehmer
Liquiditätshändler	Noise-Trader		
			Fundamentalinformation
	Marktinformation	Marktinformation	Marktinformation
	Informationsstände (Informationsmenge und -art) der Marktteilnehmer		

Quelle: Lüdecke (1996), S. 26-29, 48-49 sowie Hirth (2000), S. 6–8.
Abbildung 6: Verteilung der Informationsstände unter den Marktteilnehmern in Modellen der Marktmikrostruktur

---

[120] Vgl. Lüdecke (1996), S. 49.

Eine strikte Einteilung in informierte und uninformierte Marktteilnehmer erscheint im Hinblick auf die realen Gegebenheiten als zu streng. Hier dürften mit Blick auf die tatsächlichen Beobachtungen am Kapitalmarkt verhaltensorientierte Erklärungsansätze näher an der Realität sein. Fast alle Handelsaktivitäten am Markt sind mehr oder weniger stark auf Informationssignale zurückzuführen, der heterogene Umgang mit Informationen zwischen den Marktteilnehmern führt zu unterschiedlichen Informationsständen. In der Marktmikrostruktur wird die Situation asymmetrisch verteilter Informationen eher als gegeben angenommen und dahingehend differenziert, welche Marktteilnehmergruppe bei welcher Informationsart einen Vorteil besitzt. Das geschieht auch deshalb, weil im Forschungsbereich der Marktmikrostruktur eher analysiert wird, inwiefern die Preisbildung am Markt durch die asymmetrische Informationsverteilung beeinflusst wird. In der verhaltensorientierten Finanzmarktforschung betrachtet man hingegen den individuellen Informations- und Entscheidungsprozess der einzelnen Marktteilnehmer und versucht zu erklären, warum Marktteilnehmer unterschiedliche Informationsstände haben bzw. Informationen unterschiedlich verarbeiten. Auch dabei ist es das Ziel, die Preisbildung am Markt zu erklären. Die folgenden Ausführungen sollen aus dem Blickwinkel der Behavioral Finance die Entstehung asymmetrisch verteilter Informationen zwischen den Marktteilnehmern beleuchten. Das geschieht vor allem aus dem Grund, weil die Erkenntnisse der Behavioral Finance im Zusammenhang mit der Entstehung asymmetrischer Informationen sehr umfangreich sind und zum Verständnis beitragen können, warum zwischen den Marktteilnehmern tatsächlich unterschiedliche Informationsstände vorherrschen.

2.2.4.2 Verhaltensorientierte Erklärungsansätze zur Entstehung asymmetrisch verteilter Informationen

Ziel der Behavioral Finance ist es, das Geschehen insb. auf den Aktienmärkten mittels typischer menschlicher Verhaltensweisen zu erklären. Neben den ökonomischen Aspekten werden bei dieser Forschungsrichtung daher auch in hohem Maße Erkenntnisse der Psychologie sowie der Soziologie berücksichtigt.[121] Die scheinbar bei fast allen Menschen veranlagten psychischen, mentalen sowie neuronalen Beschränkungen werden als systematische Einflussfaktoren auf das menschliche Informations- und Entscheidungsverhalten am Aktienmarkt genutzt und deren Auswirkungen auf

---

[121] Vgl. Roßbach (2001), S. 10.

die Informationsauswahl, -aufnahme und -verarbeitung analysiert.[122] So wird in der Forschungsrichtung der Behavioral Finance davon ausgegangen, dass eine Handelsentscheidung am Aktienmarkt unter Restriktionen zustande kommt, die hauptsächlich den Informationszugang, die Informationswahrnehmung sowie die Informationsverarbeitung betreffen. Darüber hinaus können auch die Handlungsmöglichkeiten eines Marktteilnehmers begrenzt sein, was auf die Informationsstände des einzelnen Marktteilnehmers zunächst jedoch keine Auswirkungen hat. Restriktionen werden auch als Filter bezeichnet, weil sie das vollständige Informationsbild bzw. die Handlungsmöglichkeiten filtern und damit für den einzelnen Marktteilnehmer verzerren und begrenzen. Die Wahrnehmungs-, Verarbeitungs- und Handlungsfilter sind dabei nicht starr, sondern können durch Erfahrungen und Lerneffekte der einzelnen Marktteilnehmer angepasst werden und sich über die Zeit verändern. Entscheidend zur Herausbildung unterschiedlicher Informationsstände in Bezug auf einzelne Wertpapiere ist jedoch, dass sich die verschiedenen Filter je nach Marktteilnehmer stark unterscheiden können. Die Abbildung 7 stellt den idealtypischen Informations- und Entscheidungsprozess eines Marktteilnehmers dar und verdeutlicht, dass die Filter an verschiedenen Stellen den sich ergebenden Informationsstand eines Marktteilnehmers mehr oder weniger stark beeinflussen. Im Anschluss daran werden die jeweiligen Filter detailliert besprochen.

---

[122] Vgl. Roßbach (2001), S. 11.

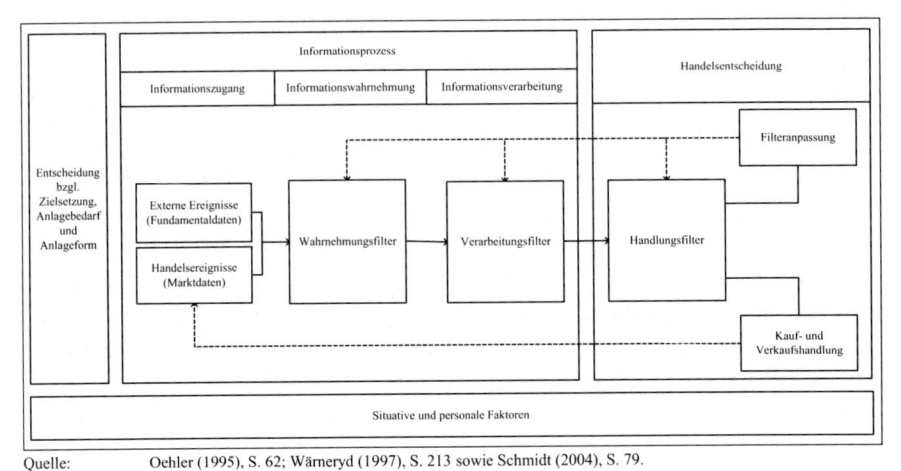

Kapitalmarkttheoretische Grundlagen im Hinblick auf die Informationsstände der Marktteilnehmer

Quelle:	Oehler (1995), S. 62; Wärneryd (1997), S. 213 sowie Schmidt (2004), S. 79.
Abbildung 7:	**Detailliertes Phasenschema des Informations- und Entscheidungsprozesses**

Unterschiedliche Informationsstände entstehen im Rahmen des Informationsverarbeitungsprozesses zum einen wegen unterschiedlicher Informationszugänge und -wahrnehmung und zum anderen wegen investorindividuellen Informationsbewertungsprozessen. Quellen für bewertungsrelevante Informationen sind zum einen Fundamentaldaten und zum anderen Marktdaten. Fundamentaldaten beziehen sich in direkter Form auf die zu erwartenden künftigen Rückflüsse und werden bspw. in Form von Analystenschätzungen oder Gewinnwarnungen veröffentlicht. Börsendaten hingegen sind Dokumentationen vergangener Handelsereignisse und implizieren, dass Marktteilnehmer bspw. aus Handelsaktivitäten und Renditeveränderungen der Vergangenheit Informationen über den fairen Wertpapierpreis ableiten können. Weil Fundamentaldaten Informationen umfassen, die nicht direkt mit Handelsereignissen in Verbindung stehen, spricht man in diesem Zusammenhang auch von Informationen bzgl. externer Ereignisse.

Bereits im ersten Schritt des Informationsprozesses, dem Zugang zur Information sowie deren Aufnahme, bedingen zahlreiche Faktoren die Möglichkeit unterschiedlicher Informationsstände innerhalb der Marktteilnehmerschaft. So kann bspw. manchen Marktteilnehmern der Zugang zu bestimmten (Insider)Informationen verschlossen bleiben oder die aktive Informationssuche[123] von einzelnen Marktteilnehmern aufgrund von Kosten-Nutzen-Abwägungen bewusst eingeschränkt werden.[124] Ebenso kann eine Entscheidungsüberlastung in Form des sog. choice overload darin bestehen, aus den vielen verschiedenen Informationskanälen die für die Entscheidung optimalen herauszufinden.[125] Vor diesem Hintergrund ist es durchaus denkbar, dass sich Kapitalmarktteilnehmer bei der aktiven Informationsbeschaffung freiwillig auf bereits in der Vergangenheit genutzte Informationskanäle beschränken und im Vorfeld von Anlageentscheidungen folglich nicht mehr sämtliche Alternativen prüfen.[126] Weil darüber hinaus die Informationsaufnahmekapazität des menschlichen Gehirns eine natürliche Begrenzung kennt und dahingehend eine Limitation in der Informationsaufnahme darstellt, nutzen Individuen zur Entscheidungsfindung selbst innerhalb eines als optimal identifizierten Informationskanals regelmäßig nur einen selektiv ausgewählten Teil der insgesamt verfügbaren Informationsfülle.[127] *„In solchen Entscheidungssituationen (...) spielen die Art der Informationen und ihre Quellen sowie die*

---

[123] Bei Entscheidungen zur Anlage finanzieller Mittel am Kapitalmarkt darf zumindest für die meisten Marktteilnehmer eine aktive Informationsaufnahme in Gestalt einer Informationssuche angenommen werden. Vgl. hierzu Schmidt (2004), S. 81. Hiervon ist die Form der passiven Informationsaufnahme abzugrenzen, bei der aufgrund einströmender Reize die Informationen ohne Absicht und ohne willentliche Bemühungen in den zentralen Prozessor des menschlichen Gehirns übernommen werden. Vgl. hierzu Kroeber-Riel/Weinberg/Gröppel-Klein (2009), S. 298–299.

[124] Vgl. Antonides/von Raaij (1998), S. 507–508. Solche Überlegungen können wie in der hier zitierten Literatur für einzelne Konsumenten genauso wie für ganze Gesellschaften Gültigkeit haben. Vgl. zur Ausführung von Kosten-Nutzen-Abwägungen auf Gesellschaftsebene Antonides/von Raaij (1998), S. 508. Ebenso darf die Existenz von Kosten-Nutzen-Überlegungen aber auch im Kontext von Anlageentscheidungen am Kapitalmarkt unterstellt werden, bei welchen die Anstrengungen hinsichtlich der Informationsgewinnung und damit die Voraussetzungen für begründete Entscheidungen neben monetären auch zeitbezogene Kosten verursachen. Vgl. hierzu Schmidt (2004), S. 82.

[125] Vgl. Oehler (2013), S. 15.

[126] Eine freiwillige Selbstbeschränkung auf die Nutzung einiger weniger Informationskanäle lässt sich mit einer stressbedingten Verweigerungshaltung beim Entscheider erklären, welche aufgrund der nicht überblickbaren Anzahl an Wahlmöglichkeiten entsteht und in diesem Sinne als Verhaltensstrategie zu interpretieren ist. Vgl. Oehler (2013), S. 15.

[127] Vgl. Jacoby/Szybillo/Busato-Schach (1977), S. 214. Dieses Ergebnis steht im Kontext einer Untersuchung mit Konsumenten im Rahmen einer zu treffenden Kaufentscheidung. Dabei wurde festgestellt, dass Konsumenten aus einer Fülle von Produktinformationen vor allem auf den Preis sowie den Markennamen fokussieren und weitere verfügbare Informationen zum Teil vernachlässigen. Vgl. hierzu Jacoby/Szybillo/Busato-Schach (1977), S. 212–214.

Reihenfolge ihres Eintreffens eine besondere Rolle."[128] So neigen bspw. Anleger dazu, ähnliche investitionsrelevante Informationen so zusammenzufassen, dass sie als Ganzes in die Entscheidung einfließen können und bereits vorhandene Informationen ergänzen. Dabei werden allerdings häufig solche von dem bereits teilweise vorentschiedenen Prozess abweichende Informationen vernachlässigt oder neue Informationen entsprechend in Richtung der getroffenen Vorentscheidung uminterpretiert.[129] Eine solche, entsprechend der eigenen Meinung und Vorstellung ausgerichtete Informationsaufnahme und eine dadurch bedingte systematische Verzerrung von Entscheidungen wird regelmäßig als selektive Wahrnehmung bezeichnet.[130] „*Weiterhin ist bei der Informationswahrnehmung von Anlegern das Bemühen zu beobachten, ein vollständiges Bild (z. B. einer Börsensituation, einer Marktverfassung) zu gewinnen, auch wenn die vorhandenen Informationen nicht vollständig zueinander passen. Informationen werden dann trotz existierender Defizite zu einem (kognitiven) Gesamtbild ergänzt, so daß [sic] auch nicht zusammenhängende Informationen miteinander vernetzt werden. Ein solches Gesamtbild, geformt aus den Erfahrungen und dem Wissen eines Anlegers, muß [sic] dann nicht mehr der gegenwärtigen Marktsituation entsprechen.*"[131] Überdies lassen vor allem nichtinstitutionelle Anleger Überreaktionen auf solche Informationen erkennen, welche im zeitlichen Kontext als neu zu interpretieren sind[132] oder aufgrund ihres Inhalts eine besondere Aufmerksamkeit generieren.[133] Dieses zur Komplexitätsreduktion nutzbare Informationsverhalten von Anlegern wird in der Literatur in Gestalt der sog. Verfügbarkeitsheuristik diskutiert und dadurch beschrieben, dass schlecht verfügbare Informationen zugunsten aktuell ver-

---

[128] Oehler (1995), S. 47.

[129] Vgl. Oehler (1995), S. 47 sowie Schmidt (2004), S. 84.

[130] Vgl. Lamberti (2009), S. 15.

[131] Oehler (1995), S. 47.

[132] So kommt eine die Handelsaktivitäten von an der Nasdaq gelisteten Aktien untersuchende Studie zu dem Ergebnis, dass bei erneutem Auftreten inhaltlich bereits bekannter Informationen über Unternehmen vor allem nichtinstitutionelle Anleger dazu neigen, ihre Handelsaktivitäten dem neu erscheinenden, jedoch nach wie vor alten Informationsgehalt entsprechend anzupassen. Institutionelle Anleger lassen dagegen auf die dem Markt bereits bekannten und damit auch eingepreisten Informationen keine Reaktionen mehr erkennen. Vgl. hierzu Tetlock (2011), S. 1507–1508.

[133] Demgemäß nehmen Menschen aufmerksamkeitsgenerierende Informationen wie bspw. politische Wahlen oder Flugzeugabstürze mit einer besonderen Sensibilität auf. Vgl. hierzu Schachter u.a. (1986), S. 256–259.

öffentlichter oder verstärkt diskutierter Informationen vernachlässigt werden.[134] Während diese in der englischsprachigen Literatur als availability- sowie als saliency-Effekt spezifizierten Ausprägungen der Verfügbarkeitsheuristik aufgrund des naturgemäß beschränkteren Informationszugangs nichtinstitutioneller Anleger[135] nicht selten nur auf diese Anlegergruppe bezogen wird, unterliegen in der Praxis ebenso institutionelle Anleger diesem systematisch verzerrtem Informations- und Entscheidungsprozess.[136] Abbildung 8 stellt die oben erwähnten typischerweise zur Komplexitätsreduktion bekannten Verhaltensweisen der Informationsaufnahme bei Anlegern in einer Übersicht dar. Entscheidend für die Herausbildung unterschiedlicher Informationsstände innerhalb der Marktteilnehmerschaft ist in diesem Zusammenhang, dass nicht alle Marktteilnehmer die Methoden der Komplexitätsreduktion im Rahmen der Informationsaufnahme (gleichermaßen) anwenden und es so bereits im ersten Schritt des Informationsverarbeitungsprozesses zu erheblichen Verzerrungen innerhalb der Marktteilnehmerschaft kommen kann.

---

[134] Vgl. Röckemann (1995), S. 34 sowie Blechschmidt (2007), S. 21.

[135] So darf zwar vermutet werden, dass Anleger grundsätzlich Zugang zu gleichen oder zumindest zu vergleichbaren Informationen haben, institutionelle Anleger allerdings aufgrund ihrer jeweiligen Umfeld- und Technikstrukturen sowie ihren Erfahrungen diese Informationen schneller und günstiger beschaffen können. Vgl. hierzu Goldberg/von Nitzsch (2000), S. 56–57 sowie Blechschmidt (2007), S. 19–20.

[136] Vgl. Röckemann (1995), S. 34–35.

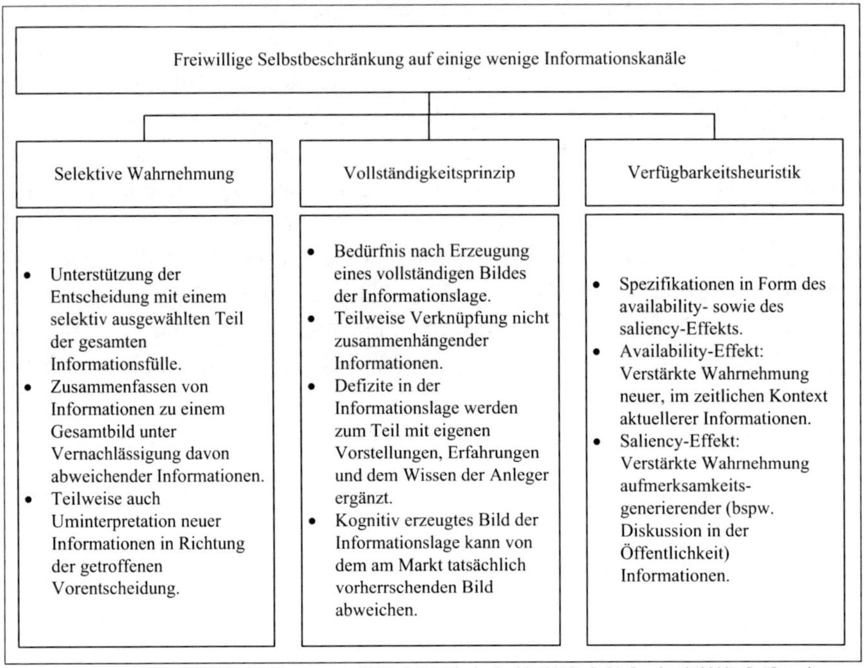

Kapitalmarkttheoretische Grundlagen im Hinblick auf die Informationsstände der Marktteilnehmer

```
┌─────────────────────────────────────────────────────────────────┐
│     Freiwillige Selbstbeschränkung auf einige wenige Informationskanäle  │
└─────────────────────────────────────────────────────────────────┘
```

Selektive Wahrnehmung	Vollständigkeitsprinzip	Verfügbarkeitsheuristik
• Unterstützung der Entscheidung mit einem selektiv ausgewählten Teil der gesamten Informationsfülle. • Zusammenfassen von Informationen zu einem Gesamtbild unter Vernachlässigung davon abweichender Informationen. • Teilweise auch Uminterpretation neuer Informationen in Richtung der getroffenen Vorentscheidung.	• Bedürfnis nach Erzeugung eines vollständigen Bildes der Informationslage. • Teilweise Verknüpfung nicht zusammenhängender Informationen. • Defizite in der Informationslage werden zum Teil mit eigenen Vorstellungen, Erfahrungen und dem Wissen der Anleger ergänzt. • Kognitiv erzeugtes Bild der Informationslage kann von dem am Markt tatsächlich vorherrschenden Bild abweichen.	• Spezifikationen in Form des availability- sowie des saliency-Effekts. • Availability-Effekt: Verstärkte Wahrnehmung neuer, im zeitlichen Kontext aktuellerer Informationen. • Saliency-Effekt: Verstärkte Wahrnehmung aufmerksamkeits-generierender (bspw. Diskussion in der Öffentlichkeit) Informationen.

Quelle: Oehler (1995), S. 47; Röckemann (1995), S. 34; Blechschmidt (2007), S. 21; Lamberti (2009), S. 15 sowie Oehler (2013), S. 15.

Abbildung 8: **Restriktionen der Marktteilnehmer beim Informationszugang und der Informationswahrnehmung**

Neben dem Informationszugang und der Informationswahrnehmung ist die Stufe der Informationsverarbeitung substanziell für die Entscheidungsfindung eines Individuums.[137] So werden in diesem Prozessschritt die aufgenommenen Informationen einer individuellen Interpretation, Bewertung und Aggregation unterzogen und Vergleiche zwischen unterschiedlichen Informationen angestellt, um hieraus Handlungsentscheidungen ableiten zu können.[138] Ebenso wie die Informationswahrnehmung unterliegt auch der Prozessschritt der Informationsverarbeitung der bereits erwähnten Limitation im Hinblick auf die kognitive Verarbeitungskapazität, aus welchen heraus unterschiedliche Informationsstände entstehen können.[139] Diese entstehen bspw. dadurch, dass die Marktteilnehmer zur Überwindung ihrer kognitiven Limitationen unterschiedlich stark sowie verschiedene Schemata und Heuristiken nutzen.[140] Differierende Erwartungen im Zusammenhang mit neuen Informationen können demnach bspw. aufgrund einer bei den Informationsempfängern übermäßig ausgeprägten Zuversicht hinsichtlich der Überlegenheit der eigenen Informationen sowie der eigenen Anlagefähigkeiten hervorgerufen werden.[141] Daniel/Hirshleifer/Subrahmanyam

---

[137] Vgl. Lamberti (2009), S. 15.
[138] Vgl. Trommsdorff/Teichert (2011), S. 234.
[139] Vgl. Lamberti (2009), S. 15 sowie Trommsdorff/Teichert (2011), S. 234.
[140] Vgl. Verrecchia (2001), S. 123.
[141] Vgl. Glaser/Weber (2004), S. 4, 6, 26. Dabei zeigt sich, dass solche in der englischsprachigen Literatur als overconfident beschriebenen Investoren zum einen vergleichsweise häufiger handeln und zum anderen insbesondere diejenigen Marktteilnehmer dementsprechende Eigenschaften ausbilden, welche in der Vergangenheit besonders hohe Renditen erzielen konnten. Vgl. Gervais/Odean (2001), S. 19 sowie Statman/Thorley/Vorkink (2006), S. 1534. Dergestalt motivierte Handelsaktivitäten werden regelmäßig der Gruppe sog. Privatanleger zugeschrieben und treten folglich insbesondere bei niedrig kapitalisierten Unternehmen auf, weil diese Investorengruppe dort vergleichsweise mehr Anteile besitzt und der Effekt dementsprechend deutlicher beobachtbar ist. Vgl. hierzu Statman/Thorley/Vorkink (2006), S. 1563. Dabei kann aber auch die individuelle Wahrnehmung bzgl. der eigenen Portfoliowertentwicklung sehr stark von den realen Gegebenheiten des Markets abweichen. So haben Investoren grundsätzlich Schwierigkeiten damit, die zurückliegende Wertentwicklung des eigenen Portfolios zu quantifizieren und irren sich häufig auch in der Beurteilung, ob die von ihnen erzielte Rendite im Marktvergleich als über- oder unterdurchschnittlich einzuordnen ist. Vgl. hierzu Glaser/Weber (2004), S. 35. In diesem Zusammenhang ist es allerdings bemerkenswert, dass zu übermäßig ausgeprägter Zuversicht neigende Anleger ihre Fähigkeiten hinsichtlich der Einzeltitelauswahl selbst dann als überdurchschnittlich gut beschreiben, wenn die damit erzielten Wertzuwächse in einem allgemein sehr positiv geprägten Umfeld steigender Märkt mit hohen Gewinnen und titelübergreifend hohen Renditen verortet sind. Vgl. Gervais/Odean (2001), S. 19 sowie Statman/Thorley/Vorkink (2006), S. 1532–1533.

(1998) stellen fest, dass es hinsichtlich der Entstehung von Erwartungen Unterschiede zwischen der Existenz privater und öffentlich verfügbarer Informationen gibt: So überschätzen Anleger die Qualität privater Informationen hinsichtlich der Möglichkeit zur Bildung korrekter Erwartungswerte und reagieren folglich in ihrem Handelsverhalten über, während auf der anderen Seite öffentlich verfügbare Informationssignale tendenziell unterschätzt werden und diesen bei der Herausbildung einer Preisvorstellung hinsichtlich eines Wertpapieres ein vergleichsweise geringeres Gewicht zugesprochen wird.[142] Ebenso können Erwartungswerte aufgrund des sog. local bias der Marktteilnehmer verzerrt sein, so dass diese unabhängig neuer Informationen alleine aufgrund ihres regionalen Bezugs zu bestimmten Unternehmen eine besondere Vertrauensbeziehung unterhalten.[143] Auch die als Verlustaversion bezeichnete Tatsache, dass ein Teil der Investoren Verluste überbewertet und diese trotz wertmäßiger Vergleichbarkeit mit entsprechenden Gewinnpositionen als deutlich stärker empfindet, kann das Herausbilden objektiver und einheitlicher Erwartungswerte verhindern.[144]

---

[142] Vgl. Daniel/Hirshleifer/Subrahmanyam (1998), S. 1865.

[143] So zeigt eine Untersuchung am deutschen Aktienmarkt, dass der unternehmensspezifische Aktienhandel dann signifikant geringer ist, wenn in der Region des Unternehmenssitzes Schulferien sind. Zum einen bestätigen die Ergebnisse zunächst die Existenz dieses sog. local bias unter den Marktteilnehmern, darüber hinaus sind sie aber vor allem deshalb bemerkenswert, weil die aufgrund der regionalen Zugehörigkeit ausgedrückte Aufmerksamkeit gegenüber speziellen Aktien nicht nur den lokalen Aktienhandel beeinflusst, sondern sich vielmehr signifikant in Veränderungen des marktweiten Handelsverhaltens niederschlägt und die Ergebnisse demgemäß den überraschend stark ausgeprägten Effekt solcher aufmerksamkeitsgetriebener Handelsaktivitäten unterstreicht. Vgl. Jacobs/Weber (2012), S. 898. Für eine Diskussion verschiedener empirischer Überprüfungen zum sog. local bias, vgl. Jacobs/Weber (2012), S. 870–872.

[144] Diese in der englischsprachigen Literatur bezeichnete loss aversion wird regelmäßig damit erklärt, dass der Eintritt eines Verlustes dem Anleger die Fehlerhaftigkeit einer von diesem zuvor getroffenen Entscheidung signalisiert, während demgegenüber der Gewinn die Entscheidungsqualitäten des Investors bestätigt. Weil aber das Eingeständnis einer Fehlentscheidung zur Entstehung psychologischer Kosten führt, welche dementsprechend im Verlustfalle, nicht jedoch unter Gewinnsituationen auftreten, kommt es bei der Beurteilung wertmäßig gleicher Verluste und Gewinne zu asymmetrischen Bewertungen. Vgl. Kahneman/Tversky (1979), S. 277–280 sowie Goldberg/von Nitzsch (2000), S. 130–131.

In der Kapitalanlagepraxis zeigen sich aufgrund dessen Erwartungs- und Entscheidungsanomalien: So werden potentielle Verluste nicht realisiert, um eine hieraus entstehende Enttäuschung über eigene Fehlentscheidungen zunächst nicht sichtbar werden zu lassen.[145] Demgemäß führt ein Anlegerverhalten in Gestalt dieser sog. Regret Avoidance tendenziell dazu, dass vor allem im Verlustfalle sehr riskant agiert wird und Positionen lange im Anlageportfolio verbleiben, während Gewinne sehr risikoscheu behandelt werden und sich dementsprechend bei Anlegern in diesen Situationen frühe Gewinnmitnahmen beobachten lassen.[146] Eine verzerrte Erwartungsbildung manifestiert sich allerdings zum Teil auch wegen des sog. Endowment- oder Besitztumseffekts, bei welchem „(...) Individuen einem Gut einen höheren Wert beimessen, wenn sie es besitzen, als wenn sie es nicht besitzen."[147] Weisen Anleger eine solche aufgrund des eigenen Besitztums entstandene emotionale Bindung zu einzelnen Aktienpositionen auf, kann dies durchaus die am Markt vorherrschenden Erwartungen dergestalt beeinflussen, dass die Preisvorstellung der Verkäufer diejenige der potentiellen Käufer übersteigt.[148]

Das Zustandekommen unterschiedlicher Erwartungen wird wie bereits im Rahmen der Informationswahrnehmung durch erlernte Denkschemata sowie Heuristiken beeinflusst. Diese ermöglichen zwar einerseits eine Komplexitätsreduktion zur Überwindung kognitiver Begrenzungen, stehen jedoch andererseits einer vollumfänglichen Informationsverarbeitung entgegen. So lässt sich bspw. ein Anleger in seiner Einschätzung, Bewertung und Interpretation der Informationslage durch die Anwendung sog. Verankerungsheuristiken beeinflussen, was zu Verzerrungen in der Erwartungswertbildung führen kann.[149] Man spricht vor allem dann von Verankerungsheuristiken, wenn Anleger ihre Preiserwartung an einem Richtwert, dem sog. Anker, festmachen. „Die Richtwerte können als hilfreiche Erleichterung bei der Entscheidungsfindung dienen, wenn sie eine entscheidungsrelevante Information darstellen. Es kann jedoch auch zu systematischen Verzerrungen kommen, wenn der Anker die

---

[145] Vgl. Röckemann (1995), S. 37.
[146] Man spricht in diesem Zusammenhang auch vom sog. Disposition-Effekt. Vgl. hierzu Röckemann (1995), S. 37.
[147] Pindyck/Rubinfeld (2009), S. 252.
[148] Vgl. Röckemann (1995), S. 38.
[149] Vgl. Kaas/Jordan (2003), S. 9.

ursprüngliche Information überbewertet und zusätzlich neue Informationen nur schleppend angepasst werden."[150] Solche für die Entscheidung relevanten Informationen mit einem sachlogischen Zusammenhang zum Entscheidungsproblem werden als direkte Anker bezeichnet.[151] Während für gewöhnlich direkte Anker aufgrund ihrer inhaltlichen Nähe zum Entscheidungsproblem bewusst zur Reduktion der Entscheidungskomplexität eingesetzt werden, findet eine Orientierung an indirekten Ankern eher unbewusst statt.[152] Obwohl kein unmittelbarer Zusammenhang zwischen dem indirekten Anker und dem Entscheidungsproblem vorliegt, können sie die Entscheidung von Anlegern beeinflussen:[153] Dabei kann festgestellt werden, dass dieser Effekt die Erwartungswertbildung umso stärker verzerrt, je weniger der Entscheider über das Entscheidungsproblem weiß oder je weniger Erfahrung er zuvor in diesem oder einem ähnlichem Kontext gesammelt hat.[154]

Auch das zur Komplexitätsreduktion genutzte Mental Accounting beeinflusst und verzerrt die Bildung von Preiserwartungen: Weil hierbei zur Ordnung der verfügbaren Informationen mentale Konten eröffnet, innerhalb welcher isoliert voneinander entsprechende Bezugsgrößen gesucht und Entscheidungen getroffen werden, werden aufgrund dessen regelmäßig die Gesamtheit der Entscheidungslage vernachlässigt

---

[150] Lamberti (2009), S. 16.

[151] Vgl. Blechschmidt (2007), S. 28–29. Der Rückgriff auf einen direkten Anker ist bspw. dann gegeben, wenn Anleger zur Einschätzung künftiger Renditeentwicklungen die historischen Renditeverläufe betrachten. Vgl. hierzu Kaas/Jordan (2003), S. 8.

[152] Vgl. Wilson/Houston/Etling (1996), S. 399.

[153] Vgl. McGlone/Reed (1998), S. 730. In einer Befragung wurden 300 Fondsmanager gebeten, die Anzahl der Ärzte in London zu schätzen. Dabei sollten diese in der ersten Fragerunde beurteilen, ob es in London mehr oder weniger Ärzte gibt als die Zahl, die sich aus den letzten vier Ziffern ihrer persönlichen Telefonnummer ergibt. In der zweiten Fragerunde sollten sie dann eine konkrete Schätzung bzgl. der Ärztezahl in London abgeben. *„Das Ergebnis ist schräg: Diejenigen, deren Telefonnummer am Ende eine Ziffer größer als 7000 hatten, schätzten die Zahl der Londoner Doktoren im Schnitt auf 8000, diejenigen, deren Telefonnummer hinten mit einer Zahl kleiner als 3000 endete, schätzten die Zahl der Londoner Ärzte im Schnitt auf 4000."* (Frankfurter Allgemeine Zeitung (2014), S. 1)

[154] Vgl. Wilson/Houston/Etling (1996), S. 399. Demgemäß darf einerseits zumindest vermutet werden, dass vor allem uninformierte Anleger in größerem Umfang solcher Verhaltensweisen unterliegen, während andererseits ebenso festgestellt werden muss, dass auch professionelle Marktakteure wie bspw. Devisenhändler oder Fondsmanager im Rahmen ihrer Prognosebildung von der Verankerungsheuristik beeinflusst werden. Vgl. hierzu Blechschmidt (2007), S. 31 sowie Frankfurter Allgemeine Zeitung (2014), S. 1.

und ihre Folgen insgesamt zu wenig beachtet.[155] Es lässt sich bspw. feststellen, dass Abhängigkeiten zwischen einzelnen Entscheidungen, wie z. B. beim Kauf von Aktien, vernachlässigt werden und sich der Mensch zum Entscheidungszeitpunkt nur auf eines seiner mentalen Konten konzentriert.[156] Dieses Verhalten ist im Kontext der Erwartungswertbildung an den Finanzmärkten deshalb nicht unproblematisch, weil unter Vernachlässigung existierender Risikoabhängigkeiten eine Fehlbewertung der gesamten Risikoposition stattfinden kann und Entscheidungen hierdurch maßgeblich beeinflusst und verzerrt werden können.[157]

Von ebenso großer Bedeutung ist die von verschiedenen Marktteilnehmern unterschiedlich stark genutzte Repräsentativitätsheuristik: Weil Menschen mit dem „(...) Denken in Wahrscheinlichkeiten (...)"[158] nachweislich Schwierigkeiten haben, führt die Anwendung der Repräsentativitätsheuristik dazu, dass bestehende Wahrscheinlichkeitsgrößen nicht angemessen erfasst werden und deren Beurteilung stattdessen eher auf Grundlage erlernter Denkmuster und Schemata stattfindet.[159] Diese begünstigt eine schnelle Entscheidungsfindung, führt jedoch im Hinblick auf die Erwartungswertbildung zu einem systematischen Überschätzen von Wahrscheinlichkeiten sowie empirischer und kausaler Zusammenhänge:[160] Das Überschätzen von Wahr-

---

[155] Vgl. Blechschmidt (2007), S. 18.
[156] Vgl. Goldberg/von Nitzsch (2000), S. 54.
[157] Vgl. Goldberg/von Nitzsch (2000), S. 55–56.
[158] Blechschmidt (2007), S. 26.
[159] Vgl. Lamberti (2009), S. 16.
[160] Entscheidungsfehler sind vor allem dann systematisch, wenn die subjektive Wahrnehmung und Einschätzung einer Wahrscheinlichkeit von ihrer objektiven Wahrscheinlichkeitsgröße abweicht, weil der Entscheider konsequent die Gültigkeit der Wahrscheinlichkeitsgesetze durch erlernte Heuristiken ersetzt und ausschließlich auf deren Basis seine Entscheidungen trifft. Vgl. hierzu Kahneman/Tversky (1972), S. 431.

scheinlichkeiten äußert sich bspw. in einer Verknüpfungstäuschung,[161] einem falschen Einschätzen von Zufallsprozessen[162] sowie einem Vertauschen von Bedingung und Ereignis.[163] Empirische Zusammenhänge werden häufig deshalb überschätzt und leichtfertig als Kausalität bezeichnet, weil Menschen dazu tendieren, *„(...) als Schema gefestigte empirische Zusammenhänge in Prognosen stereotypisch (..) weiterzu-*

---

[161] Bei der Verknüpfungstäuschung wird die Wahrscheinlichkeit zweier gemeinsamer Ereignisse als größer eingeschätzt als die jeweiligen Wahrscheinlichkeiten der einzelnen Ereignisse, was eher einer Beurteilung nach den Axiomen der Repräsentativitätsheuristik ähnelt, nicht allerdings den Gesetzmäßigkeiten der Wahrscheinlichkeitstheorie gerecht wird. Vgl. hierzu Goldberg/von Nitzsch (2000), S. 73–74. Im Rahmen dieser in der Forschungsrichtung der Behavioral Finance als conjunction fallacy bezeichneten Wahrnehmungsverzerrung konnte festgestellt werden, dass Akteure am Devisenmarkt die Wahrscheinlichkeit einer Überhitzung der US-Wirtschaft gepaart mit einer Inflation und infolgedessen einer Reaktion der US-Notenbank in Form niedrigerer Leitzinsen höher einschätzen als die einfache Wahrscheinlichkeit dafür, dass die U.S.-Notenbank die Leitzinsen senkt. Vgl. hierzu Kiell/Stephan (1997) zitiert nach Goldberg/von Nitzsch (2000), S. 73–74.

[162] *„Gambler's Fallacy bezeichnet eine weitere Fehleinschätzung von Wahrscheinlichkeiten. Anders ausgedrückt glauben viele Menschen, dass es für Zufallsprozesse nicht repräsentativ ist, dass mehrfach hintereinander immer wieder dasselbe Ereignis eintritt."* (Blechschmidt (2007), S. 27). Bekannt geworden durch das berühmte Rouletttisch-Beispiel, bei welchem die Wahrscheinlichkeit für Schwarz selbst nach einer langen Serie von roten Zahlen unverändert bleibt, lässt sich die gambler's fallacy ebenso auf den Kapitalmarkt übertragen: So kann beobachtet werden, dass Anleger die Wahrscheinlichkeit steigender Kurse vor allem bei solchen Aktien überschätzen, welche zuvor von einer länger andauernden Abwärtsbewegung charakterisiert waren. Vgl. hierzu Goldberg/von Nitzsch (2000), S. 75.

[163] *„Der dritte Trugschluss [innerhalb der Überschätzung von Wahrscheinlichkeiten] beruht darauf, bei der Interpretation von bedingten, hohen Wahrscheinlichkeiten durchaus schon einmal Bedingung und Ereignis zu vertauschen."* (Goldberg/von Nitzsch (2000), S. 75). Dergestalt lässt sich im Zusammenhang mit Kurseinbrüchen des Dow Jones feststellen, dass aus der historischen Betrachtung heraus die Wahrscheinlichkeit dafür, dass zum Zeitpunkt eines Kursrückgangs der Kalendermonat Oktober vorherrscht, vergleichsweise hoch ist: Für den Betrachtungszeitraum 1929 bis 1998 lässt sich für den Dow Jones feststellen, dass der Aktienindex 29 mal innerhalb weniger Tage einen mehr als zehn-prozentigen Wertverlust auswies, von denen zehn solcher Kurseinbrüche jeweils in einem Oktober registriert wurden. Dies ergibt eine bedingte Wahrscheinlichkeit von 10/29 oder von 34 Prozent. Vgl. hierzu Goldberg/von Nitzsch (2000), S. 77. Ein Vertauschen von Ursache und Wirkung bzw. von Bedingung und Ereignis findet allerdings dann statt, wenn aus der oben beschriebenen Feststellung die Schlussfolgerung gezogen wird, dass grundsätzlich in jedem Oktober das Risiko von Kurseinbrüchen übermäßig hoch sei und damit der Oktober aus Anlegersicht als äußerst risikoreicher Monat einzustufen wäre. Stellt man nämlich für selbigen Betrachtungszeitraum den Kurseinbrüchen die Anzahl der tatsächlichen Oktobermonate gegenüber, so beobachtet man zehn Oktober-Kurseinbrüche in insgesamt 62 Oktobermonaten. Die bedingte Wahrscheinlichkeit ist demgemäß 10/62 oder relativ zu Hundert betrachtet ungefähr 16 Prozent. Vgl. hierzu Goldberg/von Nitzsch (2000), S. 77–78.

denken (..), womit sie letztlich von einem kausalen Zusammenhang ausgehen."[164] So wurden zu Zeiten des sog. Neuen Marktes die empirischen Zusammenhänge zwischen dem Börsengang einiger weniger profitabler Unternehmen und deren Wachstumsraten auf ein ganzes Börsensegment übertragen und so eine massive Überschätzung vereinzelt real existierender Zusammenhänge begünstigt.[165] Die Fehleinschätzung tatsächlich kausaler Zusammenhänge kann auch für Banken nachteilige Konsequenzen haben, wenn das Risikomanagement aufgrund fehlender gesicherter Erkenntnisse verschiedener Abhängigkeiten auf bedrohliche Umweltentwicklungen fehlerhaft reagiert.[166] Die Abbildung 9 fasst die diskutierten Ursachen für das Entstehen unterschiedlicher Informationsstände nochmals übersichtlich zusammen.

---

[164] Goldberg/von Nitzsch (2000), S. 80.

[165] Vgl. Goldberg/von Nitzsch (2000), S. 78–79. So haben Anleger in dieser Marktphase im Kontext von Börsengängen einen realen empirischen Zusammenhang zwischen einigen sehr zukunftsträchtigen, innovativen und meist technologieorientierten Start-up-Unternehmen und deren bemerkenswert hohen Kurssteigerungen und Zeichnungsrenditen feststellen können. Für zahlreiche Start-ups war dieser Zusammenhang zwischen den hohen Wachstumsraten und einer öffentlichen Platzierung im Börsensegment junger Technologieunternehmen sicherlich gegeben und aufgrund hervorragender Entwicklungsperspektiven wahrscheinlich auch gerechtfertigt. „*Eine Beobachtung der Zeichnungsgewinne am gesamten Neuen Markt zeigt jedoch, dass sich dieser Effekt durchaus auch auf andere Unternehmen, deren Zukunftsaussichten weniger rosig sind, in der Anfangsphase übertragen hat (...).*" (Goldberg/von Nitzsch (2000), S. 79). „*Unternehmen wie Comroad, Gigabell, Infomatec und vor allem die Fernseh- und Filmrechte-Firma EMTV werden zu Synonymen für einen beispiellosen Hype. (...). Jeder will dabei sein, auch die, die sich bisher nie an der Börse getummelt haben. Geschäftsmodelle werden nicht hinterfragt, warnende Stimme überhört. Bei jedem Börsengang ist die Nachfrage nach den Papieren um das Zehn-, mitunter das Hundertfache überzeichnet.*" (Südwest Presse (2012), S. 1).

[166] Vgl. Stausberg (2012), S. 289.

Denkschemata und Heuristiken			Übermäßig ausgeprägte Zuversicht bzgl. eigener Informationen und Anlagefähigkeiten
Verankerungsheuristik	Mental Accounting	Repräsentativitäts-heuristik	
• Erwartungsbildung in Anlehnung an einen Anker / Richtwert. • Direkte Anker mit sachlogischem Zusammenhang zum Entscheidungsproblem. • Indirekte Anker ohne unmittelbaren Zusammenhang zum Entscheidungsproblem.	• Mentale Einzelkonten zur Ordnung der verfügbaren Informationen unter Vernachlässigung der Gesamtheit der Entscheidungslage. • Bei Erwartungsbildungen Konzentration auf nur wenige mentale Konten unter Vernachlässigung bestehender Abhängigkeiten zwischen verschiedenen Entscheidungen.	• Beurteilung auf Grundlage erlernter Denkmuster und Schemata anstatt Erfassung bestehender Wahrscheinlichkeitsgrößen. • Überschätzung von Wahrscheinlichkeiten (conjunction fallacy, gambler's fallacy, Vertauschen von Ursache und Wirkung). • Überschätzen empirischer und kausaler Zusammenhänge.	Überschätzung privater und unterschätzen öffentlicher Informationen Besondere Vertrauensbeziehung aufgrund regionalen Bezugs (local bias) Überbewerten von Verlusten (Regret Avoidance, Dispositioneffekt, Besitztumseffekt)

Quelle: Kahneman/Tversky (1979), S. 277–280; Röckemann (1995), S. 37; Wilson/Houston/Etling (1996), S. 399; Daniel/Hirshleifer/Subrahmanyam (1998), S. 1865; McGlone/Reed (1998), S. 730; Goldberg/von Nitzsch (2000), S. 54-56, 73-75; Kaas/Jordan (2003), S. 8; Glaser/Weber (2004), S. 4, 6, 26; Blechschmidt (2007), S. 18, 27-29; Lamberti (2009), S. 16; Pindyck/Rubinfeld (2009), S. 252 sowie Jacobs/Weber (2012), S. 898.

Abbildung 9: **Restriktionen der Marktteilnehmer bei der Informationsverarbeitung**

Die verhaltensorientierte Finanzmarkttheorie versucht, den Informationsprozess des einzelnen Marktteilnehmers im Detail zu verstehen. Sie muss sich jedoch auch, vor allem wegen ihrer zahlreichen Erklärungsansätze für das Verhalten von Marktteilnehmern, mit teilweise tiefgreifender Kritik auseinandersetzten.[167]

---

[167] So sehen bspw. einige in der Tatsache, dass diese Modelle für jedes denkbare Investorenverhalten einen Erklärungsansatz bereithalten, ein Signal dafür, dass sie zwar alles zu erklären versuchen, aufgrund der differierenden Erklärungsrichtungen allerdings wiederum keinen einheitlichen substanziellen Erklärungsbeitrag liefern können. Vgl. hierzu Verrecchia (2001), S. 124. „For example, price underreactions are explained easily by a class of investors who are anchored to their prior beliefs. Alternatively, overreactions are explained easily by a class of investors who place more weight on the most recent information stimulus than can be justified under Bayes Rule." (Verrecchia (2001), S. 124).

3. Die Zusammensetzung der Marktteilnehmerschaft als mikrostrukturelle Erklärung der Preisbildung

3.1 Die Preisbildung am Aktienmarkt bei asymmetrisch verteilten Informationen

3.1.1 Übersicht zu Modellen der Marktmikrostruktur

Eines der bekanntesten Marktmikrostrukturmodelle bei asymmetrischer Informationsverteilung stammt von Kyle (1985), was häufig auch als das insgesamt „wohl populärste Modell zur Marktmikrostruktur"[168] bezeichnet wird.[169] Im Vergleich zu den meisten anderen information-based models geht Kyle (1985) jedoch nicht von einem Bid-Ask-Spread in der Preisquotierung des Market-Makers aus, sondern modelliert in Bezug auf den Ausgleich zwischen Angebot und Nachfrage (nur) einen einheitlichen Preis.[170] Der Fokus des Models liegt daher auch nicht auf dem Market-Maker, sondern vielmehr auf dem (besser) informierten Investor und versucht die Frage zu beantworten, wie dieser seinen Informationsvorsprung optimal ausnutzen kann und so dessen private Informationen Eingang in die Wertpapierpreise finden.[171]

Das Modell von Kyle (1985) beantwortet die Frage, wie sich asymmetrisch verteilte Informationen (Insiderhandel und uninformierter Handel) auf die Preisbildung am Markt auswirken. Es wird ein einperiodiger Markt modelliert, auf welchem eine risikobehaftete Aktie zwischen den Marktteilnehmern gehandelt wird. Der Markt besteht aus einer Gruppe risikoneutraler Market-Maker, einem monopolitisch agierenden, risikoneutralen Insider sowie aus einer Gruppe sog. Noise-Trader / Liquiditätshändler, deren Handelsverhalten im Vergleich zum informierten Marktteilnehmer vom Zufall abhängig ist.[172] Der Market-Maker bereinigt den gesamten Nachfrage- oder Angebotsüberschuss zu einem einheitlichen Preis, so dass in seiner Preisquotierung keine Bid-Ask-Spreads enthalten sind.[173] Bedient der Market-Maker aber nun bspw. einen Nachfrageüberschuss zu einem Preis, der kleiner ist als der dem Insider be-

---

[168] Hirth (2000), S. 3.
[169] Vgl. de Jong/Rindi (2009), S. 4.
[170] Vgl. Fürtjes (2013), S. 68.
[171] Vgl. Kyle (1985), S. 1315.
[172] Vgl. Kyle (1985), S. 1315.
[173] Vgl. Fürtjes (2013), S. 68.

kannte Fundamentalwert des Wertpapiers, so erleidet er hieraus einen Verlust. Da der Market-Maker aber ob der besseren Informationslage des Insiders weiß und zudem berücksichtigt, dass sich dieser rational und gewinnmaximierend verhalten wird, versucht er aus dem Auftragsvolumen Rückschlüsse auf den Fundamentalwert des Wertpapiers zu ziehen.[174] In Bezug auf den Fundamentalwert ist der Auftragsfluss jedoch nur ein verrauschtes Signal, da der Market-Maker nicht zwischen uninformierten und informierten Handelsaktivitäten unterscheiden kann.[175] Der Insider wiederum berücksichtigt, dass seine Order sowie das Ordervolumen der Liquiditätshändler die Preissetzung des Market-Makers beeinflussen und agiert entsprechend. Im Modell von Kyle (1985) maximiert der besser informierte Marktteilnehmer durch strategische Entscheidungen bzgl. der Ordergröße seinen privaten Gewinn. Dahinter steht u.a. die Annahme, dass Kaufwünsche den Marktpreis des Wertpapiers steigen lassen, während Verkaufswünsche zu einer Reduktion des Aktienpreises führen.[176] Dem als Grundmodell theoretischer Marktmikrostruktur bezeichneten Modell von Kyle (1985) lastet jedoch die Kritik an, dass am Finanzmarkt keine einheitliche Preisfindung stattfindet, sondern vielmehr zwischen Geld- und Briefkursen unterschieden wird.[177]

In diesem Sinne stellt das Modell von Glosten/Milgrom (1985) eine Erweiterung dahingehend dar, dass wegen asymmetrisch verteilter Informationen unter den Marktteilnehmern für den Market-Maker ein Problem adverser Selektion entsteht. Ausgangssituation ist ebenfalls ein risikoneutraler Market-Maker, ein aus Liquiditätsgründen heraus handelnder uninformierter Marktteilnehmer sowie ein besser informierter Marktteilnehmer, der, im Vergleich zu den anderen beiden, private Informationen bzgl. des wahren Wertes des einen handelbaren Wertpapiers hat. Auf das Problem der adversen Selektion reagiert der Market-Maker dadurch, indem er unterschiedliche Preise für Wertpapierkäufe und -verkäufe stellt.[178] Für die Höhe dieses so entstehenden Bid-Ask-Spreads liefert das Marktmikrostrukturmodell von Glosten/Milgrom (1985) einen theoretischen Erklärungsansatz. Hierfür wird jedoch im Modell von Glosten/Milgrom (1985) eine andere Handelsstruktur sowie eine andere

---

[174] Vgl. Fürtjes (2013), S. 68.
[175] Vgl. Fürtjes (2013), S. 68.
[176] Vgl. de Jong/Rindi (2009), S. 4.
[177] Vgl. Fürtjes (2013), S. 82.
[178] Vgl. de Jong/Rindi (2009), S. 4.

Struktur bzgl. der zeitlichen Abfolge von Nachfrageverhalten und Preisanpassung unterstellt: Während im Modell von Kyle (1985) angenommen wird, dass die Marktteilnehmer zuerst ihre Handelswünsche äußern und erst dann der Market-Maker in Abhängigkeit dieses Nachfrageverhaltens den Preis festlegt, wird diese zeitliche Struktur im Modell von Glosten/Milgrom (1985) umgekehrt.[179] Statt von einem order-driven market auszugehen, unterstellt das Modell von Glosten/Milgrom (1985) nämlich einen quote-driven market, bei dem der Market-Maker regelmäßig An- und Verkaufspreise veröffentlicht, gegen diese die Marktteilnehmer während den Handelszeiten jederzeit handeln können.[180] Am Beginn einer Handelsrunde steht also zunächst die Preisquotierung des Market-Makers, indem er für diese Handelsrunde verbindliche An- und Verkaufspreise festlegt.[181] Im Anschluss an die Preisquotierung findet zwischen dem Market-Maker und einem Marktteilnehmer eine Interaktion statt: Entweder kauft der Marktteilnehmer vom Market-Maker zum Ask-Preis das Wertpapier oder er verkauft es an den Market-Maker zum Bid-Preis. Darüber hinaus hat der Marktteilnehmer die Möglichkeit nicht zu handeln, sofern ihm die Preise nicht vorteilhaft erscheinen.[182] Zwar weiß der Market-Maker in einer Handelsrunde nicht, ob der mit ihm handelnde Marktteilnehmer informiert oder uninformiert ist, er kennt jedoch die Wahrscheinlichkeit, mit der er in einer Handelsrunde auf einen informierten oder auf einen uninformierten Marktteilnehmer trifft.[183] Das Problem der adversen Selektion entsteht für den Market-Maker nun deshalb, weil ein informierter Marktteilnehmer nur dann handeln würde, wenn die quotierten Preise aus seiner (besser informierten) Sicht vorteilhaft sind, während er in allen anderen Fällen nicht am Handel teilnehmen würde. Indem der Market-Maker je Handelsperiode aber erfährt, ob der mit ihm handelnde Marktteilnehmer kauft oder verkauft, kann er aus dieser Situation einen Rückschluss auf die aktuelle Informationslage im Markt (positive, negative oder keine Information) bzgl. des handelbaren Wertpapiers ableiten und da-

---

[179] In einer solchen als order-driven bezeichneten Marktorganisationsform wie im Modell von Kyle (1985), sind Transaktionen nur auf Grundlage bereits zuvor geäußerter Handelswünsche möglich, weil Transaktionspreise erst bei Vorliegen konkreter Aufträge ermittelt werden können. Vgl. hierzu Tyrell (2000), S. 144–145.
[180] Vgl. Tyrell (2000), S. 145.
[181] Vgl. Fürtjes (2013), S. 83.
[182] Vgl. Fürtjes (2013), S. 84.
[183] Vgl. de Jong/Rindi (2009), S. 70.

raufhin für die nächste Handelsrunde seine Preisquotierung anpassen.[184] Diese Preisquotierung wird er so wählen, dass seine Gewinnerwartung aus der nächsten Transaktion null ist – sein Verlust im Handel mit einem besser Informierten also durch den Gewinn im Handel mit einem uninformierten Marktteilnehmer ausgeglichen wird.[185] Die Informationsasymmetrie bedingt nun die Entstehung eines Bid-Ask-Spreads, wobei zwischen dem Spread und dem Grad der Informationsasymmetrie ein positiver Zusammenhang besteht.[186] Mittels der Geld-Brief-Spanne und ihrer Zerlegung besteht also „(...) eine indirekte Möglichkeit (..), aus den Kosten eines Market-Makers durch Transaktionskosten mit überlegen informierten Marktteilnehmern Rückschlüsse auf die Marktteilnehmerstruktur zu ziehen."[187] Das von Easley u.a. (1996) entwickelte Modell[188] liefert eine theoretische Fundierung einer solchen Separation informationsbedingter und nicht-informationsbedingter Handelsaktivitäten.[189] Das Modell soll im Folgenden detailliert erläutert werden, um die zentralen Aussagen im Rahmen der später erfolgenden empirischen Überprüfung nutzen zu können.

---

[184] „(...) customers' trades provide information about the future value of the risky asset." (de Jong/Rindi (2009), S. 69.

[185] Vgl. Tyrell (2000), S. 147.

[186] Vgl. Glosten/Milgrom (1985), S. 90. Der im Markt vorherrschende Grad der Informationsasymmetrie ist zum einen davon abhängig, wie groß der Anteil der informierten im Vergleich zu den uninformierten Marktteilnehmern ist und wie präzise deren Informationen im Hinblick auf den wahren Wert des handelbaren Wertpapiers sind. Vgl. hierzu Glosten/Milgrom (1985), S. 90.

[187] Grammig/Schiereck/Theissen (2000), S. 619.

[188] Die Modellentwicklung basiert dabei auf sequenzieller Handelsmodelle von Glosten/Milgrom (1985); Easley/O'Hara (1987) sowie Easley/O'Hara (1992). Vgl. hierzu Grammig/Schiereck/Theissen (2000), S. 623.

[189] Vgl. Grammig/Schiereck/Theissen (2000), S. 619.

3.1.2 Das Modell von Easley u.a. (1996) als theoretische Grundlage

Informationen am Kapitalmarkt sind, wie bereits weiter oben gezeigt, aus verschiedenen Gründen asymmetrisch verteilt, so dass der dort stattfindende Handel mit Wertpapieren Informationscharakteristika aufweisen kann. In der Theorie der Marktmikrostruktur unterscheidet man in diesem Sinne regelmäßig drei unterschiedliche Gruppen von Marktteilnehmern: Auf der einen Seite die als Uninformierte bezeichneten Anlegertypen, deren Handelsverhalten nicht auf informationsbedingten Handelsmotiven beruht. Diesen stehen die Anleger mit Informationsvorteilen gegenüber, welche in ihrem Handelsverhalten den Wunsch nach einer vorteilhaften Ausnutzung überlegener, privater Fundamental- oder Marktinformationen erkennen lassen. Zwischen diesen beiden Gruppen steht ein sog. Intermediär, der je nach Börsenorganisation entweder ein Auktionator oder ein sich im Wettbewerb befindlicher risikoneutraler Market-Maker ist und v.a. Informationsvorteile in Bezug auf Marktinformationen besitzt.[190] In Bezug auf die beiden erstgenannten Marktteilnehmergruppen fällt es insbesondere mit einem Blick von außen und ohne Kenntnis des tatsächlichen Orderstroms schwer, die Zusammensetzung der Marktteilnehmerschaft abzuschätzen. Mittels einer Betrachtung der am Markt realisierten Bid-Ask-Spreads und somit mittels Blick auf die Liquidität einer Aktie, liefert jedoch das Modell von Easley u.a. (1996) eine theoretische Fundierung zur Separation informationsbedingter und nicht-informationsbedingter Handelsaktivitäten.[191]

Die Liquidität einer Aktie lässt sich generell als deren Verfügbarkeit am Markt beschreiben und in Kosten ausdrücken, die aufgrund des Handels mit ebendieser entstehen. *„The liquidity of a stock is a measure of the ease with which cash can be converted to an investment in the stock or vice versa."*[192] Illiquidität entsteht dementsprechend mit der Höhe von Kosten, welche im Rahmen von Kauf- oder Verkaufstrans-

---

[190] Vgl. Grammig/Schiereck/Theissen (2000), S. 619. Im Hinblick auf die Einordnung der sog. Noise-Trader existieren innerhalb der theoretischen Analysen zur Marktmikrostruktur unterschiedliche Ansichten. Vgl. hierzu Hirth (2000), S. 6. In theoretischen Analysen der Marktmikrostruktur wird mehrheitlich von einer Börsenorganisation mit Market-Maker ausgegangen, der im Vergleich zum Auktionator nicht nur zwischen den handelswilligen Marktteilnehmern vermittelt, sondern auch auf eigene Rechnung handelt und zur regelmäßigen Stellung verbindlicher An- und Verkaufspreise verpflichtet ist. Vgl. hierzu Hirth (2000), S. 9.
[191] Vgl. Grammig/Schiereck/Theissen (2000), S. 619.
[192] Amihud/Mendelson (2000), S. 9.

aktionen anfallen und wird regelmäßig in drei Bestandteile untergliedert: Geschäftsabwicklungskosten, Opportunitätskosten bzw. Lagerhaltungskosten sowie Kosten adverser Selektion.[193] Die Kosten der Geschäftsabwicklung ergeben sich in diesem Zusammenhang als Handelskosten, welche bspw. aufgrund von Transaktionsgebühren oder Steuern entstehen und von den Marktteilnehmern zu tragen sind.[194] Opportunitätskosten entstehen auf Illiquiden Märkten aus der Entscheidung heraus, Handelswünsche entweder mit dem Risiko einer verzögerten Ausführung im Orderbuch zu platzieren oder im Sinne einer raschen Transaktion zu den vom Market-Maker gestellten (meist schlechteren) Geld- und Briefkursen zu handeln.[195] Kosten adverser Selektion entstehen aufgrund der unter den Marktteilnehmern asymmetrischen Informationsverteilung und der Tatsache, dass besser informierte Marktteilnehmer immer genau dann Transaktionen tätigen werden, wenn es für sie profitabel ist:[196] Im Handel mit diesen erleidet der Market-Maker dann jedoch zwangsläufig Verluste. Weil die Besserinformierten aber nicht identifizierbar sind, berücksichtigt er in seiner Preisstellung die möglicherweise besseren Informationen seiner Handelspartner und lässt so die Kosten adverser Selektion entstehen. Diese lassen sich wiederum in zwei Komponenten unterteilen, so dass sich die Kosten adverser Selektion regelmäßig aus dem Bid-Ask Spread einerseits sowie den Kosten der Marktbeeinflussung andererseits ergeben.[197] Kleinere Transaktionen können am Markt sofort und zwar zu den jeweils vom Market-Maker gestellten Geld- und Briefkursen ausgeführt werden. Da dieser jedoch den Handel mit Besserinformierten nicht verhindern kann, „*muß [sic]*

---

[193] Vgl. Amihud/Mendelson (2000), S. 9 sowie Grammig/Schiereck/Theissen (2000), S. 620–621.
[194] Vgl. Amihud/Mendelson (2000), S. 12.
[195] Vgl. Amihud/Mendelson (2000), S. 11 sowie Deutsche Börse (2014), S. 1. Bei ins Orderbuch eingestellten Transaktionswünschen, für die es kein direktes Gegenangebot gibt, besteht das Risiko einer bis zur endgültigen Orderausführung nachteiligen Preisentwicklung. Vgl. hierzu Amihud/Mendelson (2000), S. 11. Soll stattdessen eine Transaktion unter der Ausnutzung der jederzeitigen Handelsbereitschaft der Market-Maker sofort ausgeführt werden, so entstehen Kosten im Sinne eines möglicherweise schlechteren Preises. Ursächlich hierfür sind die beim Market-Maker entstehenden Lagerhaltungskosten: *„Die jederzeitige Transaktionsbereitschaft führt dazu, daß [sic] Market-Maker häufig Portfolios halten, die nicht die von ihnen gewünschte Zusammensetzung, insbesondere ein zu hohes unsystematisches Risiko aufweisen. Die dadurch verursachten Kosten müssen im Marktgleichgewicht kompensiert werden."* (Grammig/Schiereck/Theissen (2000), S. 620–621).
[196] Vgl. Grammig/Schiereck/Theissen (2000), S. 621.
[197] Vgl. Amihud/Mendelson (2000), S. 9.

die Geld-Brief-Spanne so groß sein, daß [sic] die Verluste aus Transaktionen mit Besserinformierten durch Gewinne aus Transaktionen mit den übrigen Marktteilnehmern mindestens ausgeglichen werden."[198] Garantierte Geld- und Briefkurse beziehen sich regelmäßig auf kleinere Transaktionen, während größere Orders bereits aufgrund ihres Volumens den Markt bewegen und damit die Kosten der Marktbeeinflussung determinieren: „*For example, the sale of a large quantity of stock has a negative impact on the sale price and, on average, the negative impact is an increasing function of the amount sold. Thus, the sale of a large quantity of stock typically causes a price decline, part of which is temporary but part of which remains.*"[199] Sinkt der Kurs also in Folge einer großen Verkaufstransaktion kurzfristig unter den sich später einstellenden Marktwert, so bezeichnet man diese temporäre, übertriebene Abweichung nach unten als Kosten der Marktbeeinflussung.[200] Zusammenfassend lässt sich festhalten, dass die Kosten adverser Selektion im Vergleich zu den Geschäftsabwicklungskosten sowie den Opportunitätskosten die größte Kostenkomponente darstellen und die Liquidität am Markt damit maßgeblich durch die Asymmetrie der verfügbaren Informationen determiniert wird:[201] Hieraus lässt sich schlussfolgern, dass in einer Marktphase mit überwiegend informierten, handelswilligen Marktteilnehmern der Bid-Ask Spread sowie die Kosten der Marktbeeinflussung höher und die Liquidität geringer ist. Im Vergleich dazu sind die adversen Selektionskosten im Umfeld vieler uninformierter Marktteilnehmer deutlich reduziert, so dass mit steigender Wahrscheinlichkeit uninformierter Handelsaktivitäten der Bid-Ask Spread und die Marktbeeinflussungskosten sinken und die Liquidität dementsprechend zunimmt.[202] Um die Liquidität eines Marktes jedoch differenziert beurteilen zu können, sind die einzelnen Komponenten getrennt voneinander zu ermitteln. Wie bereits oben erwähnt, leistet das Modell von Easley u.a. (1996) dahingehend einen wesentlichen Beitrag, indem es die Kosten der übrigen Marktteilnehmer aufgrund von Transaktionen besser Informierter abschätzbar macht.[203]

---

[198] Grammig/Schiereck/Theissen (2000), S. 621.
[199] Amihud/Mendelson (2000), S. 9–10.
[200] Vgl. Amihud/Mendelson (2000), S. 10.
[201] Vgl. Stoll (1989), S. 129.
[202] Vgl. Amihud/Mendelson (2000), S. 11.
[203] Vgl. Grammig/Schiereck/Theissen (2000), S. 621.

Die Ausgangssituation im Modell von Easley u.a. (1996) charakterisiert sich als ein Markt mit sowohl uninformierten als auch informierten Marktteilnehmern auf der einen Seite und einem unter Konkurrenz stehenden risikoneutralen Market-Maker auf der anderen. Dieser stellt auf Grundlage der ihm zur Verfügung stehenden Informationen verbindliche An- und Verkaufspreise in Bezug auf das eine am Markt handelbare riskante Wertpapier und ermöglicht so den Marktteilnehmern die jederzeitige Durchführung von Handelsaktivitäten.[204] Während informierte Marktteilnehmer nur im Zusammenhang mit konkreten Informationsereignissen handeln, sind die Handelsaktivitäten Uninformierter nicht von neuen Informationen abhängig. Letztere folgen in ihren Handelswünschen unabhängigen Poisson-Prozessen und deren Markteintrittsrate beträgt jeweils ε.[205] Weil informierte Marktteilnehmer grundsätzlich nur an Tagen mit Informationsereignissen handeln, kaufen sie folglich bei einem positiven und verkaufen bei einem negativen Signal. Deren Handel lässt sich durch einen gemeinsamen Poisson-Prozess unter Annahme einer Markteintrittsrate von μ darstellen.[206] Vor Beginn eines jeden Handelstages tritt für die handelbare Aktie mit der Wahrscheinlichkeit α ein Informationsereignis ein. Positive Informationsereignisse entstehen dabei mit der Wahrscheinlichkeit $1 - \delta$, während negative Informationen folglich mit der Gegenwahrscheinlichkeit von δ auftreten. Da per Annahme jede Information am Ende eines jeden Handelstages vollständig im Aktienkurs eingepreist ist, gibt es für den sich zufällig einstellenden Aktienkurs V_i am Ende des Handelstages i drei mögliche Zustände: Bei negativer oder positiver Information beträgt der Aktienkurs am Ende des Handelstages $\underline{V_i}$ bzw. $\overline{V_i}$. Sofern keine neue Information entsteht, ergibt er sich zu V^*_i. Es gilt darüber hinaus der folgende Zusammenhang $\underline{V_i} < V^*_i < \overline{V_i}$ für die wertmäßige Differenzierung des sich am Ende eines jeden Handelstags einstellenden Aktienkurses. Zwar kennt der Market-Maker die Markteintrittsraten ε und μ, weiß jedoch nicht, ob und welche Art (positiv oder negativ) von Informationsereignis eingetreten ist. Zur Präzisierung seiner Erwartungen der dem Markt bekannten Informationen nutzt er dementsprechend den eintreffenden Orderstrom

---

[204] Vgl. Easley u.a. (1996), S. 1408.

[205] Vgl. Easley u.a. (1996), S. 1408–1409. Die Markteintrittsraten sind dabei als Markteintritte pro Minuten zu verstehen und für Kauf- als auch für Verkaufstransaktionen gleich groß. Tatsächlich zeigen empirische Überprüfungen, dass sich die Eintrittsraten von Käufen und Verkäufen nicht signifikant voneinander unterscheiden und die Annahme einer gemeinsamen Markteintrittsrate daher als zulässig erscheinen. Vgl. hierzu Easley u.a. (1996), S. 1409.

[206] Vgl. im Folgenden Easley u.a. (1996), S. 1408–1410.

und passt daraufhin laufend seine Geld- und Briefkurse an. In Bezug auf eintreffende Kauf- und Verkaufswünsche schätzt er die Wahrscheinlichkeit, mit welcher diese auf Grundlage keiner [$P_n(t)$], guter [$P_g(t)$] oder schlechter [$P_b(t)$] Information erfolgen. Ausgehend von dem folgenden Baumdiagramm des Handelsprozesses kann der Market-Maker die in der darunter stehenden Tabelle 2 abgetragenen Wahrscheinlichkeitsüberlegungen in Bezug auf den Informationsgehalt ihm gegenüber geäußerter Kauf- und Verkaufswünsche anstrengen.

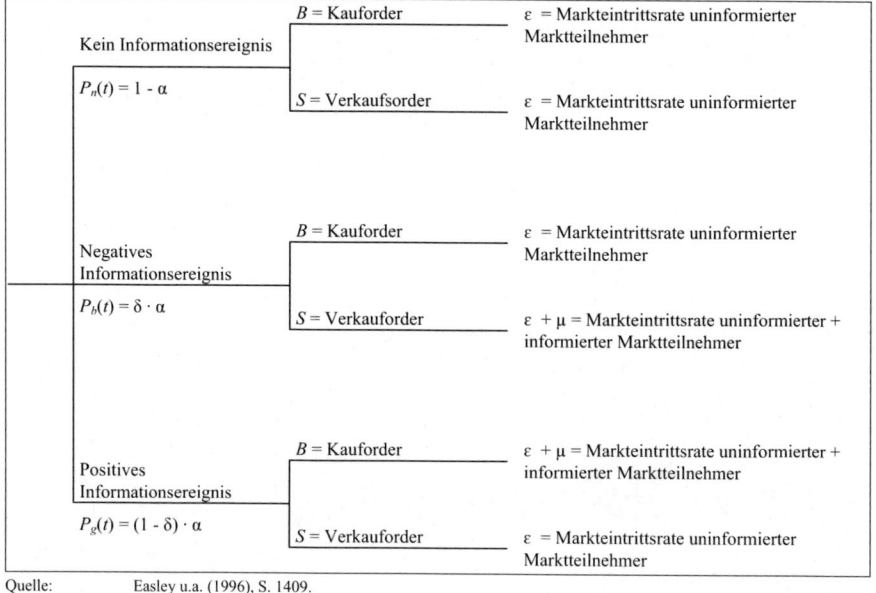

		B = Kauforder	ε = Markteintrittsrate uninformierter Marktteilnehmer
Kein Informationsereignis	$P_n(t) = 1 - \alpha$	S = Verkaufsorder	ε = Markteintrittsrate uninformierter Marktteilnehmer
Negatives Informationsereignis	$P_b(t) = \delta \cdot \alpha$	B = Kauforder	ε = Markteintrittsrate uninformierter Marktteilnehmer
		S = Verkauforder	ε + μ = Markteintrittsrate uninformierter + informierter Marktteilnehmer
Positives Informationsereignis	$P_g(t) = (1 - \delta) \cdot \alpha$	B = Kauforder	ε + μ = Markteintrittsrate uninformierter + informierter Marktteilnehmer
		S = Verkauforder	ε = Markteintrittsrate uninformierter Marktteilnehmer

Quelle: Easley u.a. (1996), S. 1409.
Abbildung 10: Baumdiagramm des Handelsprozesses

Weil der Market-Maker nicht weiß, ob es im Markt aktuell private Informationsereignisse gibt, wird er seine Erwartungen bzgl. der derzeitigen Informationslage in Abhängigkeit des ihm bekannten Orderstroms anpassen. Eine solche Anpassung im Hinblick auf verfügbare Informationen beginnt beim Market-Maker täglich unabhängig von den Ergebnissen des Vortages, weil per Annahme am Ende eines jeden Handelstages alle Informationen in den Kursen berücksichtigt sind.[207] Dem jeweiligen

---

[207] Vgl. Grammig/Schiereck/Theissen (2000), S. 622.

Orderstrom entsprechend, kann der Market-Maker die in der Tabelle 2 enthaltenen Wahrscheinlichkeitsüberlegungen zum Informationsgehalt von Kauf- und Verkaufswünschen anstrengen.

Die Zusammensetzung der Marktteilnehmerschaft als mikrostrukturelle Erklärung der Preisbildung

	Keine Information in t (**n**o information)	Positive Information in t (**g**ood information)	Negative Information in t (**b**ad information)
Unbedingte Wahrscheinlichkeit in $t = 0$	$1 - \alpha$	$(1 - \delta) \cdot \alpha$	$\delta \cdot \alpha$
Bedingte Wahrscheinlichkeit bei Eintreffen einer Verkaufsorder	$\dfrac{P_n(t) \cdot \varepsilon}{\varepsilon + P_b(t) \cdot \mu}$	$\dfrac{P_g(t) \cdot \varepsilon}{\varepsilon + P_b(t) \cdot \mu}$	$\dfrac{P_b(t) \cdot (\varepsilon + \mu)}{\varepsilon + P_b(t) \cdot \mu}$
Bedingte Wahrscheinlichkeit bei Eintreffen einer Kauforder	$\dfrac{P_n(t) \cdot \varepsilon}{\varepsilon + P_g(t) \cdot \mu}$	$\dfrac{P_g(t) \cdot (\varepsilon + \mu)}{\varepsilon + P_g(t) \cdot \mu}$	$\dfrac{P_b(t) \cdot \varepsilon}{\varepsilon + P_g(t) \cdot \mu}$

Quelle: Easley u.a. (1996), S. 1410 sowie Grammig/Schiereck/Theissen (2000), S. 622.

Tabelle 2: **Wahrscheinlichkeitsüberlegungen des Market-Makers zum Informationsgehalt von Kauf- und Verkaufsorder**

In der Tabelle 2 zu den Wahrscheinlichkeitsüberlegungen des Market-Makers zum Informationsgehalt von Kauf- und Verkaufswünschen wird deutlich, dass sich diese aus bedingten Wahrscheinlichkeiten ergeben. Wie sich diese jeweils berechnen lassen, wird durch die folgenden Ausführungen deutlich.

Die Berechnung der bedingten Wahrscheinlichkeit bei Eintreffen einer Verkaufsorder für den Fall, dass es in t kein Informationsereignis gibt, lässt sich folgendermaßen darstellen. Es ist die Wahrscheinlichkeit einer Verkaufsorder in Folge keiner Information unter der Bedingung einer eintreffenden Verkaufsorder zu bestimmen, was formal dergestalt darstellbar ist:

$$\frac{P(Keine\ Information \cap Verkauf)}{P(Verkauf)} =$$

$$= \frac{P_n(t) \cdot \varepsilon}{P_n(t) \cdot \varepsilon + P_b(t) \cdot (\varepsilon + \mu) + P_g(t) \cdot \varepsilon} = \frac{P_n(t) \cdot \varepsilon}{P_n(t) \cdot \varepsilon + P_b(t) \cdot \varepsilon + P_b(t) \cdot \mu + P_g(t) \cdot \varepsilon}$$

$$= \frac{P_n(t) \cdot \varepsilon}{\varepsilon \cdot [P_n(t) + P_b(t) + P_g(t)] + P_b(t) \cdot \mu} = \frac{P_n(t) \cdot \varepsilon}{\varepsilon \cdot 1 + P_b(t) \cdot \mu} = \frac{P_n(t) \cdot \varepsilon}{\varepsilon + P_b(t) \cdot \mu}$$

Formel 1: **Ausführliche Berechnung der bedingten Wahrscheinlichkeit einer Verkaufsorder unabhängig eines Informationsereignisses**

Die Wahrscheinlichkeit einer eintreffenden Verkaufsorder unter der Voraussetzung einer guten Information ist dementsprechend wie folgt zu bestimmen:

$$\frac{P(\text{Gute Information} \cap \text{Verkauf})}{P(\text{Verkauf})} =$$

$$= \frac{P_g(t) \cdot \varepsilon}{P_n(t) \cdot \varepsilon + P_b(t) \cdot (\varepsilon + \mu) + P_g(t) \cdot \varepsilon} = \frac{P_g(t) \cdot \varepsilon}{P_n(t) \cdot \varepsilon + P_b(t) \cdot \varepsilon + P_b(t) \cdot \mu + P_g(t) \cdot \varepsilon}$$

$$= \frac{P_g(t) \cdot \varepsilon}{\varepsilon \cdot [P_n(t) + P_b(t) + P_g(t)] + P_b(t) \cdot \mu} = \frac{P_g(t) \cdot \varepsilon}{\varepsilon \cdot 1 + P_b(t) \cdot \mu} = \frac{P_g(t) \cdot \varepsilon}{\varepsilon + P_b(t) \cdot \mu}$$

Formel 2: Ausführliche Berechnung der bedingten Wahrscheinlichkeit einer Verkaufsorder bei einem guten Informationsereignis

Beim Eintreffen einer Verkaufsorder wird der Market-Maker die Wahrscheinlichkeit eines eingetretenen schlechten Informationsereignisses folgendermaßen berechnen:

$$\frac{P(\text{Schlechte Information} \cap \text{Verkauf})}{P(\text{Verkauf})} =$$

$$= \frac{P_b(t) \cdot (\varepsilon + \mu)}{P_n(t) \cdot \varepsilon + P_b(t) \cdot (\varepsilon + \mu) + P_g(t) \cdot \varepsilon} = \frac{P_b(t) \cdot (\varepsilon + \mu)}{P_n(t) \cdot \varepsilon + P_b(t) \cdot \varepsilon + P_b(t) \cdot \mu + P_g(t) \cdot \varepsilon}$$

$$= \frac{P_b(t) \cdot (\varepsilon + \mu)}{\varepsilon \cdot [P_n(t) + P_b(t) + P_g(t)] + P_b(t) \cdot \mu} = \frac{P_b(t) \cdot (\varepsilon + \mu)}{\varepsilon \cdot 1 + P_b(t) \cdot \mu} = \frac{P_b(t) \cdot (\varepsilon + \mu)}{\varepsilon + P_b(t) \cdot \mu}$$

Formel 3: Ausführliche Berechnung der bedingten Wahrscheinlichkeit einer Verkaufsorder bei einem schlechten Informationsereignis

Wird der Market-Maker stattdessen mit einer Kauforder konfrontiert, so stellt er die folgenden Wahrscheinlichkeitsüberlegungen im Hinblick auf den möglichen Informationsgehalt im Markt an:

$$\frac{P(Keine\,Information \cap Kauf)}{P(Kauf)} =$$

$$= \frac{P_n(t)\cdot\varepsilon}{P_n(t)\cdot\varepsilon + P_b(t)\cdot\varepsilon + P_g(t)\cdot(\varepsilon+\mu)} = \frac{P_n(t)\cdot\varepsilon}{P_n(t)\cdot\varepsilon + P_b(t)\cdot\varepsilon + P_g(t)\cdot\varepsilon + P_g(t)\cdot\mu}$$

$$= \frac{P_n(t)\cdot\varepsilon}{\varepsilon\cdot[P_n(t)+P_b(t)+P_g(t)] + P_g(t)\cdot\mu} = \frac{P_n(t)\cdot\varepsilon}{\varepsilon\cdot 1 + P_g(t)\cdot\mu} = \frac{P_n(t)\cdot\varepsilon}{\varepsilon + P_g(t)\cdot\mu}$$

Formel 4: Ausführliche Berechnung der bedingten Wahrscheinlichkeit einer Kauforder unabhängig eines Informationsereignisses

$$\frac{P(Gute\,Information \cap Kauf)}{P(Kauf)} =$$

$$= \frac{P_g(t)\cdot(\varepsilon+\mu)}{P_n(t)\cdot\varepsilon + P_b(t)\cdot\varepsilon + P_g(t)\cdot(\varepsilon+\mu)} = \frac{P_g(t)\cdot(\varepsilon+\mu)}{P_n(t)\cdot\varepsilon + P_b(t)\cdot\varepsilon + P_g(t)\cdot\varepsilon + P_g(t)\cdot\mu}$$

$$= \frac{P_g(t)\cdot(\varepsilon+\mu)}{\varepsilon\cdot[P_n(t)+P_b(t)+P_g(t)] + P_g(t)\cdot\mu} = \frac{P_g(t)\cdot(\varepsilon+\mu)}{\varepsilon\cdot 1 + P_g(t)\cdot\mu} = \frac{P_g(t)\cdot(\varepsilon+\mu)}{\varepsilon + P_g(t)\cdot\mu}$$

Formel 5: Ausführliche Berechnung der bedingten Wahrscheinlichkeit einer Kauforder bei einem guten Informationsereignis

$$\frac{P(Schlechte\,Information \cap Kauf)}{P(Kauf)} =$$

$$= \frac{P_b(t)\cdot\varepsilon}{P_n(t)\cdot\varepsilon + P_b(t)\cdot\varepsilon + P_g(t)\cdot(\varepsilon+\mu)} = \frac{P_b(t)\cdot\varepsilon}{P_n(t)\cdot\varepsilon + P_b(t)\cdot\varepsilon + P_g(t)\cdot\varepsilon + P_g(t)\cdot\mu}$$

$$= \frac{P_b(t)\cdot\varepsilon}{\varepsilon\cdot[P_n(t)+P_b(t)+P_g(t)] + P_g(t)\cdot\mu} = \frac{P_b(t)\cdot\varepsilon}{\varepsilon\cdot 1 + P_g(t)\cdot\mu} = \frac{P_b(t)\cdot\varepsilon}{\varepsilon + P_g(t)\cdot\mu}$$

Formel 6: Ausführliche Berechnung der bedingten Wahrscheinlichkeit einer Kauforder bei einem schlechten Informationsereignis

Ohne Kenntnis über die tatsächlich eintreffenden Order, ergibt sich der objektive Erwartungswert des Wertpapiers zu:[208]

$$E[V_i(t)] = P_n(t) \cdot V^*_i + P_b(t) \cdot \underline{V_i} + P_g(t) \cdot \overline{V_i}$$

Formel 7: Objektiver Erwartungswert des Wertpapierpreises ohne Kenntnis über eintreffende Order

Da der Market-Maker aber den Orderstrom kennt, wird er auf Basis seiner Wahrscheinlichkeitsüberlegungen und der entsprechenden Einschätzung zum Informationsgehalt im Markt, seine Geld- und Briefkurse regelmäßig korrigieren: Im Falle einer eintreffenden Verkaufsorder wird er folglich – um im Handel mit Informierten keine Verluste zu erleiden – den Preis anpassen, zu welchem er bereit ist, das Wertpapier zu kaufen (Bid-Preis). Für jeden beliebigen Zeitpunkt t ergibt sich also bei Eintreffen einer Verkaufsorder der Bid-Preis $b(t)$ zu:[209]

$$b(t) = \frac{P_n(t) \cdot \varepsilon \cdot V^*_i + P_b(t) \cdot (\varepsilon + \mu) \cdot \underline{V_i} + P_g(t) \cdot \varepsilon \cdot \overline{V_i}}{\varepsilon + P_b(t) \cdot \mu}$$

$$b(t) = \frac{P_n(t) \cdot \varepsilon \cdot V^*_i + P_b(t) \cdot \varepsilon \cdot \underline{V_i} + P_b(t) \cdot \mu \cdot \underline{V_i} + P_g(t) \cdot \varepsilon \cdot \overline{V_i}}{\varepsilon + P_b(t) \cdot \mu}$$

$$b(t) = \frac{\varepsilon \cdot [P_n(t) \cdot V^*_i + P_b(t) \cdot \underline{V_i} + P_g(t) \cdot \overline{V_i}] + P_b(t) \cdot \mu \cdot \underline{V_i}}{\varepsilon + P_b(t) \cdot \mu}$$

$$b(t) = \frac{\varepsilon \cdot E[V_i(t)] + P_b(t) \cdot \mu \cdot \underline{V_i}}{\varepsilon + P_b(t) \cdot \mu}$$

Formel 8: Korrigierter Bid-Preis des Market-Makers bei Eintreffen einer Verkaufsorder

Wird er hingegen mit einem Kaufwunsch konfrontiert, passt er den Kurs an, zu welchem er bereit ist, das Wertpapier zu verkaufen (Ask-Preis). Der Ask-Preis a(t) lässt sich für eine Kauforder wie folgt als gewichtete Wahrscheinlichkeit berechnen:[210]

---

[208] Vgl. Easley u.a. (1996), S. 1411.
[209] Vgl. Easley u.a. (1996), S. 1410.
[210] Vgl. Easley u.a. (1996), S. 1411.

Die Zusammensetzung der Marktteilnehmerschaft als mikrostrukturelle Erklärung der Preisbildung

$$a(t) = \frac{P_n(t) \cdot \varepsilon \cdot V^*_i + P_b(t) \cdot \varepsilon \cdot \underline{V_i} + P_g(t) \cdot (\varepsilon + \mu) \cdot \overline{V_i}}{\varepsilon + P_g(t) \cdot \mu}$$

$$a(t) = \frac{P_n(t) \cdot \varepsilon \cdot V^*_i + P_b(t) \cdot \varepsilon \cdot \underline{V_i} + P_g(t) \cdot \varepsilon \cdot \overline{V_i} + P_g(t) \cdot \mu \cdot \overline{V_i}}{\varepsilon + P_g(t) \cdot \mu}$$

$$a(t) = \frac{\varepsilon \cdot [P_n(t) \cdot V^*_i + P_b(t) \cdot \underline{V_i} + P_g(t) \cdot \overline{V_i}] + P_g(t) \cdot \mu \cdot \overline{V_i}}{\varepsilon + P_g(t) \cdot \mu}$$

$$a(t) = \frac{\varepsilon \cdot E[V_i(t)] + P_g(t) \cdot \mu \cdot \overline{V_i}}{\varepsilon + P_g(t) \cdot \mu}$$

Formel 9: Korrigierter Ask-Preis des Market-Makers bei Eintreffen einer Kauforder

Zusammenfassend ergeben sich also die folgenden Bid- und Ask-Preise:[211]

$$b(t) = \frac{\varepsilon \cdot E[V_i(t)] + P_b(t) \cdot \mu \cdot \underline{V_i}}{\varepsilon + P_b(t) \cdot \mu}$$

$$a(t) = \frac{\varepsilon \cdot E[V_i(t)] + P_g(t) \cdot \mu \cdot \overline{V_i}}{\varepsilon + P_g(t) \cdot \mu}$$

Formel 10: Korrigierte Bid- und Ask-Preise des Market-Makers in Abhängigkeit eintreffender Order

Hieran lässt sich nun die besondere Rolle der Markteintrittsraten informierter sowie uninformierter Marktteilnehmer in Bezug auf die Beeinflussung der Handelspreise zeigen. Wenn nämlich bspw. nur informierte Marktteilnehmer handeln ($\varepsilon = 0$), ergibt sich für den Bid-Ask-Spread [$a(t) - b(t)$] die denkbar größte Spanne:[212]

---

[211] Vgl. Easley u.a. (1996), S. 1411.

[212] Vgl. Easley u.a. (1996), S. 1411. Für informierte Marktteilnehmer wäre diese Situation allerdings derart unattraktiv, dass sie nicht zum Handeln bereit wären und der Markt dementsprechend zum Erliegen kommen würde.

$$b(t) = \frac{0 \cdot E[V_i(t)] + P_b(t) \cdot \mu \cdot \underline{V_i}}{0 + P_b(t) \cdot \mu} = \underline{V_i}$$

$$a(t) = \frac{0 \cdot E[V_i(t)] + P_g(t) \cdot \mu \cdot \overline{V_i}}{0 + P_g(t) \cdot \mu} = \overline{V_i}$$

$$a(t) - b(t) = \overline{V_i} - \underline{V_i}$$

Formel 11: Bid-Ask-Spread bei nur informierten Marktteilnehmern im Markt

Sind demgegenüber jedoch keine informierten ($\mu = 0$) sondern nur uninformierte Marktteilnehmer aktiv, wird der Wertpapierhandel dementsprechend keine Informationen enthalten und der Bid-Ask-Spread die denkbar kleinste Spanne von Null aufweisen:

$$b(t) = \frac{\varepsilon \cdot E[V_i(t)] + P_b(t) \cdot 0 \cdot \underline{V_i}}{\varepsilon + P_b(t) \cdot 0} = E[V_i(t)]$$

$$a(t) = \frac{\varepsilon \cdot E[V_i(t)] + P_g(t) \cdot 0 \cdot \overline{V_i}}{\varepsilon + P_g(t) \cdot 0} = E[V_i(t)]$$

$$a(t) - b(t) = E[V_i(t)] - E[V_i(t)] = 0$$

Formel 12: Bid-Ask-Spread bei nur uninformierten Marktteilnehmern im Markt

Im Ergebnis zeigt sich, dass mit einem steigenden Anteil uninformierter Marktteilnehmer (ε) die Spanne zwischen dem Geld- und Briefkurs kleiner wird. Das Modell fasst diesen Spread als Kompensation des Market-Makers aufgrund des Handels mit informierten Marktteilnehmern auf (Kosten adverser Selektion), während Geschäftsabwicklungs- und Opportunitätskosten ebenso wie eine Gewinnerzielungsabsicht des Market-Makers unberücksichtigt bleiben.[213]

---

[213] Vgl. Grammig/Schiereck/Theissen (2000), S. 623. Auch im Modell von Glosten/Milgrom (1985) gehen die Autoren davon aus, dass es bei einer angenommenen Nichtexistenz von Geschäftsabwicklungs- und Opportunitätskosten sowie dem Fehlen einer Gewinnerzielungsabsicht des in ihrem Modell vorkommenden Spezialisten (Market-Maker) trotzdem einen Bid-Ask-Spread allein aus Gründen asymmetrischer Informationsverteilung gibt. „*The core idea is that the specialist faces an adverse selection problem, since a customer agreeing to trade at the specialist's ask or bid price may be trading because he knows something that the specialist does not. In effect, then, the specialist must recoup the losses suffered in trades with the well informed by gains in trades with liquidity traders. These gains are achieved by setting a spread.*" (Glosten/Milgrom (1985), S. 72).

3.2 Überblick zu empirisch überprüfbaren Hypothesen

Wie die obigen Ausführungen zeigen, gibt es in der Marktmikrostrukturforschung unterschiedliche Annahmen zur Erklärung des bestehenden Bid-Ask Spreads: inventory-based models erklären diesen mit den Kosten der Lagerhaltung des risikoaversen Market-Makers, während information-based models das Aufeinandertreffen von informierten und uninformierten Marktteilnehmern als Ursache für das Auseinanderfallen der Geld- und Briefkurse sehen. Bei den information-based models geht man davon aus, dass Marktteilnehmer, die auch in Bezug auf den Market-Maker überlegene (private) Informationen besitzen, immer zum Nachteil des Market-Makers handeln: *„These informed traders buy when they know the stocks's current price is too low; they sell when they know it is too high. Moreover, these informed traders have the option not to trade, unlike the market maker, who must always quote prices to buy and sell."*[214] Folglich muss der Market-Maker im Handel mit informierten Marktteilnehmern davon ausgehen, dass er Verluste erleiden wird. *„To remain solvent, he must be able to offset these losses by making gains from uninformed traders. These gains arise from the bid-ask spread."*[215] In einem Markt mit anteilsmäßig vielen informierten Marktteilnehmern wird der Market-Maker den Spread also eher ausweiten, während er in einem Umfeld eher uninformierter Marktteilnehmer einen engeren Spread anbieten wird. Mit diesen Überlegungen, die zentraler Bestandteil des Modells von Easley u.a. (1996) sind, existiert also eine Möglichkeit, über die Veränderung des Bid-Ask Spreads Rückschlüsse auf die Zusammensetzung der Marktteilnehmerschaft zu ziehen. Für empirische Studien ist es also notwendig, ausreichend Daten zu den Bid- und Ask-Kursen der einzelnen Wertpapiere vorliegen zu haben. Verwendet man zur Abschätzung der Zusammensetzung der Marktteilnehmerschaft jedoch den Bid-Ask Spread, entsteht das weiter oben beschriebene Problem, dass sich der Bid-Ask Spread aus drei Komponenten zusammensetzt, von denen sich nur eine mit einer sich verändernden Zusammensetzung der Marktteilnehmerschaft verändert. Deshalb ist es für die empirische Kapitalmarktforschung sinnvoll, weitere Variablen zur Analyse der Zusammensetzung der Marktteilnehmerschaft zu etablieren.

Ansatzpunkt beim Herausarbeiten derartiger Variablen ist meist die Tatsache, dass die Verarbeitungskapazität des menschlichen Gehirns auf natürliche Art und Weise

---

[214] O'Hara (1995), S. 54.
[215] O'Hara (1995), S. 54.

Die Zusammensetzung der Marktteilnehmerschaft als mikrostrukturelle Erklärung der Preisbildung

begrenzt ist und die Beschaffung von Informationen für die Marktteilnehmer Kosten verursacht: Kritiker der traditionellen Kapitalmarkttheorie gehen deshalb davon aus, dass der Marktpreis eines Wertpapiers nicht das gesamte Spektrum der verfügbaren Informationen widerspiegelt. Vielmehr scheint der Kurs einer Aktie davon abzuhängen, wie viele Marktteilnehmer die entsprechende Aktie kennen und über diese Informationen besitzen. Eine solche aktienspezifische Aufmerksamkeit der Marktteilnehmer jedoch zu messen, stellt aus empirischer Sicht eine große Herausforderung dar. Bisher haben sich in der Literatur hierfür Variablen wie bspw. die Marketingaktivitäten eines Unternehmens, die Medienpräsenz, unternehmensbezogene Veröffentlichungen durch Analysten oder durch das Unternehmen selbst sowie außergewöhnliche Marktbewegungen im Form großer Rendite- oder Handelsvolumenschwankungen hierfür etabliert. Ob jedoch die Steigerung der Informationsmenge über ein entsprechendes Unternehmen automatisch bedingt, dass die entsprechenden Aktien dadurch vermehrt in den Fokus der Anleger rücken, muss kritisch hinterfragt werden. Weil also die tatsächliche Aufmerksamkeit der Marktteilnehmer dadurch nicht erfasst werden kann, sind diese Proxies daher als indirekte Aufmerksamkeitsvariablen zu qualifizieren.

Durch eine aktive Informationssuche in Google oder durch die Veröffentlichung finanzspezifischer Beiträge in Sozialen Medien geben Marktteilnehmer heutzutage jedoch eher direkt preis, welche Aktien und Unternehmen derzeit besonders in ihrem Fokus stehen. Vor diesem Hintergrund können mit dem Suchvolumen in Google sowie dem Beitragsvolumen Sozialer Finanzmedien Variablen gefunden werden, die in direkter Form die Aufmerksamkeit der Marktteilnehmer erfassen. Für Proxies, welche zuverlässig die Anlegeraufmerksamkeit in direkter Form abbilden können, würde man dementsprechend erwarten, dass diese zumindest teilweise die oben genannten indirekten Aufmerksamkeitsvariablen in sich vereinen (Hypothese A).

Handelsaktivitäten sind das Ergebnis individueller Informations- und Entscheidungsprozesse der Kapitalmarktteilnehmer, für die die Aufmerksamkeit notwendige Voraussetzung ist. Variablen, die nun diese Aufmerksamkeit gegenüber Unternehmen und Aktien in direkter Form abbilden können, werden empirisch überprüfbare Zusammenhänge zu Handelsaktivitäten aufweisen, sofern man annimmt, dass zumindest ein Teil der aufmerksam gewordenen Marktteilnehmer die entsprechenden Titel auch handeln wird. Demgemäß werden Veränderungen der am Markt beobachtbaren Handelsaktivitäten durch Veränderungen dieser auf Google- und Soziale Medien-Daten beruhenden Aufmerksamkeitsvariablen beeinflusst (Hypothese B).

Nimmt man darüber hinaus an, dass Google und Soziale Finanzmedien eher von uninformierten Marktteilnehmern genutzt werden, während informierte Marktteilnehmer andere Informationsmöglichkeiten nutzen (können), dann müsste mit einer Zunahme der so gemessenen handelsrelevanten Aufmerksamkeit die Geld-Brief-Spanne der jeweiligen Aktien im Sinne der theoretische Annahmen des Modells von Easley u.a. (1996) kleiner werden (Hypothese C).

Die folgenden Ausführungen zum Stand der Forschung sollen aufzeigen, inwiefern die hier erwähnten Ideen hinsichtlich der empirisch überprüfbaren Hypothesen bereits Bestandteil der existierenden Literatur sind und an welchen Stellen weiterer Forschungsbedarf besteht. Da nicht alle der im Folgenden eher in Tabellenform dargestellten empirischen Studien in direktem Zusammenhang mit den Fragestellungen der vorliegenden Arbeit stehen, werden nur die Wichtigsten gesondert nochmals außerhalb der Tabellen erwähnt. Zunächst werden die zentralen Ergebnisse bisheriger Studien mit Suchmaschinendaten herausgegriffen und vorstellen. Im Anschluss daran werden empirische Erkenntnisse im Rahmen der Nutzung von Daten Sozialer Finanzmedien berichtet. Darauf aufbauend soll anschließend erläutert werden, welchen zusätzlichen Beitrag die empirische Studie der vorliegenden Arbeit leisten kann. Im Rahmen der empirischen Überprüfung der vorliegenden Arbeit werden die so identifizierten Forschungslücken dann geschlossen.

3.3 Stand der Forschung

3.3.1 Forschungsfragen der relevanten Literatur und Nutzung von Suchmaschinendaten

In zahlreichen Studien werden bereits Google-Daten sowie Kommunikationsdaten aus Sozialen Finanzmedien genutzt, um diese in einem speziellen Kapitalmarktumfeld zur Erklärung von Anlegerverhalten und Marktreaktionen zu nutzen. Die empirischen Studien im Hinblick auf die Google-Daten (und weitere Suchmaschinendaten) beziehen sich dabei regelmäßig auf

- die Charakteristika der Informationsnachfrage von Marktteilnehmern des Kapitalmarktes,
- die Veränderung von Aktienkursen im Zusammenhang mit sich verändernden Suchanfragen,
- die Veränderung von Handelsaktivitäten im Zusammenhang mit sich verändernden Suchanfragen sowie
- die Veränderung der Liquidität einzelner Aktien im Zusammenhang mit sich verändernden Suchanfragen,

wobei vor allem die beiden letztgenannten Forschungsfragen für die vorliegende Arbeit von besonderer Bedeutung sind.

Empirische Studien, welche Suchmaschinendaten zur Analyse der Informationsnachfrage von Marktteilnehmern nutzen, gibt es bisher wenige. Im Vergleich zu den Übrigen nutzen Mondria/Wu/Zhang (2010) in ihrer Untersuchung Daten der Suchmaschine AOL und stellen in ihrer Betrachtung u.a. fest, dass die in den USA aktiven Marktteilnehmer einer starken Präferenz für ihren Heimatmarkt (sog. home bias) unterliegen. Außerdem kann gezeigt werden, dass die Suchanfragen aus den USA bzgl. anderer Länder dann relativ hoch sind, wenn die Anteile dieser Länder in U.S.-Aktienportfolios vergleichsweise hoch sind. Wenige Suchanfragen lassen sich hingegen bzgl. der Länder feststellen, deren Unternehmen nicht auf der Interessenliste amerikanischer Investoren stehen.[216] Aufgrund ihres langen Betrachtungszeitraums sind jedoch die beiden auf Googledaten basierenden Studien von Da/Engelberg/Gao (2011b) sowie Drake/Roulstone/Thornock (2012) im Zusammenhang mit der Analy-

---

[216] Vgl. Mondria/Wu/Zhang (2010), S. 88-89, 91-93.

se des Informationsnachfrageverhaltens der Marktteilnehmer besonders erwähnenswert. Da/Engelberg/Gao (2011b) betrachten Suchanfragen als sinnvolle Unterstützung für Analysten und Fondmanager im Rahmen der Ergebnisschätzungen einzelner Unternehmen. Über das Webmonitoring von Nielsen Media Research leiten die Autoren der Studie in Bezug auf die betrachteten Unternehmen das jeweils beliebteste Produkt ab und untersuchen dann die Veränderung von Suchanfragen nach diesem Produkt. Dabei finden sie heraus, dass die durch ein Unternehmen veröffentlichten Geschäftsergebnisse dann besonders hoch (niedrig) sind, wenn zuvor viele (wenige) Suchanfragen bzgl. des bekanntesten Produkts des jeweiligen Unternehmens festgestellt werden.[217] Relevant ist das Ergebnis deshalb, weil in die Untersuchung zahlreiche Kontrollvariablen einbezogen sind, welche zur Vorhersage unternehmerischer Ergebnisveröffentlichungen als geeignet gelten.[218] Da/Engelberg/Gao (2011b) stellen darüber hinaus fest, dass sich mittels Suchanfragen zum beliebtesten Produkt eines Unternehmens noch besser als dessen Gewinne die künftigen Absatzzahlen des Unternehmens vorhersagen lassen. Sie verdeutlichen dieses Ergebnis mit einem intuitiven Beispiel, wonach häufige Suchanfragen nach Apples iPod eher im Zusammenhang mit einer verstärkten Nachfrage durch die Kunden stehen würde als im Zusammenhang mit den Kosten für Hard- und Software im Rahmen der Produktherstellung. *„Thus, we expect a stronger relationship between search volume and iPhone sales than search volume and iPhone profits."*[219] Die Studie liefert zudem eine Fundierung dafür, dass das Suchvolumen in Google tatsächlich wertrelevante Informationen bzgl. einzelner Aktien besitzt: Die Autoren finden nämlich heraus, dass sich mit Suchfragen die Renditen rund um Ergebnisveröffentlichungen in der Form vorhersagen lassen, dass Unternehmen mit steigenden (abnehmenden) Produktsuchanfragen dann höhere (niedrigere) Renditen aufweisen. *„This suggests that search volume contains value-relevant information that is not incorporated into prices until the announcement."*[220] Außerdem zeigen Da/Engelberg/Gao (2011b), dass es hinsichtlich des Informationsgehalt von Suchanfragen in Google starke unternehmensspezifische Unterschiede gibt: Besonders viel Informationsgehalt steckt in Produktsuchanfragen, die sich auf ein Unternehmen beziehen, welches insgesamt eine kleine Produktpalette

---

[217] Vgl. Da/Engelberg/Gao (2011b), S. 18–19.
[218] Vgl. Da/Engelberg/Gao (2011b), S. 2.
[219] Da/Engelberg/Gao (2011b), S. 2.
[220] Da/Engelberg/Gao (2011b), S. 2.

hat. *„(...) firms with fewer products are precisely those for which the search volume of the most popular product is most informative."*[221] Eine ebenfalls sehr umfangreiche Untersuchung stammt von Drake/Roulstone/Thornock (2012) die herausfinden, dass unternehmensspezifische Suchanfragen u.a. im Zusammenhang mit Übernahmegerüchten, Quartalsveröffentlichungen, Analystenberichten, Ankündigungen durch das Management des Unternehmens, Dividendenankündigungen, Medienberichten sowie im Zusammenhang mit besonderen Marktgeschehnissen wie bspw. hohen Renditen stark zunehmen. So werden unternehmensspezifische Informationen vor allem im Zusammenhang mit dem Aufkommen von Übernahmegerüchten und im Umfeld von Quartalsveröffentlichungen verstärkt nachgefragt. Vor allem im Kontext von Quartalsergebnisveröffentlichungen zeigt sich, dass die Suchanfragen bereits einige Tage zuvor merklich zunehmen und am Tag der Veröffentlichung ihren Höhepunkt erreichen. In den Tagen nach der Veröffentlichung geht das Suchvolumen zwar wieder zurück, bleibt jedoch im Vergleich zu Nicht-Event-Tagen noch immer deutlich erhöht. Es zeigt sich also im Zusammenhang mit der Veröffentlichung von Quartalsergebnissen, dass die Marktteilnehmer diese terminlich bereits feststehenden Kapitalmarktereignisse antizipieren und vor allem im Vorfeld bereits mit ihrer Informationssuche beginnen. Besonders interessant ist das Ergebnis, dass sich Informationssuchende mittels Google im Vorfeld von Ergebnisveröffentlichungen tatsächlich einen Informationsvorsprung im Hinblick auf die (dann später) veröffentlichten Ergebnisse verschaffen können: Wenn nämlich Anleger im Vorfeld von Ergebnisveröffentlichungen viele Informationen über das Unternehmen suchen, dann spiegelt der Aktienkurs im Vorfeld der Ergebnisveröffentlichung bereits einen größeren Anteil des später bekannt werdenden Ergebnisses wider. Die Kursreaktion ist dann in diesem Fall am Veröffentlichungstag selbst erwartungsgemäß kleiner. Die über Google stattfindende Informationsnachfrage bzgl. bevorstehender Ergebnisveröffentlichungen kann also dazu führen, dass ein Teil der Geschäftsergebnisse bereits vor offizieller Veröffentlichung im Kurs eingepreist werden.[222] Im Vorfeld von Ankündigungen durch das Management oder im Vorfeld der Veröffentlichung von Analystenberichten stellt man im Vergleich zu Quartalsveröffentlichungen deshalb keine erhöhten Suchanfragen fest, weil diese Ereignisse nicht antizipiert werden können. Ebenso verhält es sich mit dem Bekanntwerden von Übernahmeplänen oder Dividendenan-

---

[221] Da/Engelberg/Gao (2011b), S. 3.
[222] Vgl. Drake/Roulstone/Thornock (2012), S. 1009, 1019-1030.

kündigungen. Im Vorfeld der Quartalsveröffentlichungen sind die Suchanfragen vor allem in Bezug auf Unternehmen mit einer großen Marktkapitalisierung deutlich erhöht. Das Volumen der ereignisspezifischen Suchanfragen hängt zudem positiv mit der Anzahl des sog. analyst following und der Volatilität des Aktienkurses zusammen. Die zentralen Inhalte der erwähnten Studien sind in Tabelle 3 nochmals ausführlich dargestellt.

Die Zusammensetzung der Marktteilnehmerschaft als mikrostrukturelle Erklärung der Preisbildung

Hauptquelle der Onlinedaten	Datenbasis und Ergebnisse	Quellenangabe
AOL	• Datenbasis: Alle einzelnen Suchanfragen aus den USA bei AOL zwischen dem 1. und dem 31. März 2006 (mehr als 21 Millionen Anfragen von 657.426 Nutzern). • Analyse der Präferenz für die Heimatmärkte (sog. home bias) von Marktteilnehmern in den USA mittels der Betrachtung von Suchanfragen. • Die Suchanfragen aus den USA bzgl. anderer Länder sind sehr unterschiedlich: Insbesondere sind sie gegenüber solchen Ländern relativ hoch, deren länderspezifischer Aktienanteil in US-Aktienportfolios vergleichsweise hoch ist. • Wenige Suchanfragen lassen sich bzgl. Länder beobachten, deren Unternehmen nicht auf der Interessensliste amerikanischer Investoren stehen. • Der Grad des US home bias gegenüber anderer Länder wird im Anteil dieser Länder in den US-Aktienportfolios ausgedrückt und aus Daten der Weltbank sowie des amerikanischen Finanzministeriums berechnet.	Mondria/Wu/Zhang (2010)
Google	• Datenbasis: Suchanfragen bzgl. der beliebtesten Produkte der betrachteten Unternehmen (ermittelt über das Werbemonitoring von Nielsen Media Research) zwischen 2004 und 2008 auf wöchentlicher Basis. • Suchanfragen bzgl. der beliebtesten Produkte von Unternehmen können als Indikator für entsprechende Geschäftsergebnisse des jeweiligen Unternehmens genutzt werden. • Sind die Suchanfragen bzgl. der beliebtesten Produkte von Unternehmen im Vorfeld der jeweiligen Ergebnisveröffentlichungen hoch, so steigt die Wahrscheinlichkeit, dass auch das jeweilige Unternehmensergebnis vergleichsweise hoch / positiv sein wird. Der umgekehrte Fall gilt genauso.	Da/Engelberg/Gao (2011b)
Google	• Datenbasis: Suchanfragen bzgl. der Ticker im S&P 500 gelisteter Unternehmen zwischen 2005 und 2008 auf täglicher Basis. • Anleger suchen insbesondere im Zusammenhang mit Übernahmegerüchten und im Umfeld von Quartalsveröffentlichungen nach unternehmensspezifischen Informationen im Internet. Ebenso sind die Suchanfragen dann erhöht, wenn das Management oder Analysten Ankündigungen treffen oder aber wenn Dividendenankündigungen stattfinden. • Unternehmensspezifische Suchanfragen werden zudem durch Medienberichte oder besondere Marktgeschehen wie bspw. hohe Renditen hervorgerufen. Der Zusammenhang zwischen Suchanfragen und Liquiditätsgrößen der jeweiligen Aktien zeigt sich als negativ, so dass die Informationsnachfrage vor allem bei hoher Informationsasymmetrie zu steigen scheint. • Im Kontext von Quartalsergebnisveröffentlichungen zeigt sich, dass die Suchanfragen bereits einige Tage zuvor bemerkenswert zunehmen und am Tag der Veröffentlichung ihren Höhepunkt finden. Nach der Veröffentlichung nehmen sie zwar wieder ab, sind allerdings gegenüber sog. Nicht-Event-Tagen noch immer deutlich erhöht. • Im Vergleich zu Ankündigungen durch das Management oder durch Analysten sowie im Vergleich zum Bekanntwerden von Übernahmeplänen oder der Dividendenankündigung lassen sich im Vorfeld des jeweiligen Events zunehmende Suchanfragen nur bei Quartalsveröffentlichungen beobachten. Dies kann in der nicht vorhandenen Planbarkeit der übrigen Ereignisse begründet liegen. Am Event-Tag sind die Suchanfragen bis auf Dividendenankündigungen bei allen Ereignissen erhöht. Nach dem Ereignis sind erhöhte Suchanfragen bei Quartalsveröffentlichungen, Ankündigungen durch das Management sowie Übernahmegerüchte erkennbar. • Erhöhte Suchanfragen im Vorfeld von Quartalsveröffentlichungen lassen sich vor allem bei großen Unternehmen beobachten. Am Veröffentlichungstag sind diese insb. bei großen Unternehmen, solchen mit einem hohen analyst following, bei Unternehmen mit großen Bid-Ask-Spreads sowie hoher Volatilität deutlich erhöht. • Wenn die Suchanfragen im Vorfeld von Quartalsveröffentlichungen merklich zunehmen, spiegeln sich bereits in den Renditeveränderungen vor Ergebnisveröffentlichung mehr der später erst offiziell bekanntwerdenden Informationen wider.	Drake/Roulstone/Thornock (2012)

Quelle: Mondria/Wu/Zhang (2010), S. 88-89, 91-93; Da/Engelberg/Gao (2011b), S. 6-7, 18-19 sowie Drake/Roulstone/Thornock (2012), S. 1009, 1019-1030.

Tabelle 3: **Literaturüberblick zu Untersuchungen bzgl. der Charakteristika der Informationsnachfrage von Marktteilnehmern des Kapitalmarktes**

Im Zusammenhang mit Aktienkursveränderungen finden Da/Engelberg/Gao (2010) heraus, dass Suchanfragen über Google relevante Indikatoren zur Umsetzung von Anlagestrategien sein können. In einer breit angelegten Untersuchung mit zahlreichen Unternehmen können sie feststellen, dass der Momentum-Effekt bei Aktien, die verstärkt im Interesse der über Google suchenden Anleger stehen, deutlich ausgeprägter ist.[223] Die Vorteilhaftigkeit der Strategie, Aktien mit Suchvolumensteigerungen long und Aktien mit Rückgängen im Suchvolumen short zu handeln, kann ebenfalls in einer von Bank/Larch/Peter (2011) durchgeführten Untersuchung bestätigt werden.[224] In Bezug auf börsennotierte Unternehmen können Fink/Johann (2013) jedoch keinen Zusammenhang zwischen Suchanfragen und Aktienkursen bestätigen. Sie versuchen, die investitionsmotivierte von der allgemeinen Informationssuche zu separieren, indem sie einen von Google vorgeschlagenen Kategorienfilter verwenden. Dabei finden sie heraus, dass Renditeveränderungen das Suchvolumen erklären können aber der umgekehrte Zusammenhang nicht zu bestehen scheint[225] Betrachtet man jedoch das sog. underpricing bei IPOs kann festgestellt werden, dass es bei solchen Unternehmen deutlich höher ist, welche im Vorfeld des Börsengangs verstärkt über Google gesucht werden. Unternehmen, die im Vorfeld ihres IPOs verstärkt über Google gesucht werden, haben eine 6-prozentig höhere Ersttagesrendite als solche Unternehmen, deren IPO, gemessen am Volumen der Suchanfragen, auf weniger Interesse stößt.[226] So kann das Suchvolumen über Google also scheinbar auch beim Gang an die Börse ein wichtiger Indikator für interessierte Anleger darstellen. Aber auch in diesem Zusammenhang zeigt sich, dass v.a. bei intensiv gegoogelten Aktien die rasche Korrektur der Kurssteigerung besonders groß ist.[227] Aufgrund ihrer Beobachtungen, dass die Volatilität an den Aktienmärkten mit zunehmenden Suchanfragen steigt, kommen Vlastakis/Markellos (2012) zu dem Schluss, das Suchvolumen als Indikator der Risikoaversion von Kapitalmarktteilnehmern zu betrachten. Interessanterweise ist der gemessene Zusammenhang in Krisenzeiten nochmals deutlich stärker ausgeprägt

---

[223] Vgl. Da/Engelberg/Gao (2010), S. 18–19.
[224] Vgl. Bank/Larch/Peter (2011), S. 255–258.
[225] Vgl. Fink/Johann (2013), S. 41.
[226] Vgl. Da/Engelberg/Gao (2011a), S. 1463–1469.
[227] Vgl. Da/Engelberg/Gao (2011a), S. 1465.

als in Nichtkrisenzeiten.[228] Oberhalb der Einzelunternehmensebene analysieren Preis/Moat/Stanley (2013) die Suchanfragen bzgl. 98 makroökonomische Begriffe und deren Zusammenhang zu Veränderungen im Punktestand großer Aktienindizes. Dabei finden sie heraus, dass eine Anlagestrategie auf kurze Frist positive Renditen bringen kann, welche short in den DJIA investiert, sofern in der Vorwoche erhöhte Suchanfragen zum Begriff debt beobachtet werden und in der darauffolgenden Woche dann die long-Position einnimmt. Besonders erwähnenswert ist in Bezug auf eine Betrachtung der Veränderung von Suchanfragen und der Veränderung von Aktienkursen die Untersuchung von Da/Engelberg/Gao (2011a) aus mehreren Gründen: Zum einen sind die Autoren die ersten mit der Idee, Suchanfragen von Google auf kapitalmarktspezifische Fragestellungen zu übertragen. Sie liefern mit ihrer Untersuchung aber vor allem deshalb einen wertvollen Beitrag, weil sie empirisch beweisen können, dass sich mit dem Suchvolumen tatsächlich die Aufmerksamkeit von Kapitalmarktteilnehmern messen lässt und dass es sich dabei hauptsächlich um die Aufmerksamkeit sog. Privatanleger handelt. Letzteres können sie deshalb feststellen, weil sie die Veränderung von Suchanfragen mit dem tatsächlichen Handelsverhalten privater Anleger abgleichen, deren Orderstrom aufgrund einer Vorschrift der US-Finanzaufsicht regelmäßig veröffentlicht und somit nutzbar gemacht wird.[229] Bzgl. ihrer eigentlichen Forschungsfrage, ob mit Suchanfragen über Google Kursentwicklungen vorhersagbar sind, finden sie ebenfalls sehr interessante Ergebnisse heraus: Auf wöchentlicher Basis zeigen Da/Engelberg/Gao (2011a), dass verstärkt über Google gesuchte Aktien in den folgenden beiden Wochen Überrenditen von ca. 30 Basispunkten aufweisen. Interessant ist jedoch auch, dass diese durch Suchanfragen vorhersagbaren Kurssteigerungen im weiteren Verlauf wieder vollständig auf den Ausgangswert korrigiert werden und dieser Effekt bei solchen Aktien besonders groß ist, die vergleichsweise stark von Privatanlegern gehandelt werden.[230] Die zentralen Inhalte der erwähnten Studien sind in den beiden nachfolgenden Tabellen (Tabelle 4 und Tabelle 5) nochmals ausführlich dargestellt.

---

[228] Vgl. Vlastakis/Markellos (2012), S. 1820.
[229] Vgl. Da/Engelberg/Gao (2011a), S. 1463.
[230] Vgl. Da/Engelberg/Gao (2011a), S. 1465.

Hauptquelle der Onlinedaten	Datenbasis und Ergebnisse	Quellenangabe
Google	• Datenbasis: Suchanfragen bzgl. der Ticker im Russell 3000 gelisteter Unternehmen zwischen Januar 2004 und Juni 2008 auf wöchentlicher Basis. • Bei Aktien, die verstärkt im Interesse der über Google suchenden Anleger stehen, zeigt sich eine deutlich stärkere Ausprägung des Momentum-Effekts als bei Aktien mit niedrigerem Suchinteresse. • Die Suchanfragen über Google und entsprechende Handelsaktivitäten werden vor allem privaten Anlegern attestiert, welche in ihrem Handelsverhalten Selbstüberschätzung erkennen lassen und damit Momentum-Effekte begünstigen können. • Zudem zeigt sich, dass private Anleger vor allem dann besonders selbstüberschätzend handeln, wenn sie anlegerrelevante Informationen selbst (über das Internet) gefunden haben. • Der Momentum-Effekt lässt sich in diesem Kontext deshalb in hochkapitalisierten Unternehmen mit großem Streubesitz zeigen, weil Google häufig, trotz unterschiedlicher Suchanfragen zu den verschiedenen Unternehmen, ähnliche Ergebnisse liefert und die Handelssignale der privaten Anleger damit sehr stark korreliert sind.	Da/Engelberg/Gao (2010)
Google	• Datenbasis: Suchanfragen bzgl. der Namen auf Xetra gelisteter Unternehmen zwischen Januar 2004 und Juni 2010 auf wöchentlicher sowie auf monatlicher Basis. • Eine Anlagestrategie, welche Aktien mit starken Suchvolumenveränderungen long und Aktien mit geringen Veränderungen in Suchvolumen short handelt, generiert auf kurze Frist positive Renditen. • Zudem zeigt sich, dass Aktien niedrigkapitalisierter Unternehmen und geringen Suchvolumenveränderungen auf eine Ein-Monatssicht niedrigere Renditen aufweisen als Aktien hochkapitalisierter Unternehmen mit starken Suchvolumenveränderungen.	Bank/Larch/Peter (2011)
Google	• Datenbasis: Suchanfragen bzgl. der Ticker im Russell 3000 gelisteter Unternehmen zwischen Januar 2004 und Juni 2008 auf wöchentlicher Basis. • Bei Aktien die verstärkt im Interesse der über Google suchenden Anleger stehen, zeigen sich in den beiden Folgewochen Überrenditen von teilweise über 30 Basispunkten. Diese werden häufig allerdings im weiteren Verlauf der Kursentwicklungen wieder korrigiert. • Unternehmen, die im Vorfeld ihres IPOs eine Häufung an Googlesuchanfragen erfahren, haben eine 6-prozentig höhere Ersttagesrendite als solche Unternehmen, deren IPO, gemessen an Suchanfragen, auf weniger Interesse stößt. • Suchanfragen in Google korrelieren mit aufmerksamkeitsgenerierendem Ereignissen wie bspw. extremen Renditeveränderungen, hohen Handelsumsätze und Unternehmensnachrichten. • Die Suchanfragen über Google und entsprechende Handelsaktivitäten werden vor allem privaten Anlegern attestiert. • Es wird die Theorie von Barber/Odean (2008) bestätigt, indem Kaufhandlungen sog. aufmerksamkeitsgenerierender Aktien insbesondere von privaten Anlegern stammen, während Verkäufe / Leerverkäufe von dieser Anlegergruppe regelmäßig nicht zu erwarten sind.	Da/Engelberg/Gao (2011a)
Google	• Datenbasis: Suchanfragen bzgl. vier Aktienindizes (DJIA, FTSE 100, CAC 40 sowie DAX) zwischen Juli 2006 und Juni 2011 auf täglicher Basis. • Aus Veränderungen spezifischer Index-Suchanfragen können künftige Volatilitätsveränderungen des Index vorhergesagt werden. • Suchanfragen und Marktveränderungen bedingen sich aber auch gegenseitig, weil besondere Marktbewegungen auch die Aufmerksamkeit der Anleger hervorrufen.	Dimpfl/Jank (2011)

Quelle: Da/Engelberg/Gao (2010), S. 7-10, 21; Bank/Larch/Peter (2011), S. 245-248, 255-258; Da/Engelberg/Gao (2011a), S. 1463–1469 sowie Dimpfl/Jank (2011), S. 3-6, 9, 17.

Tabelle 4: **Literaturüberblick zu Untersuchungen bzgl. Veränderungen von Aktienkursen im Zusammenhang mit sich verändernden Suchanfragen (I)**

Die Zusammensetzung der Marktteilnehmerschaft als mikrostrukturelle Erklärung der Preisbildung

Hauptquelle der Onlinedaten	Datenbasis und Ergebnisse	Quellenangabe
Google	<ul><li>Datenbasis: Suchanfragen bzgl. der Unternehmensnamen im Dow Jones Industrial Average gelisteter Unternehmen zwischen Januar 2004 und Oktober 2009 auf wöchentlicher Basis.</li><li>Neben der aktiven Informationsnachfrage über Google wird zusätzlich eine Variable berücksichtigt, die das nachrichtenspezifische Informationsangebot zu den einzelnen Unternehmen abbilden kann und sich aus der Häufigkeit des Unternehmensnamens in der Überschrift von Nachrichtenartikeln ergibt.</li><li>Es zeigt sich, dass sich die Informationsnachfrage sowie das Entstehen eines Informationsangebots gegenseitig sowohl zeitgleich also auch dynamisch mit einem zeitlichen Unterschied bedingen.</li><li>Die Veränderung im Suchvolumen bzgl. zahlreicher Einzelaktien scheint eine geeignete Variable zur Erklärung entstehender Volatilität zu sein, wobei deren Vorzeichen teilweise in unterschiedliche Richtungen zeigen.</li><li>In angespannten Marktsituationen wie bspw. der Finanzkrise, präsentiert sich ein solcher Zusammenhang allerdings nochmals deutlich stärker.</li><li>Zudem kann gezeigt werden, dass die Zunahme der Informationsnachfrage regelmäßig mit einer am Markt beobachtbaren Zunahme der Risikoaversion der Anleger einhergeht.</li></ul>	Vlastakis/Markellos (2012)
Google	<ul><li>Datenbasis: Suchanfragen bzgl. der Unternehmensnamen im Dax, MDax, SDax oder TecDax gelisteter Unternehmen zwischen 2004 und 2007 auf täglicher Basis.</li><li>Berücksichtigung von Suchanfragen mit Kategorienfilter, um investitionsmotivierte und allgemeine Informationssuche separieren zu können.</li><li>Veränderungen im Suchvolumen beider Kategorien sind teilweise mit Veränderungen im Handelsvolumen und mit Renditeveränderungen erklärbar.</li><li>Veränderungen unternehmensspezifischer Suchanfragen lassen einen nichtsignifikanten Zusammenhang zu Renditeveränderungen erkennen.</li></ul>	Fink/Johann (2013)
Google	<ul><li>Datenbasis: Suchanfragen bzgl. 98 makroökonomischer Begriffe zwischen 2004 und 2011 auf wöchentlicher Basis.</li><li>Eine Anlagestrategie, welche short in den DJIA investiert sofern in der Vorwoche bspw. erhöhte Suchanfragen nach dem Begriff debt beobachtet werden und in der darauffolgenden Woche dann die long-Position einnimmt, generiert auf kurze Frist positive Renditen.</li><li>Je nach Begrifflichkeit (neben dem die höchste Rendite generierendem debt bspw. auch stocks, economics, credit, inflation usw.) liegen die Renditen dieser Anlagestrategie stark auseinander und können auch negativ sein.</li></ul>	Preis/Moat/Stanley (2013)

Quelle: Vlastakis/Markellos (2012), S. 1810-1811, 1813-1815, 1818, 1820; Fink/Johann (2013), S. 11-16, 21, 41 sowie Preis/Moat/Stanley (2013), S. 1–3.

Tabelle 5: **Literaturüberblick zu Untersuchungen bzgl. Veränderungen von Aktienkursen im Zusammenhang mit sich verändernden Suchanfragen (II)**

Der Zusammenhang zwischen Handelsaktivitäten am Markt und entsprechenden Suchanfragen im Internet ist bisher in relativ wenigen Studien untersucht und Bestandteil der späteren empirischen Überprüfung der vorliegenden Arbeit. Diese zeigen jedoch sehr eindeutig einen solchen Zusammenhang auf, wenngleich die jeweiligen Studien Limitationen im Hinblick auf die Länge des Beobachtungszeitraums oder der Datenfrequenz (meist nur wöchentliche oder sogar monatliche Beobachtungen) aufweisen. Auf Basis einer Auswertung wöchentlicher Daten kommen Preis/Reith/Stanley (2010) zu dem Ergebnis, dass sich erhöhte Handelsaktivitäten und erhöhte Suchanfragen gegenseitig bedingen, wobei nicht eindeutig feststellbar ist, ob die steigenden Handelsaktivitäten eher auf Kauf- oder Verkaufswünsche der Suchenden zurückzuführen sind.[231] Mittels einer empirischen Untersuchung von Daten auf ebenfalls wöchentlicher sowie monatlicher Basis, können Bank/Larch/Peter (2011) diesen positiven Zusammenhang zwischen Veränderungen im Suchvolumen und Veränderungen im Handelsvolumen bestätigen und aufzeigen, dass dieser unabhängig der jeweiligen Marktkapitalisierung der Unternehmen existiert.[232] Auf täglicher Basis, jedoch nur für einen Beobachtungszeitraum von einem Jahr, stellen auch Bordino u.a. (2012) die gegenseitige Abhängigkeit dieser beiden Größen fest. Sie können jedoch zeigen, dass sich mit den Veränderungen im Suchvolumen die Veränderungen im Handelsvolumen deutlich besser erklären lassen als umgekehrt.[233] Auf die Studie von Vlastakis/Markellos (2012) soll deshalb etwas detaillierter eingegangen werden, weil die Ergebnisse aufgrund der berücksichtigten Kontrollvariablen besonders belastbar erscheinen. So wird neben der Veränderung von Suchanfragen auch eine Variable berücksichtigt, die das nachrichtenspezifische Informationsangebot zu den einzelnen Unternehmen abbildet. Dementsprechend werden Veränderungen im Handelsvolumen nicht nur mit einer sich verändernden Informationsnachfrage durch die Marktteilnehmer (Suchanfragen) erklärt, sondern auch durch eine Veränderung des Informationsangebots (redaktionelle Informationen). Letzteres wird darüber abgebildet, dass die Überschriften der über Thomson Reuters NewsScope veröffentlichten Meldungen auf die Nennung entsprechender Unternehmensnamen hin untersucht

---

[231] Vgl. Preis/Reith/Stanley (2010), S. 5717–5718.
[232] Vgl. Bank/Larch/Peter (2011), S. 255–258.
[233] Vgl. Bordino u.a. (2012), S. 3–4.

wird.²³⁴ Interessanterweise deuten die Ergebnisse darauf hin, dass sich Informationsangebot und -nachfrage jeweils gegenseitig bedingen.²³⁵ Während also das Suchvolumen auf das Aufkommen redaktioneller Nachrichten zu reagieren scheint, nimmt die Medienberichterstattung auch im Zusammenhang mit verstärkten Suchanfragen zu.²³⁶ Mit ihren Ergebnissen untermauern Vlastakis/Markellos (2012) die Vermutung, Suchanfragen auch als möglichen Frühindikator für eine verstärkte Medienpräsenz von Unternehmen verwenden zu können. Sie erklären ihr Ergebnis damit, dass hinter beiden Variablen jeweils eine zunehmende Volatilität sowie ein zunehmendes Handelsvolumen stehen und dementsprechend die Suchanfragen sowie das Aufkommen von Medienberichten durch diese Marktfaktoren gemeinsam beeinflusst werden. Mittels ihrer auf wöchentlichen Daten beruhenden Analyse stellen sie darüber hinaus fest, dass der Zusammenhang zwischen Marktaktivitäten und Veränderungen von Suchanfragen in angespannten Marktsituationen wie bspw. der Finanzkrise nochmals deutlich stärker ausfällt als in normalen Marktphasen.²³⁷ Ihre Ergebnisse bzgl. der Veränderung des Handelsvolumens erzielen sie mittels einer Regression, in welcher die wöchentliche, stetige (logarithmische) Veränderung der Anzahl gehandelter Aktien die abhängige Variable darstellt. Als erklärende Variable findet neben einer Konstanten u.a. das Absolut der Wochenrendite Berücksichtigung sowie die mittels Suchvolumen in Google abgebildete Variable für die Informationsnachfrage der Marktteilnehmer im Hinblick auf das jeweilige Unternehmen. Kontrollvariablen sind darüber hinaus unternehmensbezogene Informationsveröffentlichungen auf Thomson Reuters NewsScope sowie eine Größe, die im Vergleich zum unternehmensspezifischen Suchvolumen auf ein markt- bzw. indexspezifisches Suchvolumen in Google kontrolliert. Außerdem wird in der Regression in Form einer unabhängigen Variablen berücksichtigt, ob insgesamt eher viel oder eher wenige Informationen von Seiten der Medien in den Markt getragen werden. Weil die Regression für jede einzelne Unternehmensaktie getrennt durchgeführt wird und die Regression damit keine Panelstruktur aufweist, verändert sich der Fehlerterm nur über die Zeit hinweg.²³⁸ Die zentralen

---

[234] Vgl. Vlastakis/Markellos (2012), S. 1811.
[235] Vgl. Vlastakis/Markellos (2012), S. 1820.
[236] Vgl. Vlastakis/Markellos (2012), S. 1820.
[237] Vgl. Vlastakis/Markellos (2012), S. 1820.
[238] Vgl. Vlastakis/Markellos (2012), S. 1817.

Inhalte der erwähnten Studien sind in der nachfolgenden Tabelle 6 ausführlich dargestellt.

Die Zusammensetzung der Marktteilnehmerschaft als mikrostrukturelle Erklärung der Preisbildung

Hauptquelle der Onlinedaten	Datenbasis und Ergebnisse	Quellenangabe
Google	<ul><li>Datenbasis: Suchanfragen bzgl. der Namen im S&P 500 gelisteter Unternehmen zwischen Januar 2004 und Mai 2010 auf wöchentlicher Basis.</li><li>Erhöhte Suchanfragen fallen zeitlich mit erhöhten Handelsaktivitäten zusammen und bedingen sich gegenseitig.</li><li>Vor allem scheint das Bekanntwerden von Unternehmensnachrichten ein verstärktes Suchverhalten zu determinieren, wobei hier insbesondere die Nachrichten über Renditeveränderungen eine große Rolle spielen.</li><li>Die Häufigkeit von Suchanfragen spiegelt die derzeitige Attraktivität bzgl. Handelsaktivitäten in Bezug auf die jeweiligen Unternehmensaktien wider. Entgegen anderer Erkenntnisse (bspw. Barber/Odean (2008)) signalisieren hohe Suchanfragen aber zunächst keine Präferenz gegenüber einseitigen Kauf- oder Verkaufswünschen der Suchenden.</li></ul>	Preis/Reith/Stanley (2010)
Google	<ul><li>Datenbasis: Suchanfragen bzgl. der Namen auf Xetra gelisteter Unternehmen zwischen Januar 2004 und Juni 2010 auf wöchentlicher sowie auf monatlicher Basis.</li><li>Es besteht ein positiver Zusammenhang zwischen Veränderungen im Suchvolumen und Veränderungen im Handelsvolumen der jeweiligen Unternehmensaktien.</li><li>Je größer dabei die Veränderung in den Suchanfragen, desto größer auch die Veränderungen im Handelsverhalten der Investoren.</li><li>Der Zusammenhang ist dabei unabhängig von der jeweiligen Marktkapitalisierung der Unternehmen und der insgesamt bei den Unternehmen festgestellten Handelshäufigkeit.</li></ul>	Bank/Larch/Peter (2011)
Yahoo	<ul><li>Datenbasis: Suchanfragen bzgl. der 100 größten, an der NASDAQ gelisteten Nicht-Finanzunternehmen auf täglicher Basis von Mitte 2010 bis Mitte 2011.</li><li>Korrelation zwischen Veränderungen im Suchanfragevolumen und im Aktienhandelsvolumen der jeweiligen Unternehmen.</li><li>Veränderungen im Handelsvolumen können kurzfristig (wenige Tage) Veränderungen im Suchverhalten erklären.</li><li>Veränderungen im Suchverhalten können allerdings deutlich besser Veränderungen im Handelsverhalten erklären als umgekehrt.</li></ul>	Bordino u.a. (2012)
Google	<ul><li>Datenbasis: Suchanfragen bzgl. der Unternehmensnamen im Dow Jones Industrial Average gelisteter Unternehmen zwischen Januar 2004 und Oktober 2009 auf wöchentlicher Basis.</li><li>Neben der aktiven Informationsnachfrage über Google wird zusätzlich eine Variable berücksichtigt, die das nachrichtenspezifische Informationsangebot zu den einzelnen Unternehmen abbilden kann und sich aus der Häufigkeit des Unternehmensnamens in der Überschrift von Nachrichtenartikeln ergibt.</li><li>Es zeigt sich, dass sich die Informationsnachfrage sowie das Entstehen eines Informationsangebots gegenseitig sowohl zeitgleich also auch dynamisch mit einem zeitlichen Unterschied bedingen.</li><li>Die Veränderung im Suchvolumen bzgl. zahlreicher Einzelaktien scheint eine geeignete Variable zur Erklärung entstehender Handelswünsche zu sein, so dass sich hieraus am Markt beobachtbare Handelsaktivitäten (Veränderungen des Handelsvolumens) erklären lassen.</li><li>In angespannten Marktsituationen wie bspw. der Finanzkrise, präsentiert sich ein solcher Zusammenhang allerdings nochmals deutlich stärker.</li><li>Zudem kann gezeigt werden, dass eine Zunahme der Informationsnachfrage regelmäßig mit einer am Markt beobachtbaren Zunahme der Risikoaversion der Anleger einhergeht.</li></ul>	Vlastakis/Markellos (2012)

Quelle: Preis/Reith/Stanley (2010), S. 5710, 5717-5718; Bank/Larch/Peter (2011), S. 245-248, 255-258; Bordino u.a. (2012), S. 3–4 sowie Vlastakis/Markellos (2012), S. 1810-1811, 1813-1815, 1818, 1820.

Tabelle 6: Literaturüberblick zu Untersuchungen bzgl. Veränderungen von Handelsaktivitäten im Zusammenhang mit sich verändernden Suchanfragen

Ob zwischen Veränderungen von Suchanfragen und der jeweiligen Liquidität der Aktien ein messbarer Zusammenhang besteht, wurde bisher ebenfalls in nur wenigen Arbeiten empirisch untersucht und wird daher später mit dem vorliegenden Datensatz empirisch überprüft werden. Die Ergebnisse dieser Untersuchungen deuten jedoch auf einen solchen Zusammenhang hin, wenngleich auch hier die jeweiligen Studien Limitationen im Hinblick auf die Länge des Beobachtungszeitraums oder der Datenfrequenz (meist nur wöchentliche oder sogar monatliche Beobachtungen) aufweisen. Auf wöchentlicher sowie monatlicher Frequenz basierender Daten finden Bank/ Larch/Peter (2011) heraus, dass sich die Liquidität der jeweiligen Unternehmensaktien mit einer zunehmenden Internetsuche nach diesen Unternehmen verbessert. Sie attestieren diese Liquiditätsverbesserung einem verstärkten Handeln privater Anleger und stellen fest, dass der gemessene Zusammenhang mit zunehmender Marktkapitalisierung der Unternehmen schwächer wird.[239] Zu einem sehr ähnlichen Ergebnis kommen Ding/Hou (2011), indem sie auf monatlicher Basis feststellen können, dass der Bid-Ask Spread mit zunehmenden Suchanfragen kleiner wird. Darüber hinaus zeigen sie auf, dass die Zunahme von Suchanfragen bei den jeweiligen Unternehmen mit einer sich verbreiternden Aktionärsstruktur einhergeht.[240] Sie untermauern damit die Hypothese, dass die Liquiditätsverbesserung mehrheitlich auf zunehmende Handelsaktivitäten privater Kapitalmarktteilnehmer zurückzuführen ist, die mit ihrem Markteintritt zu einer Reduktion asymmetrischer Informationsverteilungen beitragen. Fink/Johann (2013), in diesem Kontext die bisher einzige Untersuchung auf Tagesbasis, bestätigen die Ergebnisse ebenfalls.[241] Aouadi/Arouri/Teulon (2013) hingegen betrachten nicht die Liquiditätsveränderungen einzelner Aktien, sondern fokussieren stattdessen auf die marktweite Liquidität im Zusammenhang mit Suchanfragen über Google: Sie stellen dabei interessanterweise fest, dass mit einer Zunahme des Suchbegriffs CAC40 die Marktliquidität des entsprechenden französischen Index sinkt.[242] Was also auf Einzeltitelebene zu einer Verbesserung der Liquidität führt, weist nach deren Untersuchung auf Index- bzw. Marktebene den entgegengesetzten Zusammenhang auf. Vor allem die Studie von Fink/Johann (2013) ist aufgrund ihrer breiten Datenbasis besonders interessant, da über einen Zeitraum von 2004 bis 2007

---

[239] Vgl. Bank/Larch/Peter (2011), S. 255–258.
[240] Vgl. Ding/Hou (2011), S. 11-12, 13-15.
[241] Vgl. Fink/Johann (2013), S. 21.
[242] Vgl. Aouadi/Arouri/Teulon (2013), S. 676–680.

Tagesdaten für im DAX, MDax, SDax sowie TecDax gelisteter Unternehmen betrachtet werden. Außerdem nutzen die Autoren zur Abbildung der Liquiditätsindikatoren Intraday-Daten und erzielen damit ihre empirischen Ergebnisse mit drei sehr anerkannten Messgrößen, die auf die Tiefe sowie auf die Breite des Marktes abstellen: Während die Marktbreite sich daran bemisst, wie viel Volumen zum besten Bid- und Ask-Kurs verfügbar sind (Spreadkosten), signalisiert die Markttiefe, wie viele weitere Order zu schlechteren Preisen im Orderbuch stehen (Preiseffekt). Auf Tagesbasis kalkulieren Fink/Johann (2013) einerseits den relativen effektiven Spread und erfassen damit den Spread einer individuellen Transaktion, die möglicherweise aufgrund ihres hohen Volumens zu schlechteren als den jeweils besten Bid- oder Ask-Kursen ausgeführt wird: Stellt man sich nämlich bspw. vor, dass mehr Aktien gehandelt werden als das maximale Volumen zum jeweils quotierten besten Bid- oder Ask-Kurs, räumt eine so große Order mehrere Ebenen des Orderbuchs. Stehen nun in der Nähe des quotierten Spreads zusätzliche Kauf- oder Verkaufsorder bereit, ändert sich der Preis durch eine einzelne große Order vergleichsweise wenig und der effektive Spread bleibt aufgrund der dann hohen Liquidität klein. Der effektive Spread gibt also an, wie groß der tatsächlich bezahlte Spread bei einer Transaktionsgröße ist, welche nicht durch das zum quotierten Spread angebotene Volumen befriedigt werden kann. Mit einer weiteren Liquiditätsgröße erfassen Fink/Johann (2013) die verfügbare Menge an Ordervolumen, die zum jeweils besten Bid- und Ask-Kurs ausführbar ist. Darüber hinaus erfassen sie Preisbeeinflussung einer einzelnen Order: Je kleiner diese ist, desto höher ist die Liquidität bzgl. der gehandelten Aktie.[243] Weil die verwendeten Variablen sehr ähnliche Zusammenhänge hinsichtlich der Liquidität einer Aktie messen ist es nicht überraschend, dass sich die Ergebnisse in Bezug auf die einzelnen Variablen sehr ähnlich sind: Fink/Johann (2013) finden u.a. heraus, dass mit einer Zunahme unternehmensspezifischer Suchanfragen regelmäßig eine Verbesserung der Liquidität der jeweiligen Unternehmensaktie einhergeht. Da dieser Effekt insb. bei häufig von Privatanlegern gehandelter Aktien stärker ist, werden Liquiditätsveränderungen in Verbindung mit Suchanfragen einem gesteigerten Handelsinteresse privater Anleger attestiert.[244] Auch bzgl. kleiner Unternehmen zeigen sich deutliche Liquiditätsverbesserungen im Zusammenhang mit vermehrten Suchanfragen, die wohl ebenfalls auf einen insgesamt höheren Handelsumsatz in Verbindung

---

[243] Vgl. Fink/Johann (2013), S. 10–11.
[244] Vgl. Fink/Johann (2013), S. 26.

mit einem steigenden Anteil uninformierter Marktteilnehmer zurückzuführen sind: *„This liquidity improvement is due to more overall trading and less informed trading on high attention days. This implies that trading in small stocks is relatively cheap on high attention days."*[245] Die zentralen Inhalte der erwähnten Studien sind in der nachfolgenden Tabelle nochmals ausführlich dargestellt.

---

[245] Fink/Johann (2013), S. 26.

Hauptquelle der Online-daten	Datenbasis und Ergebnisse	Quellenangabe
Google	• Datenbasis: Suchanfragen bzgl. der Namen auf Xetra gelisteter Unternehmen zwischen Januar 2004 und Juni 2010 auf wöchentlicher sowie auf monatlicher Basis. • Es besteht ein negativer Zusammenhang zwischen Veränderungen im Suchvolumen und Liquiditätsvvariablen der jeweiligen Unternehmensaktien. • Insbesondere erhöht sich die Liquidität solcher Aktien sehr stark, welche eine große Veränderung der Suchanfragen erfahren. Er ist jedoch unabhängig von der insgesamt bei den Unternehmen festgestellten Handelshäufigkeit. • Dieser Zusammenhang wird allerdings mit einer steigenden Marktkapitalisierung der Unternehmen zunehmend schwächer. • Die Liquiditätsverbesserung wird vor allem einem verstärkten Handeln privater Anleger attestiert.	Bank/Larch/Peter (2011)
Google	• Datenbasis: Suchanfragen bzgl. der Ticker im S&P 500 gelisteter Unternehmen zwischen Januar 2004 und Dezember 2009 auf monatlicher Basis. • Eine Zunahme der Suchanfragen geht bei den jeweiligen Unternehmen mit einer sich verbreiternden Aktionärsstruktur einher. • Mit einer Zunahme der Suchanfragen wird der relative Bid-Ask-Spread der jeweiligen Unternehmensaktien kleiner und dementsprechend die Liquidität höher.	Ding/Hou (2011)
Google	• Datenbasis: Suchanfragen bzgl. der Unternehmensnamen im französischen CAC 40 gelisteter Unternehmen zwischen Januar 2004 und Juni 2010 auf wöchentlicher Basis. • Eine Zunahme der Suchanfragen bzgl. des Gesamtmarktes (Suchbegriff: CAC40) geht mit einer Reduktion der Marktliquidität einher. • Eine Zunahme aktienspezifischer Suchanfragen geht mit einer Steigerung der Liquidität der entsprechenden Aktien einher.	Aouadi/Arouri/Teulon (2013)
Google	• Datenbasis: Suchanfragen bzgl. der Unternehmensnamen im Dax, MDax, SDax oder TecDax gelisteter Unternehmen zwischen 2004 und 2007 auf täglicher Basis. • Berücksichtigung von Suchanfragen mit Kategorienfilter, um investitionsmotivierte und allgemeine Informationssuche separieren zu können. • Veränderungen im Suchvolumen beider Kategorien sind teilweise mit Veränderungen im Handelsvolumen und mit Renditeveränderungen erklärbar. • Einer Zunahme unternehmensspezifischer Suchanfragen folgt regelmäßig eine Verbesserung der Liquidität der jeweiligen Unternehmensaktie. • Da dieser Effekt insb. bei häufig von Privatanlegern gehandelten Aktien stärker ist, werden Liquiditätsveränderungen in Verbindung mit Suchanfragen dem gesteigerten Handelsinteresse privater Anleger attestiert.	Fink/Johann (2013)

Quelle: Bank/Larch/Peter (2011), S. 245-248, 255-258; Ding/Hou (2011), S. 5, 11-12, 13-15; Aouadi/Arouri/Teulon (2013), S. 676–680 sowie Fink/Johann (2013), S. 11-16, 21, 41.

Tabelle 7: **Literaturüberblick zu Untersuchungen bzgl. Veränderungen der Liquidität einzelner Aktien im Zusammenhang mit sich verändernden Suchanfragen**

3.3.2 Forschungsfragen der relevanten Literatur und Nutzung von Soziale Medien-Daten

Im Vergleich zu Google-Daten lassen sich mit den in Sozialen Medien schriftlich formulierten Meinungen und Erwartungen der Marktteilnehmer unter Nutzung der automatisierten Textanalyse konkrete Meinungsbilder hinsichtlich Unternehmen, Aktien und Märkten ermitteln. So nutzt bspw. Tetlock (2007) das in Harvard entwickelte Inhaltsanalyseprogramm General Inquirer, um eine Kennzahl für den in Veröffentlichungen des Wall Street Journals transportierten Pessimismus hinsichtlich künftiger Markt- und Preisentwicklungen erfassen zu können. Über den Einsatz der General Inquirer Software lassen sich die einzelnen Wörter eines Artikels erfassen und über den Abgleich mit einem vorab definierbaren Wörterbuch einzelnen Kategorien zuordnen. Mittels Häufigkeitsbetrachtungen lässt sich so dann feststellen, ob der Anteil pessimistischer Wörter in einem Artikel vergleichsweise groß oder klein ist und welche grundsätzliche Stimmung den jeweiligen Artikel charakterisiert. Im Ergebnis kann so empirisch gezeigt werden, dass pessimistisch formulierte Artikel Negativrenditen des Folgetages bedingen, wobei noch innerhalb derselben Handelswoche ein Kurskorrektureffekt beobachtbar ist.[246]

Mittels der automatisierten Textanalyse ist es möglich, zwischen positiv, negativ und neutral formulierten Meinungen zu differenzieren. In Gestalt von Variablen, die die

---

[246] Tetlock (2007) interpretiert die Ergebnisse im Sinne eines Beweises für die Existenz von Noise- und Liquiditäts-Tradern im Umfeld des Dow Jones Industrial Average Index. Vgl. hierzu Tetlock (2007), S. 1144, 1149-1150. Mittels derselben Methodik zur Inhaltsanalyse erweitern Tetlock/Saar-Tschansky/Macskassy (2008) die oben genannte Studie, indem sie einen Einfluss der im Wall Street Journal sowie im Dow Jones News Service festgestellten Häufung pessimistischer Begriffe in Bezug auf die Unternehmen des S&P 500 und deren künftige Umsatz- und Gewinnentwicklung untersuchen. Dabei lässt sich zeigen, dass die Quantifizierung in den Nachrichten verwendeter Sprache neben den darin transportierten Fakten fundamentaler Unternehmensinformationen einen weiteren, häufig vernachlässigten, Aspekt der Fundamentalinformation darstellt. Neben der Berücksichtigung hierfür etablierter Kennzahlen, hat so auch der Anteil pessimistischer Wörter einen Erklärungsgehalt für künftig sinkende Unternehmensgewinne. Vgl. hierzu Tetlock/Saar-Tschansky/Macskassy (2008), S. 1438, 1464-1465. Eine die Handelsaktivitäten von an der Nasdaq gelisteten Aktien untersuchende Studie kommt mittels automatisierter Texterfassung zu dem Ergebnis, dass bei erneutem Auftreten inhaltlich bereits bekannter Information über Unternehmen vor allem nichtinstitutionelle Anleger dazu neigen, ihre Handelsaktivitäten dem neuen alten Informationsgehalt entsprechend anzupassen. Institutionelle Anleger lassen dagegen auf die dem Markt bereits bekannten und damit auch eingepreisten Informationen keine Reaktionen mehr erkennen. Vgl. hierzu Tetlock (2011), S. 1507–1508.

Aufmerksamkeit der Marktteilnehmer erfassen und entsprechende Marktreaktionen erklärbar machen sollen, bietet eine solche Differenzierung interessante Untersuchungspotentiale. Dementsprechend liegt es nahe, dass die empirische Kapitalmarktforschung diese Daten bereits zu Analysen nutzt. Auch im Rahmen eines EU-Projekts werden Informationen aus Sozialen Finanzmedien so analysiert, um sie Marktteilnehmern als Unterstützung im Entscheidungsprozess zur Verfügung zu stellen und so einen Beitrag zur Steigerung der Effizienz am Markt zu leisten.[247] Die möglichen Quellen zur Erfassung von Beiträgen aus Sozialen Finanzmedien sind dabei vielfältig: Sie reichen von Blogs über Diskussionsforen und sog. Message Boards bis hin zu Investment Communities und Twitter.[248]

Während die Betrachtung von Veränderungen des Suchmaschinenverhaltens Verschiebungen in der Interessenlage der Marktteilnehmer transportiert, sind die Untersuchungsmöglichkeiten im Kontext der über Soziale Medien veröffentlichten Meinungen deutlich differenzierter: Zunächst handelt es sich hierbei auch nicht um eine Informationsnachfrage der Marktteilnehmer, sondern vielmehr um eine aktive Informationsproduktion einer großen, interessierten und miteinander diskutierenden

---

[247] Das Projekt FIRST (*large scale inFormation extraction and Integration infRastructure for SupporTing financial decision making*) bietet Marktteilnehmern seit seinem Abschluss im November 2013 die Möglichkeit, auf der Internetseite den Namen eines Unternehmens einzugeben und sich dann zu diesem Unternehmen die jeweiligen Meinungen aus den Sozialen Finanzmedien und anderen Onlinemedien anzeigen zu lassen. Vgl. hierzu FIRST (2015), S. 1.

[248] Ein Blog ist ein auf einer Internetseite geführtes Tagebuch oder Journal, in welchem der Hauptverfasser Meinungen zu speziellen Themen veröffentlicht. Die meisten Blogs können gratis gelesen werden und erfordern meist keine Anmeldung. Grundsätzlich können Blogs von jedermann erstellt werden, weshalb spezielle Finanzen-Blogs von Journalisten, Portfoliomanagern, Professoren, Studenten oder anderen interessierten Marktteilnehmern existieren. Im Gegensatz zum Blog bieten Diskussionsforen und Message Boards den Marktteilnehmern die Möglichkeit, online Fragen zu stellen und zu beantworten sowie Ideen und Anlagestrategien mit anderen zu besprechen. Während über die Autoren von Blogs meist Informationen veröffentlicht werden, agieren die Teilnehmer in Diskussionsforen eher anonym. Investment Communities sind Internetseiten, auf denen Marktteilnehmer eigene Profile erstellen und so regelmäßig ihre Ideen und Anlagestrategien innerhalb der registrierten Online-Gemeinde teilen können. Auf Twitter (sog. microblog) kann jeder über einen eigenen Account Nachrichten mit einer Länge von 140 Zeichen veröffentlichen, die dann von anderen Twitter- und Nichttwitternutzern lesbar sind. Twitternachrichten können nach einzelnen Themen durchsucht werden oder aber man kann einzelnen Twitternutzern folgen, um keine neuen Tweets von diesen zu verpassen. Vgl. hierzu Scatizzi (2009), S. 27–28.

Marktteilnehmergruppe.²⁴⁹ Durch deren schriftlich formulierte Meinungen transportieren sie häufig in Reaktion auf Beiträge Anderer persönliche Erwartungen, so dass sich im Gesamtbild und in Bezug auf einzelne Aktien und Unternehmen zu unterschiedlichen Zeitpunkten konkrete Meinungsbilder ermitteln lassen. So sind Veränderungen der Interessenlage nicht nur in einer über die Marktteilnehmer hinweg aggregierten Form quantifizierbar, sondern auch eine Interpretation jeder einzelnen Meinung hinsichtlich ihres Inhalts möglich. Es entstehen Untersuchungspotentiale, nach welchen die Veränderungen in der Anzahl positiv, negativ oder neutral formulierter Meinungen differenzierte Rückschlüsse auf das Informations- und Entscheidungsverhalten der Marktteilnehmer zulassen. In diesem Sinne ist aus der Gesamtzahl der unterschiedlichen Meinungen eine zum Verständnis des Entscheidungsverhaltens wertvolle Beurteilung der unter den im Internet diskutierenden Marktteilnehmern vorherrschenden Heterogenität möglich.²⁵⁰ Weil dergestalt strukturierte Untersuchungen allerdings eine umfangreiche Datenerfassung, Inhaltsanalyse und -interpretation erfordern, lässt sich auch in Bezug auf finanzspezifische Fragestellungen ein zunehmender Einsatz automatisierter Textanalyse feststellen. Da erst die moderne Technik in Form maschineller Inhaltsanalyse die Möglichkeiten zur Gewinnung ausreichender Datenmengen ermöglichen konnte, lassen sich die in diesem Zusammenhang vorhandenen empirischen Untersuchungen ausnahmslos der jüngeren Vergangenheit zuordnen und durch eine dynamische Produktion von Forschungsergebnissen charakterisieren.

Empirische Untersuchungen im Hinblick auf Kommunikationsdaten Sozialer Finanzmedien beziehen sich dabei regelmäßig auf

---

[249] Es muss allerdings aufgrund der Beliebtheit derartiger Informationsquellen davon ausgegangen werden, dass eine sehr große passive Leserschaft existiert, welche selbst keine Beiträge verfasst, die veröffentlichten Meinungen aber in ihrem eigenen Entscheidungsverhalten durchaus berücksichtigt.

[250] Internetplattformen zum Austausch finanz- und anlegerspezifischer Informationen und Meinungen scheinen bereits in ihrer Nutzerstruktur eine vorhandene Heterogenität aufzuweisen. So finden sich unter ihnen neben zahlreichen Hobbyanlegern auch Studenten, die ihr theoretisch erlerntes Fachwissen mit anderen diskutieren und erweitern möchten. Ebenso agieren dort teilweise Kapitalmarktprofis, die sich bis in ihre Freizeit mit Anlage- und Investitionsmöglichkeiten beschäftigen und darüber einen Austausch suchen. Des Weiteren findet man Anlageberater, die die Onlinekanäle nutzen, um auf ihre kostenpflichtigen Dienste aufmerksam zu machen und hierfür Kunden zu gewinnen versuchen. Vgl. hierzu Fotak (2007), S. 12–13.

- die Charakteristika der Informationsbereitstellung (Beitragsanzahl) durch in Sozialen Finanzmedien aktive Marktteilnehmer,
- die Veränderung von Aktienkursen im Zusammenhang mit einer sich verändernden Beitragsanzahl,
- die Veränderung von Handelsaktivitäten im Zusammenhang mit einer sich verändernden Beitragsanzahl,

wobei v.a. der Zusammenhang zu den Handelsaktivitäten für die vorliegende Arbeit von besonderem Interesse ist. Arbeiten, die die Liquiditätsveränderung im Kontext mit dem Beitragsvolumen Sozialer Finanzmedien betrachten, existieren bisher nicht.

In Bezug auf die Charakteristika des durch die Marktteilnehmer in Sozialen Finanzmedien bereitgestellten Informationsangebots können verschiedene Untersuchungen feststellen, dass dort insbesondere Themen wie Produkteinführungen und aktuelle Rechnungslegungsinformationen diskutiert werden.[251] Außerdem scheinen Presseartikel das Beitragsvolumen Sozialer Finanzmedien zu beeinflussen, wenngleich aber auch die Presse selbst immer häufiger auf Gerüchte aus dem Internet zurückgreift und diese in journalistischen Beiträgen verarbeitet.[252] Das Auftreten extremer Renditeschwankungen sowie starke Veränderungen im Handelsvolumen scheinen ebenfalls häufig Bestandteil von Onlinediskussionen zu werden.[253] Obwohl insgesamt deutlich mehr positive als negative Beiträge veröffentlicht werden, gilt das Nachrichtenvolumen teilweise auch als Indikator für das von den Marktteilnehmern wahrgenommene Marktrisiko und nimmt mit diesem zu.[254] In Bezug auf die Veröffentlichung von Quartals- und Jahresendergebnisse lässt sich bereits eine verstärkte Diskussion Tage vor und nach der eigentlichen Ergebnisbekanntgabe feststellen, wobei sich der Inhalt der Beiträge rund um Termine von Ergebnisveröffentlichungen ändert:[255] Während am Tag der Veröffentlichung die eigentlichen Ergebnisse diskutiert werden, finden sich in den Folgetagen vor allem zahlreiche Abschätzungen hinsichtlich der künftiger

---

[251] Vgl. Dewally (2003), S. 68–76.
[252] Vgl. Antweiler/Frank (2004), S. 1290.
[253] Vgl. Dewally (2003), S. 68–76 sowie Sprenger u.a. (2013), S. 17–19.
[254] Vgl. Antweiler/Frank (2002), S. 18–19.
[255] Vgl. Wysocki (1998), S. 13–14.

Dividendenzahlungen und Cashflowentwicklung unter den Beiträgen wider.[256] Insgesamt scheinen jedoch vor allem Accounting-Themen auf großes Interesse der in Sozialen Finanzmedien aktiven Marktteilnehmer zu stoßen: So generieren diese Themen bspw. mehr als alle anderen sehr hohe Antwort- und Diskussionsquoten. Auffällig ist außerdem, dass accounting-relevante Beiträge deutlich häufiger als Fragen formuliert sind, während Beiträge zu anderen Themen viel seltener fragenden Charakter aufweisen.[257] Auch hinsichtlich ihrer zeitlichen Verteilung auf die einzelnen Tage der Woche fällt auf, dass während der Woche deutlich mehr Beiträge veröffentlicht werden als am Wochenende.[258] Davon wird die große Mehrheit der Beiträge sogar während den Handelszeiten der Börsen verfasst und nur relativ wenige Beiträge vor und nach Handelseröffnung bzw. Handelsschluss.[259] Die zentralen Inhalte der für diese Fragestellungen relevanten Studien sind in den nachfolgenden Tabellen (Tabelle 8, Tabelle 9 und Tabelle 10) detailliert dargestellt.

---

[256] Vgl. Lerman (2011), S. 20-23, 26.
[257] Vgl. Lerman (2011), S. 20-23, 26.
[258] Vgl. Antweiler/Frank (2002), S. 18–19.
[259] Vgl. Sabherwal/Sarkar/Zhang (2008), S. 425-427, 432-434.

Hauptquelle der Onlinedaten	Datenbasis und Ergebnisse	Quellenangabe
Yahoo!-Finance; Motley Fool	• Datenbasis: Unternehmens- und aktienspezifische Nachrichten in Sozialen Medien zwischen dem 01. Dezember 1997 und dem 01. Juli 1998. • Das absolute Nachrichtenvolumen in Sozialen Medien ist umso höher, je größer / höher unternehmensspezifische Kennzahlen wie bspw. price-earnings-ratio, market-to-book-ratio, die Anzahl nichtinstitutioneller Investoren, die Marktkapitalisierung, die durchschnittlichen Handelsaktivitäten, die Anzahl der das Unternehmen beobachtenden Analysten sowie die Standardabweichung der Monatsrenditen ist. • Das absolute Nachrichtenvolumen in Sozialen Medien ist insbesondere bei Unternehmen der Technologie- und Gesundheitsbranche erhöht. • Ein vergleichsweise niedrigeres Nachrichtenvolumen in Sozialen Medien lässt sich bei an der NYSE gelisteten Unternehmen, dividendenzahlenden Unternehmen sowie Unternehmen der Finanz- und Elektrobranche feststellen. • Eine Erhöhung im Nachrichtenvolumen ist vor allem im Vorfeld von erwarteten Veröffentlichungen zu Quartals- und Jahresendergebnissen gegeben.	Wysocki (1998)
Yahoo!-Finance	• Datenbasis: 35 Mio. Nachrichten zwischen dem 01. Januar 1999 und dem 31. Dezember 2001 zu verschiedenen Unternehmen. • Das entstehende Nachrichtenvolumen während der Woche liegt deutlich über dem Nachrichtenvolumen des Wochenendes. • Donnerstags werden im Durchschnitt die meisten Nachrichten veröffentlicht. • Ursächlich für eine Zunahme der Nachrichten scheint eine erhöhte Heterogenität unter den Marktteilnehmern zu sein, die sich u.a. auch mit der jeweils wahrgenommenen Risikosituation am Markt und bzgl. der einzelnen Unternehmen verändert. • Veränderungen im Nachrichtenvolumen können als zuverlässiger Indikator für das von den Marktteilnehmern wahrgenommene Risiko interpretiert werden, wobei es sich von existierenden Risikofaktoren wie bspw. der Marktphase, der Unternehmensgröße, dem Unternehmenswert, dem Momentum sowie von Liquiditätsfaktoren unterscheidet und das Risiko auf einer investor-individuelleren Ebene abbilden kann.	Antweiler/Frank (2002)
Misc.invest.-stocks; alt.invest.-pennystocks (newsgroups)	• Datenbasis: Nachrichten im Zeitraum vom 01. April 1999 bis zum 30. April 1999 sowie vom 01. Februar 2001 bis zum 28. Februar 2001. • Insgesamt dominiert die veröffentlichte Anzahl an positiven Nachrichten die Anzahl negativ formulierter Nachrichten, wobei vor allem in schlechten Marktphasen die negativeren Nachrichten vergleichsweise stark zunehmen. • Die Vielzahl veröffentlichter Nachrichten lassen sich mehrheitlich auf wenige Kategorien reduzieren: So beziehen sie sich meist auf Unternehmensaktivitäten wie bspw. Produkteinführungen oder aktuelle Rechnungslegungsinformationen des Unternehmens. Ebenso behandeln sie häufig in direkter Form erwartete Preis- und / oder Volumenveränderungen oder bilden in Form von Hilfeanfragen meist den Startpunkt langer Online-Diskussionen. • In vielen der Beiträge begründen die jeweiligen Autoren ihre Handlungsempfehlungen mit einer unterstellten Vorteilhaftigkeit von sog. Momentumstrategien.	Dewally (2003)

Quelle: Wysocki (1998), S. 2, 13-14; Antweiler/Frank (2002), S. 5, 18-19 sowie Dewally (2003), S. 66, 68-76.

Tabelle 8: Literaturüberblick zu Untersuchungen bzgl. der Charakteristika des durch Marktteilnehmer bereitgestellten Informationsangebots in Sozialen Finanzmedien (I)

Hauptquelle der Onlinedaten	Datenbasis und Ergebnisse	Quellenangabe
Yahoo!-Finance, Raging Bull	• Datenbasis: Nachrichten zu 45 Unternehmen des Dow Jones Industrial Average sowie des Dow Jones Internet Commerce Index aus dem Jahre 2000. • Am ersten Handelstag der Woche werden tendenziell weniger Nachrichten über Soziale Medien veröffentlicht und die Nachrichten sind in ihrer Länge deutlich kürzer als an den übrigen Handelstagen. Dies wird mit einer stärkeren zeitlichen Beanspruchung der Marktteilnehmer an den ersten Handelstagen begründet, so dass die Zeit für ausführliche Online-Diskussionen zu Beginn der Handelswoche fehlt. • An Tagen, an denen im Wall Street Journal ein unternehmensspezifischer Artikel veröffentlicht wird, werden in den Sozialen Medien mehr Nachrichten zu diesem Unternehmen veröffentlicht und diese Nachrichten sind dann eher positiv und in ihrer Länge durch eine größere Wortanzahl charakterisiert. • Allerdings greift auch die Presse immer häufiger auf Gerüchte aus dem Internet zurück, so dass auf deutlich erhöhte Nachrichtenaktivitäten in Sozialen Medien mit einer Zwei-Tages-Frist auch die Artikel im Wall Street Journal zu den Unternehmen deutlich zunehmen. • Zunehmendes Nachrichtenvolumen ist insb. in volatilen Marktphasen feststellbar, wobei die in solchen Phasen entstehenden Nachrichten auch eine deutlich größere Heterogenität unter den Marktteilnehmern signalisieren.	Antweiler/Frank (2004)
TheLion.com	• Datenbasis: Nachrichten zu verschiedenen Unternehmen zwischen dem 18. Juli 2005 und dem 18. Juli 2006. • 11 Prozent aller Nachrichten werden unmittelbar vor Handelseröffnung veröffentlicht, während 76 Prozent während der Handelszeiten veröffentlicht werden. In nur 13 Prozent der Fälle entstehen die Meinungs- und Informationsbeiträge nach Handelsschluss. • Das Nachrichtenvolumen ist unter der Woche deutlich höher als am Wochenende, wobei zwischen den einzelnen Handelstagen sowie zwischen verschiedenen Monaten keine signifikanten Unterschiede feststellbar sind.	Sabherwal/Sarkar/Zhang (2008)
Yahoo!-Finance	• Datenbasis: 939.492 Nachrichten im Zeitraum vom 01. Januar 2004 bis zum 31. Dezember 2005 zu den 30 Unternehmen des Dow Jones Industrial Average sowie zu 15 Unternehmen des Dow Jones Internet Index. • Die von den Autoren selbst mit dem Kennzeichen hold versehenen Meinungsveröffentlichungen zu Aktien und Unternehmen, weißen in ihrem formulierten Inhalt tatsächlich eher positive Formulierungen auf, die mehrheitlich als Kaufempfehlungen zu interpretieren sind. • Somit charakterisieren sich als solche markierte hold-Einschätzungen nicht wie erwartet als neutral, sondern zeigen vielmehr eine deutliche Verzerrung hin zu einer regelmäßig positiven Einschätzung auf. • Hinweis: Bei Yahoo!Finance werden die Meinungen und Informationen vom jeweiligen Autor selbst mit einer zusätzlichen Sentiment-Markierung versehen, die im Stile von Analysteneinschätzungen die Ausprägungen sell, hold oder buy annehmen kann.	Zhang/Swanson (2010)

Quelle: Antweiler/Frank (2004), S. 1262, 1278, 1281, 1283-1285, 1288, 1290; Sabherwal/Sarkar/Zhang (2008), S. 425-427, 432-434 sowie Zhang/Swanson (2010), S. 102, 105-107.

Tabelle 9: **Literaturüberblick zu Untersuchungen bzgl. der Charakteristika des durch Marktteilnehmer bereitgestellten Informationsangebots in Sozialen Finanzmedien (II)**

Hauptquelle der Onlinedaten	Datenbasis und Ergebnisse	Quellenangabe
Yahoo!-Finance	• Datenbasis: 1,01 Mio. Nachrichten zu Unternehmen der Indices S&P 500, MidCap 400 und SmallCap 600 sowie 0,93 Mio. Nachrichten zu 448 weiteren Unternehmen zwischen April 2007 und März 2008. • Einzelne Autoren schreiben teilweise nur zu sehr wenigen Unternehmen regelmäßig Beiträge (1-3 Unternehmen). Das sind evtl. solche Unternehmen, in die sie entweder selbst bereits investiert haben oder für deren Aktien sie sich aufgrund eigener Investitionsüberlegungen in besonderem Maße interessieren. • Bei einer gesonderten Betrachtung von ausschließlich einer auf Kennzahlen des Rechnungswesens konzentrierten Diskussion in Sozialen Medien lässt sich feststellen, dass diese eine besonders hohe Relevanz für die Marktteilnehmer haben: So generieren bspw. Accounting-Themen, mehr als andere Themen, sehr hohe Antwort- und Diskussionsquoten in den Sozialen Medien. • Insgesamt scheinen Accounting-Themen unter den Marktteilnehmern Diskussionsbedürfnisse zu wecken: Es lässt sich feststellen, dass 41 Prozent der accounting-relevanten Beiträge als Fragen formuliert sind, während zu anderen Themen nur 35 Prozent der Beiträge fragenden Charakter aufweisen. • Obwohl zwar während der Handelszeiten das Nachrichtenvolumen insgesamt ansteigt, ist der Anteil accounting-relevanter Nachrichten außerhalb signifikant höher als während der Handelszeiten. Dies kann darin begründet sein, dass außerhalb der üblichen Handelszeiten die Diskussionen über aktuelle Preisbewegungen deutlich reduziert sind und Unternehmen ihre accounting-bezogenen Informationen in vielen Fällen außerhalb der Handelszeiten veröffentlichen. • Auf das gesamte Nachrichtenvolumen bezogen, lässt sich an den Freitagen sowie an den Wochenenden ein vergleichsweise niedriges Volumen beobachten. • Ab zwei Tagen vor sowie am Tag von Quartalsergebnisveröffentlichungen häuft sich insgesamt die Anzahl der veröffentlichten Meinungen, wobei die accounting-bezogenen Beiträge verhältnismäßig stark ansteigen. • Das Volumen ist teilweise noch bis zu einer Woche nach der Ergebnisveröffentlichung erhöht, was darauf hindeuten lässt, dass die Internetgemeinde accounting-relevante Informationen relativ intensiv diskutiert. • Während am Tag der Veröffentlichung Begriffe wie EPS, income und managerial guidance stark diskutiert werden, sind es in den Folgetagen eher Begriffe wie cash, assets, dividends und P/E ratio. • Erhöhtes Nachrichtenvolumen lässt sich auch im Umfeld der Veröffentlichung von 8-K, 10-K und 10-Q Berichten feststellen. Im Umfeld derartiger Veröffentlichungen reagiert die Diskussion zu accounting-relevanter Inhalte insbesondere bei kleinen Unternehmen besonders stark. • Hohes Nachrichtenvolumen entsteht auch in Zeiten erhöhter Unsicherheit am Markt bzw. bei Existenz unpräziser Informationen (hier gemessen als die Analystenheterogenität, dem Kehrwert der Anzahl das Unternehmen beurteilenden Analysten sowie der Höhe der Handelsaktivitäten). In einem solchen Umfeld unpräziser Informationen, sind accounting-relevante Diskussionen deutlich erhöht.	Lerman (2011)
Twitter	• Datenbasis: 249.533 Twitternachrichten zu Unternehmen des S&P 100 Index im Zeitraum vom 01. Januar 2010 bis zum 30. Juni 2010. • Zwischen der Rendite und dem Grad an Positivität einer Twittermeldung lässt sich für ein bis zwei Folgetage ein gleichgerichteter Zusammenhang messen, nach welchem positive Renditen positive Twitterbeiträge hervorrufen. Je höher folglich die Rendite, desto positiver die Formulierungen in unternehmensbezogenen Twittermeldungen der Folgetage.	Sprenger u.a. (2013)

Quelle: Lerman (2011), S. 16, 20-23, 26 sowie Sprenger u.a. (2013), S. 9, 17-19.

Tabelle 10: Literaturüberblick zu Untersuchungen bzgl. der Charakteristika des durch Marktteilnehmer bereitgestellten Informationsangebots in Sozialen Finanzmedien (III)

In Bezug auf die Veränderungen von Aktienkursen im Zusammenhang mit einem sich verändernden Informationsangebot in Sozialen Finanzmedien sind die Ergebnisse empirischer Überprüfungen sehr uneinheitlich. Vor allem bleibt unklar, ob die Renditen in Folge eines steigenden Beitragsvolumens eher zu- oder abnehmen. Zahlreiche Studien können für denselben Tag einen signifikant negativen Zusammenhang zwischen Nachrichtenvolumen und der jeweiligen Aktienrendite feststellen.[260] Andere hingegen stellen für den Zusammenhang desselben Tages fest, dass eine Steigerung des Beitragsvolumens mit einer positiven Renditeentwicklung zusammenfällt.[261] Ebenso widersprüchlich sind die Ergebnisse im Hinblick auf die Rendite des Folgetages: Während hier manche Studien zu dem Ergebnis kommen, dass auf ein steigendes Nachrichtenvolumen eine Steigerung der Rendite folgt,[262] bestätigen andere Untersuchungen genau den entgegengesetzten Zusammenhang.[263] Differenziert man jedoch die Beiträge mit Blick auf ihren transportierten Inhalt, so scheint das Bild schon einheitlicher zu sein: Hier lässt sich nämlich zeigen, dass auf eine Zunahme positiv formulierter Beiträge Renditesteigerungen folgen, während eine Zunahme negativ formulierter Beiträge regelmäßig einen Rückgang der Aktienkurse zur Folge hat.[264] Vor allem auf die Studie von Antweiler/Frank (2004) soll an dieser Stelle kurz genauer eingegangen werden, weil sie eine interessante Erkenntnis besonders herausstellt: So kommen sie in ihrer Untersuchung zu dem Ergebnis, dass in Sozialen Medien sehr wohl für die jeweiligen Aktienkurse preisrelevante Informationen stecken und dort auch bzgl. eines möglichen Informationsvorsprungs im Vergleich zu anderen Informationsquellen Vorteile deutlich werden können: *„(...) there is useful information present on the stock message boards. The magnitudes of some of the observed effects are quite large relative to other features of stock markets that have attracted attention. (...). The evidence clearly rejects the hypothesis that all that talk is just noise. There is financially relevant information present. In some respects the information even goes beyond what can be found in the WSJ."*[265] Sie beleuchten ihre Ergebnisse

---

[260] Vgl. Wysocki (1998), S. 13–14; Antweiler/Frank (2002), S. 18–19; Antweiler/Frank (2004), S. 1290 sowie Das/Martínez-Jerez/Tufano (2005), S. 121-122, 135.

[261] Vgl. Tumarkin (2002), S. 333–334; Sabherwal/Sarkar/Zhang (2008), S. 432–434; Sabherwal/Sarkar/Zhang (2011), S. 1222-1223, 1227-1230 sowie Karabulut (2012), S. 12, 14-15.

[262] Vgl. Wysocki (1998), S. 13–14.

[263] Vgl. Antweiler/Frank (2004), S. 1292.

[264] Vgl. Antweiler/Frank (2004), S. 1292; Das/Martínez-Jerez/Tufano (2005), S. 121-122, 135 sowie Fotak (2007), S. 23–24.

[265] Antweiler/Frank (2004), S. 1292.

jedoch auch mit Blick auf die Umsetzung einer möglichen Handelsstrategie und relativieren diese, weil die Zusammenhänge zwar statistische Signifikanz aufweisen, vor dem Hintergrund bestehender Transaktionskosten jedoch eher von untergeordneter Bedeutung sind. *„This effect is statistically significant but economically quite small in comparison to plausible transaction costs."*[266] Viel bedeutender erscheint daher ihr u.a. durch ein GARCH-Modell gewonnenes Ergebnis, dass das Nachrichtenvolumen Sozialer Finanzmedien ein sehr guter Indikator für die Vorhersage der Volatilität ist: *„(...) message posting does help to predict volatility both at daily frequencies and also within the trading day."*[267] So wäre es nämlich für eine Handelsstrategie gar nicht notwendig zu wissen, in welche Richtung die Kurse wohl tendieren werden. Stattdessen könnte man in Erwartung einer zunehmenden Volatilität eine Handelsstrategie in Form des sog. long straddle (auch bottom straddle oder bought straddle genannt) umsetzten, bei welcher man gleichzeitig eine Kauf- sowie eine Verkaufoption kauft, die sich bzgl. ihres Basiswerts, des Ausübungszeitpunkts sowie des Verfallsdatums gleichen. Das Gewinn- und Verlustprofil einer solchen Optionsstrategie charakterisiert sich dadurch, dass es bereits bei relativ geringen Kursschwankungen Gewinnpotentiale aufweist und zwar unabhängig davon, ob die Kurse steigen oder fallen. Entscheidend ist also nur, dass der Kurs volatil ist. Die Ergebnisse der hier erwähnten Studien sind in den beiden nachfolgenden Tabellen (Tabelle 11 und Tabelle 12) detailliert dargestellt.

---

[266] Antweiler/Frank (2004), S. 1292.
[267] Antweiler/Frank (2004), S. 1292.

Die Zusammensetzung der Marktteilnehmerschaft als mikrostrukturelle Erklärung der Preisbildung

Hauptquelle der Onlinedaten	Datenbasis und Ergebnisse	Quellenangabe
Yahoo!-Finance; Motley Fool	• Datenbasis: Unternehmens- und aktienspezifische Nachrichten in Sozialen Medien zwischen dem 01. Dezember 1997 und dem 01. Juli 1998. • Es existiert ein negativer Zusammenhang zwischen dem Nachrichtenvolumen und der Rendite desselben Tages. • Eine Zunahme im Nachrichtenvolumen bedingt für den darauffolgenden Tag eine Zunahme der Rendite.	Wysocki (1998)
Yahoo!-Finance	• Datenbasis: 35 Mio. Nachrichten zwischen dem 01. Januar 1999 und dem 31. Dezember 2001 zu verschiedenen Unternehmen. • Es ist ein Zusammenhang beobachtbar, nach welchem die Zunahme des Nachrichtenvolumens eine Zunahme der Volatilität und einen Rückgang der Rendite bedingt. • Im Schnitt lässt sich mit einer Strategie Geld verdienen, welche die viel diskutierten Aktien jeweils leer verkauft.	Antweiler/Frank (2002)
Raging Bull	• Datenbasis: 181.633 Nachrichten zu 73 Internet Service Unternehmen im Zeitraum vom 17. April 1999 bis zum 18. Februar 2000. • Wenn sich die Meinungen im Vergleich zur Stimmung der letzten fünf Tage stark ins Positive verändern, wird dies regelmäßig durch eine positive Renditeentwicklung begleitet. • Schwache Meinungsveränderungen beeinflussen die Rendite hingegen nicht signifikant. • Aus einer Zunahme des Nachrichtenvolumens lässt sich für den Folgetag keine Veränderung in der Rendite prognostizieren.	Tumarkin (2002)
Yahoo!-Finance, Raging Bull	• Datenbasis: Nachrichten zu 45 Unternehmen des Dow Jones Industrial Average sowie des Dow Jones Internet Commerce Index aus dem Jahre 2000. • Es existiert eine signifikant negative Korrelation zwischen der Rendite und der Anzahl unternehmensspezifischer Nachrichten desselben Tages. • Ebenso existiert ein signifikant negativer Zusammenhang zwischen Nachrichtenanzahl und der Rendite des Folgetages. Auf die Rendite des darauf wiederum folgenden Tages ist ein solcher Zusammenhang allerdings nichtmehr nachweisbar. • Betrachtet man nur die positiven Nachrichten, so zeigt sich am selben Tag ein positiver Zusammenhang mit der jeweiligen Renditeentwicklung. • Zusätzlich lässt sich aus dem Nachrichtenvolumen über einen positiven Zusammenhang die Renditevolatilität des Folgetages prognostizieren. • Je größer dabei die Anzahl positiver Nachrichten ist, desto größer wird die Volatilität des Folgetages sein. • Dabei beeinflusst das Nachrichtenvolumen stärker die Volatilität, als die Volatilität das Nachrichtenvolumen.	Antweiler/Frank (2004)
Motley Fool; Yahoo!-Finance; Silicon Investor; Raging Bull	• Datenbasis: Nachrichten zwischen dem 01. Juli 1998 und dem 31. Januar 1999 zu den vier Unternehmen Amazon, Delta Air Lines, General Magic sowie Geoworks Corp. • Es existiert, zum jeweils selben Tag, ein negativer Zusammenhang zwischen der Rendite und dem Nachrichtenvolumen. • Betrachtet man jedoch nur die positiven Nachrichten, so lässt sich für den jeweils selben Tag ein positiver Zusammenhang zur betrachteten Aktienrendite feststelle. • Besonders hohe Renditen lassen sich dann beobachten, wenn auf eine offizielle Unternehmensveröffentlichung positive Diskussionsbeiträge in den Sozialen Medien folgen. • Renditeprognosen über einen oder mehrere Handelstage hinweg, lassen sich aus den Nachrichten in Sozialen Medien allerdings nicht ableiten.	Das/Martínez-Jerez/Tufano (2005)

Quelle: Wysocki (1998), S. 2, 13-14; Antweiler/Frank (2002), S. 5, 18-19; Tumarkin (2002), S. 314-315, 317, 320, 328-331, 333-334; Antweiler/Frank (2004), S. 1262, 1278, 1281, 1283-1285, 1288, 1290 sowie Das/Martínez-Jerez/Tufano (2005), S. 121-122, 135.

Tabelle 11: **Literaturüberblick zu Untersuchungen bzgl. Veränderungen von Aktienkursen im Zusammenhang mit einem sich verändernden Informationsangebot in Sozialen Finanzmedien (I)**

Hauptquelle der Onlinedaten	Datenbasis und Ergebnisse	Quellenangabe
Seeking-Alpha	• Datenbasis: Alle an der NYSE, der NASDAQ sowie der AMEX gelisteten Unternehmen, über die im Jahre 2006 auf SeekingAlpha Nachrichten veröffentlicht wurden. • An Tagen positiver Nachrichten lassen sich zeitgleich positive Renditen beobachten, während an Tagen negativer Nachrichten negative Renditen zu beobachten sind. • Der Einfluss negativer Nachrichten auf die Negativrenditen ist größer als der Einfluss positiver Nachrichten auf positive Renditen.	Fotak (2007)
TheLion.com	• Datenbasis: Nachrichten zu verschiedenen Unternehmen zwischen dem 18. Juli 2005 und dem 18. Juli 2006. • Zunahmen im Nachrichtenvolumen fallen mit positiven Tagesrenditen desselben Tages zusammen und prognostizieren für den Folgetag ebenfalls positive Renditen. • Die jeweilige Nachrichtenlänge weist allerdings einen negativen Zusammenhang zur Rendite auf, so dass in Verbindung mit dem obigen Ergebnis evtl. eine Schlussfolgerung gezogen werden kann, nach welcher die Marktteilnehmer insbesondere gegenüber kurzen Nachrichten eine erhöhte Aufmerksamkeit demonstrieren.	Sabherwal/Sarkar/Zhang (2008)
Twitter	• Datenbasis: 9.853.498 Twitternachrichten (sog. Tweets) zwischen dem 28. Februar 2008 und dem 19. Dezember 2008 von ca. 2,7 Millionen Nutzern weltweit. • Aus den Twitternachrichten werden allgemeine Gemütszustände für eine ganze Population von Menschen ermittelt, ohne dass diese Nachrichten in direktem Zusammenhang zu finanzspezifischen Inhalten stehen sondern vielmehr die verschiedensten gesellschaftlichen Themen behandeln. • Modelle zur Erklärung von Indexentwicklungen können deutlich durch die Hinzunahme derartig über Twitter artikulierten Gefühlszustände signifikant verbessert werden. • Ähnlich einem volkswirtschaftlichen Indikator, scheint mit der automatisierten Analyse unzähliger Twitternachrichten eine Maßgröße ermittelbar, die eine sehr gute und vor allem zeitaktuelle Indikation für die Stimmungen und Gefühle zahlreicher Menschen liefert.	Bollen/Mao/Zeng (2011)
TheLion.com	• Datenbasis: 12.000 Nachrichten zwischen dem 18. Juli 2005 und dem 18. Juli 2006. Pro Tag werden aber nur die zehn meistdiskutierten Aktien berücksichtigt, so dass sich ein Sample von 80 Beobachtungspunkten und 64 verschiedenen Unternehmensaktien ergibt. • Beobachtet man ein starkes Diskussionsaufkommen, so stellt man regelmäßig auch an demselben Tag positive Renditen fest, während die Renditen der beiden darauffolgenden Tage umgekehrte Vorzeichen haben. • Die Renditen sind umso höher und die Volatilität umso geringer, je größer der Anteil positiver Nachrichten desselben Tages. • Positive Nachrichten reduzieren auch die Volatilität des Folgetages.	Sabherwal/Sarkar/Zhang (2011)
Facebook	• Datenbasis: Statusmeldungen amerikanischer Facebook-Nutzern im Zeitraum von April 2008 bis April 2012. • Ermittelt man aus der Analyse von Statusmeldungen bei Facebook einen als Gross National Happiness bezeichneten Glücksindex großer Teile der amerikanischen Bevölkerung, so lassen sich hiermit die aggregierten Renditen amerikanischer Aktien prognostizieren. Dieser positive Zusammenhang kehrt sich allerdings in Bezug auf die Folgetage um. • Die kurzfristigen Marktveränderungen werden eher einer sich verändernden Stimmungslage zugeschrieben, anstatt einer marktweiten Veränderung der Informationslage am Aktienmarkt.	Karabulut (2012)

Quelle: Fotak (2007), S. 23–24; Sabherwal/Sarkar/Zhang (2008), S. 425-427, 432-434; Bollen/Mao/Zeng (2011), S. 2, 4, 7; Sabherwal/Sarkar/Zhang (2011), S. 1214, 1217, 1222-1223, 1227-1230 sowie Karabulut (2012), S. 5, 10, 12, 14-15.

Tabelle 12: Literaturüberblick zu Untersuchungen bzgl. Veränderungen von Aktienkursen im Zusammenhang mit einem sich verändernden Informationsangebot in Sozialen Finanzmedien (II)

Der Zusammenhang zwischen dem in Sozialen Finanzmedien aufkommenden Nachrichtenvolumen und Handelsaktivitäten in Bezug auf die diskutierten Aktien ist eindeutig positiv, wonach einer zunehmenden Diskussion in Onlinemedien entsprechende Handelsaktivitäten an der Börse folgen.[268] Manche Studien können darüber hinaus auch den umgekehrten Zusammenhang feststellen, wonach das Nachrichtenvolumen in Folge zunehmender Handelsaktivitäten steigt. Wenngleich dieser umgekehrte Zusammenhang ebenfalls erwartbar ist, bringen Antweiler/Frank (2004) in diesem Kontext jedoch ein sehr interessantes Ergebnis hervor: Es scheint nämlich so zu sein, dass Veränderungen im Handelsvolumen die Anzahl positiv formulierter Beiträge deutlich besser vorhersagen können als positive Nachrichten das Handelsvolumen.[269] Die Autoren interpretieren ihr Ergebnis als ein über Soziale Finanzmedien stattfindendes Mitteilungsbedürfnis getätigter eigener Transaktionen, äußern jedoch auch den Verdacht marktmanipulativer Strategien: *„While this can be interpreted in terms of market manipulation strategies, it is also consistent with small traders simply wishing to talk about purchases that they have just made."*[270] Ein sehr interessanter Untersuchungsansatz findet sich bei Karabulut (2012) wider, wo ähnlich eines volkswirtschaftlichen Indikators über die Statusmeldungen von Facebooknutzern ein als Gross National Happiness bezeichneter Glücksindex für große Teile der amerikanischen Bevölkerung ermittelt und in Zusammenhang mit Kapitalmarktaktivitäten gebracht wird. Zur Erstellung des Index werden die Statusmeldungen von mehr als 160 Mio. Nutzern analysiert und mittels automatischer Texterkennung die in den Meldungen transportierten Stimmungen herausgefiltert: *„Facebook measures a status update's positivity (negativity) according to the relative frequency with which positive (negative) emotion words are used in each individual update."*[271] In einem Zeitraum von April 2008 bis April 2012 analysiert Karabulut (2012) den Zusammenhang zwischen dem Handelsvolumen und dem von Facebook berechneten Glücksindex. Die Ergebnisse deuten darauf hin, dass sich so das künftige Handelsvolumen tatsächlich vor-

---

[268] Vgl. Wysocki (1998), S. 2, 13-14; Tumarkin (2002), S. 314-315, 317, 320, 328-331, 333-334; Antweiler/Frank (2004), S. 1262, 1278, 1281, 1283-1285, 1288, 1290; Sabherwal/Sarkar/ Zhang (2011), S. 1214, 1217, 1222-1223, 1227-1230; Karabulut (2012), S. 5, 10, 12, 14-15; Sprenger u.a. (2013), S. 9, 17-19.

[269] Vgl. Antweiler/Frank (2004), S. 1287.

[270] Antweiler/Frank (2004), S. 1287.

[271] Karabulut (2012), S. 6.

hersagen lässt, wenngleich dieser Zusammenhang nur in Bezug auf den Folgetag statistische Signifikanz aufweist.[272] Im Gegensatz zur allgemeingültigen Annahme, sowohl zunehmende Euphorie als auch zunehmender Pessimismus müssten zu verstärkten Handelsaktivitäten führen, deuten die Ergebnisse von Karabulut (2012) auf einen anderen Zusammenhang hin: *„unusually high or low values of Positivity (..) predict high market trading volume, whereas changes in Negativity display no significant effect on future trading volume."*[273] Die nachfolgenden Tabellen (Tabelle 13 und Tabelle 14) beinhalten die zentralen Aussagen zu den entsprechenden empirischen Untersuchungen.

Hauptquelle der Online-daten	Datenbasis und Ergebnisse	Quellenangabe
Yahoo!-Finance; Motley Fool	• Datenbasis: Unternehmens- und aktienspezifische Nachrichten in Sozialen Medien zwischen dem 01. Dezember 1997 und dem 01. Juli 1998. • Es existiert ein positiver Zusammenhang zwischen dem Nachrichtenvolumen und dem Handelsvolumen desselben Tages. • Eine Zunahme im Nachrichtenvolumen bedingt für den darauffolgenden Tag eine Zunahme der gehandelten Aktien.	Wysocki (1998)
Raging Bull	• Datenbasis: 181.633 Nachrichten zu 73 Internet Service Unternehmen im Zeitraum vom 17. April 1999 bis zum 18. Februar 2000. • Es existiert ein positiver Zusammenhang zwischen dem Nachrichtenvolumen und dem Handelsvolumen desselben Tages. • Aus einer Zunahme des Nachrichtenvolumens lässt sich für den Folgetag keine Veränderung im Handelsvolumen prognostizieren.	Tumarkin (2002)
Yahoo!-Finance, Raging Bull	• Datenbasis: Nachrichten zu 45 Unternehmen des Dow Jones Industrial Average sowie des Dow Jones Internet Commerce Index aus dem Jahre 2000. • Eine zunehmende Heterogenität in den Nachrichten ruft ein erhöhtes Handelsvolumen hervor. • Die Prognosekraft vom Nachrichtenvolumen auf das gesamte Handelsvolumen ist stärker als der umgekehrte Wirkungszusammenhang, wenngleich dieser ebenfalls existiert. • Allerdings können Veränderungen im Handelsvolumen die Anzahl positiver Nachrichten besser vorhersagen, als positive Nachrichten das Handelsvolumen. Dies kann als ein über Soziale Medien stattfindendes Mitteilungsbedürfnis getätigter eigener Transaktionen interpretiert werden oder aber in einer marktmanipulativen Strategie begründet sein.	Antweiler/Frank (2004)

Quelle: Wysocki (1998), S. 2, 13-14; Tumarkin (2002), S. 314-315, 317, 320, 328-331, 333-334 sowie Antweiler/Frank (2004), S. 1262, 1278, 1281, 1283-1285, 1288, 1290.

Tabelle 13: **Literaturüberblick zu Untersuchungen bzgl. Veränderungen von Handelsaktivitäten im Zusammenhang mit einem sich verändernden Informationsangebot in Sozialen Finanzmedien (I)**

---

[272] Vgl. Karabulut (2012), S. 12.
[273] Karabulut (2012), S. 12.

Hauptquelle der Onlinedaten	Datenbasis und Ergebnisse	Quellenangabe
TheLion-.com	• Datenbasis: 12.000 Nachrichten zwischen dem 18. Juli 2005 und dem 18. Juli 2006. Pro Tag werden aber nur die zehn meistdiskutierten Aktien berücksichtigt, so dass sich ein Sample von 80 Beobachtungspunkten und 64 verschiedenen Unternehmensaktien ergibt. • Beobachtet man ein starkes Diskussionsaufkommen, so stellt man regelmäßig auch an demselben sowie den beiden Folgetagen ein deutlich erhöhtes Handelsvolumen fest. • Je mehr positive Nachrichten veröffentlicht werden, desto höher ist am selben sowie am Folgetag das Handelsvolumen insbesondere in Bezug auf kleine Orders.	Sabherwal/Sarkar/Zhang (2011)
Facebook	• Datenbasis: Statusmeldungen amerikanischer Facebook-Nutzer im Zeitraum von April 2008 bis April 2012. • Ermittelt man aus der Analyse von Statusmeldungen bei Facebook einen als Gross National Happiness bezeichneten Glücksindex großer Teile der amerikanischen Bevölkerung, so lassen sich hiermit die Handelsvolumina amerikanischer Aktien prognostizieren. Dieser positive Zusammenhang kehrt sich allerdings in Bezug auf die Folgetage um. • Die kurzfristigen Marktveränderungen werden eher einer sich verändernden Stimmungslage zugeschrieben, anstatt einer marktweiten Veränderung der Informationslage am Aktienmarkt.	Karabulut (2012)
Twitter	• Datenbasis: 249.533 Twitternachrichten zu Unternehmen des S&P 100 Index im Zeitraum vom 01. Januar 2010 bis zum 30. Juni 2010. • Ein erhöhtes Nachrichtenvolumen lässt sich gemeinsam mit einem erhöhten Handelsvolumen beobachten. Ebenso lässt sich ein positiver Zusammenhang zwischen dem Twitter-Nachrichtenvolumen und den Handelsvolumina der beiden Folgetage feststellen. • Je höher die Heterogenität in den Twitter-Nachrichten, desto höher das jeweilige Handelsvolumen desselben Tages.	Sprenger u.a. (2013)

Quelle: Sabherwal/Sarkar/Zhang (2011), S. 1214, 1217, 1222-1223, 1227-1230; Karabulut (2012), S. 5, 10, 12, 14-15 sowie Sprenger u.a. (2013), S. 9, 17-19.

Tabelle 14: Literaturüberblick zu Untersuchungen bzgl. Veränderungen von Handelsaktivitäten im Zusammenhang mit einem sich verändernden Informationsangebot in Sozialen Finanzmedien (II)

Der Zusammenhang zwischen dem durch Marktteilnehmer bereitgestellten Informationsangebot in Sozialen Finanzmedien und der Liquidität von Aktien ist bisher nicht erforscht. Blankespoor/Miller/White (2014) betrachten jedoch mit dem durch Unternehmen bereitgestellten Informationsangebot eine zumindest damit verwandte Fragestellung. Hintergrund ihrer Untersuchung ist die von der Kapitalmarkttheorie abweichende Annahme, dass Informationen unter den Marktteilnehmern unterschiedlich verteilt sind, weil veröffentlichte Informationen nicht von allen Marktteilnehmern gleichermaßen wahrgenommen werden. Der Grad der asymmetrischen Informationsverteilung wirkt sich auf die Liquidität der Aktien aus, welche bei weniger im Fokus der Anleger stehenden Unternehmen deutlich geringer ist. Blankespoor/Miller/White (2014) verfolgen in diesem Zusammenhang die Fragestellung, ob Unternehmen die Informationsasymmetrien bzgl. ihrer Unternehmen dadurch reduzieren können, indem sie ihre eigenen Informationsveröffentlichungen (Presseartikel, Ergebnisbekanntgaben usw.) selbst weiterverbreiten und so einem größeren Publikum gegenüber bekannt machen. Dabei fokussiert die Untersuchung auf Unternehmen der IT-Branche, welche bei Twitter einen offiziellen Account unterhalten und über diesen Links zu eigenen Informationsveröffentlichungen an Marktteilnehmer verschicken.[274] Die empirischen Ergebnisse deuten darauf hin, dass Twitter tatsächlich als zusätzlicher Kommunikationskanal genutzt werden kann, um die Reichweite von Unternehmensinformationen zu verbessern.[275] Die Unternehmen, welche zu diesem Zweck Twitter nutzen, können tatsächlich die Informationsasymmetrien im Markt bzgl. ihrer Unternehmen reduzieren und damit zu einer Steigerung der Aktienliquidität beitragen.[276] Nach den Ergebnissen von Blankespoor/Miller/White (2014) gilt dies jedoch nur für solche Unternehmen, die insgesamt nicht so sehr im Fokus der Marktteilnehmer stehen. Für sog. High Visibility Firms, die ohnehin große Aufmerksamkeit und eine breite Medienabdeckung erfahren, gilt dieser Twitter-Effekt scheinbar nicht.[277]

---

[274] Vgl. Blankespoor/Miller/White (2014), S. 86.
[275] Vgl. Blankespoor/Miller/White (2014), S. 109.
[276] Vgl. Blankespoor/Miller/White (2014), S. 109.
[277] Vgl. Blankespoor/Miller/White (2014), S. 109.

3.3.3 Marktmanipulation im Zusammenhang mit Sozialen Finanzmedien

Die steigende Bedeutung Sozialer Finanzmedien birgt jedoch auch Gefahren für die Märkte und deren Akteure: So können falsche Gerüchte eine Eigendynamik entwickeln und kurzfristig zu Verwerfungen an den Märkten führen.[278] Sie können jedoch auch von manchen Marktteilnehmern gezielt zur Marktmanipulation missbraucht werden. Vor allem das Internet scheint für Kursmanipulationen ein geeigneter Kanal zu sein: „*The Internet era is defined by the unparalleled ability of the new manipulator to use the Internet to affect the perceptions of vast numbers of investors at lightning speed, all the while remaining as well as anonymous to the reader.*"[279] In einer historischen Abhandlung zur Entwicklung der Marktmanipulation über die letzten 300 Jahre stellen Leinweber/Madhavan (2001) fest, dass das Internet aus Sicht des Manipulationswilligen enorme Vorteile bietet:[280] So war es ohne Internet bspw. kaum möglich, Zugang zu Medien zu erhalten um diese zur Umsetzung der Manipulationsstrategie zu nutzen. Heutzutage kann sich aufgrund von Onlinemedien und Sozialen Informationsplattformen beinahe jeder Marktteilnehmer kostengünstig einen solchen Zugang schaffen. Ebenso kann der Manipulierende im Internet seine Anonymität deutlich besser wahren. Im Vergleich zu sog. Offlinemedien kann er zudem in kürzester Zeit eine große Anzahl an Lesern erreichen, indem über verschiedenste Onlineportale entsprechende Gerüchte automatisiert platziert werden.[281] Aufgrund dieser Gefahr hat die SEC bereits relativ früh eine eigene Abteilung eingerichtet, die sich ausschließlich mit Verdachtsfällen der Marktmanipulation über das Internet beschäftigt.[282] Außerdem sieht sie sich aufgrund einiger Verdachtsfälle dazu motiviert, einen speziell zum Umgang mit Anlegerinformationen aus Sozialen Finanzmedien konzipierten Leitfaden herauszugeben: So weist die in den USA zur Überwachung des Wertpapierhandels zuständige SEC zwar darauf hin, dass Soziale Medien im Zusammenhang mit Kapitalmarkt- und Anlageinformationen große Chancen mit sich

---

[278] So brachte bspw. 2013 die (falsche) Twittermeldung über den angeblichen Rücktritt des Bundesbank-Präsidenten Jens Weidmann kurzfristig den Dax sowie den Euro unter Druck. Vgl. hierzu Börsen-Zeitung (2013), S. 1.
[279] Leinweber/Madhavan (2001), S. 7.
[280] Vgl. Leinweber/Madhavan (2001), S. 10.
[281] Vgl. Leinweber/Madhavan (2001), S. 10.
[282] Vgl. The New York Times (1999), S. 1 sowie Leinweber/Madhavan (2001), S. 7.

bringen können, deren Risiken aber mindestens ebenso groß sind.²⁸³ Demgemäß sollten Anleger grundsätzlich eine kritische Auseinandersetzung mit sämtlichen Information erkennen lassen und die technischen Möglichkeiten der Sozialen Netze voll ausschöpfen: „(...) *Ask Questions and Check Out the Answers (...). Investigate the investment thoroughly and check the truth of every statement you are told about the investment.*"²⁸⁴ Besondere Vorsicht gilt in diesem Kontext mit solchen Aktien, für welche zur Beschreibung künftiger Kursentwicklungen aufmerksamkeitsgenerierende Charakteristika wie bspw. INCREDIBLE GAINS oder BREAKOUT STOCK PICK beansprucht werden.²⁸⁵ „*These false claims could be made on social media such as Facebook and Twitter, as well as on bulletin boards and chat rooms*".²⁸⁶ Neben den Aufsichtsorganen wird auch die Wissenschaft zunehmend auf diese Problematik aufmerksam, so dass mittlerweile erste Untersuchungen empirische Erkenntnisse zu derartigen Marktmanipulationen mittels Sozialer Finanzmedien liefern. Einzelne Beispiele für manipulatives (und aufgedecktes) Verhalten in Sozialen Finanzmedien sind bspw. von Leinweber/Madhavan (2001) sowie Tumarkin (2002) dokumentiert.²⁸⁷ Das wohl bemerkenswerteste Ergebnis in diesem Zusammenhang ist jedoch, dass die Betreiber entsprechender Internetkommunikationsplattformen ihre Leser kaum vor derartigen Kriminellen schützen können: So sind solche im Englischen als rampers bezeichneten Personen nur sehr schwer zu identifizieren und folglich kaum von den Plattformen fern zu halten.²⁸⁸ Eine aktive Durchsicht und damit eine Moderation der

---

[283] Vgl. Office of Investor Education and Advocacy (U.S. Securities and Exchange Commission) (2012), S. 1.

[284] Office of Investor Education and Advocacy (U.S. Securities and Exchange Commission) (2012), S. 3.

[285] Vgl. Office of Investor Education and Advocacy (U.S. Securities and Exchange Commission) (2012), S. 2. Eine solche als Pump-and-dump bezeichnete Manipulationsstrategie im Zusammenhang mit Sozialen Medien verfolgt das Ziel, eine günstig erworbene Unternehmensaktie derart mittels falscher oder irreführender Informationen in den Fokus der Anleger zu rücken, um sie infolge einer steigenden Nachfrage später gewinnbringend veräußern zu können. Vgl. Office of Investor Education and Advocacy (U.S. Securities and Exchange Commission) (2012), S. 4.

[286] Office of Investor Education and Advocacy (U.S. Securities and Exchange Commission) (2012), S. 4.

[287] Vgl. Leinweber/Madhavan (2001), S. 7–16 sowie Tumarkin (2002), S. 314.

[288] Vgl. Delort u.a. (2011), S. 15.

Beiträge durch die Betreiber dauert durchschnittlich acht Stunden,[289] so dass hier aus Betreibersicht eine Abwägung zu treffen ist: Entweder man entscheidet sich für eine betreiberseitige Prüfung aller Beiträge vor Freigabe und nimmt damit in Kauf, dass die dann veröffentlichten Beiträge bereits veraltet sind und evtl. in anderen Foren deutlich früher von den Marktteilnehmern gelesen werden. Oder man vernachlässigt absichtliche Falschmeldungen zu Gunsten einer an das sehr dynamische Marktgeschehen angepassten Aktualität. Die australische Plattform HotCopper löst dieses Problem dadurch, dass zunächst alle Beiträge umgehend veröffentlicht werden, identifizierte Falschmeldungen später jedoch als solche kenntlich gemacht werden.[290] Mit ihrem Datensatz von 1.083.913 Beiträgen über 938 Unternehmen, die zwischen Januar und Dezember 2008 auf HotCopper veröffentlicht wurden stellen Delort u.a. (2011) fest, dass davon 14.139 Beiträge nach Veröffentlichung moderiert bzw. zensiert werden mussten. Bei 1.519 dieser Beiträge hegten die Moderatoren den Verdacht der versuchten Marktmanipulation.[291] Auf Basis einer Analyse der Marktreaktionen können Delort u.a. (2011) feststellen, dass die Nutzer der Plattform selbst durch die Moderation nicht vor derartigen Beiträgen geschützt werden konnten.[292] Stattdessen finden sie heraus, dass der Zeitraum zwischen Veröffentlichung und nachträglicher Moderation scheinbar ausreichend dafür ist, mit manipulativen Beiträgen die Aktienkurse der betroffenen Unternehmen zu beeinflussen. Delort u.a. (2011) kommen daher auf Basis ihrer Erkenntnisse zu dem Ergebnis, dass Marktmanipulation über Soziale Finanzmedien nicht nur theoretisch, sondern auch tatsächlich einen ökonomisch messbaren Schaden verursachen können. Besonders anfällig für marktmanipulative Versuche sind dementsprechend Aktien von Unternehmen mit einer niedrigen Marktkapitalisierung sowie einem niedrigen Aktienkurs.[293]

---

[289] Vgl. Delort u.a. (2011), S. 2.

[290] Vgl. Delort u.a. (2011), S. 2.

[291] Ein noch größerer Teil der Beiträge wurde aufgrund von Beleidigungen (flaming) moderiert, während andere respektlose Äußerungen (profanity) ähnlich verbreitet waren die Beiträge versuchter Marktmanipulation. Vgl. hierzu Delort u.a. (2011), S. 8.

[292] Vgl. Delort u.a. (2011), S. 11–15.

[293] Vgl. Delort u.a. (2011), S. 16 sowie Office of Investor Education and Advocacy (U.S. Securities and Exchange Commission) (2012), S. 4.

3.3.4 Erweiterung bisheriger Untersuchungen durch die vorliegende Arbeit

Die oben genannten empirischen Studien deuten auf einen bemerkenswert starken Zusammenhang zwischen Beiträgen in Sozialen Finanzmedien und den Geschehnissen an den internationalen Finanzmärkten hin. Weil sie jedoch auch Limitationen aufweisen, sind mit deren Ergebnisse die Hypothesen der vorliegenden Arbeit nicht zu beantworten. So zeigt sich bspw. bei den Studien mit Suchmaschinendaten, dass die Datenfrequenz meist nur wöchentlich oder sogar monatlich ist. Das liegt vor allem daran, dass Google die Bereitstellung der Daten für längere Zeiträume absichtlich nur in dieser Datenfrequenz zur Verfügung stellt. Weil Daten auf täglicher Basis jedoch die robusteren Ergebnisse liefern, wird im Rahmen der vorliegenden Arbeit ein aufwändiges Verfahren zur Datenbeschaffung angewandt. So können die benötigen Daten auf täglicher Basis auch für einen langen Zeitraum beschafft werden. Darüber hinaus sind zahlreiche Überprüfungen mit Google-Daten in ihrer Aussage deshalb eingeschränkt, weil statt der Unternehmensnamen die Suchanfragen nach den jeweiligen Unternehmenstickern verwendet werden. Das geschieht vor allem mit der Absicht, spezifisches Finanzmarktinteresse von allgemeinem Interesse bzgl. des Unternehmens differenzieren zu können. Sinnvoll ist dies deshalb, weil in Bezug auf das Suchvolumen zu einem speziellen Unternehmen sonst nicht festgestellt werden kann, ob die Suchenden an den Aktien oder evtl. an den Produkten oder Dienstleistungen des Unternehmens interessiert sind. Tatsächlich ist es jedoch schwer vorstellbar, dass Marktteilnehmer nach den Tickersymbolen suchen, wenn sie Informationen über Unternehmen und Aktien erhalten wollen. Insbesondere in Bezug auf Privatanleger wird dieses Verhalten als eher untypisch eingeschätzt, so dass im Rahmen der vorliegenden Arbeit die jeweiligen Unternehmensnamen verwendet werden. Die Differenzierung in Finanzmarktinteresse wird im Rahmen der vorliegenden Arbeit stattdessen dadurch gewährleistet, dass bei jeder Suchanfrage zusätzlich betrachtet wird, welche Internetseite vom Suchenden davor sowie danach angesteuert wurde und hierüber das Interesse des Suchenden kategorisiert wird.

Die empirischen Studien mit Daten aus Sozialen Finanzmedien beruhen zwar meist auf Tagesdaten, betrachten jedoch immer nur sehr kurze Untersuchungszeiträume die meist über ein Jahr nicht hinausreichen. Dies liegt vor allem daran, dass die Beschaffung dieser Daten aufwändig ist und ein hohes technisches Verständnis erfordert. Da im Rahmen der vorliegenden Arbeit ein Datensatz des Unternehmens Stockpulse genutzt wird, kann der Untersuchungszeitraum deutlich erweitert und so robustere Ergebnisse erzielt werden. Außerdem fällt auf, dass der Zusammenhang zwischen Nachrichtenvolumen in Sozialen Finanzmedien bisher nicht im Lichte der Marktmikrostrukturforschung betrachtet wurde. Empirische Ergebnisse im Hinblick auf den Zusammenhang zwischen einem sich veränderndem Beitragsvolumen Sozialer Finanzmedien und der Liquidität von Aktien sind nach Auffassung des Autors der vorliegenden Arbeit folglich bisher nicht existent. Die vorliegende Arbeit erweitert den aktuellen Stand der Forschung also dahingehend, inwiefern Soziale Finanzmedien genutzt werden können, um Abschätzungen über die Zusammensetzung der Marktteilnehmerschaft vorzunehmen. Zudem gibt es bislang keine Untersuchung, welche sowohl Daten von Google als auch Sozialer Finanzmedien kombiniert und diese gemeinsam sowie vergleichend in einer empirischen Analyse betrachtet. Ebenso findet sich keine Untersuchung, die darüber hinaus noch auf die Einflüsse journalistischer Medienberichterstattung sowie gleichzeitig auf Veröffentlichungen von Analystenberichten hin kontrolliert, was jedoch in diesem Zusammenhang wichtige Kontrollvariablen sind.

Indem die vorliegende Arbeit also

- Suchmaschinendaten und Daten Sozialer Finanzmedien über einen längeren Zeitraum und auf Tagesbasis betrachtet,
- auf Einflüsse journalistischer Medienberichterstattung sowie gleichzeitig auf Veröffentlichungen von Analystenberichten kontrolliert,
- das Finanzmarktinteresse der Suchenden über ein alternatives Verfahren identifiziert, anstatt die Unternehmensticker als Suchbegriff zu verwenden,
- Beiträge Sozialer Finanzmedien im Kontext von Liquiditätsveränderungen betrachtet und
- Googledaten sowie Daten Sozialer Finanzmedien in einer gemeinsamen Untersuchung parallel betrachtet,

schließt sie in diesem Bereich eine bisher existierende Forschungslücke.

4. Konkretisierung der Forschungsfrage anhand empirisch überprüfbarer Hypothesen

4.1 Hypothese A

4.1.1 Anlegeraufmerksamkeit und Kapitalmarktreaktion

Theoretisch könnte jeder einzelne Marktteilnehmer bei seiner Anlageentscheidung das gesamte Universum an Aktien als den eigenen Alternativenraum begreifen und alle möglichen Aktien im Hinblick auf die eigenen Anlageziele hin beurteilen. Tatsächlich verursacht der Informationsprozess für die Marktteilnehmer jedoch erhebliche Kosten.[294] Darüber hinaus ist die Verarbeitungskapazität des menschlichen Gehirns auf natürliche Weise begrenzt.[295] Im Ergebnis führt diese zu einer Situation, in der die Marktpreise eher nicht, wie häufig durch die traditionelle Kapitalmarkttheorie unterstellt, das gesamte Spektrum verfügbarer Informationen widerspiegeln.[296] Vielmehr wird ein einzelner Marktteilnehmer nur einen sehr kleinen Teil des großen Anlageuniversums als seinen Alternativenraum begreifen und nur diese Auswahl im Hinblick auf die mit der Anlage verfolgte Zielsetzung bewerten. So kann ein Marktteilnehmer nämlich nur diejenigen Aktien zu seinem Alternativenraum zählen, von deren Existenz er weiß. Dementsprechend muss es notwendige Bedingung sein, dass ein Marktteilnehmer auf die entsprechende Aktie aufmerksam wird, damit diese zum Bestandteil seines Alternativenraums werden kann. *„In making a decision, we first select which options to consider and then decide which of those options to choose. Attention is a scarce resource. When there are many alternatives, options that attract attention are more likely to be considered, hence more likely to be chosen, while op-*

---

[294] Vgl. Lee (2001), S. 235.

[295] Vgl. Kahneman (1973), S. 10 sowie Da/Engelberg/Gao (2011a), S. 1461. Neben diesem als Kapazitätsmodell bekannten Erklärungsansatz existiert bspw. in Gestalt des Flaschenhalsmodells eine alternative Vorstellung der menschlichen Aufmerksamkeitssteuerung: Demnach ist die Selektivität der Informationsaufnahme nicht wegen mangelnder Verarbeitungskapazitäten begrenzt, sondern vielmehr durch eine Begrenzung der Informationsübertragungskapazität unmittelbar nach den Sinnesorganen limitiert. In beiden Fällen stellt sich jedoch ein ähnliches Ergebnis ein, nach welchem aus der Breite verfügbarer Informationen nur ein Teil im menschlichen Entscheidungsprozess Berücksichtigung finden kann. Für eine Abgrenzung der beiden Modelle vgl. Kebeck (1997), S. 158–159.

[296] Vgl. Da/Engelberg/Gao (2011a), S. 1461–1462.

tions that do not attract attention are often ignored."[297] Die Erfassung dieser im Englischen als attention bezeichneten Anlegeraufmerksamkeit ist insbesondere für die empirische Kapitalmarktforschung notwendige Voraussetzung, um theoretische Annahmen hinsichtlich des Einflusses der Anlegeraufmerksamkeit auf die Aktienkurse überprüfen zu können.[298] Auch für den Forschungsbereich der Marktmikrostruktur ist es von besonderem Interesse zu wissen, welche Unternehmensaktien zu einem bestimmten Zeitpunkt besonders im Fokus der Marktteilnehmer stehen. Gleichzeitig ist es eine große Herausforderung, die Aufmerksamkeit der Marktteilnehmer gegenüber Unternehmen und Aktien präzise zu messen. In der Literatur haben sich deshalb Variablen etabliert, die diese Aufmerksamkeit erfassen sollen und dabei dem folgenden vereinfacht formulierten Grundgedanken folgen: Anleger werden auf diejenigen Unternehmen aufmerksam, über welche intensiv berichtet wird. Die Variablen folgen also dem Konzept, dass eine Steigerung der Informationsmenge über das entsprechende Unternehmen bzw. über die Aktie eine Zunahme der Anlegeraufmerksamkeit auslöst. Konkret werden deshalb häufig die folgenden Variablen zur Abbildung der Aufmerksamkeit der Kapitalmarktteilnehmer genutzt:

- Marketingaktivitäten eines Unternehmens
- Medienpräsenz des Unternehmens
- unternehmensbezogene Veröffentlichungen durch Analysten oder durch das Unternehmen selbst
- außergewöhnliche Marktbewegungen wie bspw. besonders große Veränderungen der Rendite oder der Handelsaktivitäten.

Diese Variablen zur Abbildung der Investorenaufmerksamkeit haben die Gemeinsamkeit, dass sie am Markt ein Informationsangebot für die Kapitalmarktteilnehmer erfassen. Ob diese dann jedoch die jeweiligen Informationen tatsächlich nachfragen und somit ihre Aufmerksamkeit auf die einzelnen Unternehmensaktien lenken, kann durch die Variablen nicht erfasst werden. *„These proxies make the critical assumption that if a stocks's return or turnover was extreme or its name was mentioned in the news media, then investors should have paid attention to it. However, return or*

---

[297] Barber/Odean (2008), S. 785.

[298] Für ein modelltheoretische Berücksichtigung der Aufmerksamkeit der Marktteilnehmer im Zusammenhang mit Preisbildungsprozessen am Aktienmarkt vgl. bspw. Merton (1987); Sims (2003); Hirshleifer/Teoh (2003) sowie Peng/Xiong (2006).

turnover can be driven by factors unrelated to investor attention and a news article (...) does not guarantee attention unless investors actually read it".[299] Für die vorliegende Arbeit soll aufgrund dieser Limitation der als indirekt zu bezeichnenden Aufmerksamkeitsvariablen der Anspruch formuliert werden, direkte Variablen zur Abbildung der Aufmerksamkeit der Kapitalmarktteilnehmer zu entwickeln. Eine aktive Informationssuche über Google auf der einen Seite und eigene Veröffentlichungen anlagespezifischer Beiträge in Sozialen Medien auf der anderen Seite können in diesem Zusammenhang geeignete Variablen sein, die Aufmerksamkeit der Kapitalmarktteilnehmer gegenüber Unternehmen und Aktien in direkter Form abzubilden.

Im Folgenden sollen die etablierten Variablen zur indirekten Aufmerksamkeitsabbildung der Marktteilnehmer detailliert vorgestellt und entsprechende empirische Überprüfungen erläutert werden. Im Anschluss daran soll die Hypothese abgeleitet werden, inwiefern das Suchvolumen in Google sowie das Beitragsvolumen Sozialer Finanzmedien eine Erweiterung dieser Aufmerksamkeitsvariablen darstellen kann.

Obwohl es zunächst überraschen mag, dass klassische Produktwerbung die Aufmerksamkeit der Kapitalmarktteilnehmer neben dem beworbenen Produkt auch auf die Aktien des werbenden Unternehmens lenkt[300], vermutet man teilweise die Nutzung dieses Informationskanals durch ein Unternehmen aus genau diesem Grund: „*Companies frequently appear to use advertising not only to promote their products and services to customers but also as a communication channel to their current and potential future investors. Such messages often appear to have the sole purpose of creating a favourable image of the company among market participants.*"[301] Neben theo-

---

[299] Da/Engelberg/Gao (2011a), S. 1462.
[300] Vgl. hierzu Fehle/Tsyplakov/Zdorovtsov (2005), S. 626.
[301] Fehle/Tsyplakov/Zdorovtsov (2005), S. 626.

retischen Erklärungsansätzen der Marketingforschung[302] bestätigen auch empirische Erkenntnisse eine solche aufmerksamkeitsgenerierende Wirkung auf Seiten der Kapitalmarktteilnehmer: So zeigen sich bspw. in der Folge von Werbemaßnahmen während der Fernsehübertragung des Super Bowl bei den werbenden Unternehmen deutliche Reaktionen im Aktienkurs und Aktienhandel.[303] Die jährliche Übertragung dieses weltweit mit am meisten Beachtung findende Einzelsportereignisses scheint dabei vor allem die Aufmerksamkeit privater Kapitalmarktteilnehmer auf die werbenden Unternehmen zu lenken, so dass hauptsächlich bei dieser Anlegergruppe temporär erhöhte Aktienkaufaktivitäten zu beobachten sind.[304] Darüber hinaus stellen Grullon/Kanatas/Weston (2004) einen positiven Zusammenhang zwischen der Höhe an Marketingausgaben eines Unternehmens und der Breite dessen Aktionärsstruktur fest.[305] Private Anleger scheinen sich dabei besonders stark für Anteile intensiv werbender Unternehmen zu interessieren, weshalb die mit hohen Marketingausgaben in Zusammenhang stehende Liquiditätsverbesserung der Unternehmensaktien einer verstärkten Nachfrage durch diese Anlegergruppe zugeschrieben wird.[306] Chemmanur/Yan (2009) weisen auf höhere Renditen in Jahren verstärkter Marketingausgaben hin und beobachten diesen Werbeeffekt insbesondere bei kleinen wertorientierten Unternehmen mit einer bis dahin vergleichsweise schlechten Aktien- und / oder Ge-

---

[302] In der Marketingliteratur geht man regelmäßig davon aus, dass Werbebotschaften die Einstellung des Empfängers gegenüber dem beworbenen Produkt und / oder dem werbenden Unternehmen verändern und positiv beeinflussen. Dies ist vor allem bei informativer Werbung anzunehmen. Vgl. hierzu Meffert/Burmann/Kirchgeorg (2015), S. 718. Eine solch veränderte Wahrnehmung kann folglich auch im Falle der Beurteilung fundamentaler Unternehmensinformationen eine Einschätzung hin zu einer optimistischeren Unternehmensbewertung begünstigen. Vgl. hierzu Fehle/Tsyplakov/Zdorovtsov (2005), S. 627–628. Es ist aber ebenso denkbar, dass die Platzierung von Werbebotschaften tatsächlich den fundamentalen Wert eines Unternehmens verändert: So ist es denkbar, dass durch die Werbemaßnahmen künftige Absatzmöglichkeiten erhöht werden und damit die in der Zukunft zu erwartenden Rückflüsse des Unternehmens steigen.

[303] Vgl. Fehle/Tsyplakov/Zdorovtsov (2005), S. 645.

[304] Vgl. Fehle/Tsyplakov/Zdorovtsov (2005), S. 645.

[305] Vgl. Grullon/Kanatas/Weston (2004), S. 441.

[306] So geht man in diesem Kontext davon aus, dass private Anleger vergleichsweise uninformiert sind und deren verstärkte Nachfrage nach Unternehmensaktien die adversen Selektionskosten reduzieren. So verbessert sich die Marktliquidität der Aktien deshalb, weil die beteiligten Market-Maker im Handel mit uninformierten Marktteilnehmern geringere Bid-Ask-Spreads setzten können. Vgl. hierzu Grullon/Kanatas/Weston (2004), S. 441.

schäftsentwicklung.[307] Lou (2014) kann im Rahmen seiner empirischen Untersuchung diese Erkenntnisse bestätigen und hält sogar bei einigen Managern intensiv werbender Unternehmen eine eigennützige Ausnutzung des Zusammenhangs zwischen den Marketingausgaben und der Aktienrendite für denkbar: So lässt sich feststellen, dass Marketingausgaben regelmäßig im Vorfeld eigener Aktienverkäufe durch die Manager erhöht werden und anschließend wieder eine Reduktion erfahren.[308] Ein ähnliches Muster zeigt sich bei Übernahmevorhaben des Unternehmens, zu welchen die eigenen Aktien als Zahlungsmittel genutzt werden sollen. Wird die Übernahme stattdessen mit liquiden Mitteln oder durch Aufnahme von Fremdkapital finanziert, ist eine vorherige Erhöhung der Marketingausgaben nicht zu beobachten. Frieder/Subrahmanyam (2005) bestätigen ebenfalls die Auswirkungen unternehmerischer Marketingaktivitäten auf das Verhalten von Kapitalmarktteilnehmern, indem sie den Zusammenhang zwischen der Aktionärsstruktur eines Unternehmens und der Markenbekanntheit der einzelnen Unternehmensprodukte untersuchen: Sie kommen dabei zu dem Ergebnis, dass vor allem Privatanleger Aktien von Unternehmen mit leicht wiedererkennbaren Marken nachfragen, während dieser Zusammenhang in Bezug auf institutionelle Anleger signifikant negativ ist.[309] Der Zusammenhang zwischen Marketingaktivitäten und Aktienkursen ist aus einer ökonomischen Betrachtungsweise heraus jedoch keineswegs überraschend: Mit einem Wertpapier sichert sich der Käufer einen Anspruch auf künftige Gewinne, welche u.a. auch durch die Marketingaktivitäten eines Unternehmens beeinflusst werden. Überraschend ist vielmehr, dass dementsprechende Handelsaktivitäten hauptsächlich von Privatanlegern stammen.

Neben den Marketingaktivitäten nutzen zahlreiche Studien zur indirekten Erfassung der Investorenaufmerksamkeit den Grad der Medienpräsenz des Unternehmens im Sinne der Nachrichtenberichterstattung: So stellen Kim/Meschke (2013) fest, dass Interviews des Vorstandsvorsitzenden bei CNBC die durch private Investoren getätigten Aktienkäufe positiv beeinflussen. Diese sind bemerkenswerterweise dann besonders hoch, wenn die Interviews von einer als attraktiv wahrgenommenen Frau

---

[307] Vgl. Chemmanur/Yan (2009), S. 34.
[308] Vgl. Lou (2014), S. 28.
[309] Vgl. Frieder/Subrahmanyam (2005), S. 59.

durchgeführt werden.[310] Auch das Nachrichtenvolumen von The Financial Times und Wall Street Journal steht in direkt positivem Zusammenhang zu den Handelsaktivitäten der Marktteilnehmer.[311] Barber/Odean (2008) ergänzen jedoch in diesem Kontext, dass es vor allem die privaten Anleger sind, die bzgl. aufmerksamkeitsstarker Unternehmen / Aktien regelmäßig als Netto-Käufer auftreten und dementsprechend bei zunehmender Aufmerksamkeit regemäßig kaufen anstatt zu verkaufen.[312] Dieser deutlich stärkere Einfluss aufmerksamkeitsgenerierender Ereignisse auf das Kaufverhalten von privaten im Vergleich zu institutionellen Anlegern wird durch zahlreiche weitere Studien bestätigt, teilweise jedoch auch deutlich differenzierter betrachtet:[313] Dementsprechend stellt Yuan (2011) nämlich fest, dass eine starke Medienpräsenz zwar in optimistischen Börsenphasen zu signifikanten Kaufhandlungen privater Investoren führt, in eher pessimistischen Börsenphasen auf eine erhöhte Nachrichtenberichterstattung aber eher Verkaufshandlungen dieser Investorengruppe zu beobachten sind.[314] Während die oben beschriebenen Zusammenhänge kurzfristiger Natur sind, berichten Fang (2009) im Sinne einer Langfristbetrachtung von generell höheren Gesamtrenditen bei Unternehmensaktien mit einer vergleichsweise geringen Medienpräsenz.[315] Dies steht jedoch in keinem Widerspruch zu den oben dargestellten Effekten, sondern ermöglicht vielmehr eine Einordnung der Ergebnisse in einen Gesamtkontext

---

[310] Vgl. Kim/Meschke (2013), S. 36–37. Den Effekt der attraktiven Interviewerin, welche über den Interviewinhalt hinaus bei den Zuschauern eine aufmerksamkeitsgenerierende Wirkung entfaltet, attestieren die Autoren der Tatsache, dass am Aktienmarkt generell mehr Männer als Frauen aktiv sind. Vgl. hierzu Kim/Meschke (2013), S. 37.

[311] Vgl. Antweiler/Frank (2004), S. 1289 sowie Ryan/Taffler (2004), S. 58, 72-73.

[312] Vgl. Barber/Odean (2008), S. 801–803.

[313] Vgl. Yuan (2011), S. 6.

[314] Im Rahmen dieser Untersuchung wurde die Anzahl der in der New York Times sowie der Los Angeles Times veröffentlichten Artikel über das jeweilige Unternehmen berücksichtigt. Eine optimistische Börsenphase charakterisiert sich demnach dadurch, dass der jeweilige Tagesschlusskurs des NYSE-AMEX Index im oberen 10 %-Quantil der gesamten Schlusskurse der letzten 500 Handelstage liegt. Vgl. hierzu Yuan (2011), S. 5-6, 40.

[315] Vgl. Fang (2009), S. 2023. Die Medienpräsenz ist in diesem Zusammenhang mit der Anzahl veröffentlichter Nachrichten in der New York Times, der USA Today, dem Wall Street Journal und der Washington Post quantifiziert. Vgl. hierzu Fang (2009), S. 2027.

der Wirkungszusammenhänge zwischen indirekter Aufmerksamkeitsmessung mittels Medienpräsenz und der Veränderung von Marktvariablen.[316]

Aus dem Bereich der Marktvariablen finden sich zur indirekten Abbildung der Anlegeraufmerksamkeit häufig große Renditeveränderungen sowie starke Schwankungen im Handelsvolumen wider. Hou/Peng/Xiong (2009) fassen den Wirkungszusammenhang zwischen Veränderungen im Handelsvolumen und einer gesteigerten Anlegeraufmerksamkeit entsprechend zusammen: „*Trading volume should be highly correlated with attention because investors cannot actively trade a stock if they do not pay attention to it, and when they do pay attention, heterogenous opinions generated by biases in investors' information processing can lead to more trading (...).*"[317] Barber/Odean (2008) stellen empirisch fest, dass starke Schwankungen im Handelsvolumen zu einer erhöhten Aktiennachfrage durch Privatanleger führen, während institutionelle Investoren in Phasen überdurchschnittlicher Aktiensichtbarkeit eher Verkaufsabsichten erkennen lassen.[318] Gervais/Kaniel/Mingelgrin (2001) bestätigen die obigen Ergebnisse im Sinne einer stark aufmerksamkeitsgenerierenden Wirkung extremer Handelsvolumenveränderungen. Sie halten zudem fest, dass sich eine solche, die Sichtbarkeit der Aktie erhöhende Information rasch über mehrere Informationskanäle verbreitet und das Internet in diesem Kontext eine besondere Rolle einnimmt: „*(...) trading activity shocks, as measured by volume shocks, affect the pool for potential investors through a variety of communication channels like the news, word of mouth, or, more recently, the Internet.*"[319] Starken Renditeveränderungen wird eben-

---

[316] So lässt sich nämlich feststellen, dass aufmerksamkeitsgenerierende Ereignisse zwar kurzfristig einen starken Einfluss auf Marktvariablen haben, langfristig jedoch eher ein nicht ausreichend vorhandenes Aufmerksamkeitsniveau eine Preisprämie mit sich bringt. Ein Erklärungsansatz in der Forderung einer Prämie aufgrund nicht vorhandener Medienpräsenz ist mit mangelnden Diversifikationsmöglichkeiten im Sinne des Modells von Merton (1987) zu erklären: Demnach verlangen Investoren für weniger bekannte Unternehmensaktien deshalb eine Preisprämie, weil sie aufgrund unvollständiger Informationen das zu tragende unsystematische Risiko nicht vollständig diversifizieren können. Vgl. hierzu Merton (1987), S. 490 sowie Fang (2009), S. 2024. Demgegenüber steht ein weiterer Erklärungsansatz für die beobachtete Preisprämie bei weniger bekannten Aktien, nach welchem aufgrund eines Mangels an Liquidität bei der in der englischsprachigen Literatur als sog. neglected stocks bekannten Aktien ein Aufschlag zu bezahlen ist. Vgl. hierzu Fang (2009), S. 2024.

[317] Hou/Peng/Xiong (2009), S. 7.

[318] Vgl. Barber/Odean (2008), S. 798.

[319] Gervais/Kaniel/Mingelgrin (2001), S. 878.

so eine Aufmerksamkeitskomponente zugeschrieben, weil unter den Marktteilnehmern zahlreiche Handelsstrategien existieren, die explizit Renditeveränderungen als Informationssignal für Handelsentscheidungen formulieren.[320] Bei der Momentumstrategie wird die als Momentum bezeichnete Kennzahl der technischen Chartanalyse durch den Vergleich des aktuellen Aktienpreises mit vergangenen Kurswerten berechnet, um so Informationen über die Stärke von Kursbewegungen gewinnen und hieraus für das eigene Anlegerverhalten Kauf- und Verkaufssignale identifizieren zu können.[321] *„Momentum strategies that buy stocks with high returns over the last three to twelve months and sell stocks with low returns over the previous three to twelve month earn statistically significant profits in most of the world-wide equity markets."*[322] Insbesondere für den amerikanischen Aktienmarkt lassen sich zahlreiche empirische Befunde für den Erfolg dieser Momentumstrategie finden.[323] Während von der Momentumstrategie überzeugte Marktteilnehmer also die Gewinner der vergangenen Monate kaufen und die Verlierer verkaufen, verhalten sich die der Valuestrategie folgenden Marktakteure hierzu tendenziell konträr und versuchen eher die

---

[320] Die in der Literatur gut dokumentierten Zusammenhänge zwischen Handelsaktivitäten und zurückliegenden Aktienrenditen (vgl. hierzu bspw. Chordia/Huh/Subrahmanyam (2007), S. 714) müssen jedoch nicht zwangsläufig auf eine veränderte Aufmerksamkeit der Marktteilnehmer zurückgeführt werden. Handelsaktivitäten könnten in diesem Zusammenhang nämlich auch aufgrund nicht informationsbedingter Faktoren wie den im Englischen als *„liquidity trading triggered by portfolio rebalancing needs"* (Chordia/Huh/Subrahmanyam (2007), S. 714) bezeichneten liquiditätsbedingten Portfolioumschichtungen zurückzuführen sein, welche wiederum durch Renditeveränderungen ausgelöst werden können.

[321] Vgl. Frankfurter Allgemeine Zeitung (2013), S. 1.

[322] Glaser/Weber (2003), S. 108.

[323] Für die empirischen Überprüfungen des Erfolgscharakters von Momentumstrategien in Bezug auf den amerikanischen Aktienmarkt und die Beurteilung der Gegenwärtigkeit solcher Handelsstrategien, vgl. Jegadeesh/Titman (1993), S. 67 und Jegadeesh/Titman (2001), S. 718. Darüber hinaus zeigt Lee/Swaminathan (2000) die Präsenz von Momentumstrategien im amerikanischen Aktienmarkt auf, indem im Rahmen einer empirischen Studie für die Jahre von 1965 bis 1995 ein direkter Zusammenhang zwischen Renditen und Handelsaktivitäten nachgewiesen wird. Vgl. hierzu Lee/Swaminathan (2000), S. 2021, 2023.

günstig gewordene Aktien in ihr Portfolio aufzunehmen.[324] Privatanlegern wird in diesem Zusammenhang häufig eine deutlich kurzfristigere Betrachtung vergangener Renditeveränderungen attestiert, so dass man diesen ein durch Aufmerksamkeit im Sinne des in der englischsprachigen Literatur als „*net buyers of yesterday's big winners*"[325] bezeichnete Handelsverhalten attestiert. Marktteilnehmer, die kaufen, wenn die Preise steigen, und verkaufen, wenn diese fallen, werden allgemein auch als Positive Feedback Traders bezeichnet.[326] Seasholes/Wu (2007) stellen in diesem Zusammenhang fest, dass sich die aufmerksamkeitsgenerierenden Ereignisse von Renditeveränderungen, extremer Handelsaktivitäten sowie gesteigerter Medienpräsenz relativ gut in einer gemeinsamen Marktvariable vereinen lassen: Hierfür definieren sie das Erreichen eines Preislimits einer Aktie als ein Informationsereignis, welches aufgrund starker Rendite- und Handelsvolumenschwankungen ausgelöst wird und infolgedessen eine unmittelbar nach Handelsschluss einsetzende Medienberichterstattung mit sich bringt.[327] Aber auch das absolute Preisniveau scheint ein Indikator zu sein, in welchem Maße die jeweilige Aktie die Aufmerksamkeit der Marktteilnehmer erfährt, weil das absolute Preisniveau allgemein als Proxy für die sog. „*stock's visibility*"[328] einer Aktie gilt. So geht man nämlich davon aus, dass Broker aufgrund ihrer Vergütungsstruktur vor allem günstige Aktien intensiv bei ihren Kunden bewerben und

---

[324] Wenngleich man zur Interpretation eines solchen Handelsverhaltens ebenfalls Aufmerksamkeitskomponenten anführen kann, bevorzugen Barber/Odean (2008) im Kontext institutioneller Marktakteure einen anderen Erklärungsansatz: Demnach scheinen vielmehr die Ereignisse, welche für die starken Renditeschwankungen verantwortlich sind, die Auswahlentscheidung relativ zu den Selektionskriterien dieser Anlegergruppen zu verändern. Vgl. hierzu Barber/Odean (2008), S. 801.

[325] Barber/Odean (2008), S. 801.

[326] Vgl. de Long u.a. (1990), S. 379.

[327] Vgl. Seasholes/Wu (2007), S. 592. Preislimits werden an zahlreichen Börsen aus Gründen des Anlegerschutzes vor zu hohen Preisvolatilitäten eingesetzt: So werden an der durch Seasholes/Wu (2007) betrachteten Shanghai Stock Exchange Aktien dann für den restlichen Tag vom Handel ausgeschlossen, wenn sie eine Preisveränderung von mehr als zehn Prozent des Vortagesschlusskurses erfahren. Vgl. hierzu Shanghai Stock Exchange (2014), S. 1. Erreicht also eine Aktie ein solches Preislimit, so müssen für diesen Tag extreme Renditeveränderungen und starke Schwankungen im Handelsvolumen festgestellt worden sein. Darüber hinaus wird in Bezug auf die Shanghai Stock Exchange nach Handelsschluss über solche Ereignisse intensiv in der Presse (z.B. China Business News) berichtet. Vgl. hierzu Seasholes/Wu (2007), S. 592.

[328] Chordia/Huh/Subrahmanyam (2007), S. 715.

dementsprechend die Bekanntheit niedrig bepreister Aktien tendenziell höher ist.[329] Mit allerdings umgekehrtem Vorzeichen des Einflusses kann ein direkter Zusammenhang zwischen dem Preisniveau einer Aktie und spezifischen Handelsaktivitäten aber auch deshalb existent sein, weil bspw. offene Wertpapier-Investmentfonds in Bezug auf niedrig bepreiste Aktien zurückhaltende Marktaktivitäten erkennen lassen, indem sie diese tendenziell in geringerem Ausmaß in ihrem Portfolio halten.[330]

Daneben besteht offensichtlich auch ein Zusammenhang zwischen den Handelsaktivitäten der Marktteilnehmer und der Schwankungsbreite von Marktpreisen, so dass davon auszugehen ist, dass die Volatilität einen Informationsgehalt transportiert, dem viele Marktteilnehmer ihre Aufmerksamkeit zukommen lassen. „(...) daily volatility is significantly positively related to both average daily trade size and number of daily transactions."[331] In diesem Sinne bestätigen empirische Überprüfungen von Handels-

---

[329] So erhalten Broker aufgrund ihrer Vergütungsstrukturen dann vergleichsweise höhere Vermittlungsgebühren, wenn ihre Kunden über sie anstatt teure eher niedrig bepreiste Aktien handeln. Dementsprechend ist bei Brokern von einer Motivation auszugehen, Analysen und Marktberichte sowie einzelne Aktienempfehlungen eher für niedrig bepreiste Aktien herauszugeben, um insbesondere diese bei den eigenen Kunden sichtbar zu machen und dadurch die Wahrscheinlichkeiten diesbezüglicher Handelsaktivitäten zu erhöhen. Weil Broker im Vergleich zu bspw. Kurs- oder freien Maklern auch Privatkunden bedienen dürfen, ist möglicherweise ein Großteil der so generierten Handelsaktivitäten auch auf diese Investorengruppe zurückzuführen. Vgl. hierzu Brennan/Hughes (1991), S. 1665-1667, 1685.

[330] Diese Aversion gegenüber niedrig bepreisten Aktien bei offenen Wertpapier-Investmentfonds lässt sich umgekehrt zu der Argumentationskette im Zusammenhang mit den Brokern über die Transaktionskosten begründen. Weil der Handel mit sog. „low-price stocks" (Falkenstein (1996), S. 111) für die Fonds vergleichsweise teurer ist als der Handel mit höher bepreisten Aktien, handeln sie dementsprechend nur in geringem Umfang mit ebendieser Kategorie von Aktien. Darüber versuchen offene Wertpapier-Investmentfonds in ihrem Portfolio den Anteil niedrig kapitalisierter Unternehmen und solcher mit einer insgesamt niedrigen Informationslage gering zu halten. Vgl. hierzu Falkenstein (1996), S. 111.

[331] Jones/Kaul/Lipson (1994), S. 633.

aktivitäten unter Berücksichtigung des von der Terminbörse Chicago Board Options Exchange berechneten Volatilitätsindex VIX[332] ebendiesen Zusammenhang.[333]

Auch die Marktkapitalisierung eines Unternehmens ist eine denkbare Variable zur Erfassung der möglichen Aufmerksamkeit der Kapitalmarktteilnehmer gegenüber diesem Unternehmen. Große Unternehmen sind im Vergleich zu Kleineren medial meist präsenter, so dass insgesamt die Informationsfülle größer ist und damit mögliche aufmerksamkeitsgenerierende Ereignisse bei großkapitalisierten Unternehmen verstärkt feststellbar sind.[334]

Auch der Grad der Beobachtung des Unternehmens durch Analysten wird als indirekte Möglichkeit zur Erfassung der Anlegeraufmerksamkeit genutzt. So kann zwischen

---

[332] Der Volatilitätsindex VIX ergibt sich als die aus Optionspreisen auf den Aktienindex S&P500 berechnete dreißigtägige implizite Volatilität und signalisiert damit die kurzfristige Markterwartung bezüglich der Schwankungsbreite des Index der 500 größten amerikanischen Unternehmen mit Börsennotierung. Vgl. hierzu Chicago Board Options Exchange (2012), S. 1. *„CBOE Volatility Index (...), based on S&P 500 Index Options, is considered by many to be the world's premier barometer of investor sentiment and market volatility."* (Chicago Board Options Exchange (2012), S. 1).

[333] Vgl. hierzu bspw. im Zusammenhang mit der Einflussüberprüfung des von Facebook berechneten Bruttonationalglücks-Index auf die Handelsaktivitäten am Markt die Ergebnisse in Bezug auf die dortige Kontrollvariable in Gestalt des Volatilitätsindex VIX auf den S&P 100. Vgl. hierzu Karabulut (2012), S. 7, 12, 27.

[334] Vgl. Chordia/Huh/Subrahmanyam (2007), S. 715. Ein solcher Zusammenhang zwischen der Marktkapitalisierung eines Unternehmens und dementsprechenden Handelsaktivitäten der Investoren lässt sich aus dem Modell von Lo/Wang (2006) ableiten, bei welchem die Marktkapitalisierung als ein Einflussfaktor auf die Handelsaktivitäten und Renditen von Unternehmensaktien dargestellt ist. Vgl. hierzu Chordia/Huh/Subrahmanyam (2007), S. 715 sowie Lo/Wang (2006), S. 2823, 2826-2827, 2831. Bamber (1987) stellen empirisch im Umfeld von Quartalsergebnisveröffentlichungen einen negativen Zusammenhang zwischen der Größe des Unternehmens und dementsprechenden Handelsaktivitäten fest und begründen dies mit der insgesamt breiteren Informationsbasis in Bezug auf große Unternehmen im Vergleich zu kleineren. Weil über große Unternehmen mehr Informationen aus verschiedensten Quellen produziert werden und für die Marktteilnehmer verfügbar sind, verliert aufgrund der dadurch zunehmenden Möglichkeiten vorzeitiger Informationsantizipationen die eigentliche Quartalsveröffentlichung im Hinblick auf Kursveränderungen an Bedeutung. Dementsprechend sind die mit der Ergebnisveröffentlichung einsetzenden Handelsaktivitäten bei großen Unternehmen geringer als bei niedrig kapitalisierten Unternehmen und möglicherweise auch aufgrund der etwaig besseren Informationsbasis die Anlegerheterogenität insgesamt weniger stark ausgeprägt, weshalb für Unternehmen mit einer hohen Marktkapitalisierung die Handelsaktivitäten grundsätzlich und nicht ausschließlich im Umfeld von Quartalsveröffentlichungen in einem negativen Zusammenhang zur Unternehmensgröße stehen. Vgl. hierzu Bamber (1987), S. 512.

der Anzahl an unterschiedlichen Analysten, welche über ein Unternehmen Meinungen und Einschätzungen veröffentlichen, und den Handelsaktivitäten bzgl. der jeweiligen Unternehmensaktien ein Zusammenhang festgestellt werden:[335] Mit Zunahme des in der englischsprachigen Literatur als analyst coverage bezeichneten Beobachtungsgrads durch Analysten, steigt das insgesamt verfügbare Informationsangebot hinsichtlich des jeweiligen Unternehmens und erhöht damit generell auch die Wahrscheinlichkeit, dass Anleger auf ebendiese Informationen und damit auf die Aktien und Unternehmen aufmerksam werden.[336] Alternativ kann über die Anzahl veröffentlichter Analystenberichte ebenfalls ein Proxy für die indirekte Aufmerksamkeit der Kapitalmarktteilnehmer konstruiert werden.

Des Weiteren gelten neben Analystenberichte auch Ankündigungen durch das Unternehmen selbst als geeignete Variablen zur Abbildung indirekter Anlegeraufmerksamkeit.[337] Hierzu zählen neben Dividendenankündigungen und Managementprognosen auch Übernahmeankündigungen sowie Ergebnisveröffentlichungen.[338] Vor allem zwischen Veränderungen der Handelsaktivitäten und einer Variable, die die Termine der Quartalsergebnisveröffentlichungen der einzelnen Unternehmen abbildet, lassen sich empirisch deutliche Zusammenhänge feststellen. Quartalszahlen sind bewertungsrelevante und wichtige Fundamentalinformationen, so dass zahlreiche Anleger ihre Aufmerksamkeit auf diese Informationsinhalte lenken. So sind erhöhte Marktaktivitäten insbesondere unmittelbar vor sowie am Tag der terminlich erwarteten Quartalsberichte zu beobachten, weil in diesem Zusammenhang zum einen vermehrt spekulationsmotivierte Aktivitäten stattfinden und die entsprechenden Informationen von

---

[335] Vgl. Bamber/Cheon (1995), S. 440.
[336] Vgl. Chordia/Huh/Subrahmanyam (2007), S. 715.
[337] Vgl. Bank/Larch/Peter (2011), S. 1 sowie Drake/Roulstone/Thornock (2012), S. 1019.
[338] Vgl. Drake/Roulstone/Thornock (2012), S. 1019.

den Marktteilnehmern nachgefragt werden.[339] Auch die Information bzgl. unerwarteter Gewinne oder Verluste scheint unter den Marktteilnehmern im Allgemeinen hohe Aufmerksamkeit zu bekommen: „*The larger the absolute value of unexpected earnings, the higher the unexpected trading volume (...).*"[340]

Darüber hinaus attestieren Rubin/Rubin (2010) auch der Häufigkeit, in welcher Wikipedia-Einträge über bestimmte Unternehmen überarbeitet und aktualisiert werden, eine gewisse Signalstärke für die Aufmerksamkeit der Marktteilnehmer gegenüber den dazugehörigen Unternehmensaktien.[341]

4.1.2 Ableitung der Hypothese A

Wie jedoch bereits zu Beginn dieses Kapitels erwähnt, haben die eben beschriebenen Variablen die Gemeinsamkeit, dass sie am Markt ein Informationsangebot für die Kapitalmarktteilnehmer darstellen. Ob die Marktteilnehmer jedoch diese Informationen tatsächlich nachfragen und dementsprechend ihre Aufmerksamkeit auf die entsprechenden Unternehmen richten, kann durch diese Variablen nicht erfasst werden. Für die vorliegende Arbeit soll aufgrund dieser Limitation der indirekten Aufmerksamkeitsvariablen der Anspruch formuliert werden, alternative Variablen zur direkten Abbildung der Aufmerksamkeit der Kapitalmarktteilnehmer zu entwickeln und dabei

---

[339] Vgl. Lamont/Frazzini (2007), S. 2 sowie Berkman/Koch (2008), S. 3, 34. Insbesondere sind im Vorfeld von Quartalsveröffentlichungen die spekulationsmotivierten Handelsaktivitäten mit solchen Aktien deutlich erhöht, welche sich in dieser Marktphase durch ohnehin stark differierende Meinungen der Investoren charakterisieren lassen. Lamont/Frazzini (2007) verwenden zur Abbildung des Grades unterschiedlicher Marktmeinungen bzgl. einzelner Unternehmensaktien unter anderem die Volatilität der Aktienrenditen sowie die Heterogenität der Analysteneinschätzungen. Vgl. hierzu Berkman/Koch (2008), S. 3. Unabhängig spekulationsmotivierter Handelsaktivitäten, bei welchen der individuelle Entscheider in der Regel keine konkrete Erwartung hinsichtlich des Preisniveaus formuliert sondern lediglich auf eine Veränderung des Preises spekuliert, kommen Handelsaktivitäten im Umfeld von Quartalsberichten auch aufgrund heterogener Preiserwartungen zustande. So werden Informationen im Vorfeld sowie die Ergebnisveröffentlichung selbst von den Marktteilnehmern teilweise sehr unterschiedlich interpretiert und dadurch Handelsaktivitäten ausgelöst. Je größer dabei die Informations- und Interpretationsasymmetrien sind, desto stärker zeigt sich dies in den am Markt beobachtbaren Handelsaktivitäten. Vgl. hierzu Atiase/Bamber (1994), S. 323 sowie Lamont/Frazzini (2007), S. 2.

[340] Bamber (1987), S. 512.

[341] Vgl. Rubin/Rubin (2010), S. 842.

auf das zu fokussieren, was tatsächlich in den Betrachtungsmittelpunkt der Marktteilnehmer rückt.

Im Rahmen der Informationssuche kommt dem Internet eine bedeutende Rolle zu, weshalb auch die Suchmaschinen im Sinne eines Werkzeugs zum Auffinden dieser Informationen von Relevanz sind. Um im Internet die gewünschten Inhalte aufzufinden, bemühen Internetnutzer im Rahmen ihrer Informationssuche Suchmaschinen und geben damit aktiv preis, welchen Inhalten sie aktuell ihre Aufmerksamkeit widmen.[342] In Bezug auf die Nutzung von Suchmaschinen gibt die überwiegende Mehrheit in diesem Zusammenhang an, üblicherweise einer Suchmaschine treu zu bleiben und dementsprechend die Suchanfragen nicht auf verschiedene Suchmaschinen zu verteilen.[343] Google gilt unter allen Suchmaschinen als die mit Abstand populärste, weshalb das von Google veröffentlichte Volumen an Suchanfragen als repräsentativ für das internetbasierte Informationsverhalten der Gesamtbevölkerung gilt.[344] Auch in Bezug auf Finanzmarktinformationen wird das Internet immer bedeutungsvoller und ist als Informationsquelle bereits wichtiger als bspw. der persönliche Austausch mit Freunden und Arbeitskollegen. Nur den Kontakt zu einem professionellen Anlageberater oder den Blick in die Fachpresse schätzen die meisten Kapitalmarktteilnehmer

---

[342] Im Rahmen dieser von McKinsey durchgeführten und auf Basis der Befragung von 13 bis 64 Jahre alten Internetnutzern aus den USA beruhenden Studie wurde die Frage beantwortet, welche Websites und Features die Befragten nutzen, um die Inhalte zu finden, welche sie online lesen. Für das Jahr 2010 gaben 66 Prozent an, hierfür Suchmaschinen zu nutzen. Vgl. Statista (2014c), S. 1.

[343] Diese Ergebnisse beruhen auf einer Erhebung durch Greenlight Consulting, bei welcher in den Jahren 2010 und 2011 weltweit 500 Suchmaschinennutzer befragt wurden. Dabei gaben 77 Prozent der Befragten an, üblicherweise nur eine einzelne Suchmaschine zu nutzen. Vgl. Statista (2014b).

[344] Google ist nicht nur die populärste Suchmaschine, sondern – zumindest in den USA – mit rund 228,2 Millionen Besuchern alleine im September 2013 auch die am häufigsten besuchte Internetseite. Es folgen in absteigender Besucherhäufigkeit: Yahoo!, Microsoft, Facebook, Amazon, AOL sowie Apple. Vgl. Statista (2014a), S. 1.

als noch wertvoller ein, wenngleich sich auch diese Informationsquellen zunehmend in die digitale Welt verlagern.[345]

Innerhalb der Entwicklung eines für die Informationsbeschaffung immer wichtiger werdenden Internets, spielen Soziale Medien eine besondere Rolle. Die 21 größten Sozialen Netzwerke umfassen mittlerweile 5,7 Milliarden Nutzerprofile, darunter sind 12 Plattformen mit bereits mehr als 100 Millionen Profilen.[346] Diese werden neben Suchmaschinen von zahlreichen Internetnutzern zunehmend zum Auffinden und Austauschen von Informationen genutzt und scheinen im diesem Zusammenhang weiter an Bedeutung zu gewinnen.[347] Dieser generelle Bedeutungszuwachs Sozialer Medien gilt ebenso auch für den Austausch kapitalmarktspezifischer Informationen, so dass sich in diesem Zusammenhang eine bemerkenswerte Nutzung sog. Onlinenetzwerke zum Austausch anlagespezifischer Informationen durch interessierte Kapitalmarktteilnehmer beobachten lässt. *"More and more (...) are using social media every day, including to help guide investment decisions. Whether it is to research particular stocks, to find background information on financial professionals, to gather up-to-date news, or to discuss the markets with others, social media – web-based platforms that allow interactive communication, such as (...) Twitter, (...) bulletin boards, and chat rooms – has become an important investing tool."*[348] *"There are numerous message boards where potential investors post, read and reply to messages. Not only the number of such boards but also the number of participants on these boards has exploded."*[349] Über die starke Zunahme aktiver Beitragsschreiber hinaus, ist insbesondere bei Sozialen Medien von einer sehr großen passiven Leserschaft aus-

---

[345] Vgl. Rock/Hira/Loibl (2010), S. 762. Die Ergebnisse sind im Rahmen einer telefonischen Umfrage unter 911 zufällig ausgewählten amerikanischen Haushalten mit einem Jahreseinkommen von über 75.000 Dollar entstanden. Vgl. hierzu Rock/Hira/Loibl (2010), S. 759. So konnte festgestellt werden, dass die Nutzung des Internets zum Auffinden kapitalmarktrelevanter Informationen mit dem Alter, dem Bildungsgrad sowie dem Einkommen zunimmt und Männer hierfür häufiger das Internet nutzen als Frauen. Vgl. hierzu Rock/Hira/Loibl (2010), S. 764–765.

[346] Facebook führt diese Gruppe mit 1,4 Milliarden Nutzerprofilen an, gefolgt von YouTube mit 1 Milliarde. Vgl. hierzu Adobe (2015), S. 1.

[347] Vgl. Statista (2014c), S. 1.

[348] Office of Investor Education and Advocacy (U.S. Securities and Exchange Commission) (2012), S. 1.

[349] Sabherwal/Sarkar/Zhang (2011), S. 1210.

zugehen, welche die dort veröffentlichten Informationen in ihrem eigenen Entscheidungsprozess berücksichtigen, ohne jedoch selbst Beiträge zu verfassen.[350] Dieser Bedeutungszuwachs Sozialer Medien für kapitalmarktspezifische Inhalte wird nicht zuletzt auch dadurch bestätigt, dass Twitter jüngst in Anlehnung an den gewöhnlichen Hashtag als vorangestelltes Rautezeichen (#) zur Stichwortmarkierung nun den sog. Cashtag ($) eingeführt hat.[351] Wird in einer Twitter-Nachricht (Tweet) dem Börsenkürzel eines Unternehmens nun das Dollarzeichen vorangestellt, wird die entsprechende Information von Twitter als möglicherweisen kursrelevant eingestuft und kann so gezielt von anderen Twitternutzern gefunden werden. In diesem Zusammenhang ist es bemerkenswert, dass die amerikanische Börsenaufsicht kurz darauf erlaubt hat, dass Unternehmen zur Veröffentlichung kursrelevanter Informationen nun auch offiziell Soziale Medien wie Facebook und Twitter nutzen können.[352] Die Relevanz der in Sozialen Medien veröffentlichten Nachrichten für die Veränderung von Börsenkursen zeigt ein Beispiel aus der jüngeren Vergangenheit sehr eindrucksvoll: Nachdem der Twitter-Account einer amerikanischen Presseagentur gehackt und die Nachricht veröffentlicht wurde, U.S.-Präsident Obama sei bei einer Explosion im Weißen Haus verletzt worden, verloren die amerikanischen Aktienindizes innerhalb weniger Minuten mehrere hundert Punkte, bis die Nachricht schließlich als Falschmeldung eingeordnet wurde.[353] Börseninformationsdienste wie Thomson Reuters, Bloomberg, MarketWatch sowie CNN Money und Yahoo!Finance haben mittlerweile

---

[350] Demnach beeinflussen nämlich soziale Interaktionen in besonderem Maße die Meinungsbildung von Individuen und können bei diesen teilweise zu einer Überhöhung der Validität von Informationen führen. Erreichen das Individuum nämlich mehrfach inhaltlich gleiche Informationen, so ist dieses geneigt, die sich wiederholenden Informationen selbst dann als Bestätigung vorheriger Informationen zu betrachten, wenn alle Informationswiederholungen derselben Ausgangsquelle entstammen. Vgl. hierzu DeMarzo/Vayanos/Zwiebel (2003), S. 909–912. „(...) *individuals fail to adjust properly for repetitions of information.*" (DeMarzo/Vayanos/ Zwiebel (2003), S. 910). „*Correctly adjusting for repetitions would require individuals to recount not only the source of all the information that has played a role in forming their beliefs, but also the source of the information that led to the beliefs of those they listen to, of those who they listen to, and so on. This would become extremely complicated with just a few individuals and a few rounds of updating, to say nothing of a large population of individuals, interacting according social network, where beliefs are derived from multiple sources over an extended time period.*" (DeMarzo/Vayanos/Zwiebel (2003), S. 911).

[351] Vgl. Twitter (2015), S. 1.

[352] Vgl. GNIP (2013), S. 4 sowie Handelsblatt (2015), S. 1.

[353] Vgl. The Wall Street Journal (2015), S. 1.

eine Schnittstelle zu Twitter integriert, um möglicherweise kursrelevante Informationen schnell erfassen zu können und unterstreichen auch damit die große Relevanz Sozialer Medien für die Aktienmärkte.[354]

Im Vergleich zu den indirekten Aufmerksamkeitsvariablen scheint sich das Suchvolumen in Google sowie das Beitragsvolumen Sozialer Finanzmedien dadurch charakterisieren zu lassen, dass es die Aufmerksamkeit der Marktteilnehmer in direkter Form erfasst. Wer gezielt nach Unternehmen googelt oder aktiv Beiträge über einzelne Aktien verfasst, scheint diesen die entsprechende Aufmerksamkeit zukommen zu lassen. Diese direkten Proxies der Aufmerksamkeitserfassung müssten folglich die indirekten Variablen in sich vereinen. Dies soll im Sinne der folgenden Hypothese im weiteren Verlauf der Arbeit empirisch überprüft werden:

Hypothese A:	Das unternehmens- und aktienspezifische Suchvolumen in Google sowie das unternehmens- und aktienspezifische Beitragsvolumen Sozialer Finanzmedien charakterisiert sich als eine geeignete Variable zur direkten Abbildung der Aufmerksamkeit der Kapitalmarktteilnehmer gegenüber unternehmens- und aktienspezifischen Inhalten. Demgemäß werden Veränderungen dieser Variable den Veränderungen von Proxies weitgehend entsprechen, welche die Anlegeraufmerksamkeit in indirekter Form abbilden und in der empirischen Kapitalmarktforschung bereits etabliert sind.

Das unternehmens- und aktienspezifische Suchvolumen in Google kann in Form zweier unterschiedlicher Variablen operationalisiert werden: So liefert Google neben dem allgemeinen Suchvolumen auch Informationen zu einem Suchvolumen mit Kategorienfilter Finanzen und ermöglicht damit scheinbar eine noch detailliertere Differenzierung der Suchabsichten desjenigen, welcher den Namen des Unternehmens in die Suchmaske eingibt: So erfasst Google hierbei nicht nur die Suchanfrage selbst, sondern speichert zu dieser Suchanfrage auch die Kategorie der Website, welche der Suchende vor und nach seiner jeweiligen Suchanfrage besuchte. Lassen sich diese dann der Kategorie Finanzen zuordnen, versieht Google die abgegebene Suchanfrage

---

[354] Vgl. Meyer Alexander/Gentry (2014), S. 163.

mit dieser Zusatzinformation und ermöglicht dementsprechend aus wissenschaftlicher Sicht neben der Analyse allgemeiner Suchanfragen eine empirische Nutzung speziell kategorisierter Suchanfragen. Im Vergleich zu allgemeinen Suchanfragen ist in Bezug auf diese Variable bei den Suchenden von einem besonderen Interesse an finanzspezifischen Informationen im Zusammenhang mit dem eingegebenen Unternehmensnamen auszugehen, so dass besonders auf Unterschiede zwischen den beiden Googlevariablen geachtet werden soll.[355]

Das unternehmens- und aktienspezifische Beitragsvolumen in Sozialen Finanzmedien kann neben der Gesamtanzahl auch in die Anzahl ausschließlich positiv, negativ oder neutral formulierter Einschätzung bzgl. der besprochenen Unternehmen aufgeteilt werden. Diese Klassifizierung beruht auf linguistischen Analysemethoden des Unternehmens Stockpulse, welche aufgrund der Wortwahl oder Häufung bestimmter Begriffe die Beiträge einer Kategorie zuordnen. Diese Variablen sollen im Rahmen der empirischen Überprüfung ebenfalls einzeln in Regressionen berücksichtigt werden.

Das Nachrichtenvolumen Sozialer Finanzmedien nimmt im Rahmen der Aufmerksamkeitsmessung eine Doppelrolle ein: So scheint es sich zunächst einmal als Variable zur Abbildung der Aufmerksamkeit der Marktteilnehmer nicht merklich von Variablen wie dem Nachrichtenvolumen klassischer, journalistischer Nachrichten zu unterscheiden. In diesem Sinne wäre das Nachrichtenvolumen Sozialer Finanzmedien wie weiter oben beschrieben als indirekte Variable der Aufmerksamkeitsmessung einzuordnen, da es ja nicht zwangsläufig gilt, dass geschriebene Beiträge auch tatsächlich gelesen werden und damit die Aufmerksamkeit der Marktteilnehmer beeinflussen. Nun gibt es jedoch im Vergleich zu klassisch-journalistisch geprägten Beiträgen entscheidende Merkmale, weshalb das Nachrichtenvolumen Sozialer Finanzmedien durchaus als direkte Variable zur Abbildung der Anlegeraufmerksamkeit betrachtet werden sollte.

Man grenzt Soziale Medien auf drei Ebenen von klassischen Medien ab:[356] Auf der individuellen Ebene bildet der von den Nutzern selbst produzierte Inhalt den Ausgangspunkt für das Konstrukt Sozialer Medien, weshalb die Breite des Informations-

---

[355] Für ähnliche Überlegungen vgl. Fink/Johann (2013), S. 12.
[356] Die nachfolgenden Ausführungen des Kapitels lehnen sich, sofern nicht anders angegeben, an Michelis/Schildhauer (2012), S. 19–30.

angebots über dasjenige klassischer Medien hinausgeht. Auf technologischer Ebene ermöglichen die offenen Schnittstellen und modular gestalteten Interaktionsmöglichkeiten Sozialer Medien im Vergleich zu klassischen Medien eine Partizipation aller interessierten Nutzer und befähigt auch die technisch weniger Erfahrenen zur Teilnahme an der Kommunikation.[357] Auf der sozio-ökonomischen Ebene liegt das Unterscheidungsmerkmal darin, dass nicht eine durch die Medien kontrollierte Einwegkommunikation stattfindet, sondern die dezentralen Eigenschaften des Kommunikationsmodells Sozialer Medien die interaktive Partizipation und Kommunikationsdynamik fördert. Wegen der großen Anzahl aktiver Nutzer ist bei Sozialen Medien von einer direkten anstatt einer indirekten Abbildung der Aufmerksamkeit auszugehen. So nehmen bspw. 30 Prozent der gesamten Internetnutzer in Sozialen Medien eine aktive Rolle ein.[358] Auch unter den Kapitalmarktteilnehmern ist die aktive Informationsproduktion in Sozialen Finanzmedien sehr beliebt.[359]

---

[357] Außerdem ermöglichen die technologischen Entwicklungen die Überwindung geographischer Barrieren. Vgl. hierzu Fieseler/Hoffmann/Meckel (2010), S. 6.

[358] Vgl. Busemann/Gscheidle (2011), S. 360. Die Zahlen beziehen sich auf Internetnutzer in Deutschland.

[359] Umfragen unter europäischen Investoren verdeutlichen, dass jeder sechste davon aktiv Beiträge in Sozialen Medien bereitstellt. Vgl. hierzu Deutsche EuroShop und Deutsche Vereinigung für Finanzanalyse und Asset Management (2011), S. 7. Kapitalmarktteilnehmer motivieren ihre aktive Teilnahme in Sozialen Finanzmedien vor allem mit der Erwartung auf einen nichtverzerrten Meinungsaustausch und einer gemeinsamen Diskussion verschiedener Informationen. Vgl. hierzu Scatizzi (2009), S. 28.

4.2 Hypothese B

Wie die vorherigen Ausführen bereits gezeigt haben, muss die häufig formulierte Grundidee der Informationsverarbeitung am Kapitalmarkt „Information führt zu Handel und zu Kursänderungen"[360] dahingehend abgeändert werden, dass Information nur dann zu Handel und Kursänderungen führen kann, wenn die Marktteilnehmer auf diese Information auch aufmerksam werden.[361] Das Veröffentlichen von Informationen bedeutet nicht, dass diese automatisch auch wahrgenommen werden. Vielmehr muss festgestellt werden, dass nicht das Informationsangebot an sich Handel und Kursänderungen verursacht, sondern erst die Aufmerksamkeit der Kapitalmarktteilnehmer gegenüber einzelnen Aktien und dementsprechende Informationen einen Einfluss auf deren Handel und Kursänderungen haben können.[362] Aus den vorliegenden Daten zum Suchvolumen in Google sowie dem Nachrichtenvolumen Sozialer Finanzmedien sollen Variablen berechnet werden, welche die Anlegeraufmerksamkeit abbilden können. Im Vergleich zu anderen bereits etablierten Variablen ist davon auszugehen, dass sie in direkter Art und Weise signalisieren, für welche Unternehmen oder Aktien sich die Marktteilnehmer interessieren und erfassen damit nur noch solche Titel, denen tatsächlich Aufmerksamkeit von Seiten der Kapitalmarktteilnehmer entgegengebracht wird.

Variablen, die die Aufmerksamkeit in geeigneter Weise abbilden können, werden empirisch überprüfbare Zusammenhänge zu Handelsaktivitäten und / oder Kursänderungen aufweisen (müssen), sofern man annimmt, dass zumindest ein Teil der aufmerksam gewordenen Marktteilnehmer die entsprechenden Titel später auch handeln wird. Dabei macht es für die Interpretation jedoch einen Unterschied, ob man Zusammenhänge zu Kursveränderungen misst oder stattdessen die Veränderungen von Handelsaktivitäten im Umfeld einer sich verändernden Anlegeraufmerksamkeit betrachtet. So werden nämlich Veränderungen des Aktienkurses über den gesamten Markt und somit über alle Marktteilnehmer hinweg festgestellt, was im Ergebnis einer solchen Durchschnittsbildung bedeuten kann, dass die Aufmerksamkeitsveränderung einer nur kleinen Marktteilnehmergruppe evtl. gar keinen messbaren Einfluss

---

[360] Kempf/Korn (1999), S. 180.
[361] Vgl. Huberman/Regev (2001), S. 396.
[362] Vgl. Barber/Odean (2008), S. 813; Dellavigna/Pollet (2009), S. 711 sowie Da/Engelberg/Gao (2011a), S. 1497.

auf den Wertpapierpreis hat. Die Beobachtung von Handelsaktivitäten allerdings ermöglicht in diesem Zusammenhang einen deutlich aussagekräftigeren Blick auf die Marktreaktionen in Folge veränderter Aufmerksamkeit: Handelsaktivitäten stellen in jedem Fall das Ergebnis der Entscheidungsprozesse aller Marktteilnehmer dar und können somit explizit aufzeigen, wie die Veränderung der Aufmerksamkeit die Handelswünsche der Marktteilnehmer ungleich verändert.[363] Handelsaktivitäten machen im Vergleich zu Preisänderungen also auch plausibel erkennbar, wenn sich nur die Aufmerksamkeit einer (kleinen) Marktteilnehmergruppe verändert. Die Hypothese ist daher wie folgt zu formulieren:

Hypothese B:	Das unternehmens- und aktienspezifische Suchvolumen in Google sowie das unternehmens- und aktienspezifische Beitragsvolumen Sozialer Finanzmedien charakterisiert sich als eine geeignete Variable zur direkten Abbildung der Aufmerksamkeit der Kapitalmarktteilnehmer gegenüber unternehmens- und aktienspezifischen Inhalten. Handelsaktivitäten sind das Ergebnis individueller Entscheidungsprozesse der Kapitalmarktteilnehmer, für die die Aufmerksamkeit notwendige Voraussetzung ist. Demgemäß werden Veränderungen der am Markt beobachtbaren Handelsaktivitäten durch Veränderungen dieser Aufmerksamkeitsvariablen beeinflusst.

Wie bereits in Bezug auf die Hypothese A erläutert, soll auch hier besonders auf die Unterschiede zwischen den beiden Googlevariablen (mit und ohne Kategorienfilter Finanzen) geachtet werden. Im Vergleich zu den allgemeinen Suchanfragen ist nämlich bei den finanzkategorisierten Suchanfragen eher von einem finanzspezifischen Interesse der Suchenden auszugehen. Außerdem ist es interessant zu überprüfen, ob es in Abhängigkeit der positiven, negativen oder neutralen Beitragsformulierungen Sozialer Finanzmedien unterschiedliche Ausprägungen der Handelsaktivitäten gibt.

---

[363] Vgl. Atiase/Bamber (1994), S. 324.

4.3 Hypothese C

Aus obigen Überlegungen ergibt sich, dass sich das unternehmens- und aktienspezifische Suchvolumen in Google sowie das Beitragsvolumen Sozialer Finanzmedien als eine geeignete Variable zur direkten Abbildung der handelsrelevanten Aufmerksamkeit der Kapitalmarktteilnehmer gegenüber unternehmens- und aktienspezifischen Inhalten beschreiben lässt. Weil Handelsaktivitäten das Ergebnis individueller Entscheidungsprozesse der Kapitalmarktteilnehmer sind und hierfür die Aufmerksamkeit notwendige Voraussetzung ist, sind im Umfeld einer sich verändernden Anlegeraufmerksamkeit Handelsaktivitäten am Markt zu erwarten. Wie die Ausführungen zur Marktmikrostruktur und hier insb. zu den sog. information-based models gezeigt haben, ist in Bezug auf die Marktteilnehmer des Aktienmarktes von unterschiedlichen Informationsständen auszugehen. Man unterscheidet generell neben dem Market-Maker zwei weitere Gruppen: Die informierten Marktteilnehmer einerseits sowie die Uninformierten andererseits. Teilweise werden die uninformierten Marktteilnehmer auch als Privatanleger im Sinne der eingangs dargestellten Systematisierung bezeichnet, während die informierten Marktteilnehmer als institutionelle Anleger gelten. Wenn man nun annimmt, dass die Google- und Soziale Medien-Variablen nicht die Aufmerksamkeit aller Marktteilnehmer insgesamt messen, sondern evtl. nur die Aufmerksamkeit einer abgrenzbaren Marktteilnehmergruppe, dann ist zu klären, von welcher Marktteilnehmergruppe die handelsrelevante Aufmerksamkeit tatsächlich gemessen wird. Intuitiv würde man zunächst einmal davon ausgehen, dass mittels Google und Sozialen Medien vermehrt die Aufmerksamkeit privater anstatt institutioneller Kapitalmarktteilnehmer erfasst wird. *„(...) people who search financial information related to a stock in Google are more likely to be individual or retail investors since institutional investors have access to more sophisticated information services such as Reuters or Bloomberg terminals."*[364] Tatsächlich stellen Da/Engelberg/Gao (2011a) in diesem Zusammenhang fest, dass das Handelsverhalten von Privatanlegern mit der Veränderung entsprechender Suchanfragen in Google korreliert ist.[365] In Bezug auf die Google-Suche deuten auch die Ergebnisse von Bank/Larch/Peter (2011) sowie Drake/Roulstone/Thornock (2012) darauf hin, dass hauptsächlich nichtinstitutionelle Kapitalmarktteilnehmer Google zur Informations-

---

[364] Da/Engelberg/Gao (2011a), S. 1475.
[365] Vgl. Da/Engelberg/Gao (2011a), S. 1476.

suche nutzen.³⁶⁶ Bei den Kapitalmarktteilnehmern, welche Soziale Finanzmedien für ihren Meinungsaustausch nutzen, lässt sich ebenfalls eine Zugehörigkeit zur Gruppe der Privatanleger vermuten,³⁶⁷ weshalb diese auch als „*Bloomberg for the Average Guy*"³⁶⁸ bezeichnet werden. Es gilt also daher für beide Aufmerksamkeitsvariablen die Vermutung, dass diese hauptsächlich die handelsrelevante Aufmerksamkeit privater / nichtinstitutioneller Marktteilnehmer abbilden.

Wie bereits weiter oben erläutert, ist der Preisbildungsprozess am Aktienmarkt ein kostenverursachender und aufwändiger Informationsprozess, der je nach Marktteilnehmer sehr unterschiedlich ablaufen kann. Daher fließen in diesen nicht, wie durch die traditionelle Kapitalmarkttheorie angenommen, sofort alle verfügbaren Informationen ein, sondern schrittweise nur diese, auf welche die Marktteilnehmer ihre Aufmerksamkeit richten. Aus dieser Tatsache heraus ergibt sich eine wie im Modell von Easley u.a. (1996) beschriebene Marktsituation unterschiedlich gut informierter Marktteilnehmer. In diesem Zusammenhang gelten private Kapitalmarktteilnehmer im Vergleich zu Institutionellen als uninformierter,³⁶⁹ weshalb durch deren verstärkte Handelsaktivitäten die Kosten der asymmetrischen Informationsverteilung am Markt insgesamt reduziert werden. Entscheidend ist dabei die Informationsasymmetrie in Bezug auf den Market-Maker: In einem Markt mit vielen Informierten muss er seinen Spread ausweiten, um die Verluste im Handel mit diesen über den Handel mit Uninformierten ausgleichen zu können. Im Handel mit Uninformierten kann der Spread dementsprechend kleiner sein. Wie bereits weiter oben ausführlich erläutert, lässt sich dieser Zusammenhang mit dem Marktmikrostrukturmodell von Easley u.a. (1996) theoretisch erklären: Mit einem steigenden Handelsanteil uninformierter Marktteilnehmer wird die Spanne zwischen dem Geld- und Briefkurs kleiner, weil der Market-Maker einen geringeren Verlust aufgrund des Handels mit informierten Marktteil-

---

[366] Vgl. Bank/Larch/Peter (2011), S. 3 sowie Drake/Roulstone/Thornock (2012), S. 1036.
[367] Vgl. Das/Martínez-Jerez/Tufano (2005), S. 107; 109.
[368] Bloomberg (2015), S. 1.
[369] Vgl. Bank/Larch/Peter (2011), S. 3 sowie Da/Engelberg/Gao (2011a), S. 1479.

nehmern (Kosten adverser Selektion) zu befürchten hat.[370] Die Liquidität einer Aktie steigt folglich mit dem vermehrten Markteintritt sog. uninformierter Marktteilnehmer an, was in Verbindung mit den obigen Aussagen zu folgender Hypothese führt:

Hypothese C:	Das unternehmens- und aktienspezifische Suchvolumen in Google sowie das unternehmens- und aktienspezifische Beitragsvolumen Sozialer Finanzmedien charakterisiert sich als eine geeignete Variable zur direkten Abbildung der Aufmerksamkeit der Kapitalmarktteilnehmer gegenüber unternehmens- und aktienspezifischen Inhalten und erklärt entsprechende Handelsaktivitäten. Diese stammen hauptsächlich von privaten Anlegern und signalisieren verstärkte Handelsaktivitäten dieser Gruppe von Marktteilnehmern. Dies wiederum führt zu einer Reduktion der Kosten adverser Selektion und erhöht damit die Liquidität der entsprechenden Aktien. Der Market-Maker kann seinen Spread verkleinern, weil er den Verlust im Handel mit den Informierten über den (zunehmenden) Handel mit Uninformierten decken kann. Demgemäß wird die Liquidität durch Veränderungen dieser Aufmerksamkeitsvariablen so beeinflusst, dass mit zunehmender Aufmerksamkeit der (privaten) Marktteilnehmer die Liquidität der jeweiligen Aktien steigt.

---

[370] Vgl. Grammig/Schiereck/Theissen (2000), S. 623. Geschäftsabwicklungs- und Opportunitätskosten bleiben bei dieser Überlegung ebenso unberücksichtigt wie eine Gewinnerzielungsabsicht des Market-Makers. Auch im Modell von Glosten/Milgrom (1985) gehen die Autoren davon aus, dass es bei einer angenommenen Nichtexistenz von Geschäftsabwicklungs- und Opportunitätskosten sowie dem Fehlen einer Gewinnerzielungsabsicht des in ihrem Modell vorkommenden Spezialisten (Market-Maker) trotzdem einen Bid-Ask-Spread allein aus Gründen asymmetrischer Informationsverteilung gibt. „*The core idea is that the specialist faces an adverse selection problem, since a customer agreeing to trade at the specialist's ask or bid price may be trading because he knows something that the specialist does not. In effect, then, the specialist must recoup the losses suffered in trades with the well informed by gains in trades with liquidity traders. These gains are achieved by setting a spread.*" (Glosten/Milgrom (1985), S. 72).

Wie bereits in Bezug auf die Hypothese A und B erläutert, soll auch hier besonders auf die in den Beiträgen Sozialer Finanzmedien transportierte Stimmung (positiv, negativ, neutral) sowie auf die Unterschiede zwischen den beiden Googlevariablen (mit und ohne Kategorienfilter Finanzen) geachtet werden. Im Vergleich zu den allgemeinen Suchanfragen ist nämlich bei den finanzkategorisierten Suchanfragen eher von einem finanzspezifischen Interesse der Suchenden auszugehen.

In Ergänzung zu den obigen Ausführungen ist wichtig herauszustellen, dass mit Markteintritt sowohl Kauf- als auch Verkaufshandlungen gemeint sind. Entscheidend ist also, dass über den Market-Maker Transaktionen abgewickelt werden. Ob die Handelsaktivitäten uninformierter Marktteilnehmer im Zusammenhang mit einer Steigerung der indirekten Aufmerksamkeitsvariablen also eher Kauf- oder Verkaufshandlungen darstellen, spielt für die Beantwortung der Hypothese C keine Rolle und kann darüber hinaus mit dem vorliegenden Datensatz auch nicht beantwortet werden. Einen Beitrag zur Klärung dieser Frage können jedoch die empirischen Ergebnisse von Barber/Odean (2008) leisten. Sie argumentieren nämlich, dass Privatanleger solche Aktien, die deren Aufmerksamkeit gewinnen, eher kaufen anstatt sie zu verkaufen.[371] Im Sinne theoretischer Kapitalmarktmodelle ist eine solche Hypothese jedoch zunächst überraschend – sogar unabhängig davon, welche Gruppe von Marktteilnehmern betrachtet wird. So wäre es nämlich anzunehmen, dass (informierte) Anleger auf Grundlage eines sie erreichenden Informationssignals mit gleicher Wahrscheinlichkeit entweder kaufen oder verkaufen. Gleiches gilt für das Handelsverhalten uninformierter Marktteilnehmer, wenngleich deren Kauf- und Verkaufsaktivitäten als unabhängig von neuen Informationen und damit vom Zufall abhängig beschrieben werden.[372] Das theoretische Handelsverhalten aller Marktteilnehmer charakterisiert sich folglich durch ein Gleichgewicht zwischen Kauf- und Verkaufsaktivitäten. Das tatsächlich beobachtbare Handelsverhalten unterscheidet sich, wie von Barber/Odean (2008) empirisch festgestellt, hiervon jedoch merklich: Aufgrund der unüberblickbaren Menge möglicher Investitionsalternativen sowie der kognitiven Limitation in Bezug auf die Verarbeitung sämtlicher Informationen, findet eine Begrenzung des Alternativenraums durch die Marktteilnehmer statt. Diese Begrenzung wird im Englischen auch als search problem bezeichnet. *„While, in theory, investors face the same*

---

[371] Vgl. Barber/Odean (2008), S. 786.
[372] Vgl. Barber/Odean (2008), S. 786.

search problem when selling as when buying, in practice, two factors mitigate the search problem for individual investors when they want to sell. First, most individual investors hold relatively few common stocks in their portfolio. Second, most individual investors sell only stocks that they already own – that is, they do not sell short."[373] Überspitzt ausgedrückt bedeutet diese, dass Privatanleger mit einer ihre Aufmerksamkeit gewinnenden Aktie fast nur eine Handelsmöglichkeit haben: Die entsprechende Aktie zu kaufen. Sie gelten daher in Bezug auf aufmerksamkeitsgenerierende Aktien als Netto-Käufer, weil die Käufe dieser Marktteilnehmergruppe die Verkäufe deutlich übersteigen. Für institutionelle Kapitalmarktteilnehmer trifft dies jedoch aus zwei Gründen nicht zu: Zum einen ist deren Alternativenraum für Käufe identisch mit dem für Verkäufe, weil sie regelmäßig auch Leerverkäufe tätigen. Zweitens wird deren Alternativenraum nicht in derselben Form wie bei Privatanlegern durch die Aufmerksamkeit begrenzt, weil institutionelle Marktteilnehmer mehr Zeit investieren, um sich einen Alternativenraum aufzubauen und darüber hinaus diesen mittels Computertechnologie analysieren.[374] Im Ergebnis stellt man also fest, dass Google sowie Soziale Finanzmedien die Aufmerksamkeit vor allem nichtinstitutioneller Kapitalmarktteilnehmer erfasst, welche wiederum deren Handelsaktivitäten und dabei insbesondere deren Aktienkäufe determiniert. Damit lässt sich schlussfolgern, dass mit einer Zunahme der durch Google und Soziale Finanzmedien abgebildeten Aufmerksamkeit gegenüber einzelnen Unternehmen und Aktien wohl verstärkt Aktienkäufe anstatt -verkäufe privater Anleger erfolgen.

---

[373] Barber/Odean (2008), S. 786.
[374] Vgl. Barber/Odean (2008), S. 787.

5. Datenbasis, Berechnung von Variablen und deskriptive Statistik

5.1 Das Internet als Datenquelle für die empirische Forschung

Anfänglich war das Internet als reines Austauschnetzwerk für Forschungszwecke gedacht.[375] Mit seiner Verbreitung und seiner Entwicklung hin zum Internet für Jedermann und des damit einhergehenden Datenanfalls weckt es heutzutage jedoch verstärkt das Interesse der Wissenschaft, diesen Datenstrom empirisch zu nutzen.[376] So wird das Internet auf der einen Seite zwar immer unüberschaubarer, aufgrund des riesigen Volumens der dort generierten und zum Teil personalisierbaren Daten aber auch aus Perspektive der wissenschaftlichen Forschung für zahlreiche Fragestellungen zunehmend interessanter:[377] *„For researcher-collected data, the Internet opens exceptional possibilitites both by increasing the amount of information available for*

---

[375] Initiiert vom US-Verteidigungsministerium, wurde Arpanet (Advanced Research Projects Agency Network) als der Vorläufer des heutigen Internets 1969 ursprünglich als reine Kommunikationsverbindung zu Forschungszwecken zwischen der University of California Los Angeles und dem Stanford Research Institute eingerichtet. Vgl. AVG Technologies (2013), S. 1.

[376] Insbesondere die Entwicklung des ersten personal computers durch IBM 1981 sowie die Öffnung des Arpanet-Zugangs 1985 für Forscher aus den unterschiedlichsten Forschungsbereichen, begünstigte die rasante Entwicklung vom ursprünglichen Forschungsnetz hin zu einem weltweiten Datenaustauschnetz für Jedermann. Vgl. AVG Technologies (2013), S. 1 sowie Daniel Von Der Helm (2013), S. Abschnitt 2.7. So veränderte die Beliebtheit des Internets rasch zentrale Bereiche des menschlichen Zusammenlebens: Während sich u.a. mit der Gründung von Amazon und eBay 1995 zunächst das Konsumentenverhalten nachhaltig wandelt, begründet die Etablierung der Suchmaschine Google sowie das im Jahre 2001 gestartete Projekt Wikipedia eine tiefgehende Variation bisheriger Informationsbeschaffungs- und -bereitstellungsprozesse. Darüber hinaus erfährt die zwischenmenschliche Kommunikation u.a. mit dem Beginn des instant messengers von AOL 1997, der Gründung von Skype 2003 sowie Facebook und Twitter 2004 bzw. 2006 eine bemerkenswert tiefgreifende und immer beliebter werdende Verlagerung in die digitale Welt. Vgl. AVG Technologies (2013), S. 1.

[377] Für das Jahr 2017 liegen Schätzungen vor, nach welchen bis dahin 3,6 Milliarden Internetnutzer zusammen ein jährliches Datenvolumen von 1,4 Zettabyte produzieren werden. Vgl. Cisco Systems (2013), S. 1. Während diese Prognose zunächst veranschaulicht, dass das Internet und seine Anwendungen im alltäglichen Leben immer selbstverständlicher und allgegenwärtiger sind und künftig noch wichtiger werden, übersteigen die dahinterstehenden Nutzerzahlen und das Datenvolumen bereits längst das menschliche Vorstellungsvermögen. Nachfolgendes Zitat soll dabei versuchen, einen ungefähren Eindruck für das oben erwähnte Datenvolumen von 1,4 Zettabyte zu vermitteln: So würde nämlich die *„(..) geschätzte Menge aller jemals von Menschen gesprochenen Worte (..) digitalisiert 42 Zettabyte entsprechen"* (Spiegel Online (2013), S. 1), und läge damit nur um das 30-fache höher als die oben erwähnte Datenmenge. Ein Zettabyte entspricht 10^{21} Bytes.

researchers to gather and by lowering researchers' cost of collecting information."³⁷⁸ Scheinbare Grenzenlosigkeit besteht dabei vor allem in der Art und im Umfang des über das Internet ausgetauschten und archivierbaren Datenstroms: *„Alltagsgeräte wie Smartphones, Kameras, Stromzähler und Autos bekommen heutzutage schon recht genau mit, was um sie herum geschieht. Industriegeräte wie Fertigungsstraßen in Fabriken, voll automatisierte Warenlager, stadtweite Netzwerke aus Überwachungskameras und sogar Flugzeugmotoren helfen per Fühler, Chip und Datenleitung, die Welt zu vermessen – ohne menschliches Zutun, Daten-Puzzlestück für Daten-Puzzlestück. Und dann ist da ohnehin jener anschwellende Strom von Daten, die Menschen selber erzeugen und ins Internet einspeisen: Stimmungsmeldungen auf Facebook oder Twitter, Gesuche auf Jobportalen im Internet, Laufzeiten beim Jogging, Zwangsvollstreckungen, Gebote bei Online-Auktionen, Eingaben in Suchmaschinen wie Google, Inserate zur Partnersuche.*"³⁷⁹ Das größte Potential dieser Datenberge vermutet man insbesondere dort, wo die Kombination unterschiedlicher Datenquellen gelingt: So kann die Auswertung spezieller Twitter-Nachrichten eine Prognose hinsichtlich der Verkaufszahlen einer Supermarktkette liefern,³⁸⁰ die Oscar-Preisträger voraussagen³⁸¹ oder aber der Blick auf die in Sozialen Netzwerken *„kommunizierten Stimmungen, Gefühle und Meinungen der Marktakteure (..) bei finanzwirtschaftlichen Entscheidungen einen wertvollen Beitrag leisten.*"³⁸² Während manche hierin eine ökonomische Chance begreifen, reklamieren andere ernsthafte Gefahren: *„Big Data stellt ein beträchtliches Innovationspotenzial für Institutionen und Individuen dar, bietet aber auch Möglichkeiten, menschliches Verhalten mit immer größerer Präzisi-*

---

[378] Edelman (2012b), S. 189.
[379] Zeit Online (2013), S. 1.
[380] Vgl. Zeit Online (2013), S. 2.
[381] Vgl. o. V. (Die Welt) (2013), S. 21.
[382] Burghof/Schroff/Spankowski (2012), S. 86.

on vorherzusagen und zu beeinflussen."³⁸³ Eine gesellschaftliche Herausforderung im Umgang mit derartigen Daten entsteht deshalb, weil ihre Chancen und Risiken bemerkenswert eng beieinander liegen: „*Verfügen beispielsweise Finanzbehörden über bessere statistische Daten und Analysemethoden, um Steuerdelikte aufzuklären, kann effizienter nach Steuersündern gefahndet und gleichzeitig die Quote zu Unrecht behelligten Bürger reduziert werden. Sollte die datengesteuerte Früherkennung von Kreditkartenbetrug allerdings dazu führen, dass die Kreditkarte gesperrt wird, wenn man erstmals ein Land besucht und dort am Geldautomat abheben will, dann behindert intelligente Datenanalyse den Alltag.*"³⁸⁴ Insbesondere lässt sich im Bereich der selbst durch die Nutzer Sozialer Medien bereitgestellten Daten eine Entwicklung erkennen, welche vor allem aus Unternehmenssicht deren Nutzbarkeit bedeutend erhöhen soll: So existiert z.b. spezielle Software, mit welcher Unternehmen gezielt den Erfolg eigener Kampagnen anhand definierter Kennzahlen überprüfen können und hierfür bspw. eine Bruttoreichweite oder einen Return on Investment berechnen können.³⁸⁵ Neben derartigen Analysefunktionen sollen die Programme aber auch für ein gezieltes Monitoring eingesetzt werden, bei welchem aus den riesigen Datenbergen Sozialer Medien die spezifische Kommunikation über das Unternehmen oder über einzelne Marken extrahiert und analysiert werden kann.

Gerade wegen des enormen Potentials ist es wenig verwunderlich, dass neben der Softwareindustrie auch andere Bereiche wie bspw. die Wissenschaft dieses Thema für ihre Zwecke nutzen: Insbesondere die jüngere Vergangenheit charakterisiert sich in diesem Zusammenhang durch eine Häufung auf der Auswertung spezieller Teilbereiche sog. big data beruhender wissenschaftlicher Untersuchungen. Während hier die verschiedenen Forschungsbereiche und Fragestellungen äußerst vielfältig sind, kön-

---

[383] Petzold (2012), S. 41. Big data meint in diesem Zusammenhang vor allem die Erfassung, Strukturierung und Verarbeitung riesiger Datenmengen, um hieraus neue Erkenntnisse gewinnen zu können. Im Vergleich zu kleineren Datensätzen bringen big data Analysen allerdings auch neue Herausforderungen mit sich: „*Big Data defines a situation in which data sets have grown to such enormous sizes that conventional information technologies can no longer effectively handle either the size of the data set or the scale and growth of the data set. In other words, the data set has grown so large that it is difficult to manage and even harder to garner value out of it. The primary difficulties are the acquisition, storage, searching, sharing, analytics, and visualization of data.*" (Ohlhorst (2013), S. 1).

[384] Petzold (2012), S. 42.

[385] Vgl. Kösler/Mohr (2012), S. 176–177.

nen die folgenden Ausführungen lediglich einen Überblick zu ausgewählten Untersuchungen liefern.[386] Ziel der nachfolgenden Ausführungen soll es dabei sein, dem Leser zunächst allgemein das enorme Forschungspotential zu verdeutlichen, welches sich aus Analysen von Onlinedaten ergeben kann und ihn für derartige Fragestellungen zu sensibilisieren. Dabei soll versucht werden, die Ergebnisse systematisch nach ihrem jeweiligen Datenursprung darzustellen. Der für die vorliegende Arbeit relevante Literaturüberblick findet sich in Kapitel 3.3. Die Inhalte der nachfolgenden Tabellen (Tabelle 15 bis Tabelle 19) gehen über die Forschungsfrage der vorliegenden Arbeit hinaus und sind daher eher als Zusatz für diejenigen Leser gedacht, welche sich generell für die Datenquelle Internet aus wissenschaftlicher Sicht interessieren.

---

[386] Vgl. Edelman (2012b), S. 191–192.

Datenbasis, Berechnung von Variablen und deskriptive Statistik

Hauptquelle der Onlinedaten	Untersuchungsgegenstand	Datenbasis und Ergebnisse	Quellen-angabe
eBay	Käufer- und Verkäuferverhalten bei Onlineauktionen	• Bieter bevorzugen generell die Abgabe eines späten Gebots kurz vor Auktionsende. • Insbesondere solche Auktionen erregen die Aufmerksamkeit potentieller Käufer, welche sich durch einen hohen Wert des zu versteigernden Gegenstands, zahlreicher Verkäuferbewertungen bei einem niedrigen Anteil negativer Beurteilungen sowie kleiner Erhöhungsschritte im Rahmen des Bieterprozesses charakterisieren lassen. • Bei Auktionen mit insgesamt kleinen Erhöhungsschritten, erlösen diejenigen Verkäufer im Durchschnitt mehr, welche ihr Angebot zusätzlich mit einem sog. Mindestpreis versehen.	Bajari/Hortacsu (2003)
eBay	Markttransparenz und internationale Preisunterschiede bei Onlineauktionen	• Onlineauktionen weisen bei identischen Produkten international teilweise erhebliche Preisunterschiede auf. • Selbst zwischen den untersuchten acht europäischen Märkten der Währungsunion bestehen bei den 26 betrachteten Gütern erhebliche Preisunterschiede.	Maier (2005)
Diverse Onlineshops	Tägliche Preisvariationen und Preisanpassungen in Onlineshops	• Erkenntnisse zu Verteilungen täglicher Preisveränderungen in Onlineshops. • Preise von Produkten, welche untereinander in starker Konkurrenz stehen, nähern sich über den Tag verteilt einander tendenziell an.	Cavallo (2012)
Diverse Onlineshops	Preiselastizitäten innerhalb eines sowie im Vergleich zu anderen Onlineshops für Bücher	• Preise in Onlineshops für Bücher schwanken deutlich stärker als die Preise im stationären Buchhandel. • Onlinekunden zeigen insgesamt eine hohe Preissensitivität, wobei sich die jeweiligen Preiselastizitäten zwischen Kunden bei Amazon.com von denen bei BarnesandNoble.com unterscheiden. • Kunden bei BarnesandNoble.com weisen sowohl in Bezug auf die dortigen Preise eine hohe Elastizität auf, als auch in Bezug zu den Preisen von Amazon.com. • Amazon.com wird als Marktführer identifiziert, während BarnesandNoble.com Preisnehmer (Mengenanpasser) ist.	Chevalier/Goolsbee (2003)
Diverse Onlineshops	Einfluss des Internets auf die Produktvielfalt und die Erfolgs-potentiale für Nischenprodukte	• Onlineshops halten insgesamt ein deutlich breiteres und vielfältigeres Angebot vor als bspw. klassische Katalogbestellmöglichkeiten. • Katalogbestellmöglichkeiten fokussieren in der Regel auf wenige, gut verkäufliche und allgemein beliebte Produkte. • Nischenprodukte zeigen besonders über den Onlinevertriebsweg Erfolgspotential auf, weil die geringeren Suchkosten im Internet (u.a. durch Suchmaschinen und Kundenrezensionen) deren Nachfrage erhöhen kann.	Brynjolfsson/Hu/Simester (2011)

Quelle: Edelman (2012b), S. 191–192 und insbesondere die dortigen Literaturangaben, ergänzt um aktuellere Veröffentlichungen.

Tabelle 15: **Literaturüberblick zu verschiedenen wissenschaftlichen Untersuchungen im Hinblick auf Onlinedaten (I)**

Datenbasis, Berechnung von Variablen und deskriptive Statistik

Hauptquelle der Onlinedaten	Untersuchungsgegenstand	Datenbasis und Ergebnisse	Quellen-angabe
Craigslist	Einfluss erhöhter Konkurrenzsituation im Anzeigen- und Werbemarkt auf das Verhalten lokaler Tageszeitungen	• Die kostenlose Anzeige- und Werbeplattform Craigslist erhöht aufgrund ihrer regionalspezifischen Unterseiten die Konkurrenzsituation für lokale Tageszeitungen. • Werden regionale Craigslistplattformen eingerichtet, so lässt sich bei lokalen Tageszeitungen auf der einen Seite eine Erhöhung des Abonnentenpreises beobachten, während gleichzeitig eine Reduktion des Preises für Werbung und für in Rubriken gegliederte (Klein-)anzeigen festgestellt werden kann.	Seamans/Zhu (2010)
Craigslist	Einfluss geringerer Informationssuchkosten auf den Wohnungs- und Arbeitsmarkt	• Der Markteintritt einer regionalen Craigslistplattform reduziert die Stellenmarktanzeigen regionaler Tageszeitungen. • Die Leerstandsrate bei Wohnungen und Häusern reduziert sich mit der Einrichtung einer regionalen Craigslistplatform. • Auf dem Arbeitsmarkt sind im Hinblick auf die Arbeitslosenquote keine Effekte zu beobachten.	Kroft/Pope (2012)
Mobilfunkdaten	Einfluss von SMS-Nachrichten mit Marktpreis- und Wetterinformationen an kolumbianische Landwirte auf deren Produktanbau- und Verkaufsverhalten	• Per SMS informierte Landwirte haben insgesamt ein besseres Verständnis für die gesamte Warenpreisentwicklung – auch in Bezug auf überregionale Märkte. • Die eigene Preissetzung wird allerdings häufig nicht an diese Erkenntnis der überregionalen Marktpreise angepasst. • Obwohl die Wahrscheinlichkeit wetterbedingter Ernteausfälle reduziert wird, lassen sich hieraus keine Einflüsse auf eine gesteigerte Wohlfahrt der Landwirte erkennen.	Camacho/Conover (2011)
Datenbank von Unterzeichnern einer Petition gegen den ehemaligen Präsidenten Venezuelas Hugo Chávez)	Ökonomische Effekte für Petitionsunterzeichner	• In den beiden Jahren nach der erfolglosen Petitionsunterzeichnung gegen die Wiederwahl von Chávez in Venezuela 2004 zeigen sich negative Konsequenzen auf die ökonomische Situation der zahlreichen Petitionsunterzeichner. • Das relative Einkommen der Petitionsunterzeichner fällt in den Jahren 2005 und 2006 um fünf Prozentpunkte, während es in den Jahren zuvor sehr konstant war. • Die Arbeitslosigkeit dieser Anti-Chávez-Gruppierung erhöht sich in den Jahren 2005 bis 2006 um 1,3 Prozent, während sie in den Jahren zuvor ebenfalls sehr konstant war. • Hinweis: Die Datenbank Maisanta wurde online der gesamten öffentlichen Verwaltung zur Verfügung gestellt.	Hsieh u.a. (2011)
Internetseiten zahlreicher Journals mit Schwerpunkt zu ökonomischen Fragestellungen	Veränderung der Erstantwortdauer im Zeitablauf nach Einreichen eines Artikels bei verschiedenen Journals	• Aus Qualitätsgesichtspunkten heraus betrachtet, sollte sich die optimale Dauer der Erstantwort nach Einreichen eines Artikels aufgrund längerer und deutlich mathematisch-orientierter Beiträge im Zeitablauf erhöht haben. • Die tatsächlich beobachtbare Dauer der Erstantwort hat sich innerhalb von 40 Jahren bis 2007 von zwei auf drei bis sechs Monate erhöht. • Aufgrund der Möglichkeit, wichtige Ergebnisse in Form eines Working Papers bereits vorab veröffentlichen zu können, beeinträchtigen längere Review-prozesse heutzutage das Bekanntmachen neuer Erkenntnisse weniger stark als früher.	Azar (2007)

Quelle: Edelman (2012b), S. 191–192 und insbesondere die dortigen Literaturangaben.

Tabelle 16: **Literaturüberblick zu verschiedenen wissenschaftlichen Untersuchungen im Hinblick auf Onlinedaten (II)**

Datenbasis, Berechnung von Variablen und deskriptive Statistik

Hauptquelle der Onlinedaten	Untersuchungsgegenstand	Datenbasis und Ergebnisse	Quellen-angabe
Musik-Tauschbörsen im Internet	Veränderungen im Nutzverhalten in Musik-Tauschbörsen bei Bekanntwerden strafrechtlicher Konsequenzen gegen einzelne Akteure	• In Perioden, in welchen strafrechtliche Maßnahmen stattfinden und darüber berichtet wird, findet ein vom Umfang her reduzierter Datenaustausch statt. • In einer solchen Periode reduzieren die sog. Viel-Nutzer ihre Aktivitäten um mehr als 90 Prozent, während die Wenig-Nutzer ihr Tauschverhalten auf ca. 30 Prozent ihres Ausgangsniveaus drosseln. • Strafrechtliche Maßnahmen gegen einige Großakteure wie Napster verhindern jedoch nicht gänzlich die Nutzung alternativer Dienste.	Bhattacharjee u.a. (2006)
Twittermeldungen	Nutzung von Twittermeldungen zur Prognose von Absatzzahlen an Kinokassen	• Auf Grundlage einer Häufung vom film- oder themenspezifischen Twittermeldungen lassen sich die Erfolgswahrscheinlichkeiten von Kinofilmen prognostizieren und der Absatz an den Kinokassen vorhersagen. • Dabei sind die aus Twittermeldungen gewonnenen Erfolgsindikatoren für Kinofilme zuverlässiger als klassische Indizes wie bspw. der zur Filmerfolgsschätzung konstruierte Hollywood Stock Exchange Index. • Twittermeldungen eignen sich in diesem Zusammenhang auch besser als ein Schätzmodell, welches aufgrund der Häufung von Medienberichten die Erfolgsquoten einzelner Filme zu prognostizieren vermag.	Asur/Huberman (2010)
Twittermeldungen	Nutzung von Twittermeldungen zur Prognose von Grippewellen	• Eine Häufung von Twittermeldungen mit Schlagworten zu grippeähnlichen Symptomen, zeigt zuverlässig das Entstehen von Grippewellen an. • Im Vergleich zu Suchanfragen bei Google sind Twittermeldungen aufgrund ihrer Länge informativer bzgl. der Krankheitssymptome und aufschlussreicher im Hinblick auf das Geschlecht und das Alter des Verfassers. • Die Analyse von Twittermeldungen ist allerdings aufwendiger als die Analyse von Suchanfragen bei Google. Zudem bestehen Möglichkeiten des sog. falschen Alarms, wenn grippeähnliche Wörter benutzt werden, diese aber vom Verfasser nicht im Zusammenhang mit spezifischen Krankheitssymptomen verwendet werden.	Culotta (2010)
Google Books	Nutzung aller von Google gescannten Bücher, um für den Zeitraum von 1800 bis 2000 kulturelle und linguistische Besonderheiten der englischen Sprache festzustellen	• Der Korpus an Wortvielfalt der Bücher übersteigt denjenigen sämtlicher Wörterbücher. • Die meisten irregulären Verben blieben im Englischen über den Analysezeitraum hinweg unverändert. Allerdings veränderte sich bei 16 Prozent der irregulären Verben deren Konjugation von der Irregularität hin zur Systematik der regulären Verben mit der Endung -ed in der Vergangenheit. • Mit jedem zusätzlichen Jahr der Veröffentlichung eines Buches, sinkt die Wahrscheinlichkeit, dass in diesem historische Sachverhalte beschrieben werden. Es lässt sich bzgl. des Inhalts der Bücher im Zeitablauf ein zunehmender Fokus auf die Gegenwart beobachten. • Zensur und Unterdrückung (insbesondere durch die Nazis) zeigen ihre Auswirkungen auf die Inhalte und Wortverwendungen der Bücher bzw. ihrer Autoren.	Michel u.a. (2011)

Quelle: Edelman (2012b), S. 191–192 und insbesondere die dortigen Literaturangaben, ergänzt um aktuellere Veröffentlichungen. Zudem Asur/Huberman (2010), S. 3–7.

Tabelle 17: **Literaturüberblick zu verschiedenen wissenschaftlichen Untersuchungen im Hinblick auf Onlinedaten (III)**

Datenbasis, Berechnung von Variablen und deskriptive Statistik

Hauptquelle der Onlinedaten	Untersuchungsgegenstand	Datenbasis und Ergebnisse	Quellenangabe
Google Answers	Nutzung von über 40.000 im November 2003 gestellten und beantworteten Fragen im Rahmen des personalisierten und gebührenpflichtigen Forschungsdienstes Google Answers zur Untersuchung der Funktionsweise derartiger Online-Arbeitsmärkte	• Zum Hintergrund des eher unbekannteren und im November 2006 eingestellten Dienstes Google Answers: Fragende konnten gegen eine Gebühr kleinere Forschungs- oder Recherchefragen im Internet platzieren und vorab definieren, wie viel Geld ihnen eine zufriedenstellende Antwort wert ist. Antwortende konnten verschiedene Fragen beantworten und wurden je nach Qualität ihrer Antworten vergütet und bewertet. • Der Verdienst der Antwortenden ist von deren persönlicher Erfahrung abhängig. • Zudem determiniert eine Flexibilität im Hinblick auf die Beantwortung von Fragen aus verschiedenen Themenbereichen in positiver Weise den Verdienst der Antwortenden. • Fragen, die zu eher unattraktiven Uhrzeiten beantwortet werden, sind ebenfalls regelmäßig höher vergütet.	Edelman (2012a)
Google Suchmaschine	Nutzung des Suchmaschinenverhaltens zur Prognose von Grippewellen in den Vereinigten Staaten von Amerika	• Veränderungen in der Häufigkeit von Suchanfragen in Google bzgl. grippeähnlicher Symptome zeigen regelmäßig das Entstehen saisonaler sowie unregelmäßig auftretender Grippewellen an. • Die Zunahme diesbezüglicher Suchanfragen verweist sehr rasch auf potentielle Grippewellen und informiert dabei zeitnaher als bspw. klassische Indikatoren wie Klinik- und Arztbesuche oder Verkaufsstatistiken von Apotheken.	Ginsberg u.a. (2009)

Quelle: Edelman (2012b), S. 191–192 und insbesondere die dortigen Literaturangaben.

Tabelle 18: **Literaturüberblick zu verschiedenen wissenschaftlichen Untersuchungen im Hinblick auf Onlinedaten (IV)**

Datenbasis, Berechnung von Variablen und deskriptive Statistik

Hauptquelle der Onlinedaten	Untersuchungsgegenstand	Datenbasis und Ergebnisse	Quellenangabe
Google Suchmaschine	Nutzung des Suchmaschinenverhaltens zur Prognose von Absatzzahlen des Einzelhandels in den Vereinigten Staaten von Amerika	• Veränderungen in der Häufigkeit von Suchanfragen in Google bzgl. Sektorbegriffen des amerikanischen Einzelhandels korrelieren mit den Absatzzahlen des jeweiligen Sektors. • Die Qualität der Suchanfragen zur Erklärung der verschiedenen Absatzzahlen variieren zwischen den einzelnen Sektoren. • Die tatsächlichen Absatzzahlen werden monatlich vom US Census Bureau berichtet.	Choi/Varian (2009)
Google Suchmaschine	Nutzung des Suchmaschinenverhaltens zur Prognose von Absatzzahlen des Automobilmarktes in den Vereinigten Staaten von Amerika	• Veränderungen in der Häufigkeit von Suchanfragen in Google bzgl. Automarken korrelieren mit den Absatzzahlen in den USA der jeweiligen Hersteller. • Die Qualität der Suchanfragen zur Erklärung der markenspezifischen Absatzzahlen variieren je nach Hersteller und je nach verwendetem Erklärungsmodell. • Die tatsächlichen Absatzzahlen werden monatlich von Automotive Monthly berichtet.	Choi/Varian (2009)
Google Suchmaschine	Nutzung des Suchmaschinenverhaltens zur Prognose von Verkaufszahlen des Immobilienmarktes in den Vereinigten Staaten von Amerika	• Veränderungen in der Häufigkeit von Suchanfragen in Google bzgl. zu verkaufender Häuser korrelieren mit den tatsächlichen Verkaufszahlen in den USA. • Dabei zeigt sich, dass insbesondere die Häufigkeitsveränderungen hinsichtlich des Suchbegriffs Real Estate Agencies die tatsächlichen Verkaufszahlen gut erklären können. • Die tatsächlichen Verkaufszahlen werden jeweils zum Monatsende vom US Census Bureau sowie vom US Department of Housing and Urban Development berichtet.	Choi/Varian (2009)
Google Suchmaschine	Nutzung des Suchmaschinenverhaltens zur Prognose von Reisetätigkeiten nach Hong Kong	• Veränderungen in der Häufigkeit von Google-Suchanfragen mit dem Suchbegriff Hong Kong korrelieren mit den dortigen Einreisestatistiken. • Die Informationen bzgl. der Reisetätigkeiten werden monatlich vom Hong Kong Tourism Board berichtet.	Choi/Varian (2009)
Google Suchmaschine	Nutzung des Suchmaschinenverhaltens zur Prognose von Neuanträgen auf Arbeitslosengeld in den Vereinigten Staaten von Amerika	• *Veränderungen in der Häufigkeit von Google-Suchanfragen mit Suchbegriffen wie file for unemployment, unemployment office, unemployment benefits, unemployment claim, jobs oder resume korrelieren mit der sich verändernden Anzahl an Erstanträgen auf Arbeitslosenunterstützung.* • Vor allem aber können durch die Berücksichtigung von Suchanfragen sog. arbeitsmarktspezifische Wendepunkte besser erklärt und identifiziert werden. • Die Informationen bzgl. des tatsächlichen Antragseingangs werden jeden Donnerstag vom US Department of Labor veröffentlicht.	Choi/Varian (2012)
Google Suchmaschine	Nutzung des Suchmaschinenverhaltens zur Prognose von Veränderungen im Verbrauchervertrauen in Australien	• Veränderungen in der Häufigkeit von Google-Suchanfragen mit Suchbegriffen aus den Kategorien Crime & Justice, Trucks & SUVs sowie Hybrid & Alternative Vehicles können den Verlauf von Indices für das Verbrauchervertrauen erklären. • Die Informationen bzgl. des Verbrauchervertrauens in Australien sind im Roy Morgan Consumer Confidence Index aggregiert.	Choi/Varian (2012)

Quelle: Edelman (2012b), S. 191–192 und insbesondere die dortigen Literaturangaben. Zudem Choi/Varian (2009), S. 6–17 und Choi/Varian (2012), S. 5–8.

Tabelle 19: **Literaturüberblick zu verschiedenen wissenschaftlichen Untersuchungen im Hinblick auf Onlinedaten (V)**

5.2 Zeitraum der Untersuchung und Auswahl der Unternehmen

Der Zeitraum der Untersuchung erstreckt sich vom 03. Januar 2011 bis zum 31. Dezember 2012.[387] Die Auswahl der Unternehmen orientiert sich an der Zusammensetzung des Aktienindex Dow Jones Industrial Average (DJIA) zum Jahresbeginn 2011, so dass Daten zu den in der Tabelle 20 erwähnten Unternehmen untersucht werden. Sofern nicht anders angegeben, liegen für den genannten Zeitraum alle Daten auf Tagesbasis vor.

Die Betrachtung der 30 größten U.S.-Unternehmen erfolgt aus zwei Gründen: Zum einen ist die Datenverfügbarkeit insb. in Bezug auf Kommunikationsdaten in Sozialen Finanzmedien und Googledaten bei großen Unternehmen deutlich besser, so dass hiermit ein längerer Untersuchungszeitraum gewährleistet werden kann. Darüber hinaus ist es in besonderem Maße interessant, die oben formulierten Hypothesen an Unternehmensaktien zu überprüfen, die sich bereits durch eine hohe Liquidität auszeichnen und deren Aktien sehr häufig am Markt gehandelt werden. In einem solchen Umfeld kann die Relevanz der Sozialen Finanzmedien und der Google-Suche als mögliche Einflussvariablen für Kapitalmarktreaktionen angemessen überprüft werden.

---

[387] Für den 01.01.2011 (Samstag und Neujahr) sowie für den 02.01.2011 (Sonntag) liegen keine Börsendaten vor.

Datenbasis, Berechnung von Variablen und deskriptive Statistik

Unternehmensname	Tickersymbol	Heimatbörse
3 M CO	MMM	NYSE
A T & T	T	NYSE
ALCOA INC	AA	NYSE
AMERICAN EXPRESS CO	AXP	NYSE
BANK OF AMERICA CORP	BAC	NYSE
BOEING CO	BA	NYSE
CATERPILLAR INC	CAT	NYSE
CHEVRON CORP NEW	CVX	NYSE
CISCO SYSTEMS INC	CSCO	NASDAQ
COCA COLA CO	KO	NYSE
DISNEY WALT CO	DIS	NYSE
DU PONT E I DE NEMOURS & CO	DD	NYSE
EXXON MOBIL CORP	XOM	NYSE
GENERAL ELECTRIC CO	GE	NYSE
HEWLETT PACKARD CO	HPQ	NYSE
HOME DEPOT INC	HD	NYSE
INTEL CORP	INTC	NASDAQ
INTERNATIONAL BUSINESS MACHS CORP	IBM	NYSE
JOHNSON & JOHNSON	JNJ	NYSE
JPMORGAN CHASE & CO	JPM	NYSE
MCDONALDS CORP	MCD	NYSE
MERCK & CO INC NEW	MRK	NYSE
MICROSOFT CORP	MSFT	NASDAQ
PFIZER INC	PFE	NYSE
PROCTER & GAMBLE CO	PG	NYSE
TRAVELERS COMPANIES INC	TRV	NYSE
UNITED TECHNOLOGIES CORP	UTX	NYSE
UNITEDHEALTH GROUP INC	UNH	NYSE
VERIZON COMMUNICATIONS INC	VZ	NYSE
WAL MART STORES INC	WMT	NYSE

Tabelle 20: Übersicht der betrachteten Unternehmen

Neben den Wochenenden gibt es im betrachteten Untersuchungszeitraum handelsfreie Tage, an denen kein Börsenhandel stattfindet. Die entsprechenden Tage sind mit Datum und einer kurzen Erklärung in der Tabelle 21 für den gesamten Untersuchungszeitraum erfasst.

Datenbasis, Berechnung von Variablen und deskriptive Statistik

Datum (und Tag)	Bezeichnung des handelsfreien Tages	Kurze Erläuterung
01.01.2011 (Samstag)	U.S. New Years Day / Neujahr	Da es sich allerdings um einen Samstag handelt, war der Wochentag davor (im Jahr 2010 und damit außerhalb des Untersuchungszeitraums) ein handelsfreier Tag.
17.01.2011 (Montag)	Martin Luther King Day	Der Gedenktag wird jedes Jahr am dritten Montag im Januar begangen.
21.02.2011 (Montag)	Presidents Day	Der Gedenktag wird jedes Jahr am dritten Montag im Februar begangen.
22.04.2011 (Freitag)	Good Friday / Karfreitag	Der Gedenktag wird jedes Jahr an dem Freitag vor Ostern begangen.
30.05.2011 (Montag)	Memorial Day / Pfingsten	Der Gedenktag wird jedes Jahr genau 49 Tage nach dem Ostersonntag begangen.
04.07.2011 (Montag)	Independence Day	Der Unabhängigkeitstag wird jedes Jahr am 04.07 begangen.
05.09.2011 (Montag)	Labor Day / Tag der Arbeit	Der Tag der Arbeit wird jedes Jahr am ersten Montag im September begangen.
24.11.2011 (Donnerstag)	Thanksgiving	Das Erntedankfest wird jedes Jahr am vierten Donnerstag im November begangen.
26.12.2011 (Montag)	Weihnachten	Da der 25.12.2011 ein Sonntag war, verschiebt sich der handelsfreie Tag auf den darauffolgenden Montag.
02.01.2012 (Montag)	US New Years Day / Neujahr	Da der 01.01.2012 ein Sonntag war, verschiebt sich der handelsfreie Tag auf den darauffolgenden Montag.
16.01.2012 (Montag)	Martin Luther King Day	Der Gedenktag wird jedes Jahr am dritten Montag im Januar begangen.
20.02.2012 (Montag)	Presidents Day	Der Gedenktag wird jedes Jahr am dritten Montag im Februar begangen.
06.04.2012 (Freitag)	Good Friday / Karfreitag	Der Gedenktag wird jedes Jahr an dem Freitag vor Ostern begangen.
28.05.2012 (Montag)	Memorial Day / Pfingsten	Der Gedenktag wird jedes Jahr genau 49 Tage nach dem Ostersonntag begangen.
04.07.2012 (Mittwoch)	Independence Day	Der Unabhängigkeitstag wird jedes Jahr am 04.07 begangen.
03.09.2012 (Montag)	Labor Day / Tag der Arbeit	Der Tag der Arbeit wird jedes Jahr am ersten Montag im September begangen.
29.10.2012 (Montag)	Außerplanmäßige Börsenschließung	Börse geschlossen wegen Hurrikan Sandy.
30.10.2012 (Dienstag)	Außerplanmäßige Börsenschließung	Börse geschlossen wegen Hurrikan Sandy.
22.11.2012 (Donnerstag)	Thanksgiving	Das Erntedankfest wird jedes Jahr am vierten Donnerstag im November begangen.
25.12.2012 (Dienstag)	Weihnachten	Der 25.12 ist in den USA ein christlicher Feiertag.

Tabelle 21: Übersicht zu den handelsfreien Tagen im Untersuchungszeitraum

5.3 Übersicht zur Zusammensetzung der Datenbasis

Die Datenbasis der vorliegenden Arbeit setzt sich aus den folgenden drei verschiedenen Datenkategorien zusammen:

- Fundamentaldaten
- Börsendaten
- Soziale Medien- und Google-Daten

Unter Fundamentaldaten werden alle betriebswirtschaftlichen Unternehmensdaten zusammengefasst sowie Daten, die das ökonomische Umfeld eines Unternehmens beschreiben. Zu den betriebswirtschaftlichen Daten eines Unternehmens zählen die veröffentlichten Ergebnisberichte sowie Informationen zu Dividenden, Übernahmen, Fusionen, Kapitalerhöhungen etc. Daten bzgl. des ökonomischen Umfelds können Konkurrenzunternehmen betreffen oder das Markt- und Wettbewerbumfeld. Fundamentaldaten werden entweder vom Unternehmen selbst oder aber durch Dritte wie Analysten oder Journalisten veröffentlicht.

Börsendaten sind die Daten, die durch den Börsenhandel entstehen und von den Börsenbetreibern bereitgestellt werden. Hauptsächlich betrifft dies Informationen zum Handelsvolumen sowie zu den Kursen der handelbaren Titel.

Soziale Medien- und Goole-Daten sind Daten, die im Rahmen der Nutzung Sozialer Medien und der Suchmaschine Google anfallen und sich meist auf das Beitragsvolumen zu einzelnen Themen bzw. auf das Suchvolumen nach speziellen Begriffen beziehen.

Im Folgenden werden die jeweiligen Daten der drei genannten Datenkategorien vorgestellt.

5.4 Fundamentaldaten

Die Ausgangsdaten zur Variablenberechnung stammen aus den folgenden drei Datenbanken:

- Center for Research in Security Prices (CRSP)
- Institutional Brokers' Estimate System (I/B/E/S) Detail History von Thomson Reuters
- LexisNexis

Als Fundamentalinformation werden im Rahmen der vorliegenden Arbeit Analystenberichte, Medienberichte, Ankündigungen durch das Management eines Unternehmens sowie neue Informationen bzgl. der Gewinn- und Geschäftsentwicklung des Unternehmens in die Untersuchung einbezogen. So wird mit der Variablen *Analyst_report_ln* auf Tagesbasis die relative Veränderung veröffentlichter Analystenberichte zum Vortrag auf Einzelunternehmensebene gemessen. Mit dieser Variablen soll erfasst werden, wie sehr das jeweilige Unternehmen im Fokus der Analysten steht und wie sich die von Analysten bereitgestellte Informationsmenge zum Unternehmen verändert. Analog zu den Analystenschätzungen wird mit der Variablen *CNN_ln* die relative Veränderung von Medienberichten über das entsprechende Unternehmen abgebildet und so eine Messgröße berücksichtigt, die die Veränderung der medialen Aufmerksamkeit gegenüber dem jeweiligen Unternehmen zum Ausdruck bringt. Mit der Dummyvariablen *Dclrdt* werden Ankündigungen durch den Vorstand des Unternehmens identifiziert. So kann bzgl. der einzelnen Tage im Untersuchungszeitraum berücksichtigt werden, ob von Seiten des Managements neue Informationen an den Markt gelangt sind. Eine derartige Ankündigung kann sich u.a. auf eine ordentliche Dividende oder z.B. auf eine Fusion oder Übernahme beziehen. Die Variable *Event_Dummy* fasst die oben genannten drei Variablen in einer gemeinsamen Variablen zusammen, in dem sie für solche Tage den Wert 1 annimmt, an welchen ein Analysten- oder Medienbericht veröffentlicht wurde bzw. eine Ankündigung durch den Vorstand stattgefunden hat. Mit den beiden Variablen *Ue_eps_dummy_pos* sowie *Ue_eps_dummy_neg* werden die Ergebnisbekanntgaben zum jeweiligen Zeitpunkt dahingehend gruppiert, ob sie oberhalb bzw. unterhalb der zuvor bekanntgegebenen Analystenschätzungen liegen. Detaillierte Beschreibungen zu den genannten Variablen finden sich in Tabelle 22. In den darauffolgenden Ausführungen wird zudem ein

Datenbasis, Berechnung von Variablen und deskriptive Statistik

Überblick zu den statistischen Eigenschaften der aus den Daten berechneten Variablen geliefert.

Datenbasis, Berechnung von Variablen und deskriptive Statistik

Bezeichnung	Beschreibung	Variable	Datenbank
Anzahl veröffentlichter Analystenberichte (relative Veränderung zum Vortag, natürlicher Logarithmus)	Anzahl der zum jeweiligen Datum (relative Veränderung zum Vortag) veröffentlichter Analystenberichte bezüglich der Einschätzung zu einem konkreten Unternehmen. Es werden dabei alle veröffentlichten Analystenberichte berücksichtigt - auch solche, die sich auf andere unternehmensspezifische Größen als die Earnings per Share (EPS) beziehen. Ebenfalls spielt es keine Rolle, ob es sich um kurz-, mittel- oder langfristige Schätzungen handelt. Daten auf Tages- und Einzelunternehmensbasis.	Analyst_report_ln	I/B/E/S
Anzahl veröffentlichter Medienberichte auf CNNmoney (relative Veränderung zum Vortag, natürlicher Logarithmus)	Anzahl der zum jeweiligen Datum (relative Veränderung zum Vortag) auf der Internetseite von CNNMoney (www.money.cnn.com) veröffentlichter Beiträge mit Inhalten zum jeweiligen Unternehmen (Nennung des Unternehmens sowie des Unternehmenstickers im Beitrag, der Beitragseinleitung oder der Beitragsüberschrift). Daten auf Tages- und Einzelunternehmensbasis.	CNN_ln	LexisNexis
Ankündigungen durch den Vorstand des Unternehmens (Dummyvariable)	Dummyvariable zur Identifikation von Ankündigungen durch den Vorstand des Unternehmens (Zeitpunkt der Bekanntgabe = 1). Diese Ankündigung kann eine ordentliche Dividende, ein Liquidationsanteil, eine Übernahme, eine Fusion oder eine Neustrukturierung, die Einräumung von Bezugsrechten, ein Aktiensplit, eine Kapitalerhöhung oder -herabsetzung oder eine generelle die ausgegebenen Aktien betreffende Information sein. Daten auf Tages- und Einzelunternehmensbasis.	Dclrdt	CRSP
Wichtige, das Unternehmen betreffende, Ereignisse (Dummyvariable)	Dummyvariable zur Identifikation der folgenden Ereignisse (= 1): Veröffentlich Analystenbericht, Veröffentlichung Medienbericht auf CNNMoney sowie Ankündigung durch den Vorstand. Daten auf Tages- und Einzelunternehmensbasis.	Event_Dummy	CRSP, I/B/E/S, LexisNexis
Positive Ergebnisüberraschung (Dummyvariable)	Dummyvariable (= 1), im Falle einer Ergebnisbekanntgabe der Earnings per Share (EPS) des jeweiligen Unternehmens zum jeweiligen Tag oberhalb der vorherigen Analysteneinschätzungen. Daten auf Tages- und Einzelunternehmensbasis.	Ue_eps_dummy_pos	I/B/E/S
Negative Ergebnisüberraschung (Dummyvariable)	Dummyvariable (= 1), im Falle einer Ergebnisbekanntgabe der Earnings per Share (EPS) des jeweiligen Unternehmens zum jeweiligen Tag unterhalb der vorherigen Analysteneinschätzungen. Daten auf Tages- und Einzelunternehmensbasis.	Ue_eps_dummy_neg	I/B/E/S

Tabelle 22: Übersicht zu den aus Fundamentaldaten berechneten Variablen

Zunächst werden für die Fundamentaldaten Korrelationsmatrizen berechnet, um einen Eindruck zu bekommen, wie sehr die einzelnen Variablen in einem möglichen Gleichlauf stehen und dadurch die späteren Regressionsergebnisse möglicherweise beeinflussen könnten.

	Analyst_report_ln	CNN_ln	Dclrdt	Event_Dummy	Ue_eps_dummy_pos	Ue_eps_dummy_neg
Analyst_report_ln	1,0000					
CNN_ln	0,0560	1,0000				
Dclrdt	0,0025	0,0153	1,0000			
Event_Dummy	0,3952	0,1263	0,0893	1,0000		
Ue_eps_dummy_pos	0,1675	0,1483	0,0170	0,0817	1,0000	
Ue_eps_dummy_neg	0,0914	0,0865	0,0206	0,0442	-0,0067	1,0000

Tabelle 23: Korrelationsmatrix zu den aus Fundamentaldaten berechneten Variablen

Weil in den späteren Regressionsmodellen die Variablen teilweise auch mit einer zeitlichen Verzögerung von $t-1$ berücksichtigt werden, soll auch in Bezug auf diese Variablen die Korrelation zu den übrigen Variablen geprüft werden. Aus Vereinfachungsgründen werden in Tabelle 24 nur Korrelationskoeffizienten berichtet, die entweder unter -30 Prozent oder über +30 Prozent liegen und nicht bereits in obiger Tabelle erwähnt wurden.

	Analyst_report_ln$_t$	Analyst_report_ln$_{t-1}$	CNN_ln$_t$	CNN_ln$_{t-1}$
Analyst_report_ln$_t$	1,0000			
Analyst_report_ln$_{t-1}$	-0,4921	1,0000		
CNN_ln$_t$	[-0,3; 0,3]	[-0,3; 0,3]	1,0000	
CNN_ln$_{t-1}$	[-0,3; 0,3]	[-0,3; 0,3]	-0,4390	1,0000

Tabelle 24: Ergänzende Korrelationsmatrix zu den aus Fundamentaldaten berechneten Variablen

Die Korrelationsmatrizen (Tabelle 23 und Tabelle 24) zeigen insgesamt relativ geringe Korrelationen zwischen den einzelnen Variablen an, so dass Multikollinearität bei der späteren Regressionsanalyse für diese Variablen nicht vorhanden ist. Erwartungsgemäß hoch ist jedoch die Korrelation zwischen den Variablen *Event_Dummy* und *Analyst_Report_ln* mit knapp 40 Prozent. Dies ist dadurch erklärbar, dass die Dummyvariable *Event_Dummy* u.a. immer dann den Wert eins annimmt, wenn bspw. ein Analystenbericht veröffentlicht wird. Damit gibt es einen inhaltlichen Zusammenhang zwischen diesen beiden Variablen, der darüber hinaus auch zu den Variablen *CNN_ln* sowie *Dclrdt* besteht. In Bezug auf Analystenberichte ist der Zusammenhang jedoch deshalb stärker, weil es mehr Tage mit veröffentlichten Analystenberichten gibt, als Tage mit CNNmoney Artikeln oder Ankündigungen durch den Vorstand. Da dieser inhaltliche Zusammenhang jedoch zwischen diesen Variablen besteht, werden diese nicht gleichzeitig in der späteren Regression berücksichtigt. Es werden also gemeinsam die Variablen *Analyst_report_ln*, *CNN_ln* sowie *Dclrdt* einerseits oder die Variable *Event_Dummy* andererseits in einer eigenen Regression berücksichtigt.

Variable	Durchschnitt	Median	Maximum	Minimum	Standardabweichung	Beobachtungen
Analyst_report_ln	-0,003218	0,000000	6,790097	-7,287561	2,129960	15030
CNN_ln	0,0000461	0,000000	2,639057	-2,564949	0,364694	15030
Dclrdt			Dummyvariable			15060
Event_Dummy			Dummyvariable			15060
Ue_eps_dummy_pos			Dummyvariable			15060
Ue_eps_dummy_neg			Dummyvariable			15060

Tabelle 25: Deskriptive Statistik zu den aus Fundamentaldaten berechneten Variablen

Wie in der obigen Tabelle 25 erkennbar, unterscheiden sich die Beobachtungen bei den einzelnen Variablen voneinander: 15060 Beobachtungen bedeuten in diesem Zusammenhang, dass bei den 30 Unternehmen des DJIA für alle Tage des Betrachtungszeitraums (502) Beobachtungen vorliegen (15060 = 30 x 502). Bei Variablen, die eine relative Veränderung zum Vortag darstellen und aus den Rohdaten berechnet werden, reduziert sich die Beobachtungszahl je Unternehmen auf 501, weil jeweils für den 03. Januar 2011 als erster Tag des Betrachtungszeitraums keine relative Veränderung zum Vortag berechnet werden kann (15030 = 30 x 501).

Im Rahmen der vorliegenden Arbeit ist mit den veröffentlichen Analystenberichten (*Analyst_report_ln*) die relative Veränderung der Berichtanzahl zum Vortag gemeint. Dabei werden alle zum jeweiligen Unternehmen veröffentlichten Analystenberichte berücksichtigt – auch solche, die sich auf andere unternehmensspezifische Größen als die Earnings per Share (EPS) beziehen. Zudem werden neben den kurzfristigen auch die mittel- und langfristigen Ergebnisschätzungen berücksichtigt. Mit dieser Variable wird das Ziel verfolgt, ein aufmerksamkeitsgenerierendes Ereignis in Bezug auf das jeweilige Unternehmen zu erfassen. Die Veröffentlichung eines Analystenberichts erscheint dementsprechend hierfür geeignet, ohne dass bzgl. der Schätzgröße oder des Zeithorizonts zu differenzieren ist. Dies bedingt jedoch, dass es sehr viele Veröffentlichungsereignisse gibt, die in der Untersuchung zu berücksichtigen sind. Betrachtet man stattdessen nur die Analystenberichte, die eine Schätzung bzgl. der Ergebnisgröße EPS beinhalten, stellt man fest, dass dies gerade einmal knapp 13 Prozent der insgesamt veröffentlichen Analystenberichte betrifft. Die beiden nachfolgenden Tabellen (Tabelle 26 und Tabelle 27) geben einen Überblick, wie viele Analystenberichte je Unternehmen im Betrachtungszeitraum veröffentlicht wurden. Die in den Tabellen angegebenen Werte beziehen sich auf die absolute Anzahl veröffentlichter Berichte und nicht auf die relativen Veränderungen.

Datenbasis, Berechnung von Variablen und deskriptive Statistik

Ticker	Durchschnitt	Median	Maximum	Minimum	Summe	Standardabweichung	Beobachtungen
AA	25,93426	1,000000	499,0000	0,000000	13019,00	65,61928	502
AXP	27,17928	0,000000	822,0000	0,000000	13644,00	95,55473	502
BA	30,82869	5,000000	677,0000	0,000000	15476,00	81,24266	502
BAC	41,40438	8,500000	683,0000	0,000000	20785,00	94,41380	502
CAT	21,85458	0,000000	603,0000	0,000000	10971,00	71,57164	502
CSCO	50,93227	3,000000	1883,000	0,000000	25568,00	205,9723	502
CVX	40,51394	12,00000	469,0000	0,000000	20338,00	69,14005	502
DD	21,79283	0,000000	475,0000	0,000000	10940,00	59,36625	502
DIS	36,82271	3,000000	1077,000	0,000000	18485,00	104,9175	502
GE	12,43227	0,000000	221,0000	0,000000	6241,000	28,54660	502
HD	36,13546	0,000000	912,0000	0,000000	18140,00	115,8832	502
HPQ	46,79681	0,000000	1663,000	0,000000	23492,00	185,7653	502
IBM	34,91833	0,000000	995,0000	0,000000	17529,00	123,0881	502
INTC	85,43625	2,000000	2596,000	0,000000	42889,00	309,0578	502
JNJ	27,10159	1,000000	553,0000	0,000000	13605,00	68,78950	502
JPM	40,13546	6,000000	770,0000	0,000000	20148,00	90,80174	502
KO	27,19920	3,000000	497,0000	0,000000	13654,00	67,15327	502
MCD	50,96414	2,000000	888,0000	0,000000	25584,00	123,0074	502
MMM	15,17928	0,000000	429,0000	0,000000	7620,000	45,71835	502
MRK	25,99801	2,000000	513,0000	0,000000	13051,00	57,19360	502
MSFT	53,76892	3,000000	1522,000	0,000000	26992,00	168,6047	502
PFE	24,83267	3,000000	538,0000	0,000000	12466,00	55,29175	502
PG	31,76494	2,000000	633,0000	0,000000	15946,00	83,10581	502
T	51,36056	6,000000	1009,000	0,000000	25783,00	110,3714	502
TRV	25,99402	1,500000	567,0000	0,000000	13049,00	73,24155	502
UNH	28,73904	0,000000	804,0000	0,000000	14427,00	85,42594	502
UTX	23,27689	0,000000	479,0000	0,000000	11685,00	61,55313	502
VZ	52,22311	6,000000	869,0000	0,000000	26216,00	113,4845	502
WMT	28,04980	3,000000	537,0000	0,000000	14081,00	79,20211	502
XOM	41,77888	9,000000	409,0000	0,000000	20973,00	70,20299	502
Summe	35,37829	3,000000	2596,000	0,000000	532797,0	113,9971	15060

Tabelle 26: Deskriptive Statistik zu allen veröffentlichten Analystenberichten

Datenbasis, Berechnung von Variablen und deskriptive Statistik

Ticker	Durchschnitt	Median	Maximum	Minimum	Summe	Standardabweichung	Beobachtungen
AA	3,181275	0,000000	80,00000	0,000000	1597,000	8,232706	502
AXP	4,019920	0,000000	130,0000	0,000000	2018,000	14,28843	502
BA	3,669323	0,000000	108,0000	0,000000	1842,000	11,22632	502
BAC	6,691235	1,000000	110,0000	0,000000	3359,000	14,63986	502
CAT	3,071713	0,000000	79,00000	0,000000	1542,000	9,735567	502
CSCO	5,958167	0,000000	229,0000	0,000000	2991,000	25,58381	502
CVX	7,591633	3,000000	81,00000	0,000000	3811,000	11,90408	502
DD	2,472112	0,000000	54,00000	0,000000	1241,000	7,003437	502
DIS	4,581673	0,000000	141,0000	0,000000	2300,000	14,03404	502
GE	1,370518	0,000000	30,00000	0,000000	688,0000	3,608341	502
HD	4,219124	0,000000	108,0000	0,000000	2118,000	13,01863	502
HPQ	5,549801	0,000000	209,0000	0,000000	2786,000	23,13806	502
IBM	3,852590	0,000000	131,0000	0,000000	1934,000	15,94070	502
INTC	10,23904	0,000000	237,0000	0,000000	5140,000	38,82396	502
JNJ	3,139442	0,000000	76,00000	0,000000	1576,000	9,121955	502
JPM	6,462151	0,000000	110,0000	0,000000	3244,000	13,82820	502
KO	2,470120	0,000000	49,00000	0,000000	1240,000	6,829409	502
MCD	5,735060	0,000000	115,0000	0,000000	2879,000	14,91050	502
MMM	1,852590	0,000000	47,00000	0,000000	930,0000	5,996854	502
MRK	3,055777	0,000000	68,00000	0,000000	1534,000	7,018430	502
MSFT	6,167331	0,000000	187,0000	0,000000	3096,000	20,53671	502
PFE	2,896414	0,000000	81,00000	0,000000	1454,000	7,105508	502
PG	3,828685	0,000000	98,00000	0,000000	1922,000	11,19588	502
T	5,460159	0,000000	117,0000	0,000000	2741,000	13,23658	502
TRV	4,486056	0,000000	105,0000	0,000000	2252,000	13,09137	502
UNH	3,336653	0,000000	101,0000	0,000000	1675,000	11,28899	502
UTX	2,842629	0,000000	51,00000	0,000000	1427,000	7,616372	502
VZ	5,276892	0,000000	112,0000	0,000000	2649,000	13,04059	502
WMT	3,033865	0,000000	64,00000	0,000000	1523,000	9,630336	502
XOM	7,426295	2,500000	72,00000	0,000000	3728,000	11,38378	502
Summe	4,464608	0,000000	327,0000	0,000000	67237,00	14,69596	15060

Tabelle 27: Deskriptive Statistik zu veröffentlichten Analystenberichten mit Bezug auf die Earnings per Share (EPS)

Die Variable bzgl. der auf CNNmoney veröffentlichten Berichte (CNN_ln) spiegelt die relative Veränderung des Beitragsvolumens zum Vortag wider. Die Homepage von CNNmoney ist so gestaltet, dass sich interessierte Nutzer gezielt über die Eingabe des Unternehmenstickers die für dieses Unternehmen relevante Beiträge anzeigen lassen können. Finden sich in einem Artikel Informationen zu einem oder mehreren Unternehmen, wird neben dem Unternehmensnamen immer auch das dazugehörige Tickersymbol in Klammern mit angegeben und direkt auf das jeweilige Kurschart verlinkt. Dementsprechend werden für die vorliegende Arbeit all diejenigen Beiträge auf CNNmoney berücksichtigt und den betrachteten Unternehmen zugeordnet, bei denen die Nennung des Unternehmens sowie des Unternehmenstickers im Beitrag selbst, in der Beitragseinleitung oder in der Beitragsüberschrift erfolgt. Die nachfolgende Tabelle 28 fasst für den gesamten Betrachtungszeitraum die entsprechenden Werte zusammen. Die in der Tabelle angegebenen Werte beziehen sich auf die absolute Anzahl veröffentlichter Berichte und nicht auf die relativen Veränderungen.

Datenbasis, Berechnung von Variablen und deskriptive Statistik

Ticker	Durchschnitt	Median	Maximum	Minimum	Summe	Standardabweichung	Beobachtungen
AA	0,245020	0,000000	4,000000	0,000000	123,0000	0,645671	502
AXP	0,179283	0,000000	4,000000	0,000000	90,00000	0,459681	502
BA	0,199203	0,000000	4,000000	0,000000	100,0000	0,524984	502
BAC	1,207171	1,000000	12,00000	0,000000	606,0000	1,424377	502
CAT	0,007968	0,000000	2,000000	0,000000	4,000000	0,109144	502
CSCO	0,157371	0,000000	13,00000	0,000000	79,00000	0,876128	502
CVX	0,009960	0,000000	1,000000	0,000000	5,000000	0,099401	502
DD	0,001992	0,000000	1,000000	0,000000	1,000000	0,044632	502
DIS	0,0099602	0,000000	2,000000	0,000000	50,00000	0,337361	502
GE	0,260956	0,000000	5,000000	0,000000	131,0000	0,604069	502
HD	0,011952	0,000000	1,000000	0,000000	6,000000	0,108779	502
HPQ	0,318725	0,000000	5,000000	0,000000	160,0000	0,696447	502
IBM	0,019920	0,000000	1,000000	0,000000	10,00000	0,139866	502
INTC	0,356574	0,000000	4,000000	0,000000	179,0000	0,690935	502
JNJ	0,131474	0,000000	3,000000	0,000000	66,00000	0,412680	502
JPM	1,203187	1,000000	12,00000	0,000000	604,0000	1,419338	502
KO	0,097610	0,000000	3,000000	0,000000	49,00000	0,340884	502
MCD	0,045817	0,000000	2,000000	0,000000	23,00000	0,227572	502
MMM	0,009960	0,000000	2,000000	0,000000	5,000000	0,117782	502
MRK	0,017928	0,000000	2,000000	0,000000	9,000000	0,147085	502
MSFT	0,699203	0,000000	5,000000	0,000000	351,0000	0,908575	502
PFE	0,095618	0,000000	4,000000	0,000000	48,00000	0,382789	502
PG	0,091633	0,000000	2,000000	0,000000	46,00000	0,308835	502
T	0,191235	0,000000	3,000000	0,000000	96,00000	0,436922	502
TRV	0,023904	0,000000	2,000000	0,000000	12,00000	0,177098	502
UNH	0,019920	0,000000	1,000000	0,000000	10,00000	0,139866	502
UTX	0,031873	0,000000	2,000000	0,000000	16,00000	0,197237	502
VZ	0,523904	0,000000	4,000000	0,000000	263,0000	0,767625	502
WMT	0,161355	0,000000	3,000000	0,000000	81,00000	0,468425	502
XOM	0,290837	0,000000	4,000000	0,000000	146,0000	0,667970	502
Summe	0,223705	0,000000	13,00000	0,000000	3369,000	0,658168	15060

Tabelle 28: **Deskriptive Statistik zur Anzahl veröffentlichter Medienberichte auf CNNmoney**

Mit den Ankündigungen durch den Vorstand des Unternehmens (*Dclrdt*) soll in Gestalt einer Dummyvariablen ebenfalls ein aufmerksamkeitsgenerierendes Ereignis in Bezug auf die betrachteten Unternehmen erfasst werden. Die Ankündigungen können eine Dividende, einen Liquidationsanteil, eine Übernahme, eine Fusion oder eine Neustrukturierung, die Einräumung von Bezugsrechten, ein Aktiensplit, eine Kapitalerhöhung oder Kapitalherabsetzung oder eine generelle, die ausgegebenen Aktien betreffende Information sein. Zusammen mit der Veröffentlichung von Analystenberichten und Medienberichten auf CNNmoney werden die Ankündigungen durch den Vorstand des Unternehmens zusätzlich in einer gemeinsamen Variablen zusammengefasst, die dementsprechend wichtige, das Unternehmen betreffende Ereignisse in Form einer Dummyvariablen (*Event_Dummy*) abbildet. Wie in Tabelle 29 dargestellt, zeigt sich in Bezug auf diese Ereignisvariable, dass es im Durchschnitt ungefähr an jedem zweiten Tag bezogen auf die einzelnen Unternehmen ein solches Ereignis gab. Die Dummyvariable der positiven Ergebnisüberraschung (*Ue_eps_dummy_pos*) sowie der negativen Ergebnisüberraschung (*Ue_eps_dummy_neg*) bildet jeweils ab, ob die durch das Unternehmen veröffentlichten EPS-Ergebnisse über bzw. unter den zuvor geäußerten Analystenerwartungen lagen. Es werden deshalb die EPS-Schätzungen verwendet, weil diese im Hinblick auf die Beurteilung der finanziellen Entwicklung eines Unternehmens zum einen als sehr anerkannte Kennzahl gesehen werden.[388] Zum anderen ermöglicht die im Rahmen der vorliegenden Arbeit verwendete Datenbank I/B/E/S eine umfangreiche Abfrage dieser Ergebnisschätzungen auf Einzelunternehmensebene. In den zwei Jahren des Betrachtungszeitraums liegen für jedes Unternehmen acht solche Ergebnisveröffentlichungen (vier pro Jahr) vor, so dass insgesamt 240 Ergebnisveröffentlichungen betrachtet werden. Unterscheidet man nun jeweils zwischen Ergebnisveröffentlichungen im Sinne positiver und negativer Gewinnüberraschungen, sind es jedoch nur noch 237 Ereignisse. Das liegt daran, dass bei den Unternehmen Coca Cola (KO), Johnson & Johnson (JNJ) sowie McDonalds (MCD) jeweils einmal das veröffentlichte EPS-Ergebnis exakt der zuvor durch Analysten verbreiteten Schätzung entspricht und das Ereignis damit weder eine positive noch eine negative Ergebnisüberraschung darstellt. Bei Coca Cola (KO) gilt dies für die Ergebnisveröffentlichung am 17.04.2012, bei welcher EPS von 0,445 Dollar veröffentlicht wurden, welche genau der durchschnittlichen Analystenschät-

---

[388] „*Earnings Per Share (EPS) is the universally accepted most crucial measurement and indicator of the financial performance of a company.*" (Gupta (2009), S. 583).

zung entsprachen. Bei Johnson & Johnson (JNJ) betrifft es die EPS-Veröffentlichung von 1,03 Dollar am 25.01.2011 und bei McDonalds (MCD) die EPS-Veröffentlichung von 1,16 Dollar am 24.01.2011.

Ticker	Anzahl der Ankündigungen durch den Vorstand des Unternehmens	Anzahl der Tage mit einem definierten Ereignis	Anzahl der Tage mit positiver Gewinnüberraschung	Anzahl der Tage mit negativer Gewinnüberraschung
AA	8,00	291,00	3,00	5,00
AXP	7,00	267,00	8,00	0,00
BA	6,00	425,00	7,00	1,00
BAC	8,00	430,00	4,00	4,00
CAT	8,00	256,00	7,00	1,00
CSCO	8,00	283,00	8,00	0,00
CVX	8,00	359,00	5,00	3,00
DD	8,00	252,00	6,00	2,00
DIS	2,00	319,00	5,00	3,00
GE	8,00	273,00	6,00	2,00
HD	8,00	229,00	8,00	0,00
HPG	8,00	294,00	8,00	0,00
IBM	7,00	228,00	8,00	0,00
INTC	8,00	339,00	7,00	1,00
JNJ	8,00	280,00	7,00	0,00
JPM	7,00	437,00	6,00	2,00
KO	9,00	475,00	6,00	1,00
MCD	8,00	289,00	4,00	3,00
MMM	8,00	222,00	7,00	1,00
MRK	8,00	270,00	7,00	1,00
MSFT	7,00	385,00	6,00	2,00
PFE	7,00	288,00	8,00	0,00
PG	8,00	283,00	7,00	1,00
T	7,00	485,00	4,00	4,00
TRV	8,00	268,00	4,00	4,00
UNH	7,00	252,00	8,00	0,00
UTX	8,00	240,00	7,00	1,00
VZ	7,00	489,00	3,00	5,00
WMT	2,00	491,00	6,00	2,00
XOM	8,00	382,00	3,00	5,00
Summe	219,00	9781,00	183,00	54,00

Tabelle 29: Deskriptive Statistik zu den Dummyvariablen der Fundamentaldaten

5.5 Börsendaten

Die hier verwendeten Ausgangsdaten zur Variablenberechnung stammen aus der Datenbank Center for Research in Security Prices (CRSP).

Neben der quadrierten Rendite Ret^2 werden auf Tagesbasis die Handelsaktivitäten mit der jeweiligen Unternehmensaktie durch die Variable *Turnover_ln* erfasst. Starke Renditeschwankungen sowie große Handelsumsätze sollen im Rahmen der vorliegenden Arbeit eine gesteigerte Aufmerksamkeit gegenüber dem jeweiligen Unternehmen darstellen. Mit dem *Bid_ask_spread* wird die Illiquidität einer Aktie über die Differenz der täglich quotierten Geld-Brief-Kurse am Markt abgebildet. Die beiden Variablen *Illiq* sowie *Turnover_price_impact* bilden ebenfalls die Illiquidität einer Aktie ab, beruhen jedoch nicht wie die Geld-Brief-Spanne auf quotierten Preisen der Market-Maker sondern betrachten vielmehr die Kursbeeinflussung einzelner Transaktionen. Die Tabelle 30 sowie die darauffolgenden Ausführungen liefern einen Überblick zu den aus den Daten berechneten Variablen und deren statistischen Eigenschaften.

Datenbasis, Berechnung von Variablen und deskriptive Statistik

Bezeichnung	Beschreibung	Variable	Datenbank
Quadrierte Rendite	Diskrete Aktienkursrendite zum Quadrat, berechnet aus den Schlusskursen der Unternehmensaktie zu den jeweiligen Handelstagen. Daten auf Tages- und Einzelunternehmensbasis.	Ret^2	CRSP
Handelsaktivitäten (relative Veränderung zum Vortag, natürlicher Logarithmus)	Anzahl der zum jeweiligen Datum (relative Veränderung zum Vortag) gehandelter Aktien (in Stück) im Verhältnis zu den an diesem Tag in Streubesitz befindlicher Aktien (in tausend Stück). Daten auf Tages- und Einzelunternehmensbasis.	Turnover_ln	CRSP
Illiquidität	Variable zur Abbildung der Illiquidität einer Aktie zum jeweiligen Tag. Schätzung der Differenz (log-Quotient) zwischen Ask- und Bid-Kursen aus Tageshoch- und Tagestiefkursen nach der Methode von Corwin/Schultz (2012). Daten auf Tages- und Einzelunternehmensbasis.	Bid_ask_spread	CRSP
Illiquidität	Variable zur Abbildung der Illiquidität einer Aktie zum jeweiligen Tag. Die betragsmäßige Aktienkursveränderung zum Vortag des jeweiligen Unternehmens zum jeweiligen Tag, geteilt durch das Produkt aus Aktienkurs und gehandelter Aktien des jeweiligen Unternehmens am selben Tag. Daten auf Tages- und Einzelunternehmensbasis.	Illiq	CRSP
Illiquidität	Variable zur Abbildung der Illiquidität einer Aktie zum jeweiligen Tag. Die betragsmäßige Aktienkursveränderung zum Vortag des jeweiligen Unternehmens zum jeweiligen Tag, geteilt durch den *Turnover* der Aktien des jeweiligen Unternehmens am selben Tag. Daten auf Tages- und Einzelunternehmensbasis.	Turnover_price_impact	CRSP

Tabelle 30:   Übersicht zu den aus Börsendaten berechneten Variablen

Mit der quadrierten Rendite wird das Quadrat der täglich berechneten, diskreten Kursrenditen im Panelmodell berücksichtigt. Die Multiplikation mit sich selbst erfüllt dabei den Zweck einer Übergewichtung großer im Vergleich zu kleiner Renditeveränderungen sowie einer gleichberechtigten Betrachtung positiver wie negativer Kursentwicklungen. Weil mit dieser Variablen aufmerksamkeitsgenerierende Kursbewegungen erfasst werden sollen, erscheint das Quadrieren sinnvoll.

Die Veränderungen der Handelsaktivitäten werden in Gestalt einer Veränderung des sog. *Turnover* gemessen, der als Quotient aus der Anzahl an einem Tag gehandelter Aktien *Vol* (in Stück) im Verhältnis zu den an diesem Tag in Streubesitz befindlicher Aktien *Shrout* (in tausend Stück) berechnet wird. Der *Turnover* gilt generell als die am besten geeignete Abbildungsmöglichkeit von Handelsaktivitäten[389] und findet sich daher in zahlreichen empirischen Untersuchungen wider.[390] Formal lässt sich die Variable wie folgt darstellen:[391]

$$Turnover_{i,t} = \frac{Vol_{i,t}}{Shrout_{i,t}}$$

Formel 13: Berechnung der Variablen *Turnover*

---

[389] „(...) share turnover yields the sharpest empirical implications and hence is the most appropriate measure of trading activity." (Chordia/Huh/Subrahmanyam (2007), S. 713).

[390] „Empirical researchers typically measure trading volume as the percentage of shares traded relative to the number of shares outstanding (...)." (Bamber/Barron/Stevens (2011), S. 440).

[391] Vgl. Lo/Wang (2000), S. 258. Lo/Wang (2000) sind jedoch nicht die ersten, die die Variable *Turnover* zur Abbildung von Handelsaktivitäten vorschlagen. Erste empirische Untersuchungen mit dieser Messgröße reichen bis 1990 zurück. Vgl. hierzu Lo/Wang (2000), S. 259. Sie sind vielmehr diejenigen, die aufgrund eigener Ergebnisse den *Turnover* als die am besten geeignete Variable zur Abbildung von Handelsaktivitäten würdigen. Vgl. hierzu Lo/Wang (2000), S. 258.

Im Vergleich zu einer direkten Berücksichtigung des Handelsvolumen weist der *Turnover* zur Messung der Handelsaktivitäten entscheidende Vorteile auf: [392] So kann mit ihm zusätzlich auf die Unternehmensgröße kontrolliert und der Tatsache Rechnung getragen werden, dass sowohl das Handelsvolumen als auch die Anzahl in Streubesitz befindlicher Aktien über die Jahre hinweg kontinuierlich zugenommen haben.[393] Für letztgenannte Beobachtung ist u.a. die starke Zunahme elektronischer Handelsplattformen mitverantwortlich. Im Rahmen der vorliegenden Arbeit werden die Ver-

---

[392] Trotzdem findet man in manchen Studien das Handelsvolumen als Niveauvariable berücksichtigt: Indem Andersen (1996) die absolute Anzahl der gehandelten Aktien der Unternehmen Alcoa, Amoco, Coca-Cola, IBM sowie Kodak auf täglicher Basis im Zusammenhang mit den jeweiligen Preisvolatilitäten betrachten, kommen sie zu dem Ergebnis, dass regelmäßig wiederkehrende Veröffentlichungen makroökonomischer Informationen sowie der einmal in jedem Quartal stattfindende dreifache Hexensabbat große Einflüsse auf die Handelsaktivitäten der Marktteilnehmer haben, die Preisvolatilität von diesen Ereignissen aber nur in geringem Ausmaß beeinflusst wird. Dementsprechend signalisieren die Handelsaktivitäten in diesem Umfeld zwar einen großen Informationsfluss, welcher sich allerdings nicht in der erwarteten Form im Preis niederschlägt. Vgl. hierzu Andersen (1996), S. 197, 201. Epps/Epps (1976) wenden in einer empirischen Analyse ebenso die absolute Anzahl gehandelter Aktien von 20 Unternehmen der NYSE zur Abbildung von Handelsaktivitäten an und stellen in diesem Zusammenhang eine Abhängigkeit zwischen ebendiesen Handelsaktivitäten zu den am Markt beobachtbaren Preisentwicklungen derselben Periode fest. Vgl. hierzu Epps/Epps (1976), S. 311, 319. Ebenso verwenden James/Edmister (1983), Lamoureux/Lastrapes (1990) sowie Lamoureux/Lastrapes (1994) die absolute Anzahl gehandelter Aktien, um in verschiedenen empirischen Überprüfungen die Handelsaktivitäten der Marktteilnehmer möglichst gut darstellen zu können. Vgl. hierzu James/Edmister (1983), S. 1077; Lamoureux/Lastrapes (1990), S. 224 sowie Lamoureux/Lastrapes (1994), S. 255. Für eine Übersicht vgl. Lo/Wang (2000), S. 259–260. Neben der Verwendung absoluter unternehmensindividueller Handelswerte im Sinne der Anzahl gehandelter Aktien eines bestimmten Unternehmens findet man zudem in manchen Studien eine zusätzliche Berücksichtigung des jeweiligen Kursniveaus: Folglich werden in diesen Fällen die auf die einzelnen Unternehmensaktien bezogenen Handelsaktivitäten der Marktteilnehmer über das Produkt aus Anzahl gehandelter Aktien und dem aktuell gültigen Aktienkurs abgebildet und für empirische Betrachtungen operationalisierbar gemacht. Eine derart in der englischsprachigen Literatur als „*dollar trading volume*" (James/Edmister (1983), S. 1077 sowie Lakonishok/Vermaelen (1986), S. 297) bezeichnete Variable zur Abbildung der Handelsaktivitäten der Marktteilnehmer wählen bspw. James/Edmister (1983) und Lakonishok/Vermaelen (1986). Vgl. hierzu James/Edmister (1983), S. 1077 und Lakonishok/Vermaelen (1986), S. 297. Für eine Übersicht vgl. Lo/Wang (2000), S. 259–260.

[393] Vgl. Bamber/Barron/Stevens (2011), S. 440. So sind stetig zunehmende Handelsaktivitäten bspw. auf die Reduktion in den Transaktionskosten sowie auf die zunehmende Präsenz institutioneller Investoren wie bspw. Hedge Fonds zurückzuführen. Vgl. hierzu Campbell/Grossman/Wang (1993), S. 906 sowie Fung/Hsieh (2006), S. 1. Des Weiteren wird eine Zunahme in den über die Jahre am Markt beobachteten Handelsaktivitäten auch durch die vereinfachten Möglichkeiten der Onlinetransaktionen begünstigt. Vgl. hierzu Ahmed/Schneible Jr./Stevens (2003), S. 429.

Änderungen der Handelsaktivitäten dementsprechend über die Variable $Turnover\_ln_{i,t}$ dargestellt, welche zum Zeitpunkt t die Veränderung des Turnovers des Unternehmens i mittels Logarithmus angibt.

Zur Messung der Liquidität bzw. Illiquidität einer Aktie existieren zahlreiche Möglichkeiten. Ein anerkanntes Maß für die Liquidität einer Aktie ist der Bid-Ask Spread. Weil für den betrachteten Zeitraum jedoch keine Intraday-Daten vorliegen, wird der Spread mittels der von Corwin/Schultz (2012) vorgeschlagenen Methode ermittelt. Dieser Schätzansatz beruht auf der Annahme, dass Tageshochkurse Kaufhandlungen repräsentieren, während Tagestiefkurse eher im Zusammenhang mit Verkaufshandlungen stehen. Außerdem wird unterstellt, dass die Differenz aus Tageshoch- und Tagestiefkurs desselben Tages sowohl die Volatilität der Aktie sowie deren Bid-Ask Spread beinhaltet. Darüber hinaus wird angenommen, dass die in dieser Differenz enthaltene Volatilitätskomponente mit der Länge des Zeitintervalls proportional ansteigt, während dies für die Bid-Ask-Komponente nicht gilt.[394] Dies impliziert, dass die Summe der Tagesdifferenzen (berechnet als Log-Quotienten) zweier aufeinanderfolgender Tage zweimal die tägliche Varianz sowie zweimal den Bid-Ask Spread beinhaltet. Der Log-Quotient über einen Zwei-Tageszeitraum hingegen enthält ebenfalls zweimal die tägliche Varianz aber nur einmal den Bid-Ask Spread, so dass aus diesem Zusammenhang ein Rückschluss auf die Höhe des Bid-Ask Spreads möglich wird.[395]

Um nun die Varianz und den Spread voneinander zu trennen, sind zunächst die beiden Variablen β sowie γ wie unten zu berechnen, wobei H_t (L_t) den Tageshochkurs (Tagestiefkurs) des Tages t und $H_{t,t+1}$ ($L_{t,t+1}$) den höchsten (niedrigsten) Kurs für das Zwei-Tageintervall von Tag t auf Tag $t+1$ repräsentieren.[396]

$$\beta = \left[\ln\left(\frac{H_t}{L_t}\right)\right]^2 + \left[\ln\left(\frac{H_{t+1}}{L_{t+1}}\right)\right]^2$$

Formel 14: Berechnung von Beta im Rahmen der Schätzung des Bid-Ask Spreads nach Corwin/Schultz (2012)

---

[394] Vgl. Corwin/Schultz (2012), S. 719.
[395] Vgl. Corwin/Schultz (2012), S. 719.
[396] Vgl. Corwin/Schultz (2012), S. 723–724.

$$\gamma = \left[\ln\left(\frac{H_{t,t+1}}{L_{t,t+1}}\right)\right]^2$$

Formel 15: Berechnung von Gamma im Rahmen der Schätzung des Bid-Ask Spreads nach Corwin/Schultz (2012)

Aus diesen beiden Variablen lässt sich wiederum ein α bestimmen, welches zur Ableitung des geschätzten Bid-Ask Spreads $S_{t,t+1}$ notwendig ist.[397]

$$\alpha = \frac{\sqrt{2 \cdot \beta} - \sqrt{\beta}}{3 - 2 \cdot \sqrt{2}} - \sqrt{\frac{\gamma}{3 - 2 \cdot \sqrt{2}}}$$

Formel 16: Berechnung von Alpha im Rahmen der Schätzung des Bid-Ask Spreads nach Corwin/Schultz (2012)

$$S_{t,t+1} = \frac{2 \cdot (e^{\alpha-1})}{1 + e^{\alpha}}$$

Formel 17: Berechnung des Spreads im Rahmen der Schätzung des Bid-Ask Spreads nach Corwin/Schultz (2012)

Aus den Informationen zweier aufeinanderfolgender Handelstage wird folglich der Bid-Ask Spread für einen Tag geschätzt. Um genauere Schätzungen für den Tag t zu erhalten, empfehlen Corwin/Schultz (2012) das Überlappen der beiden Schätzfenster vor und nach t in dem Sinne, dass zunächst der Spread aus den Tagen t-1 und t bestimmt wird und dann der Spread aus den Tagen t und t+1. Der Durchschnitt dieser beiden Schätzzeiträume wird dann als Spread S_t für den Tag t betrachtet, was die nachfolgende Formel verdeutlicht:[398]

$$S_t = \frac{S_{t-1,t} + S_{t,t+1}}{2}$$

Formel 18: Mittelung des Spreads im Rahmen der Schätzung des Bid-Ask Spreads nach Corwin/Schultz (2012)

---

[397] Vgl. Corwin/Schultz (2012), S. 724–725.
[398] Vgl. Corwin/Schultz (2012), S. 725.

Die Abbildung 11 verdeutlicht die Idee der Schätzmethode für den Bid-Ask Spread nach der Methode von Corwin/Schultz (2012) nochmals graphisch.

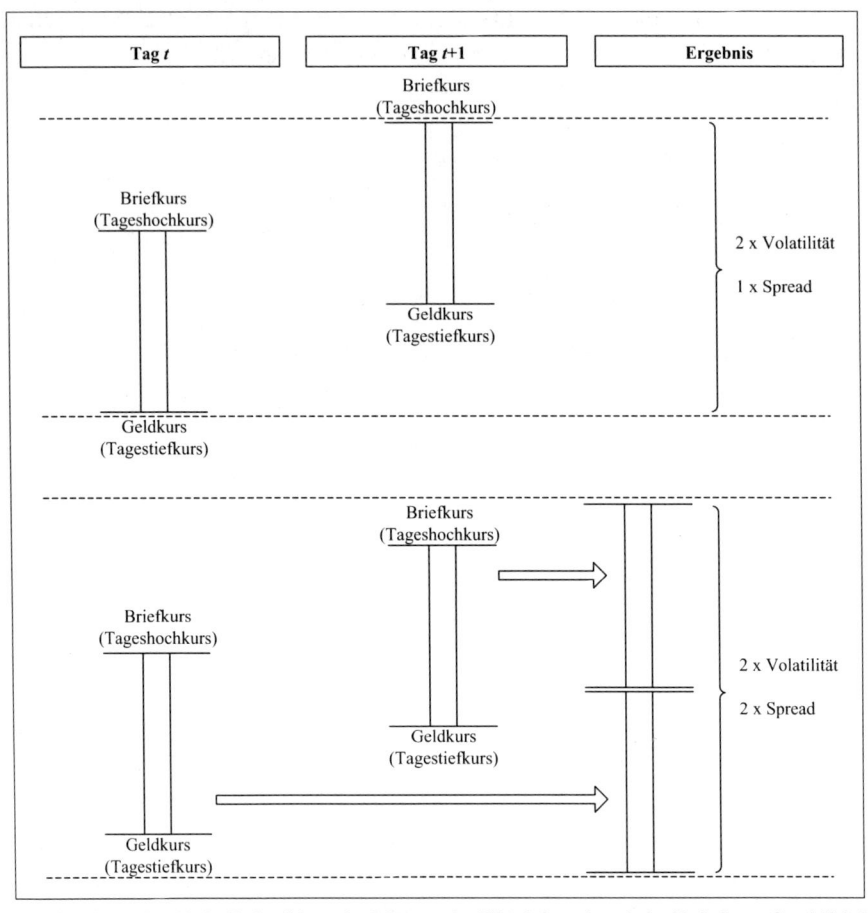

Abbildung 11: Graphische Verdeutlichung der Schätzung des Bid-Ask Spreads nach der Methode von Corwin/Schultz (2012)

Ein kleiner Spread signalisiert eine hohe Liquidität, während ein großer Spread ein Anzeichen für die Illiquidität einer Aktie ist.

Neben dem Bid-Ask Spread ist die von Amihud (2002) vorgeschlagene Messgröße der Illiquidität (*Illiq*) eine der bekanntesten und am häufigsten in empirischen Studien zur Anwendung kommenden Liquiditätsvariablen. Die Illiquidität einer Aktie wird in diesem Fall als Betrag der Rendite *Ret* der Aktie im Verhältnis zu deren Handelsvolumen in Dollar *VolD* betrachtet. Formal ergibt sich also für die Illiquidität einer Aktie *i* am Tag *t* die folgende Berechnung:[399]

$$Illiq_{i,t} = \frac{|Re\, t_{i,t}|}{VolD_{i,t}}$$

Formel 19: Berechnung der Variablen *Illiq*

Sie beschreibt damit die betragsmäßige Rendite pro einem Dollar Handelsvolumen und kann als Preisreaktion des Orderstroms interpretiert werden.[400] Je Illiquider eine Aktie ist, desto größer wird ihre Preisänderung in Folge eines Kaufs oder Verkaufs der Aktie sein. Je höher (niedriger) also die Variablenwerte, desto Illiquider (liquider) die betrachtete Aktie. Die breite Anerkennung der Variablen *Illiq* zur Messung der Illiquidität einer Aktie über die Zeit, basiert auf umfangreichen empirischen Ergebnissen von Amihud (2002): Ausgehend von der in zahlreichen empirischen Studien bestätigten Hypothese, dass sich die Renditeerwartung bei Illiquidität erhöht,[401] stellen sie für die Jahre von 1964 bis 1997 zwischen ihrer Variablen *Illiq* und den erwarteten Aktienmehrrenditen an der NYSE notierter Titel einen hochsignifikant positiven Zusammenhang fest. Als Proxy für die Illiquidität einer Aktie ist die Variable *Illiq* seitdem etabliert und anerkannt.

Tatsächlich zeigt sich jedoch, dass die Variable *Illiq* im Zeitablauf einen sinkenden Verlauf aufweist. Ursächlich hierfür könnte eine Zunahme des Nenners aufgrund einer über die Jahre hinweg steigenden Inflation sein.[402] Darüber hinaus hat aber auch das Handelsvolumen über die Zeit hinweg deutlich zugenommen, was ebenfalls zu

---

[399] Vgl. Amihud (2002), S. 34.

[400] Vgl. Amihud (2002), S. 34.

[401] Hinter dieser Hypothese steht die Überlegung, dass die typischerweise als Risikoprämien bezeichneten Aktienüberrenditen einen Ausgleich für Illiquidität darstellen und daher die Renditeerwartung mit der Illiquidität steigt. Tatsächlich bestätigen die Ergebnisse zahlreicher empirischer Studien die Gültigkeit eines positiven Rendite-Illiquiditäts Zusammenhangs. Vgl. hierzu Amihud (2002), S. 31–32.

[402] Vgl. Bank/Larch/Peter (2011), S. 15.

einem sinkenden Verlauf der Variablen *Illiq* führt.[403] Deshalb soll als weiteres Maß der Illiquidität der sog. *Turnover_price_impact* berechnet werden, um die Ergebnisse bzgl. der Variablen *Illiq* auf Robustheit überprüfen zu können. Im Sinne einer Variation der von Amihud (2002) eingeführten Kennzahl schlägt Florackis/Gregoriou/ Kostakis (2011) vor, anstatt des Dollarhandelsvolumens *VolD* im Nenner den *Turnover* zu berücksichtigen. Formal ergibt sich dementsprechend für die Illiquidität einer Aktie *i* am Tag *t* die folgende Berechnung:[404]

$$Turnover\_price\_impact_{i,t} = \frac{|Ret_{i,t}|}{Turnover_{i,t}}$$

Formel 20: Berechnung der Variablen *Turnover_price_impact*

Sie beschreibt damit die betragsmäßige Rendite pro Aktienumschlag, welcher sich, wie bereits zuvor beschrieben, aus der Anzahl gehandelter Aktien zu der Anzahl in Streubesitz befindlicher Aktien ergibt. Je Illiquider eine Aktie ist, desto größer wird auch hier ihre Preisänderung in Folge eines Kaufs oder Verkaufs der Aktie sein, weshalb hohe Werte mit Illiquidität und niedrige Werte mit Liquidität korrespondieren. Die Tatsache, dass hier der Aktienumschlag und nicht das Produkt aus Handelsvolumen und Aktienkurs verwendet wird, macht diese Illiquiditätsvariable zudem frei von Verzerrungen durch die Unternehmensgröße: Es ist in diesem Fall nämlich nicht anzunehmen, dass Unternehmen mit einer hohen Marktkapitalisierung zwangsläufig einen höheren Aktienumschlag aufweisen,[405] während die Variable *Illiq* über Unternehmen mit unterschiedlicher Marktkapitalisierung hinweg tatsächlich nicht exakt vergleichbar ist.[406]

---

[403] Vgl. Bamber/Barron/Stevens (2011), S. 440. Zum einen lässt sich die Zunahme der Handelsaktivitäten durch die leichtere Teilnahme am Handel aufgrund der Möglichkeit von Onlinetransaktionen begründen. Vgl. hierzu Ahmed/Schneible Jr./Stevens (2003), S. 429. Zum anderen sind die Transaktionskosten gesunken, was ebenfalls einen stärkeren Handel begünstigen kann. Vgl. hierzu Campbell/Grossman/Wang (1993), S. 906 sowie Fung/Hsieh (2006), S. 1.

[404] Vgl. Florackis/Gregoriou/Kostakis (2011), S. 3337.

[405] Vgl. Florackis/Gregoriou/Kostakis (2011), S. 3338.

[406] Vgl. Bank/Larch/Peter (2011), S. 15.

Datenbasis, Berechnung von Variablen und deskriptive Statistik

	Ret^2	Turnover_ln	Bid_ask_spread	Illiq	Turnover_price_impact
Ret^2	1,0000				
Turnover_ln	0,2007	1,0000			
Bid_ask_spread	0,0740	-0,0033	1,0000		
Illiq	0,3170	0,0744	-0,0166	1,0000	
Turnover_price_impact	0,2772	0,1144	0,0050	0,5199	1,0000

Tabelle 31: Korrelationsmatrix zu den aus Börsendaten berechneten Variablen

Weil in den späteren Regressionsmodellen die Variablen teilweise auch mit einer zeitlichen Verzögerung von $t-1$ berücksichtigt werden, soll auch in Bezug auf diese Variablen die Korrelation zu den übrigen Variablen geprüft werden. Aus Vereinfachungsgründen werden in Tabelle 32 nur Korrelationskoeffizienten berichtet, die entweder unter -30 Prozent oder über +30 Prozent liegen und nicht bereits in obiger Tabelle erwähnt wurden.

	(a)	(b)	(c)	(d)	(e)	(f)	(g)	(h)
(a) Bid_ask_spread$_t$	1,0000							
(b) Bid_ask_spread$_{t-1}$	[-0,3; 0,3]	1,0000						
(c) Turnover_ln$_t$	[-0,3; 0,3]	-0,3680	1,0000					
(d) Turnover_ln$_{t-1}$	[-0,3; 0,3]	[-0,3; 0,3]	-0,3319	1,0000				
(e) Illiq$_t$	[-0,3; 0,3]	[-0,3; 0,3]	[-0,3; 0,3]	[-0,3; 0,3]	1,0000			
(f) Illiq$_{t-1}$	[-0,3; 0,3]	[-0,3; 0,3]	[-0,3; 0,3]	[-0,3; 0,3]	0,3742	1,0000		
(g) Ret^2_t	[-0,3; 0,3]	[-0,3; 0,3]	[-0,3; 0,3]	[-0,3; 0,3]	[-0,3; 0,3]	[-0,3; 0,3]	1,0000	
(h) Ret$^2_{t-1}$	[-0,3; 0,3]	[-0,3; 0,3]	[-0,3; 0,3]	[-0,3; 0,3]	[-0,3; 0,3]	[-0,3; 0,3]	0,3395	1,0000

Tabelle 32: Ergänzende Korrelationsmatrix zu den aus Börsendaten berechneten Variablen

Die Korrelationsmatrizen (Tabelle 31 und Tabelle 32) zeigen insgesamt relativ geringe Korrelationen zwischen den einzelnen Variablen an. Multikollinearität liegt dementsprechend nicht vor. Erwartungsgemäß hoch ist die Korrelation zwischen den Variablen *Illiq* und *Ret²* mit etwas über 30 Prozent. Dies liegt an der Berechnung der Variablen *Illiq*, bei welcher im Zähler das Absolut der Rendite verwendet wird. 30 Prozent erscheint jedoch im Hinblick auf Multikollinearität unkritisch. Deutlich größer ist mit knapp 52 Prozent jedoch die Korrelation zwischen den Variablen *Illiq* und *Turnover_price_impact*. Beide Variablen haben im Zähler das Absolut der Rendite und unterscheiden sich daher nur im Nenner voneinander, so dass eine hohe Korrelation hier wenig überraschend ist. Die starke Korrelation ist jedoch deshalb im Rahmen der späteren empirischen Überprüfung unproblematisch, weil die beiden Variablen jeweils Kontrollvariablen füreinander sind und daher ohnehin nicht gemeinsam in einer Regression betrachtet werden.

Variable	Durchschnitt	Median	Maximum	Minimum	Standardabweichung	Beobachtungen
Ret^2	0,000257	5,89E-05	0,041283	0,000000	0,000875	15060
Turnover_ln	-0,000269	-0,007518	1,994722	-1,921925	0,345331	15030
Bid_ask_spread	0,366967	0,367595	0,404851	0,184966	0,006804	15000
Illiq	2,01E-11	1,26E-11	2,80E-10	0,000000	2,36E-11	15060
Turnover_price_impact	0,001678	0,001348	0,012448	0,000000	0,001371	15060

Tabelle 33: Deskriptive Statistik zu den aus Börsendaten berechneten Variablen

Wie in der Tabelle 33 erkennbar, unterscheidet sich die Anzahl an Beobachtungen bei den einzelnen Variablen voneinander: 15060 Beobachtungen bedeuten in diesem Zusammenhang, dass bei den 30 Unternehmen des *DJIA* für alle Tage des Betrachtungszeitraums (502) Beobachtungen vorliegen (15060 = 30 x 502). Bei Variablen, die eine relative Veränderung zum Vortag darstellen und aus den Rohdaten berechnet werden, reduziert sich die Beobachtungszahl je Unternehmen auf 501, weil jeweils für den 03. Januar 2011 als erster Tag des Betrachtungszeitraums keine relative Veränderung zum Vortag berechnet werden kann (15030 = 30 x 501). Aufgrund der Berechnungsart der nach der Methode von Corwin/Schultz (2012) geschätzten Bid-Ask Spreads fehlen je Unternehmen jeweils Daten für den 03. Januar 2011 sowie für den 31. Dezember 2012, so dass sich die Anzahl der gesamten Beobachtungen auf 15000 reduziert (15000 = 30 x 500).

Die Variable *Turnover_ln* ergibt sich aus der relativen Veränderung zum Vortag des sog. *Turnover*, der als geeignete Variable zur Abbildung der Handelsaktivitäten am Markt gilt. Dieser wiederum berechnet sich aus der Anzahl an einem Tag gehandelter Aktien (in Stück) im Verhältnis zu den an diesem Tag in Streubesitz befindlicher Aktien (in tausend Stück). Das Ziel dieser Variable ist es, eine Aufmerksamkeitskomponente bezogen auf das jeweilige Unternehmen / die Unternehmensaktie abzubilden. Stark zunehmende Handelsaktivitäten stehen für steigende Aufmerksamkeit, während zurückgehende Handelsaktivitäten eher eine Reduktion der Aufmerksamkeit anzeigen. Mit Blick auf die in der Tabelle 34 dargestellten Informationen zum *Turnover* (nicht dessen relative Veränderung), ergeben sich interessante Erkenntnisse: So weist bspw. das Unternehmen ALCOA INC (AA) im Betrachtungszeitraum das mit Abstand größte durchschnittliche Handelsvolumen im Verhältnis zu den ausstehenden

Aktien auf. Die Standardabweichung ist ebenfalls vergleichsweise hoch. Ursächlich hierfür ist vor allem das Jahr 2011, in welchem die Aktie des Unternehmens einen bemerkenswerten Kursverlust von knapp 19 Dollar auf fast 8 Dollar verzeichnete. Der Aluminiumhersteller reiht sich damit in die insbesondere ab April 2011 starken Kursrückgänge zahlreicher Unternehmen im Rohstoffsektor ein. Auch die Aktie der BANK OF AMERICA CORP (BAC) wurde im Betrachtungszeitraum sehr aktiv gehandelt. Die Standardabweichung des *Turnovers* ist hoch, was weltweit für Bankaktien in diesem Zeitraum jedoch kein überraschendes Bild abgibt. Am geringsten sind im Betrachtungszeitraum die Handelsaktivitäten bzgl. der Aktie von WALMART STORES INC (WMT). Die Tabelle 34 gibt hierzu einen vollständigen Überblick.

Ticker	Durchschnitt	Median	Maximum	Minimum	Summe	Standardabweichung	Beobachtungen
AA	23,73264	21,20733	103,1930	7,328791	11913,79	11,52335	502
AXP	5,756196	5,305612	17,99380	1,329328	2889,610	2,169625	502
BA	6,726716	6,201036	20,96865	2,094083	3376,812	2,663669	502
BAC	19,78835	17,74970	84,83442	4,680738	9933,750	10,21227	502
CAT	12,13220	11,28089	39,98136	3,558616	6090,363	4,871552	502
CSCO	10,15057	8,681276	101,4090	2,345234	5095,588	6,658259	502
CVX	3,922070	3,542977	15,28100	1,167853	1968,879	1,567270	502
DD	6,839611	6,079747	33,81547	2,557684	3433,485	3,311836	502
DIS	5,646467	4,947628	46,06000	1,564396	2834,527	3,215753	502
GE	5,190401	4,494107	21,50034	1,440127	2605,581	2,418320	502
HD	6,789574	6,193015	23,89632	2,021497	3408,366	2,629568	502
HPQ	11,02432	9,148868	78,69895	3,722780	5534,208	7,483881	502
IBM	4,155625	3,706770	13,23469	1,258275	2086,124	1,813088	502
INTC	10,05308	9,312143	32,73955	2,485117	5046,647	4,206713	502
JNJ	4,433853	3,835454	35,84372	1,806542	2225,794	2,366901	502
JPM	9,252887	8,157002	56,84608	2,189323	4644,949	4,640951	502
KO	3,660187	3,247052	21,98811	1,081722	1837,414	1,622388	502
MCD	6,182179	5,574749	34,52926	2,365592	3103,454	2,687148	502
MMM	5,061947	4,475465	17,83109	1,377883	2541,098	2,215413	502
MRK	4,934297	4,251068	24,11787	1,470204	2477,017	2,537720	502
MSFT	6,464007	5,966436	37,89546	2,467148	3244,932	2,749904	502
PFE	5,345543	4,718006	21,18102	1,473846	2683,462	2,635591	502
PG	3,858150	3,410416	14,28248	1,309363	1936,791	1,802143	502
T	4,734922	4,124627	21,26331	1,703081	2376,931	2,336494	502
TRV	8,427265	7,484266	30,59973	2,164903	4230,838	3,818938	502
UNH	6,538161	5,896578	25,79205	1,673537	3282,157	2,880089	502
UTX	4,839210	4,503822	14,44086	1,323885	2429,284	1,830691	502
VZ	5,423325	4,742024	29,55341	1,182866	2722,509	2,684909	502
WMT	3.098947	2,816738	11,16372	0,864480	1555,672	1,419585	502
XOM	3,838926	3,521934	18,12438	1,400465	1927,141	1,585708	502
Summe	7,266744	5,389571	103,1930	0,864480	109437,2	6,193213	15060

Tabelle 34: **Deskriptive Statistik zur Anzahl pro Tag gehandelter Aktien im Verhältnis zum im Streubesitz befindlicher Aktien (*Turnover*)**

Die Variable Ret^2 stellt die diskrete Aktienkursrendite zum Quadrat dar und wird auf Tagesbasis aus den Schlusskursen der Unternehmensaktien berechnet. Das Ziel dieser Variable ist es, im Rahmen der empirischen Untersuchung eine Aufmerksamkeitskomponente bezogen auf die jeweilige Unternehmensaktie abzubilden. Dementsprechend beruht ihre Berücksichtigung auf der Annahme, dass extreme Renditen (positiv wie negativ) die Aufmerksamkeit der Marktteilnehmer auf einzelne Unternehmensaktie lenken können. Durch das Quadrieren der Rendite werden zum einen die Richtungen der positiven und negativen Renditen für die empirische Untersuchung angeglichen und gleichzeitig hohe im Vergleich zu kleineren / normaleren Renditen übergewichtet.

Mit den Variablen *Bid_ask_spread*, *Illiq* sowie *Turnover_price_impact* wird die Illiquidität der jeweiligen Aktie abgebildet. Hohe Variablenwerte signalisieren dementsprechend eine hohe Illiquidität (geringe Liquidität), während niedrige Variablenwerte eine geringe Illiquidität (hohe Liquidität) anzeigen.

5.6 Google- und Soziale Mediendaten

Die hier verwendeten Ausgangsdaten zur Variablenberechnung stammen von den folgenden Datenquellen:

- Google Insights for Search / Google Trends
- Stockpulse GmbH

Google Trends ist ein Produkt des Unternehmens Alphabet Inc. (ehemals: Google Inc.), welches Informationen über die Nutzung der Suchmaschine Google zugänglich macht. Mit diesem Online-Dienst kann man insbesondere abrufen, wie oft in definierbaren Zeiträumen nach bestimmten Begriffen gesucht wurde. Google Insights for Search gilt in diesem Zusammenhang als Erweiterung, mit der die Suchanfragen zusätzlich hinsichtlich ihrer geografischen Herkunft kategorisiert werden können. Seit dem 27. September 2012 sind diese beiden Online-Dienste allerdings integriert unter dem Namen Google Trends verfügbar. Google Trends liefert keine Informationen zu absoluten Suchanfragen, sondern stellt diese in einer relativierten Form dar. Für diese relative Darstellung „*wird jeder Datenpunkt durch die Gesamtzahl der Suchanfragen in dem entsprechenden geografischen Bereich und Zeitraum geteilt, um so die relative Beliebtheit zu ermitteln. Die Ergebnisse werden dann auf einer Skala von 0 bis 100 repräsentiert.*"[407] Der Wert null bedeutet in diesem Zusammenhang jedoch nicht, dass es im entsprechenden Zeitraum keine Suchanfragen gab, sondern nur, dass die Menge der Suchanfragen einen bestimmten Schwellenwert (unbekannt) nicht überschritten hat. Zudem werden wiederholte Suchanfragen derselben Person innerhalb eines kurzen Zeitraums entfernt.[408] Die relative Darstellung der Suchanfragen hat für die spätere empirische Untersuchung den Vorteil, dass problemlos Zeitreihenvergleiche zwischen einzelnen Begriffen / Unternehmensnamen möglich sind. Für einen Zeitraum von bis zu drei Monaten können die Daten auf Tagesbasis abgerufen werden. Für längere Zeiträume werden die Daten auf wöchentlicher Basis bereitgestellt und für Zeiträume über vier Jahre hinaus nur noch auf monatlicher Basis. Da die Aufmerksamkeit der Marktteilnehmer jedoch eher kurzfristig volatil ist und im Rahmen der vorliegenden Arbeit die kurzfristigen Veränderungen betrachtet werden sollen, ist eine Datenstruktur auf wöchentlicher oder gar monatlicher Basis nicht zielfüh-

---

[407] Google (2015a), S. 1.
[408] Google (2015b), S. 1.

rend. Dementsprechend sollen die Google-Daten für den zweijährigen Betrachtungszeitraum auf Tagesbasis beschafft werden. Leider können aufgrund der von Google genutzten Form der relativen Datendarstellung nicht einfach die 3-Monatsdateien der jeweiligen Suchbegriffe heruntergeladen (in Excel) und anschließend zusammengesetzt werden, weil ansonsten in jedem 3-Monats-Intervall erneut der Wert 100 vorhanden wäre und die Zeitreihe damit verfälscht werden würde. Jedoch können für einen Suchbegriff fünf Zeitintervalle gleichzeitig abgefragt werden. So können also gleichzeitig fünfmal 3-Monats-Intervalle je Suchbegriff heruntergeladen werden, die zum gleichen Maximum an Suchanfragen relativiert werden. Zwei solche 15-Monats-Intervalle hingegen können wiederum nicht einfach aneinandergereiht werden, weil dann erneut die Problematik der unterschiedlichen Referenzpunkte bei der Relativierung zum Tragen kommt. Um nun jedoch zu einem bestimmten Suchbegriff Zeitreihen auf Tagesbasis zu erhalten, die einen Zeitraum von mehr als 15 Monaten umfassen, kann dies mittels der folgenden drei Schritte erreicht werden:[409]

1. Zunächst wird für jede Suchbegriff-Jahr-Kombination der Tag mit dem größten relativen Suchvolumen (100) im entsprechenden Jahr des Betrachtungszeitraums (hier 2011 sowie 2012) gesucht. Für das Jahr 2011 sowie für das Jahr 2012 werden also jeweils die 3-Monats-Intervalle Januar – März, April – Juni, Juli – September sowie Oktober – Dezember gemeinsam abgefragt. Man erhält folglich (weil 3-Monats-Intervalle Daten auf Tagesbasis liefern) für das Jahr 2011 sowie für das Jahr 2012 jeweils den Tag, an welchem das höchste Suchvolumen bzgl. des entsprechenden Begriffs (100) registriert wurde.

2. Den Tag mit den meisten Suchanfragen des Jahres 2011 nimmt man nun gemeinsam mit dem Tag der meisten Suchanfragen des Jahres 2012 in eine gemeinsame Abfrage, um festzustellen, auf welchen dieser beiden Tage insgesamt die meisten Suchanfragen entfallen. Damit ist für den zweijährigen Betrachtungszeitraum der Tag identifiziert, an dem die meisten Suchanfragen bzgl. des Suchbegriffs registriert wurden.

3. Nun werden erneut für die beiden Jahre 2011 sowie 2012 in den oben genannten 3-Monats-Intervallen Januar – März, April – Juni, Juli – September sowie Oktober – Dezember die Suchdaten abgefragt und zusätzlich als fünfter Zeitraum der Tag mit den insgesamt meisten Suchanfragen integriert. So werden

---

[409] Vgl. Fink/Johann (2013), S. 12–13.

nun alle Suchanfragen in Bezug auf diesen einen Tag relativiert. Für einen Suchbegriff entsteht nach Zusammensetzten der Daten eine Zeitreihe von 2011 bis 2012 auf Tagesbasis mit nur einem Maximum von 100.

Die Tabelle 35 verdeutlicht den Abfrageprozess in Google Trends, um für längere Zeiträume Daten auf Tagesbasis zu erhalten.[410]

---

[410] Vgl. Fink/Johann (2013), S. 34.

Schritt 1: *Pro Jahr den Tag mit den meisten Suchanfragen je Suchbegriff identifizieren*

Jahr	Januar - März	April - Juni	Juli - September	Oktober - Dezember
2011		X		
2012	X			

Schritt 2: *Für den gesamten Betrachtungszeitraum den Tag mit den meisten Suchanfragen je Suchbegriff identifizieren*

April – Juni 2011	Januar – März 2012
	X

Schritt 3: *Datenabfrage pro Jahr und Integration des Tages mit den meisten Suchanfragen im gesamten Betrachtungszeitraum*

	2011			
Januar – März 2012	Januar - März	April - Juni	Juli - September	Oktober - Dezember
	2012			
Januar – März 2012	Januar - März	April - Juni	Juli - September	Oktober - Dezember

Tabelle 35: Abfrageprozess in Google Trends für Daten auf Tagesbasis über längere Zeiträume

Die Kommunikationsdaten Sozialer Finanzmedien werden vom Unternehmen Stockpulse GmbH zur Verfügung gestellt, welches täglich bis zu 100.000 Nachrichten „(...) für private und professionelle Anleger (...) [aus] Börsenforen, Twitter und an-

deren Nachrichtenquellen übersichtlich und für fast 6.000 Aktien (...)"[411] erfasst und auswertet. Der Großteil der Daten stammt von Twitter (ca. 50 bis 60 Prozent), während darüber hinaus auch die Sozialen Finanzmedien wallstreet:online, Stockhouse, finanzen.net, Yahoo!Finance, StockTwits, InteractiveInvestors, ForexFactory und FinanzNachrichten.de intensiv ausgewertet werden. Zum Sammeln der Daten nutzt das Unternehmen Stockpulse spezielle Software (sog. Crawler), mit denen die interessierenden Internetseiten gezielt nach vorab definierten Schlüsselworten durchsucht werden können.[412] Dabei hat Stockpulse ein Verfahren entwickelt, um nur die eine Aktie betreffende Kommunikation zu erfassen. So analysieren die Crawler bereits beim Erfassen der Daten den Text nach relevanten Begleitworten, damit eine eindeutige Zuordnung möglich ist.[413] In Bezug auf Twitter-Daten fällt diese eindeutige Zuordnung schon viel leichter: Hier wird aktuell der sog. Cashtag ($) genutzt, bei welchem ein dem Tickersymbol vorangestelltes Dollarzeichen den Inhalt der nachfolgenden Nachricht als aktienspezifisch klassifiziert und damit eine Unterscheidung von anderen Inhalten ermöglicht wird.[414] Nachrichten, die zu Werbezwecken oder zur gezielten Kursmanipulation veröffentlicht werden, versucht Stockpulse frühzeitig aus seinem Datensatz herauszufiltern: Hierfür prüfen die Crawler auf Schlüsselwörter, die auf ein solches Verhalten hindeuten könnten und schauen sich zudem, wenn möglich, die Glaubwürdigkeit des jeweiligen Autors der Nachricht an. Bei Twittermeldungen wird bspw. darauf geachtet, wie lange das entsprechende Twitterkonto bereits existiert, wie regelmäßig Nachrichten über dieses Konto veröffentlicht werden und wie viele follower den über dieses Konto veröffentlichten Informationen folgen.[415] Besonders manipulationsverdächtig sind dann solche Konten, die sehr wenige follower haben, selbst sehr selten die twittertypischen 140-Zeichen-Informationen veröffentlichen (sog. tweets), aber im großen Stil Nachrichten von anderen Konten teilen

---

[411] Stockpulse GmbH (2012), S. 1.
[412] Vgl. Stockpulse GmbH (2015c), S. 1.
[413] Vgl. Stockpulse GmbH (2015b), S. 1.
[414] Vgl. Stockpulse GmbH (2015b), S. 1.
[415] Bei Twitter wird ein Nutzer dann als sog. follower bezeichnet, wenn er die Informationen anderer Nutzer in der Form abonniert hat, dass er über neue Veröffentlichungen unmittelbar informiert wird.

(sog. retweets).[416] Von den als seriös eingestuften Informationen erfasst Stockpulse das insgesamt zu einem speziellen Unternehmen / einer spezielle Aktie entstehende Beitragsvolumen in Sozialen Finanzmedien und klassifiziert darüber hinaus den Inhalt dieser Beiträge mittels Methoden der automatisierten Texterkennung in positiv, negativ oder neutral formulierte Beiträge. So können mit dem vorliegenden umfangreichen Stockpulse-Datensatz in Bezug auf die oben genannte Auswahl der Unternehmen für den Betrachtungszeitraum neben der Veränderung der gesamten Beitragsvolumina auch Variablen berechnet werden, die ausschließlich die Veränderung optimistisch, pessimistisch bzw. neutral formulierter Beiträge abbilden.

Mit den Variablen *Search_fin_ln* sowie *Search_all_ln* kann im Rahmen der vorliegenden Arbeit die relative Veränderung des Suchvolumens zum Vortrag berücksichtigt werden und dabei unterschieden werden, ob es sich um das kategoriengefilterte Suchvolumen bzw. um das gesamte unternehmensspezifische Suchvolumen handelt. Mit der Variablen *Socialm_total_ln* wir die relative Veränderung des gesamten Nachrichtenvolumens Sozialer Finanzmedien auf Tages- und Einzelunternehmensebene erfasst. Die Variablen *Socialm_pos_ln*, *Socialm_neg_ln* sowie *Socialm_neut_ln* erfassen dementsprechend nur die relative Veränderung der positiv, negativ bzw. neutral formulierten Beiträge im Hinblick auf einzelne Aktien und Unternehmen. Mit der Messgröße *Socialm_agree* kann zudem im Rahmen der empirischen Untersuchung berücksichtigt werden, wie homogen die in Sozialen Finanzmedien aktiven Markt-

---

[416] Eine solche Situation deutet darauf hin, dass mit falschen Informationen und einem Netzwerk sog. Fake-Konten gezielt Kurse manipuliert werden sollen: Über ein Konto wird dann eine vermeintlich kursrelevante aber falsche Information veröffentlicht, während diese Information unmittelbar von den anderen sog. Fake-Konten geteilt und weitergeleitet werden, um möglichst schnell viel Aufmerksamkeit auf diese Information zu lenken. Die Manipulierenden machen sich dabei zu Nutze, dass insbesondere die Zahl der retweets in der Twitterwelt als einer der besten Indikatoren für eine regelmäßige und gute Informationsveröffentlichung gilt. Ein retweet ist die Weiterverbreitung einer von einem anderen Nutzer veröffentlichten Information. Lange Zeit wurde die Anzahl der follower als Indikator dafür genutzt, wie gut die über ein Konto veröffentlichten Informationen sind. Seit man sich jedoch über dubiose Anbieter für sein Twitterkonto sog. follower kaufen kann, verliert diese Kennzahl an Wert. Außerdem werden von den über 904 Millionen Twitterkonten nur ca. ein Viertel aktiv genutzt, so dass eine breite Gefolgschaft nicht unbedingt auf eine breite, aktive Leserschaft hindeuten muss. Viele retweets sind in diesem Zusammenhang schon deutlich aussagekräftiger: „*Wenn jemand regelmässig [sic] gute Inhalte, komprimiert auf 140 Zeichen, liefern kann, wird er auch von qualitativen Followers verfolgt – und diese teilen seine Inhalte.*" (PUNKTmagazin (2015), S. 1). Vgl. hierzu Frankfurter Allgemeine Zeitung (2015), S. 1; PUNKTmagazin (2015), S. 1 sowie Stockpulse GmbH (2015a), S. 1.

teilnehmer hinsichtlich ihrer Einschätzung zu künftigen Kursentwicklungen der einzelnen Aktien sind. Die nachfolgenden Tabellen (Tabelle 36 bis Tabelle 41) sowie die darauffolgenden Ausführungen liefern einen Überblick zu den aus den Daten berechneten Variablen und deren statistischen Eigenschaften.

Bezeichnung	Beschreibung	Variable	Datenbank
Suchanfragen in Google (Kategorienfilter Finanzen) (relative Veränderung zum Vortag, natürlicher Logarithmus)	Volumen (relative Veränderung zum Vortag) an unternehmensspezifischen Google-Suchanfragen mit Finanzen-Filter zum jeweiligen Datum (Eingabe des Unternehmensnamens in die Suchmaske von Google). Es handelt sich um relative Werte, die in Bezug auf das höchste Suchvolumen desselben Begriffs im selben Zeitraum normalisiert sind. So variiert das unternehmensspezifische Suchvolumen im Betrachtungszeitraum zwischen 100 (der Tag mit den innerhalb des Zeitraums meisten Suchanfragen zu dem jeweiligen Unternehmen) und 0 (der Tag mit den innerhalb des Zeitraums wenigsten Suchanfragen zu dem jeweiligen Unternehmen). Eine Null lässt allerdings nicht auf ein Suchvolumen von 0 Anfragen schließen, sondern signalisiert nur, dass das Suchvolumen dieses Tages einen von Google definierten (unbekannten) Schwellenwert insgesamt nicht überschritten hat. Die Werte für Montag ergeben sich als Durchschnitt aus den Werten von Samstag, Sonntag und Montag. Andere handelsfreie Tage sind genauso im nächsten Handelstag berücksichtigt. Daten auf Tages- und Einzelunternehmensbasis. Bei den Suchanfragen mit Kategorienfilter Finanzen erfasst Google nicht nur die Suchfrage selbst, sondern speichert zu dieser auch die Kategorie der Website, welcher der Suchende vor und nach seiner jeweiligen Suchfrage besuchte. Lassen sich diese dann bspw. der Kategorie Finanzen zuordnen, versieht Google die abgegebene Suchanfrage mit dieser Zusatzinformation bzgl. des Interesses des Suchenden.	Search_fin_ln	Google Insights for Search / Google Trends

Tabelle 36: Übersicht zu den aus Googledaten berechneten Variablen (I)

Datenbasis, Berechnung von Variablen und deskriptive Statistik

Bezeichnung	Beschreibung	Variable	Datenbank
Suchanfragen in Google (Allgemein) (relative Veränderung zum Vortag, natürlicher Logarithmus)	Volumen (relative Veränderung zum Vortag) an unternehmensspezifischen Google-Suchanfragen zum jeweiligen Datum (Eingabe des Unternehmensnamens in die Suchmaske von Google). Es handelt sich um relative Werte, die in Bezug auf das höchste Suchvolumen desselben Begriffs im selben Zeitraum normalisiert sind. So variiert das unternehmensspezifische Suchvolumen im Betrachtungszeitraum zwischen 100 (der Tag mit den innerhalb des Zeitraums meisten Suchanfragen zu dem jeweiligen Unternehmen) und 0 (der Tag mit den innerhalb des Zeitraums wenigsten Suchanfragen zu dem jeweiligen Unternehmen). Eine Null lässt allerdings nicht auf ein Suchvolumen von 0 Anfragen schließen, sondern signalisiert nur, dass das Suchvolumen dieses Tages einen von Google definierten (unbekannten) Schwellenwert insgesamt nicht überschritten hat. Die Werte für Montag ergeben sich als Durchschnitt aus den Werten von Samstag, Sonntag und Montag. Andere handelsfreie Tage sind genauso im nächsten Handelstag berücksichtigt. Daten auf Tages- und Einzelunternehmensbasis.	Search_all_ln	Google Insights for Search / Google Trends

Tabelle 37: Übersicht zu den aus Googledaten berechneten Variablen (II)

Datenbasis, Berechnung von Variablen und deskriptive Statistik

Bezeichnung	Beschreibung	Variable	Datenbank
Beitragsvolumen in Sozialen Finanzmedien (Gesamt) (relative Veränderung zum Vortag, natürlicher Logarithmus)	Anzahl der zum jeweiligen Datum (relative Veränderung zum Vortag) veröffentlichten Beiträge in Sozialen Medien mit Inhalten zu einem konkreten Unternehmen. Die Werte für Montag ergeben sich als Durschnitt aus den Werten von Samstag, Sonntag und Montag. Andere handelsfreie Tage sind genauso im nächsten Handelstag berücksichtigt. Daten auf Tages- und Einzelunternehmensbasis.	Socialm_total_ln	Stockpulse GmbH
Beitragsvolumen in Sozialen Finanzmedien (Positiv) (relative Veränderung zum Vortag, natürlicher Logarithmus)	Anzahl der zum jeweiligen Datum (relative Veränderung zum Vortag) veröffentlichten Beiträge in Sozialen Medien mit Inhalten zu einem konkreten Unternehmen. Die Werte für Montag ergeben sich als Durschnitt aus den Werten von Samstag, Sonntag und Montag. Andere handelsfreie Tage sind genauso im nächsten Handelstag berücksichtigt. Daten auf Tages- und Einzelunternehmensbasis. Es werden nur solche Beiträge berücksichtigt, in welchen bezüglich der Unternehmens- oder Aktienkursentwicklung vom Verfasser des Beitrages eine positive persönliche Einschätzung transportiert wird.	Socialm_pos_ln	Stockpulse GmbH
Beitragsvolumen in Sozialen Finanzmedien (Negativ) (relative Veränderung zum Vortag, natürlicher Logarithmus)	Anzahl der zum jeweiligen Datum (relative Veränderung zum Vortag) veröffentlichten Beiträge in Sozialen Medien mit Inhalten zu einem konkreten Unternehmen. Die Werte für Montag ergeben sich als Durschnitt aus den Werten von Samstag, Sonntag und Montag. Andere handelsfreie Tage sind genauso im nächsten Handelstag berücksichtigt. Daten auf Tages- und Einzelunternehmensbasis. Es werden nur solche Beiträge berücksichtigt, in welchen bezüglich der Unternehmens- oder Aktienkursentwicklung vom Verfasser des Beitrages eine negative persönliche Einschätzung transportiert wird.	Socialm_neg_ln	Stockpulse GmbH

Tabelle 38: Übersicht zu den aus Sozialen Mediendaten berechneten Variablen (I)

Datenbasis, Berechnung von Variablen und deskriptive Statistik

Bezeichnung	Beschreibung	Variable	Datenbank
Beitragsvolumen in Sozialen Finanzmedien (Neutral) (relative Veränderung zum Vortag, natürlicher Logarithmus)	Anzahl der zum jeweiligen Datum (relative Veränderung zum Vortag) veröffentlichten Beiträge in Sozialen Medien mit Inhalten zu einem konkreten Unternehmen. Die Werte für Montag ergeben sich als Durchschnitt aus den Werten von Samstag, Sonntag und Montag. Andere handelsfreie Tage sind genauso im nächsten Handelstag berücksichtigt. Daten auf Tages- und Einzelunternehmensbasis. Es werden nur solche Beiträge berücksichtigt, in welchen bezüglich der Unternehmens- oder Aktienkursentwicklung vom Verfasser des Beitrages eine neutrale persönliche Einschätzung transportiert wird.	Socialm_neut_ln	Stockpulse GmbH
Grad der Übereinstimmung in Sozialen Finanzmedien veröffentlichter Meinungen	Signalgröße für die Homogenität der in Sozialen Medien aktiven Kapitalmarktteilnehmer in Bezug auf die Einschätzung der Unternehmens- oder Aktienkursentwicklung. Werte nahe der 1 signalisieren eine stark ausgeprägte Homogenität (große Einigkeit innerhalb der nicht neutral formulierten Meinungen) entweder in Richtung einheitlich positiver oder negativer Einschätzungen. Neutral formulierte Meinungen bleiben unberücksichtigt. Die Werte für Montag ergeben sich als Durchschnitt aus den Werten von Samstag, Sonntag und Montag. Andere handelsfreie Tage sind genauso im nächsten Handelstag berücksichtigt. Daten auf Tages- und Einzelunternehmensbasis.	Socialm_agree	Stockpulse GmbH

Tabelle 39:   Übersicht zu den aus Sozialen Mediendaten berechneten Variablen (II)

Datenbasis, Berechnung von Variablen und deskriptive Statistik

	Search_fin_ln	Search_all_ln
Search_fin_ln	1,0000	
Search_all_ln	0,3422	1,0000

Tabelle 40:   Korrelationsmatrix zu den aus Google-Daten berechneten Variablen

	Socialm_total_ln	Socialm_pos_ln	Socialm_neg_ln	Socialm_neut_ln	Socialm_agree
Socialm_total_ln	1,0000				
Socialm_pos_ln	0,8278	1,0000			
Socialm_neg_ln	0,6435	0,4290	1,0000		
Socialm_neut_ln	0,8818	0,5627	0,4699	1,0000	
Socialm_agree	-0,020	0,0780	-0,3342	-0,0113	1,0000

Tabelle 41:   Korrelationsmatrix zu den aus Sozialen Mediendaten berechneten Variablen

Weil in den späteren Regressionsmodellen die Variablen teilweise auch mit einer zeitlichen Verzögerung von t-1 berücksichtigt werden, soll auch in Bezug auf diese Variablen die Korrelation zu den übrigen Variablen geprüft werden. Aus Vereinfachungsgründen werden in Tabelle 42 und Tabelle 43 nur Korrelationskoeffizienten berichtet, die entweder unter -30 Prozent oder über +30 Prozent liegen und nicht bereits in obiger Tabelle erwähnt wurden.

	(a)	(b)	(c)	(d)	(e)	(f)
(a) Search_fin_ln$_t$	1,0000					
(b) Search_fin_ln$_{t-1}$	-0,3043	1,0000				
(c) Socialm_agree$_t$	[-0,3; 0,3]	[-0,3; 0,3]	1,0000			
(d) Socialm_agree$_{t-1}$	[-0,3; 0,3]	[-0,3; 0,3]	[-0,3; 0,3]	1,0000		
(e) Socialm_neg_ln$_t$	[-0,3; 0,3]	[-0,3; 0,3]	[-0,3; 0,3]	[-0,3; 0,3]	1,0000	
(f) Socialm_neg_ln$_{t-1}$	[-0,3; 0,3]	[-0,3; 0,3]	[-0,3; 0,3]	[-0,3; 0,3]	-0,3911	1,0000

Tabelle 42:   Ergänzende Korrelationsmatrix zu den aus Google- und Soziale Mediendaten berechneten Variablen (I)

Datenbasis, Berechnung von Variablen und deskriptive Statistik

	(a)	(b)	(c)	(d)	(e)	(f)
(a) Socialm_total_ln$_t$	1,0000					
(b) Socialm_total_ln$_{t-1}$	-0,3580	1,0000				
(c) Socialm_neut_ln$_t$	-0,3207	-0,3207	1,0000			
(d) Socialm_neut_ln$_{t-1}$	[-0,3; 0,3]	[-0,3; 0,3]	-0,3809	1,0000		
(e) Socialm_pos_ln$_t$	[-0,3; 0,3]	[-0,3; 0,3]	[-0,3; 0,3]	[-0,3; 0,3]	1,0000	
(f) Socialm_pos_ln$_{t-1}$	[-0,3; 0,3]	[-0,3; 0,3]	[-0,3; 0,3]	[-0,3; 0,3]	-0,3769	1,0000

Tabelle 43: Ergänzende Korrelationsmatrix zu den aus Google- und Soziale Mediendaten berechneten Variablen (II)

Die Korrelationsmatrix zu den aus Googledaten berechneten Variablen in Tabelle 40 zeigt relativ geringe Korrelationskoeffizienten und unterstreicht damit die Aussage, dass es sich um zwei sehr verschiedene Variablen handelt. Erwartungsgemäß hoch sind die Korrelationen zwischen den aus Sozialen Mediendaten berechneten Variablen in Bezug auf die Veränderung des gesamten, positiven, negativen sowie neutralen Nachrichtenvolumens (Tabelle 41). Die Signalgröße für die Homogenität der in Sozialen Medien aktiven Kapitalmarktteilnehmer in Bezug auf die Einschätzung der Unternehmens- oder Aktienkursentwicklung (*Socialm_agree*) weist zu den übrigen Variablen relativ geringe Korrelationen auf. Die Zunahme negativ formulierter Beiträge scheint jedoch zumindest teilweise mit einer sinkenden Homogenität (steigenden Heterogenität) der in Sozialen Medien aktiven Kapitalmarktteilnehmer in Bezug auf die Einschätzung der Unternehmens- oder Aktienkursentwicklung einherzugehen. Dahinter könnte generell eine Unsicherheit der Marktteilnehmer stehen, die zum einen die Anzahl negativ formulierter Beiträge bedingt und zum anderen aber auch die Homogenität innerhalb der Marktteilnehmerschaft verringert. Auffällig ist jedoch, dass die Veränderung des gesamten Nachrichtenvolumens deutlich stärker mit der Veränderung positiver als mit der Veränderung negativer Beiträge korreliert ist. Dieses Ergebnis lässt darauf schließen, dass Marktteilnehmer vor allem dann die Veröffentlichung von Beiträgen präferieren, wenn sie bzgl. der jeweiligen Aktie positive Entwicklungen erwarten. Ein solcher Zusammenhang, wonach steigendes Nachrichtenvolumen tendenziell mit zunehmend positiven Erwartungen unter den Marktteilnehmern beschrieben werden kann, wird ebenfalls in einer Untersuchung von Das/Chen (2007) bewiesen.[417] Hohe Korrelationskoeffizienten sind sowohl bei den aus Google-Daten als auch bei den aus Sozialen Mediendaten berechneten Variablen für die spätere empirische Überprüfung unproblematisch, weil diese Variablen nicht gemeinsam

---

[417] Vgl. Das/Chen (2007), S. 1386.

in einer Regression betrachtet werden. Auch die in den ergänzenden Korrelationsmatrizen (Tabelle 42 und Tabelle 43) berichteten Koeffizienten bestätigen das Nichtvorliegen von Multikollinearität.

Variable	Durchschnitt	Median	Maximum	Minimum	Standardabweichung	Beobachtungen
Search_fin_ln	8,93E-05	0,000000	4,290459	-4,219508	0,347076	11022
Search_all_ln	-0,000426	0,000000	1,479626	-1,524078	0,179711	15030

Tabelle 44: Deskriptive Statistik zu den aus Google-Daten berechneten Variablen

Variable	Durchschnitt	Median	Maximum	Minimum	Standardabweichung	Beobachtungen
Socialm_total_ln	0,000504	0,000000	3,944813	-4,402729	0,646370	14949
Socialm_pos_ln	0,000529	0,000000	5,056246	-5,279517	0,748640	14949
Socialm_neg_ln	0,001999	0,000000	3,951244	-4,016383	0,815751	14949
Socialm_neut_ln	0,000731	0,000000	4,121544	-3,295637	0,670225	14949
Socialm_agree	0,168705	0,086315	1,000000	0,000000	0,235637	14900

Tabelle 45: Deskriptive Statistik zu den aus Sozialen Mediendaten berechneten Variablen

Wie in der Tabelle 44 und Tabelle 45 erkennbar, unterscheiden sich die Variablen u.a. in der jeweiligen Anzahl an Beobachtungen: 15060 Beobachtungen würden bedeuten, dass bei den 30 Unternehmen des DJIA für alle Tage des Beobachtungszeitraums (502) Beobachtungen vorliegen würden (15060 = 30 x 502). Bei Variablen, die eine relative Veränderung zum Vortag darstellen und aus den Rohdaten berechnet werden, reduziert sich die Beobachtungszahl je Unternehmen auf 501, weil jeweils für den 03. Januar 2011 als erster Tag des Beobachtungszeitraums keine relative Veränderung zum Vortag berechnet werden kann (15030 = 30 x 501). In Bezug auf das Suchvolumen in Google mit Kategorienfilter Finanzen liegen nur für 22 Unternehmen des Index Beobachtungen vor, so dass die Beobachtungsanzahl hier dementsprechend kleiner ist (11022 = 22 x 501). Die Anzahl der Beobachtungen bei den Veränderungen des Beitragsvolumens Sozialer Finanzmedien liegt deshalb unter 15030, weil für das Unternehmen MCDONALDS CORP (MCD) nicht wie bei allen anderen Unternehmen 501, sondern nur 420 Beobachtungen vorliegen[418] (14949 = 29 x 501 +

---

[418] Die 81 Beobachtungen fehlen im Jahr 2011, während für das Jahr 2012 die Beobachtungen vollständig sind.

420). Die Beobachtungsanzahl der Variablen *Socialm_agree* liegt deshalb nochmals etwas niedriger, weil aufgrund der Berechnungsart dieser Variablen immer dann für einen Tag fehlende Werte produziert werden, wenn an diesem Tag in Bezug auf dasselbe Unternehmen gleich viele positive wie negative Beiträge in Sozialen Finanzmedien veröffentlicht wurden.[419]

Mit den Variablen *Search_fin_ln* sowie *Search_all_ln* wird die relative Veränderung des unternehmensspezifischen Suchvolumens in Google mit bzw. ohne Kategorienfilter Finanzen abgebildet. Werte mit einem positiven Vorzeichen signalisieren dementsprechend eine Zunahme der Suchanfragen im Vergleich zum Vortag, während negative Werte einen Rückgang anzeigen. Die Ausgangsdaten zum jeweiligen Suchvolumen liegen wie bereits weiter oben beschrieben nicht in Form absoluter Suchanfragen vor, sondern werden von Google in einer skalierten Form bereitgestellt, bei welcher 100 für das höchste und 0 für das geringste Suchvolumen im jeweiligen Zeitraum steht. Betrachtet man, wie in der Tabelle 46 und Tabelle 47 dargestellt, das skalierte Suchvolumen (nicht dessen relative Veränderung) für die einzelnen Unternehmen sowie mit und ohne Kategorienfilter Finanzen, ergeben sich interessante Erkenntnisse: Mit Blick auf das durchschnittliche Aufmerksamkeitsniveau, welches die Unternehmen im Betrachtungszeitraum von Seiten der Marktteilnehmer erfahren haben, sind die im Fokus stehenden Unternehmen je nachdem, ob man das Suchvolumen mit oder ohne Kategorienfilter Finanzen betrachtet, sehr unterschiedlich. So zeigt das Suchvolumen ohne Kategorienfilter eine durchschnittlich hohe Aufmerksamkeit gegenüber den Unternehmen AMERICAN EXPRESS CO (AXP), CISCO SYSTEMS INC (CSCO), 3 M CO (MMM), INTEL CORP (INTC) sowie DISNEY WALT CO (DIS) an.[420] Das Suchvolumen mit Kategorienfilter Finanzen hingegen signalisiert, dass im Durchschnitt die Unternehmen AMERICAN EXPRESS CO (AXP), HOME DEPOT INC (HD), TRAVELERS COMPANIES INC (TRV), A T & T (T) sowie MERCK & CO INC NEW (MRK) besonders im Fokus der Marktteilnehmerschaft gewesen sind. Bis auf das Unternehmen AXP sind dementsprechend keine Übereinst-

---

[419] Zur genauen Berechnung dieser Variablen vergleiche die unten stehenden Ausführungen.
[420] Das höchste durchschnittliche Suchvolumen ohne Kategorienfilter erfährt im Betrachtungszeitraum das Unternehmen CATERPILLAR INC (CAT). Dieses soll hier im Rahmen der Gegenüberstellung jedoch nicht berücksichtigt werden, weil für dieses Unternehmen keine Beobachtungen beim Suchvolumen mit Kategorienfilter Finanzen vorliegen und damit keine Vergleichbarkeit gewährleistet ist.

immungen zu erkennen, so dass gefolgert werden kann, dass diese beiden Variablen nicht die Aufmerksamkeit identischer Marktteilnehmergruppen abbilden. Dieses Ergebnis ist zumindest dahingehend jedoch nicht überraschend, dass Google mit dem Kategorienfilter Finanzen ja ohnehin das Ziel verfolgt, auf die Suchenden zu fokussieren, welche sich für finanzspezifische Inhalte des jeweiligen Unternehmens interessieren. Des Weiteren fällt auf, dass die Maximalwerte teilweise unter 100 liegen, obwohl man doch zunächst erwarten würde, dass jede Zeitreihe (Daten für ein Unternehmen im Betrachtungszeitraum) genau einmal den Wert 100 aufweisen müsste und damit den Tag des höchsten Suchvolumens zum jeweiligen Suchbegriff ausweist. Wie jedoch oben beschrieben, wurde das Suchvolumen handelsfreier Tage (bspw. Wochenende oder Feiertage) im Rahmen der vorliegenden Arbeit am darauffolgenden Handelstag berücksichtigt. Am Beispiel der Wochenenden bedeutet dies, dass der Montagswert dem Durchschnitt aus dem Suchvolumens von Samstag, Sonntag und Montag entspricht. Liegt nun der Maximalwert von 100 in den Ausgangsdaten bspw. auf einem Wochenende, dann wird die Durchschnittsbildung dazu führen, dass Zeitreihen ohne einen Maximalwert von 100 existieren. Nun fällt jedoch mit Blick auf die beiden nachfolgenden Tabellen auf, dass beim Suchvolumen ohne Kategorienfilter deutlich mehr solche Zeitreihen ohne einen Maximalwert von 100 existieren, als beim Suchvolumen mit Kategorienfilter Finanzen. Anders ausgedrückt, scheint das maximale Suchvolumen ohne Kategorienfilter vergleichsweise öfter auf ein Wochenende oder Feiertag zu fallen, als das Suchvolumen mit Kategorienfilter Finanzen. Die durch das Suchvolumen mit Kategorienfilter Finanzen erfasste Aufmerksamkeit der Marktteilnehmer scheint folglich eher auf die Handelszeiten an den Börsen zu fokussieren, während das Suchvolumen ohne Kategorienfilter auch andere als finanzspezifische Suchabsichten umfasst. Diese finanzferneren Suchabsichten fallen dann jedoch wie bspw. bei den Unternehmen DISNEY WALT CO (DIS), MCDONALDS CORP (MCD) und TRAVELERS COMPANIES INC (TRV) deutlich sichtbar verstärkt auf Wochenenden, an denen Familien evtl. vermehrt Filme und Fastfood konsumieren möchten und möglicherweise mehr Zeit für die Planung des nächsten Urlaubs finden als unter der Woche.

Datenbasis, Berechnung von Variablen und deskriptive Statistik

Ticker	Durchschnitt	Median	Maximum	Minimum	Summe	Standardabweichung	Beobachtungen
AA	Keine Daten vorhanden						
AXP	73,62506	74,00000	100,0000	57,33333	36973,33	6,262588	502
BA	31,84861	30,00000	100,0000	6,000000	15988,00	9,671431	502
BAC	45,39442	45,00000	100,0000	33,33333	22788,00	6,178773	502
CAT	Keine Daten vorhanden						
CSCO	41,07238	41,00000	100,0000	0,000000	20618,33	11,49680	502
CVX	50,66799	49,00000	92,00000	25,33333	25435,33	11,32576	502
DD	51,21979	50,00000	100,0000	24,66667	25712,33	11,67349	502
DIS	42,62019	42,00000	100,0000	27,00000	21395,33	6,512220	502
GE	48,71514	47,00000	100,0000	0,000000	24455,00	13,40842	502
HD	68,95020	68,83333	100,0000	49,00000	34613,00	8,514684	502
HPQ	Keine Daten vorhanden						
IBM	52,14143	52,00000	100,0000	21,00000	26175,00	12,22220	502
INTC	41,09628	39,00000	100,0000	22,00000	20630,33	10,75736	502
JNJ	Keine Daten vorhanden						
JPM	28,14011	28,00000	100,0000	12,00000	14126,33	7,752840	502
KO	48,98938	48,00000	100,000	24,00000	24592,67	10,96558	502
MCD	Keine Daten vorhanden						
MMM	48,84927	48,500000	100,0000	15,00000	24522,33	12,21759	502
MRK	52,56507	52,00000	100,0000	12,33333	26387,67	12,89174	502
MSFT	50,18459	48,00000	100,0000	30,00000	25192,67	10,35905	502
PFE	Keine Daten vorhanden						
PG	Keine Daten vorhanden						
T	61,37716	61,00000	99,00000	36,33333	30811,33	10,53985	502
TRV	62,93028	64,00000	100,0000	29,00000	31591,00	11,70461	502
UNH	43,31806	40,00000	100,0000	0,000000	21745,67	15,89020	502
UTX	Keine Daten vorhanden						
VZ	49,32072	48,00000	100,0000	28,00000	24759,00	9,085414	502
WMT	46,03652	48,00000	100,0000	0,000000	23110,33	19,06259	502
XOM	40,92497	39,50000	93,00000	0,000000	20544,33	12,93690	502
Summe	49,09157	47,66667	100,0000	0,000000	542167,3	15,43101	11044

Tabelle 46: **Deskriptive Statistik zum Suchvolumen in Google mit Kategorienfilter Finanzen** *(Search_fin)*

Ticker	Durchschnitt	Median	Maximum	Minimum	Summe	Standardabweichung	Beobachtungen
AA	30,59695	30,00000	85,00000	15,33333	15359,67	8,473421	502
AXP	76,16069	76,00000	96,00000	59,66667	38232,67	5,751437	502
BA	36,56242	35,00000	73,00000	27,00000	18354,33	5,910358	502
BAC	50,21448	49,16667	100,0000	35,00000	25207,67	6,515845	502
CAT	79,58367	80,00000	100,0000	55,66667	39951,00	7,433566	502
CSCO	75,77623	81,00000	100,0000	34,66667	38039,67	13,35546	502
CVX	20,00398	19,00000	100,0000	13,66667	10042,00	5,280719	502
DD	47,14874	46,00000	92,00000	28,33333	23668,67	6,723148	502
DIS	67,69854	67,00000	90,00000	56,00000	33984,67	7,124645	502
GE	63,72842	64,00000	100,0000	36,66667	31991,67	8,270405	502
HD	54,81393	55,00000	100,0000	41,00000	27519,33	7,123512	502
HPQ	39,61089	38,00000	100,0000	24,00000	19884,67	8,403470	502
IBM	56,37716	57,00000	100,0000	23,33333	28301,33	11,15755	502
INTC	71,22244	71,00000	100,0000	59,00000	35753,67	6,660567	502
JNJ	16,98207	17,00000	100,0000	7,000000	8525,000	5,271673	502
JPM	18,34529	18,00000	100,0000	8,000000	9209,333	6,260469	502
KO	44,97543	44,00000	100,0000	30,00000	22577,67	6,563950	502
MCD	48,48805	48,00000	68,00000	32,00000	24341,00	6,754689	502
MMM	73,07171	76,00000	100,0000	38,33333	36682,00	10,00491	502
MRK	63,58898	65,00000	100,0000	21,66667	31921,67	13,13069	502
MSFT	56,54781	56,00000	100,0000	42,66667	28387,00	6,616564	502
PFE	19,08167	19,00000	100,0000	8,000000	9579,000	5,823090	502
PG	46,66069	46,00000	100,0000	16,00000	23423,67	11,36174	502
T	43,14077	43,00000	99,00000	31,00000	21656,67	6,048860	502
TRV	42,24635	42,00000	89,33333	25,00000	21207,67	6,782507	502
UNH	42,63679	39,00000	91,00000	10,00000	21403,67	14,81509	502
UTX	15,37384	15,00000	100,0000	6,000000	7717,667	6,084013	502
VZ	26,57105	26,00000	100,0000	19,33333	13338,67	5,214211	502
WMT	24,75564	24,83333	100,0000	14,00000	12427,33	6,862044	502
XOM	49,39243	49,00000	100,0000	29,33333	24795,00	8,790751	502
Summe	46,71208	46,00000	100,0000	6,000000	703484,0	20,73885	15060

Tabelle 47: Deskriptive Statistik zum allgemeinen Suchvolumen im Google *(Search_all)*

Die Variable *Socialm_total_ln* ergibt sich als relative Veränderung des gesamten unternehmensspezifischen Beitragsvolumens in Sozialen Finanzmedien, während die Variablen *Socialm_pos_ln*, *Socialm_neg_ln* sowie *Socialm_neut_ln* dementsprechend nur die Veränderung der positiv, negativ bzw. neutral formulierten Beitragsvolumina berücksichtigen. In der Tabelle 48 zur deskriptiven Statistik der unternehmensspezifischen Beiträge in Sozialen Finanzmedien (nicht deren relative Veränderung) zeigt sich u.a., dass im Durchschnitt pro Unternehmen mehr als 128 Beiträge am Tag verfasst wurden. Für den gesamten Betrachtungszeitraum werden im Rahmen der vorliegenden Arbeit folglich mehr als 1,92 Mio. Beiträge berücksichtigt, von denen ungefähr 30 % positiv, 15 % negativ und die große Mehrheit neutral formuliert sind.[421] Die Maxima der je Unternehmen veröffentlichten Beiträge fallen alle auf Tage innerhalb der Handelswoche, während die Minima häufig an Wochenenden festgestellt werden. Die mittels Beiträge in Sozialen Finanzmedien erfasste Aufmerksamkeit der Marktteilnehmer scheint folglich sehr stark auf die Handelszeiten an den Börsen zu fokussieren. Dies kann ein Indikator dafür sein, dass Beiträge in Sozialen Finanzmedien zur Abbildung der Aufmerksamkeit speziell von Kapitalmarktteilnehmern geeignet sind.

---

[421] Die Verteilung der gesamten Beiträge auf die neutral, positiv oder negativ formulierten Beiträge ist aus der hier dargestellten Tabelle nicht ersichtlich.

Ticker	Durchschnitt	Median	Maximum	Minimum	Summe	Standardabweichung	Beobachtungen
AA	83,52191	56,00000	1427,000	4,666667	41928,00	133,0900	502
AXP	28,31441	23,00000	256,0000	2,000000	14213,83	27,43745	502
BA	122,0637	103,3333	564,0000	4,000000	61276,00	75,24769	502
BAC	573,7168	510,3333	2199,000	20,66667	288005,8	337,6594	502
CAT	92,80445	74,50000	1618,000	7,666667	46587,83	111,4845	502
CSCO	270,1467	238,5000	1636,000	11,00000	135613,7	185,2860	502
CVX	48,53552	42,00000	295,0000	6,000000	24364,83	30,09796	502
DD	30,62185	24,00000	829,0000	2,000000	15372,17	43,58811	502
DIS	54,04947	37,00000	1447,000	2,000000	27132,83	86,79358	502
GE	443,6335	376,0000	3531,000	11,00000	222704,0	313,2477	502
HD	35,45551	27,00000	551,0000	2,666667	17798,67	42,62761	502
HPQ	179,9565	125,0000	4218,000	5,000000	90338,17	262,8792	502
IBM	108,0083	84,33333	1060,000	8,666667	54220,17	115,3980	502
INTC	199,7756	173,0000	1581,000	12,33333	100287,3	146,4183	502
JNJ	69,20916	50,00000	2667,000	6,000000	34743,00	126,6775	502
JPM	239,3994	167,0000	3493,000	11,00000	120178,5	298,1883	502
KO	48,98772	37,00000	766,0000	6,333333	24591,83	57,02155	502
MCD	69,60753	55,00000	927,0000	0,000000	30209,67	88,21306	434
MMM	22,17762	16,00000	277,0000	1,000000	11133,17	24,07308	502
MRK	38,54515	32,50000	241,0000	4,000000	19349,67	26,05002	502
MSFT	377,1690	312,0000	2747,000	35,33333	189338,8	268,7227	502
PFE	88,40837	70,00000	2676,000	6,333333	44381,00	126,1487	502
PG	42,47776	35,00000	512,0000	4,000000	21323,83	41,30838	502
T	163,4306	150,0000	680,0000	4,000000	82042,17	86,53476	502
TRV	11,52263	8,666667	126,0000	0,000000	5786,167	12,82656	502
UNH	15,44356	11,00000	295,0000	0,000000	7752,667	20,72844	502
UTX	19,30013	15,00000	254,0000	1,000000	9688,667	19,74622	502
VZ	81,00232	68,00000	636,0000	5,333333	40663,17	60,24990	502
WMT	171,9844	144,0000	1317,000	13,00000	86336,17	116,7922	502
XOM	107,9037	97,00000	694,0000	14,00000	54167,67	62,77966	502
Summe	128,1703	63,00000	4218,000	0,000000	1921530	197,2885	14992

Tabelle 48: Deskriptive Statistik zum gesamten Beitragsvolumen Sozialer Finanzmedien *(Socialm_total)*

Die Variable *Socialm_agree* kann als Signalgröße für die Homogenität der in Sozialen Medien aktiven Kapitalmarktteilnehmer in Bezug auf die Einschätzung der Unternehmens- oder Aktienkursentwicklung betrachtet werden. Sie wird wie nachfolgend angegeben berechnet:[422]

---

[422] Vgl. Antweiler/Frank (2004), S. 1266, 1268.

Datenbasis, Berechnung von Variablen und deskriptive Statistik

$$Socialm\_agree_{i,t} = 1 - \sqrt{1 - \left(\frac{Socialm\_pos_{i,t} - Socialm\_neg_{i,t}}{Socialm\_pos_{i,t} + Socialm\_neg_{i,t}}\right)^2} \in [0,1]$$

Formel 21: Berechnung der Variablen *Socialm_agree*

Die Variable nimmt damit Werte zwischen 0 und 1 an. Werte von und nahe der 1 signalisieren eine starke Homogenität innerhalb der in Sozialen Medien aktiven Marktteilnehmerschaft, während Werte von und nahe der 0 eine starke Heterogenität anzeigen. Dies soll anhand eines einfachen Beispiels mit drei Beiträgen an einem Tag t erklärt werden:[423] Angenommen, diese drei Beiträge in Sozialen Finanzmedien sind alle positiv. Dann wird die Variable einen Wert von 1 annehmen, weil gilt:

$$Socialm\_agree_{i,t} = 1 - \sqrt{1 - \left(\frac{3-0}{3+0}\right)^2} = 1 - \sqrt{1-1} = 1$$

Sind die Beiträge hingegen alle negativ und damit ebenfalls homogen in ihrer Einschätzung bzgl. der Unternehmens- oder Aktienkursentwicklung, so wird die Variable ebenfalls einen Wert von 1 annehmen:

$$Socialm\_agree_{i,t} = 1 - \sqrt{1 - \left(\frac{0-3}{3+0}\right)^2} = 1 - \sqrt{1-1} = 1$$

Im Falle heterogener Beiträge (bspw. zwei positive und ein negativer Beitrag), signalisiert die Variable mit einem Wert nahe der Null diese Heterogenität innerhalb der in Sozialen Medien aktiven Anleger:

$$Socialm\_agree_{i,t} = 1 - \sqrt{1 - \left(\frac{2-1}{2+1}\right)^2} = 1 - \sqrt{1 - \left(\frac{1}{3}\right)^2} = 0,057$$

---

[423] Vgl. Antweiler/Frank (2004), S. 1268.

6. Modelle und Ergebnisse der empirischen Untersuchung

6.1 Paneldaten-Regressionsmodell zur Überprüfung der Hypothese A

6.1.1 Modellbeschreibung und Durchführung der Regression

Das Ziel der folgenden Paneldaten-Regressionsmodelle ist eine Überprüfung der oben formulierten Hypothese A, wonach Veränderungen indirekter Aufmerksamkeitsvariablen zur Erklärung von Veränderungen direkter Aufmerksamkeitsvariablen geeignet sind. Dem unternehmensspezifischen Suchvolumen in Google (mit und ohne Kategorienfilter) sowie dem Beitragsvolumen in Sozialen Finanzmedien (Soziale Medien- und Google-Daten) wird im Rahmen der vorliegenden Arbeit aufgrund der oben formulierten Überlegungen ein solcher direkter Charakter in der Abbildung der Aufmerksamkeit der Kapitalmarktteilnehmer unterstellt. Zur indirekten Aufmerksamkeitsabbildung werden neben Börsendaten auch das Unternehmen betreffende Medienberichterstattungen, Analystenmeinungen sowie Ankündigungen durch den Vorstand sowie Veröffentlichungen durch das Unternehmen (Fundamentaldaten) berücksichtigt.

(Abhängige) Variablen der direkten Aufmerksamkeitsabbildung sind dementsprechend unternehmensspezifische Suchanfragen in Google (mit und ohne Kategorienfilter) sowie unternehmensspezifische Beiträge in Sozialen Finanzmedien. Die tägliche Veränderung wird jeweils als natürlicher Logarithmus berechnet, so dass sich für ein Unternehmen i zum Zeitpunkt t die folgenden Variablen ergeben:

- *Search_fin_ln$_{i,t}$* als die Veränderung der unternehmensspezifischen Suchanfragen mit Kategorienfilter Finanzen
- *Search_all_ln$_{i,t}$* als die tägliche Veränderung der unternehmensspezifischen Suchanfragen ohne Kategorienfilter Finanzen
- *Socialm_total_ln$_{i,t}$* als die Veränderung des gesamten unternehmensspezifischen Beitragsvolumen in Sozialen Finanzmedien
- *Socialm_pos_ln$_{i,t}$* als die Veränderung des unternehmensspezifischen Beitragsvolumens in Sozialen Finanzmedien (positiv formulierte Beiträge)
- *Socialm_neg_ln$_{i,t}$* als die Veränderung des unternehmensspezifischen Beitragsvolumens in Sozialen Finanzmedien (negativ formulierte Beiträge).

Veränderungen von Finanzmarktvariablen werden in Gestalt von Schwankungen im Handelsvolumen sowie (großer) Renditeveränderungen operationalisiert, was durch die Berechnung der beiden Variablen $Turnover\_ln_{i,t}$ bzw. $Ret^2_{i,t}$ erfolgt. Die erstgenannte charakterisiert sich als die auf Tagesbasis über den natürlichen Logarithmus berechnete Veränderung des unternehmensspezifischen $Turnovers$, welcher wiederum die Anzahl gehandelter Aktien ins Verhältnis zur Anzahl ausstehender Aktien setzt. Mit letztgenannter Variable wird das Quadrat der täglich berechneten, diskreten Kursrenditen im Panelmodell berücksichtigt. Die Multiplikation mit sich selbst erfüllt dabei den Zweck einer Übergewichtung großer im Vergleich zu kleiner Renditeveränderungen sowie einer gleichberechtigten Betrachtung positiver wie negativer Kursentwicklungen.

Mit der Variable $Event\_dummy_{i,t}$ wird im Panelmodell die entsprechende Medienpräsenz des Unternehmens, die zum Unternehmen veröffentlichten Analystenmeinungen sowie Ankündigungen durch den Vorstand des Unternehmens erfasst. Sie nimmt dann den Wert 1 an, wenn am jeweiligen Tag auf der Internetseite von CNN-Money (www.money.cnn.com) ein oder mehrere Beiträge mit Inhalten zum jeweiligen Unternehmen veröffentlicht werden (Nennung des Unternehmens sowie des Unternehmenstickers im Beitrag, der Beitragseinleitung oder der Beitragsüberschrift). Eine 1 ergibt sich darüber hinaus auch für die Tage, an denen eine oder mehrere Analystenmeinungen öffentlich werden, die in Bezug auf das Unternehmen i eine kurz-, mittel- oder langfristige Schätzung zu entweder den Earnings per Share (EPS) oder einer anderen Erfolgsgröße beinhalten. Mit einer 1 identifiziert die Dummyvariable zudem auch solche Tage, an denen eine Ankündigung durch den Vorstand des Unternehmens i festgestellt werden kann. Diese Ankündigung kann eine ordentliche Dividende, ein Liquidationsanteil, eine Übernahme, eine Fusion oder eine Neustrukturierung, die Einräumung von Bezugsrechten, ein Aktiensplit, eine Kapitalerhöhung oder -herabsetzung oder eine generelle, die ausgegebenen Aktien betreffende Information sein. Informationsereignisse wie die Veränderung der Artikel auf CNNmoney.com ($CNN\_ln_{i,t}$), Analystenberichte ($Analyst\_report\_ln_{i,t}$) sowie Ankündigungen durch den Vorstand der jeweiligen Unternehmen ($Dclrdt_{i,t}$) werden zusätzlich zur gemeinsamen Betrachtung in der oben beschriebenen Dummyvariablen in weiteren Regressionen auch getrennt voneinander betrachtet.

Mit den Variablen $Ue\_eps\_dummy\_pos_{i,t}$ sowie $Ue\_eps\_dummy\_neg_{i,t}$ werden im Panelmodell Veröffentlichungen von Quartals- und Jahresergebnissen berücksichtigt, indem sie zum Zeitpunkt t der Ergebnisveröffentlichung des Unternehmens i den Wert 1 annehmen, wenn es sich bei der EPS-Veröffentlichung um ein unerwartet positives bzw. negatives Ergebnis handelt. Unerwartet negative Ergebnisse charakterisieren sich dadurch, dass die Ergebnisbekanntgabe der Earnings per Share (EPS) des jeweiligen Unternehmens unterhalb der vorherigen Analystenschätzungen liegt, während diese bei einem unerwartet positiven Ergebnis darüber liegen.

Neben einer für alle Unternehmen und Zeitpunkte konstanten Größe c wird die endogene Variable jeweils mit einer zeitlichen Verzögerung von t-1 als unabhängige Variable im Modell berücksichtigt. Die Berücksichtigung unternehmensindividueller Eigenschaften im Sinne einer Schätzung fixer Unternehmenseffekte ist nicht notwendig. Dummyvariablen für die Zeit (fixe Zeiteffekte) hingegen schon.

Es werden jeweils zwei Regressionsmodelle geschätzt: Im ersten Regressionsmodell werden die erklärenden Variablen nur zum Zeitpunkt t, im zweiten Regressionsmodell zusätzlich auch noch zum Zeitpunkt t-1 berücksichtigt.

Am Beispiel der zu erklärenden Veränderungen unternehmensspezifischer Suchanfragen mit Kategorienfilter Finanzen durch die verschiedenen Variablen indirekter Aufmerksamkeitsabbildung ergeben sich folglich die beiden nachfolgenden Regressionsmodelle:

$$Search\_fin\_\ln_{i,t} = c + \beta_1 \cdot Turnover\_\ln_{i,t} + \beta_2 \cdot Ue\_eps\_dummy\_pos_{i,t}$$
$$+ \beta_3 \cdot Ue\_eps\_dummy\_neg_{i,t} + \beta_4 \cdot Analyst\_report\_\ln_{i,t}$$
$$+ \beta_5 \cdot CNN\_\ln_{i,t} + \beta_6 \cdot Dclrdt_{i,t} + \beta_7 \cdot \mathrm{Re}\,t^2_{i,t}$$
$$+ \beta_8 \cdot Search\_fin\_\ln_{i,t-1} + \mu_t + \varepsilon_{i,t}$$

Formel 22: Gleichung des Paneldaten-Regressionsmodells A am Beispiel der Regression (5)

$$\begin{aligned}
Search\_fin\_\ln_{i,t} = & \, c + \beta_1 \cdot Turnover\_\ln_{i,t} + \beta_2 \cdot Ue\_eps\_dummy\_pos_{i,t} \\
& + \beta_3 \cdot Ue\_eps\_dummy\_neg_{i,t} + \beta_4 \cdot Analyst\_report\_\ln_{i,t} \\
& + \beta_5 \cdot CNN\_\ln_{i,t} + \beta_6 \cdot Dclrdt_{i,t} + \beta_7 \cdot \mathrm{Re}\,t^2_{i,t} \\
& + \beta_8 \cdot Turnover\_\ln_{i,t-1} + \beta_9 \cdot Ue\_eps\_dummy\_pos_{i,t-1} \\
& + \beta_{10} \cdot Ue\_eps\_dummy\_neg_{i,t-1} + \beta_{11} \cdot Analyst\_report\_\ln_{i,t-1} \\
& + \beta_{12} \cdot CNN\_\ln_{i,t-1} + \beta_{13} \cdot Dclrdt_{i,t-1} + \beta_{14} \cdot \mathrm{Re}\,t^2_{i,t-1} \\
& + \beta_{15} \cdot Search\_fin\_\ln_{i,t-1} + \mu_t + \varepsilon_{i,t}
\end{aligned}$$

Formel 23: Gleichung des Paneldaten-Regressionsmodells A am Beispiel der Regression (6)

6.1.2 Ergebnisse und Ergebnisinterpretation

Die nachfolgenden Tabellen stellen die Ergebnisse verschiedener Regressionen zur Erklärung von Veränderungen unternehmensspezifischer Suchanfragen (mit und ohne Kategorienfilter Finanzen) sowie der Veränderung finanzspezifischer Beiträge in Sozialen Medien dar. Als unabhängige Variablen werden neben der Veränderung des Aktienumschlags (*Turnover_ln*) und der quadrierten Rendite zahlreiche Events berücksichtigt, denen ebenso regelmäßig die indirekte Abbildung der Aufmerksamkeit verschiedener Marktteilnehmer attestiert wird. So soll bspw. mit einem *Event_dummy* untersucht werden, welchen Einfluss Artikel auf CNNmoney.com, Analystenberichte sowie Ankündigungen durch den Vorstand der jeweiligen Unternehmen auf die direkten Aufmerksamkeitsvariablen haben. Die Einflüsse dieser Variablen werden zudem auch einzeln betrachtet. Die Proxies *Ue_eps_dummy_pos* sowie *Ue_eps_dummy_neg* überprüfen darüber hinaus, ob sich aufgrund einer Veröffentlichung unerwartet positiver bzw. negativer Quartals- oder Jahresergebnisse signifikante Veränderungen der Anlegeraufmerksamkeit beobachten lassen. Die robusten Standardfehler sind jeweils in (Klammern) angegeben. Die unabhängigen Variablen werden zum Zeitpunkt t sowie mit einer zeitlichen Verzögerung von $t-1$ im Regressionsmodell berücksichtigt. Die abhängige Variable wird zusätzlich mit einer Zeitverzögerung von $t-1$ als unabhängige Variable berücksichtigt.

Zusätzlich zu den Regressionskoeffizienten wird in den Regressionstabellen u.a. die Durbin-Watson-Prüfgröße berichtet, um auf mögliche Autokorrelation zu prüfen. Ob die Berücksichtigung fixer Effekte (für Unternehmen [μ_i] und / oder die Zeit [μ_t]) notwendig ist, wird mittels F- sowie Chi-Quadrat-Test festgestellt und dann entsprechend angegeben.[424]

---

[424] Detailliertere Ausführungen zur Durbin-Watson-Prüfgröße sowie zum F- oder Chi-Quadrat-Test finden sich im Anhang der vorliegenden Arbeit. In diesem im Anhang befindlichen Kapitel der Regressionsdiagnostik werden darüber hinaus zahlreiche Annahmen in Bezug auf die geschätzten Panelregressionen geprüft, um so die gewonnenen Ergebnisse abzusichern.

Modelle und Ergebnisse der empirischen Untersuchung

	(1)	(2)	(3)	(4)	(5)	(6)
			Search_fin_ln$_t$			
Turnover_ln$_t$	0,051809 (0,015751)***	0,038753 (0,014565)***	0,038359 (0,014543)***	0,036489 (0,013916)***	0,032864 (0,013455)**	0,031471 (0,015428)**
Ue_eps_dummy_pos$_t$		0,150969 (0,036172)***	0,147438 (0,036285)***	0,138702 (0,034926)***	0,138220 (0,035074)***	0,129750 (0,034301)***
Ue_eps_dummy_neg$_t$		0,091183 (0,033545)***	0,087008 (0,033497)***	0,078208 (0,033049)**	0,076426 (0,032688)**	0,063217 (0,031170)**
Event_dummy$_t$			0,013453 (0,006973)*			
Analyst_report_ln$_t$				0,003040 (0,001199)**	0,003032 (0,001192)**	0,003691 (0,001331)***
CNN_ln$_t$				0,003895 (0,006583)	0,003459 (0,006593)	0,010259 (0,006903)
Delrdt$_t$				0,011825 (0,021825)	0,011845 (0,021912)	0,013356 (0,021847)
Ret^2_t					6,895531 (5,230394)	8,927103 (4,834155)*
Turnover_ln$_{t-1}$						0,012689 (0,011735)
Ue_eps_dummy_pos$_{t-1}$						-0,015034 (0,029920)
Ue_eps_dummy_neg$_{t-1}$						-0,015044 (0,031008)
Analyst_report_ln$_{t-1}$						0,001916 (0,001594)
CNN_ln$_{t-1}$						0,016944 (0,008174)**
Delrdt$_{t-1}$						0,024454 (0,015146)
Ret$^2_{t-1}$						-8,470619 (3,475781)**
Konstante	-0,000978 (0,000232)***	-0,003153 (0,000667)***	-0,012287 (0,004945)**	-0,003115 (0,000685)***	-0,004843 (0,001540)***	-0,003170 (0,000911)***
Abhängige Variable$_{t-1}$	Ja***	Ja***	Ja***	Ja***	Ja***	Ja***
Fixe Effekte	μ_t	μ_t	μ_t	μ_t	μ_t	μ_t
Beobachtungen	11000	11000	11000	11000	11000	11000
Unternehmen	22	22	22	22	22	22
R^2	0,229582	0,231800	0,232079	0,232130	0,232332	0,233127
R^2 (adjustiert)	0,192815	0,194985	0,195201	0,195101	0,195237	0,195533
Durbin-Watson Statistik	2,101676	2,101994	2,101771	2,102470	2,101584	2,101832

Inhalt dieser Tabelle sind Regressionsergebnisse zur Überprüfung der Einflüsse indirekter Aufmerksamkeitsvariablen (unabhängige Variablen) auf die Veränderungen von Suchanfragen mit Kategoriefilter Finanzen (abhängige Variable). Bei der Variable *Search_fin_ln$_t$* handelt es sich um das Volumen (relative Veränderung zum Vortag) an unternehmensspezifischen Google-Suchanfragen mit Finanzen-Filter zum jeweiligen Datum (Eingabe des Unternehmensnamens in die Suchmaske von Google). Die abhängige Variable wird zusätzlich mit einer Zeitverzögerung von *t*-1 als unabhängige Variable berücksichtigt. Die Stichprobe umfasst für die Jahre 2011 und 2012 die im DJIA gelisteten Unternehmen. Die robusten Standardfehler sind unter den jeweiligen Regressionskoeffizienten in (Klammern) angegeben. In der Ergebnistabelle signalisieren ***, ** und * jeweils statistische Signifikanz auf dem 1 %, 5 % bzw. 10 % Niveau. Die Notwendigkeit zur Berücksichtigung fixer Effekte (für Unternehmen [μ_i] und / oder die Zeit [μ_t]) ergibt sich aus einem F- sowie Chi-Quadrat-Test.

Tabelle 49: Ergebnisse des Paneldaten-Regressionsmodells (1) bis (6) zur Überprüfung der Hypothese A

In den Regressionen (1) bis (6) werden jeweils die täglichen Veränderungen unternehmensspezifischer Suchanfragen (Kategorienfilter Finanzen) durch die schrittweise berücksichtigten indirekten Aufmerksamkeitsvariablen erklärt. Mit Blick auf die Veränderung des adjustierten Bestimmtheitsmaßes R^2 zeigt sich zunächst, dass die schrittweise eingeführten Variablen jeweils zusätzlichen Erklärungsbeitrag für die Veränderung der unternehmensspezifischen Suchanfragen liefern und damit zu einer Verbesserung der Modellgüte beitragen.[425] Aus den Regressionen (1) und (2) lässt sich erkennen, dass die Veränderungen des *Turnover* sowie Ereignisse positiver sowie negativer Ergebnisüberraschungen einen positiven Zusammenhang zur Veränderung der Suchanfragen im gleichen Zeitpunkt *t* aufweisen. In Regression (3) weist auch die zur gemeinsamen Abbildung von wichtigen Ereignissen berücksichtigte Dummyvariable *Event_dummy* (Artikel auf CNNmoney.com, Analystenberichte sowie Ankündigungen durch den Vorstand der jeweiligen Unternehmens) einen positiven Zusammenhang zur Veränderung der Suchanfragen im gleichen Zeitpunkt *t* auf. Bei Einzelbetrachtung der Variablen in Regression (4) wird deutlich, dass im gleichen Zeitpunkt *t* zwischen der Veränderung der Anzahl von Analystenberichten und der Veränderung unternehmensspezifischer Suchanfragen (Kategorienfilter Finanzen) ein positiver Zusammenhang besteht, während Veröffentlichungen von Artikeln auf CNNmoney.com zum jeweilig betrachteten Unternehmen sowie Ankündigungen durch den Vorstand zwar das erwartet positive Vorzeichen zeigen, im selben Zeitpunkt *t* jedoch ohne Erklärungsgehalt sind. Die in Regression (5) berücksichtigte quadrierte Rendite weist bei zeitgleicher Betrachtung keinen Erklärungsgehalt für die Veränderung der Suchanfragen auf. In Regression (6) sind die Variablen im selben Zeitpunkt sowie mit ihrer Zeitverzögerung *t*-1 berücksichtigt, so dass hieraus ein vollständigeres Bild zur Erklärung der Veränderungen unternehmensspezifischer Suchanfragen möglich ist: Steigerungen des *Turnovers* weisen einen signifikant positiven Zusammenhang zur Veränderung von Suchanfragen auf, wonach eine Zunahme des *Turnovers* um 10 % am selben Tag *t* mit einer Erhöhung der Suchanfragen um

---

[425] Eine Ausnahme bildet hier zunächst die Auftrennung der Variablen *Event_dummy* in ihre einzelnen Komponenten im Zeitpunkt *t*, die erstmals in Regression (4) berücksichtigt werden. Zwei der dadurch neu hinzukommenden drei Variablen haben keinen signifikanten Erklärungsgehalt für die Veränderung des unternehmensspezifischen Suchvolumens. Weil das adjustierte Bestimmtheitsmaß neben dem Erklärungsgehalt nun aber auch die Anzahl der Variablen berücksichtigt, lässt sich zunächst ein Rückgang des adjustierten Bestimmtheitsmaßes beobachten.

0,3 % zusammenfällt. Für den Folgetag ist der Zusammenhang nicht messbar. Am Veröffentlichungstag unerwartet hoher Unternehmensgewinne (EPS) steigt das Suchvolumen um knapp 13 % an, während es sich bei negativen Gewinnüberraschungen um 6 % erhöht. In Bezug auf den Folgetag haben die Ergebnisveröffentlichungen keinen Einfluss auf das Suchvolumen, wobei die Ursache-Wirkungs-Beziehung zwischen diesen beiden Variablen trotzdem intuitiv geklärt werden kann: Es ist davon auszugehen, dass sich das Suchvolumen aufgrund der überraschend guten oder schlechten Ergebnisveröffentlichung erhöht. Der umgekehrte Zusammenhang ist nicht anzunehmen, wonach das Ergebnis besonders gut oder schlecht ausfällt, weil am Veröffentlichungstag verstärkte Suchanfragen zu dem jeweiligen Unternehmen registriert werden. Ein ähnliches Bild zeigt sich in Bezug auf die Veränderung der Analystenberichte: Steigen diese am Tag t um bspw. 10 %, so nimmt das Suchvolumen am selben Tag um 0,03 % zu, während über einen Tag hinweg keine signifikanten Zusammenhänge festgestellt werden können. Aber auch hier ist eher davon auszugehen, dass sich das Suchvolumen aufgrund einer Veränderung der Analystenberichte verändert und nicht andersherum. Während die Veränderung von Nachrichtenbeiträgen auf CNNmoney.com am selben Tag keinen Einfluss auf das Suchvolumen aufweist, besteht über einen Tag hinweg ein positiver Zusammenhang. Demnach steigt das Suchvolumen um knapp 0,2 %, wenn sich gestern die unternehmensbezogene Berichtanzahl auf CNNmoney.com um 10 % erhöht hat. Ankündigungen durch den Vorstand haben überraschenderweise weder am selben Tag noch über die Tage t und t-1 hinweg einen messbaren Einfluss auf das finanzkategorisierte Suchvolumen in Google. Interessant ist jedoch, dass die quadrierte Rendite zum selben Zeitpunkt einen signifikant positiven, über einen Tag hinweg jedoch einen signifikant negativen Einfluss auf das Suchvolumen mit Kategorienfilter Finanzen hat.

Insgesamt scheint das Suchvolumen in Google, bei welchem ein besonderes Finanzinteresse des Suchenden unterstellt wird, sehr rasch und meist noch am selben Tag auf die Veränderungen von Fundamental- und Börseninformationen zu reagieren. Die Aufmerksamkeit der Marktteilnehmer wird insbesondere durch Ergebnisveröffentlichungen des Unternehmens, durch Analystenberichte, durch Medienberichterstattungen sowie durch Kurs- und Handelsvolumenveränderungen auf das jeweilige Unternehmen gelenkt. Ankündigungen durch den Vorstand des Unternehmens scheinen hierbei keine besondere Rolle zu spielen.

Modelle und Ergebnisse der empirischen Untersuchung

	(7)	(8)	(9)	(10)	(11)	(12)
			Search_all_ln$_t$			
Turnover_ln$_t$	0,034797 (0,007564)***	0,026743 (0,006602)***	0,026614 (0,006581)***	0,024095 (0,006496)***	0,021883 (0,006298)***	0,022699 (0,007737)***
Ue_eps_dummy_pos$_t$		0,079615 (0,024177)***	0,078388 (0,024117)***	0,070969 (0,024164)***	0,070428 (0,024007)***	0,060480 (0,023196)***
Ue_eps_dummy_neg$_t$		0,094814 (0,043724)**	0,093471 (0,043670)**	0,085286 (0,042893)**	0,084293 (0,042992)**	0,071017 (0,04216)*
Event_dummy$_t$			0,004017 (0,001557)***			
Analyst_report_ln$_t$				0,001236 (0,000513)**	0,001220 (0,000512)**	0,001963 (0,000629)***
CNN_ln$_t$				0,010321 (0,002965)***	0,009960 (0,002964)***	0,018732 (0,004658)***
Dclrdt$_t$				0,020704 (0,010448)**	0,020740 (0,010441)**	0,021337 (0,010346)**
Ret^2_t					4,036154 (2,997824)	3,903011 (2,865391)
Turnover_ln$_{t-1}$						0,011042 (0,007533)
Ue_eps_dummy_pos$_{t-1}$						-0,017027 (0,019814)
Ue_eps_dummy_neg$_{t-1}$						-0,007745 (0,024873)
Analyst_report_ln$_{t-1}$						0,002072 (0,000651)***
CNN_ln$_{t-1}$						0,019593 (0,005598)***
Dclrdt$_{t-1}$						0,022319 (0,010681)**
Ret$^2_{t-1}$						-2,356453 (1,075581)**
Konstante	-0,000921 (0,000167)***	-0,002239 (0,000458)***	-0,004822 (0,001127)***	-0,002399 (0,000447)***	-0,003426 (0,000982)***	-0,002692 (0,000966)***
Abhängige Variable$_{t-1}$	Ja***	Ja***	Ja***	Ja***	Ja***	Ja***
Fixe Effekte	μ$_t$	μ$_t$	μ$_t$	μ$_t$	μ$_t$	μ$_t$
Beobachtungen	15000	15000	15000	15000	15000	15000
Unternehmen	30	30	30	30	30	30
R^2	0,423334	0,426307	0,426402	0,427092	0,427382	0,429766
R^2 (adjustiert)	0,403406	0,406400	0,406458	0,407089	0,407349	0,409532
Durbin-Watson Statistik	2,171254	2,171127	2,171179	2,174407	2,173730	2,172803

Inhalt dieser Tabelle sind Regressionsergebnisse zur Überprüfung der Einflüsse indirekter Aufmerksamkeitsvariablen (unabhängige Variablen) auf die Veränderungen von Suchanfragen ohne Kategorienfilter Finanzen (abhängige Variable). Bei der Variable Search_all_ln$_{i,t}$ handelt sich um Volumen (relative Veränderung zum Vortag) an unternehmensspezifischen Google-Suchanfragen zum jeweiligen Datum (Eingabe des Unternehmensnamens in die Suchmaske von Google). Die abhängige Variable wird zusätzlich mit einer Zeitverzögerung von $t-1$ als unabhängige Variable berücksichtigt. Die Stichprobe umfasst für die Jahre 2011 und 2012 die im DJIA gelisteten Unternehmen. Die robusten Standardfehler sind unter den jeweiligen Regressionskoeffizienten in (Klammern) angegeben. In der Ergebnistabelle signalisieren ***, ** und * jeweils statistische Signifikanz auf dem 1 %, 5 % bzw. 10 % Niveau. Die Notwendigkeit zur Berücksichtigung fixer Effekte (für Unternehmen [μ$_i$] und / oder die Zeit [μ$_t$]) ergibt sich aus einem F- sowie Chi-Quadrat-Test.

Tabelle 50: **Ergebnisse des Paneldaten-Regressionsmodells (7) bis (12) zur Überprüfung der Hypothese A**

In den Regressionen (7) bis (12) werden jeweils die täglichen Veränderungen unternehmensspezifischer Suchanfragen (Allgemein, ohne Kategorienfilter) durch die schrittweise berücksichtigten indirekten Aufmerksamkeitsvariablen erklärt. Mit Blick auf die Veränderung des adjustierten Bestimmtheitsmaßes R^2 zeigt sich auch hier, dass die schrittweise eingeführten Variablen jeweils zusätzlichen Erklärungsbeitrag für die Veränderung der unternehmensspezifischen Suchanfragen liefern und damit zu einer Verbesserung der Modellgüte beitragen. Mit Blick auf die Regressionsergebnisse (7) und (8) zeigt sich der im selben Zeitpunkt erwartet positive Zusammenhang zwischen einer Veränderung des *Turnovers* und der Veränderung der Suchanfragen in Google sowie zwischen dieser und der Veröffentlichung überraschender Ergebnisse (EPS). Die zusätzliche Berücksichtigung der Variable *Event_dummy* signalisiert, dass, gemeinsam betrachtet, veröffentlichte Artikel auf CNNmoney.com, Analystenberichte sowie Ankündigungen durch den Vorstand des jeweiligen Unternehmens einen signifikant positiven Einfluss auf das Suchvolumen haben. Bei differenzierter Betrachtung in Regression (10) erkannt man, dass sowohl eine Zunahme von Analystenberichten, Beiträgen auf CNNmoney.com sowie Ankündigungen durch den Vorstand das Suchvolumen signifikant positiv beeinflussen. Die in Regression (11) berücksichtigte quadrierte Rendite zeigt keinen signifikanten Zusammenhang zum Suchvolumen. In Regression (12) sind die unabhängigen Variablen sowohl für den Zeitpunkt *t* als auch für die Verzögerung *t-1* berücksichtigt, um Ursache-Wirkungs-Zusammenhänge genauer bestimmbar zu machen: Im Zusammenhang mit einer Steigerung des *Turnovers* von 10 % erhöht sich am selben Tag das Suchvolumen um 0,2 %, während über einen Tag hinweg kein Zusammenhang festgestellt werden kann. So bleibt in Bezug auf das allgemeine Suchvolumen in Google zunächst unklar, ob sich das Suchvolumen wegen des *Turnovers* erhöht oder ob der *Turnover* aufgrund zunehmender Suchanfragen steigt.

Bei den Ereignissen überraschender Ergebnisveröffentlichungen zeigt sich ein relativ ähnliches Bild, wonach am selben Tag positive Zusammenhänge feststellbar sind, die jedoch bei einer Betrachtung über einen Tag hinweg verschwinden. Werden positive (negative) Ergebnisse veröffentlicht, lässt sich für den selben Tag eine Zunahme des Suchvolumens um 6 % (7 %) beobachten, während die Ergebnisveröffentlichung heute im Suchvolumen von morgen nicht mehr feststellbar ist. In Bezug auf die Ursache-Wirkung-Beziehung ist hier davon auszugehen, dass das Unternehmensergebnis das Suchvolumen und nicht das Suchvolumen das Unternehmensergebnis determiniert. Eine Steigerung der Anzahl an Analystenberichten um 10 % führt am selben Tag zu einer Steigerung des Suchvolumens um 0,01 %, während für den Folgetag dann das Suchvolumen um c.p. 0,02 % zunimmt. Veröffentlichungen auf CNNmoney.com zeigen ebenfalls für t als auch für t-1 einen positiven Zusammenhang zum Suchvolumen: Steigt bspw. das dortige Nachrichtenvolumen um 10 %, so steigt das Suchvolumen am selben Tag um knapp 0,2 % sowie um ebenfalls 0,2 % am Folgetag. Die quadrierte Rendite hat für die Veränderung des Suchvolumens nur über einen Tag hinweg Erklärungsgehalt, wonach eine Renditesteigerung zu einer Reduktion des Suchvolumens am Folgetag führt.

Insgesamt scheint das nichtkategorisierte Suchvolumen in Google sehr rasch und meist noch am selben Tag auf Veränderungen von Fundamental- und Börseninformationen zu reagieren. Die Aufmerksamkeit der Marktteilnehmer wird insbesondere durch Ergebnisveröffentlichungen des Unternehmens, durch Analystenberichte, durch Medienberichterstattungen sowie durch Kurs- und Handelsvolumenveränderungen auf das jeweilige Unternehmen gelenkt. Anders als bspw. beim finanzkategorisierten Suchvolumen, erhöhen Ankündigungen durch den Vorstand des Unternehmens das nichtkategorisierte Suchvolumen und scheinen dementsprechend die Aufmerksamkeit der über Google Suchenden auf das entsprechende Unternehmen zu lenken.

Im Vergleich zwischen der Veränderung von finanzkategorisiertem und nichtkategorisiertem Suchvolumen in Google fällt auf, dass vor allem die Reaktionen auf Fundamentalinformationen unterschiedlich sind: Während das finanzkategorisierte Suchvolumen kaum auf Analysten- und Medienberichte sowie überhaupt nicht auf Ankündigungen durch den Vorstand zu reagieren scheint, reagiert das nichtkategorisierte Suchvolumen hierauf sehr eindeutig (signifikant positiv). Möchte man das finanzkategorisierte Suchvolumen nun aufgrund der Kategorisierung als die präzisere Abbildungsmöglichkeit der Aufmerksamkeit von Kapitalmarktteilnehmern begreifen, sind diese Ergebnisse überraschend. Sie würden vielmehr darauf hindeuten, dass das nichtkategorisierte Suchvolumen deutlich stärker auf Fundamentaldaten reagiert und daher besser der veränderten Aufmerksamkeit von Kapitalmarktteilnehmern entspricht. Die Unterschiede zwischen diesen beiden Google-Variablen werden an späterer Stelle und in Verbindung mit weiteren Ergebnissen nochmals vertieft behandelt.

Modelle und Ergebnisse der empirischen Untersuchung

	(13)	(14)	(15)	(16)	(17)	(18)
			Socialm_total_ln$_t$			
Turnover_ln$_t$	-0,041791 (0,030072)	-0,081320 (0,034024)**	-0,083198 (0,033761)**	-0,071798 (0,033718)**	-0,097132 (0,032233)***	0,086641 (0,021836)***
Ue_eps_dummy_pos$_t$		0,377353 (0,058012)***	0,362090 (0,058067)***	0,378481 (0,058193)***	0,372814 (0,056737)***	0,217351 (0,043661)***
Ue_eps_dummy_neg$_t$		0,485354 (0,080064)***	0,468746 (0,079367)***	0,494534 (0,087170)***	0,483845 (0,082980)***	0,310816 (0,069513)***
Event_dummy$_t$			0,050679 (0,007744)***			
Analyst_report_ln$_t$				0,011104 (0,001887)***	0,010899 (0,001862)***	0,015463 (0,002035)***
CNN_ln$_t$				-0,091389 (0,015524)***	-0,095539 (0,015034)***	0,020212 (0,015080)
Dclrdt$_t$				-0,021441 (0,032046)	-0,020776 (0,031922)	0,003938 (0,029700)
Ret^2_t					45,48410 (12,89077)***	-1,258486 (3,200715)
Turnover_ln$_{t-1}$						0,464957 (0,035334)***
Ue_eps_dummy_pos$_{t-1}$						0,833212 (0,058820)***
Ue_eps_dummy_neg$_{t-1}$						0,679918 (0,099188)***
Analyst_report_ln$_{t-1}$						0,022004 (0,002205)***
CNN_ln$_{t-1}$						0,119228 (0,016969)***
Dclrdt$_{t-1}$						0,170792 (0,037188)***
Ret$^2_{t-1}$						20,06803 (7,327365)***
Konstante	-8,08E-05 (0,000328)***	-0,006461 (0,000969)***	-0,039016 (0,004824)***	-0,006140 (0,000983)***	-0,017777 (0,002770)***	-0,023180 (0,002296)***
Abhängige Variable$_{t-1}$	Ja***	Ja***	Ja***	Ja***	Ja***	Ja***
Fixe Effekte	μ$_t$	μ$_t$	μ$_t$	μ$_t$	μ$_t$	μ$_t$
Beobachtungen	14906	14906	14906	14906	14906	14906
Unternehmen	30	30	30	30	30	30
R^2	0,507900	0,513315	0,514485	0,516883	0,519737	0,611154
R^2 (adjustiert)	0,490784	0,496317	0,497493	0,499906	0,502825	0,597266
Durbin-Watson Statistik	2,139898	2,196112	2,197257	2,194500	2,197260	2,224757

Inhalt dieser Tabelle sind Regressionsergebnisse zur Überprüfung der Einflüsse indirekter Aufmerksamkeitsvariablen (unabhängige Variablen) auf die Veränderungen von der Beitragsanzahl Sozialer Finanzmedien (abhängige Variable). Bei der Variable Socialm_total_ln$_{i,t}$ handelt sich die Anzahl der zum jeweiligen Datum (relative Veränderung zum Vortag) veröffentlichter Beiträge in Sozialen Medien mit Inhalten zu einem konkreten Unternehmen. Die abhängige Variable wird zusätzlich mit einer Zeitverzögerung von t-1 als unabhängige Variable berücksichtigt. Die Stichprobe umfasst für die Jahre 2011 und 2012 die im DJIA gelisteten Unternehmen. Die robusten Standardfehler sind unter den jeweiligen Regressionskoeffizienten in (Klammern) angegeben. In der Ergebnistabelle signalisieren ***, ** und * jeweils statistische Signifikanz auf dem 1 %, 5 % bzw. 10 % Niveau. Die Notwendigkeit zur Berücksichtigung fixer Effekte (für Unternehmen [μ$_i$] und / oder der Zeit [μ$_t$]) ergibt sich aus einem F- sowie Chi-Quadrat-Test.

Tabelle 51: **Ergebnisse des Paneldaten-Regressionsmodells (13) bis (18) zur Überprüfung der Hypothese A**

In den Regressionen (13) bis (18) werden jeweils die täglichen Veränderungen der unternehmensspezifischen Beitragsvolumina Sozialer Finanzmedien durch die schrittweise berücksichtigten indirekten Aufmerksamkeitsvariablen erklärt. Mit Blick auf die Veränderung des adjustierten Bestimmtheitsmaßes R^2 zeigt sich auch hier, dass die schrittweise eingeführten Variablen jeweils zusätzlichen Erklärungsbeitrag für die Veränderung der unternehmensspezifischen Beitragsvolumina liefern und damit zu einer Verbesserung der Modellgüte beitragen. Mit Blick auf die Regressionsergebnisse (13) und (14) zeigt sich zunächst ein überraschender, signifikant negativer Zusammenhang zwischen dem *Turnover* und Veränderungen des Beitragsvolumens Sozialer Finanzmedien. An Tagen positiver wie negativer Ergebnisveröffentlichungen ist das Beitragsvolumen ebenfalls deutlich erhöht. Mit Blick auf die Regressionsergebnisse (15) und (16) zeigt sich eine für die Veränderung des Beitragsvolumens große Relevanz von Analystenberichten sowie von Medienberichten auf CNNmoney.com. Während veröffentlichte Analystenberichte das Suchvolumen positiv beeinflussen, ist der Zusammenhang am selben Tag t zwischen Medienberichten und dem Suchvolumen überraschenderweise negativ. Die zusätzliche Berücksichtigung der quadrierten Rendite in Regression (17) zeigt sehr deutlich deren signifikant positiven Erklärungsbeitrag zur Veränderung des Beitragsvolumens am selben Tag auf. Werden nun wie in Regression (18) die unabhängigen Variablen jeweils noch als t-1 lags berücksichtigt, so sind spezifischere Aussagen zu Ursache-Wirkung-Zusammenhängen möglich: So kehrt sich zum einen das bisher negative Vorzeichen des *Turnovers* um und die Koeffizienten zeigen an, dass das Beitragsvolumen Sozialer Finanzmedien um 0,9 % zunimmt, wenn der *Turnover* am selben Tag um 10 % steigt. Für den Folgetag erhöht sich das Beitragsvolumen c.p. um 4,6 % im Zusammenhang mit einer 10 prozentigen Steigerung des *Turnovers*. Das Beitragsvolumen Sozialer Finanzmedien reagiert sowohl am selben Tag sowie im Folgetag auf Ergebnisveröffentlichungen, die über oder unter den jeweiligen Analystenerwartungen liegen. So steigt es am selben Tag um 22 %, sofern das Ergebnis eine positive Überraschung ist. Liegt das veröffentlichte Ergebnis unter den Erwartungen, steigt das Beitragsvolumen am Tag der Ergebnisveröffentlichung sogar um 31 %. Über einen Tag hinweg sind die Ergebnisse hier jedoch noch bemerkenswerter und unterstreichen den bereits erwähnten, besonderen Stellenwert der Rechnungslegungsinformationen für die in Sozialen Finanzmedien aktiven Marktteilnehmer. Auf positive Ergebnisüberraschungen steigt das Beitragsvolumen des Folgetages c.p. um 83 %, während es sich bei negativen Ergebnisüberraschungen um 68 % erhöht. Nehmen die veröffentlichten Analystenberichte um 10 % zu, so erhöht sich das Beitragsvolumen am selben Tag sowie am Folgetag c.p. um 0,2 %. Eine Zunahme auf CNNmoney.com veröffentlichter Berichte scheint am selben Tag keinen Zusammenhang zum Beitragsvolumen Sozialer Finanzmedien aufzuweisen. Mit einem Tag dazwischen steigt das Beitragsvolumen Sozialer Finanzmedien jedoch um 1,2 %, sofern die auf CNNmoney.com veröffentlichten Berichte um 10 % zunehmen. Ganz ähnlich ist dies im Zusammenhang mit Ankündigungen durch den Vorstand des jeweiligen Unternehmens. Auch hier scheinen die Marktteilnehmer in Sozialen Finanzmedien zumindest am selben Tag nicht merklich auf die Ankündigung zu reagieren, während die Beiträge für den Folgetag im Zusammenhang mit einer solchen Ankündigung um 1,7 % zunehmen. Der Erklärungsbeitrag für Reaktionen im Zusammenhang mit Kursveränderungen kommt ebenfalls deutlich erkennbar von *t*-1 zustande, so dass mit einem Tag Verzögerung die Beiträge in Sozialen Finanzmedien zunehmen, sofern starke Kursveränderungen stattfinden.

Bemerkenswert ist vor allem das Ergebnis, dass das Beitragsvolumen Sozialer Finanzmedien sowohl auf die Veröffentlichung positiver wie negativer Ergebnisüberraschungen relativ ähnlich reagiert. Insbesondere ist keine übermäßig stärkere Reaktion auf negative Ergebnisveröffentlichungen feststellbar. Journalistisch geprägte Finanzmedien hingegen scheinen häufig einen sog. „*negativity bias*"[426] aufzuweisen, indem dort deutlich häufiger über negative als über positive (Unternehmens-) ereignisse berichtet wird. Gaa (2008) begründet diese Fokussierung auf hauptsächlich negative Informationsereignisse durch Journalisten mit dem konkurrenzbedingten Verkaufsdruck journalistischer Medien und der scheinbar vorherrschenden Leserpräferenz für derartige Inhalte.[427] Diese Negativverzerrung hinsichtlich der Berichterstattung ist jedoch nicht nur in Bezug auf Finanzmärkte beobachtbar: Auch makroökonomische Berichterstattungen scheinen einen besonderen Fokus auf negative Informationser-

---

[426] Gaa (2008), S. 2.
[427] Vgl. Gaa (2008), S. 30.

eignisse zu haben.[428] Im Zusammenhang mit der Bewertung von Unternehmen kann diese Verzerrung in der Berichterstattung jedoch eine fehlerhafte Bepreisung mancher Aktien zur Folge haben: „(...) *if good news from neglected firms is more likely to be ignored, low media coverage will predict positive returns for these stocks, on average.*"[429] Diese im Durchschnitt höheren Renditen sind folglich auf die Qualität sowie auf die Vollständigkeit der verfügbaren Informationen zurückzuführen. Je weniger vollständig die verfügbaren Informationen über eine Aktie / über ein Unternehmen sind, desto höher ist das durch diesen Informationsnachteil entstehende Risiko für den Käufer einer derartigen Aktie. Dieses Risiko führt wiederum zu einem Kursabschlag, welcher im Durchschnitt zu höheren Renditen führt.[430] Die obigen Ergebnisse lassen vermuten, dass die Autoren von Beiträgen in Sozialen Finanzmedien relativ gleichberechtigt über positive und negative Informationsereignisse berichten und die oben erwähnte Verzerrung hin zu besonders negativer Berichterstattung nicht in der Form wie bei journalistisch geprägten Medien stattfindet.

Insgesamt lässt sich feststellen, dass das Beitragsvolumen Sozialer Finanzmedien weniger rasch auf Veränderungen von Fundamental- und Börsendaten reagiert als das Suchvolumen in Google. Mit einem Tag Verzögerung jedoch reagiert das Beitragsvolumen Sozialer Finanzmedien auf alle berücksichtigten Variablen hochsignifikant und unterstreicht damit die hohe Relevanz der Fundamental- und Börsendaten für die Beitragsentstehung in Sozialen Finanzmedien. Die langsamere Reaktion der Veränderung des Beitragsvolumens im Vergleich zur Veränderung des Suchvolumens ist relativ leicht erklärbar: Während Suchanfragen mit der Eingabe des Suchbegriffs in die Suchmaske von Google entstehen, müssen Beiträge in Sozialen Finanzmedien verfasst und mit Inhalt gefüllt werden. Dementsprechend ist eine verzögerte Beitragsentstehung nicht überraschend. Mit dem Beitragsvolumen in Sozialen Finanzmedien existiert auf jeden Fall eine Variable, die die Aufmerksamkeit der Marktteilnehmer

---

[428] So stellt Harrington (1989) für die Vereinigten Staaten von Amerika fest, dass schlechte / negative Informationen über die Arbeitslosenquote, über die Inflationsrate oder über das Wirtschaftswachstum deutlich ausführlicher und mit einer viel höheren Wahrscheinlichkeit berichtet werden, als positive Informationen. Vgl. hierzu Harrington (1989), S. 34. Eine vergleichbar asymmetrische Reaktion der Massenmedien in Bezug auf Wirtschaftsinformationen stellt Soroka (2006) für das Vereinigte Königreich fest. Vgl. hierzu Soroka (2006), S. 381.

[429] Gaa (2008), S. 29.

[430] Für detailliertere Erklärungen vgl. auch Fußnote 316 auf Seite 119 der vorliegenden Arbeit.

sehr gut abbilden kann. Dem Beitragsvolumen Sozialer Finanzmedien gelingt dies scheinbar auch besser als den Suchanfragen bei Google.

	(5)	(6)	(11)	(12)	(17)	(18)
	Search_fin_ln$_t$		Search_all_ln$_t$		Socialm_total_ln$_t$	
Turnover_ln$_t$	0,032864 (0,013455)**	0,031471 (0,015428)**	0,021883 (0,006298)***	0,022699 (0,007737)***	-0,097132 (0,032233)***	0,086641 (0,021836)***
Ue_eps_dummy_pos$_t$	0,138220 (0,035074)***	0,129750 (0,034301)***	0,070428 (0,024007)***	0,060480 (0,023196)***	0,372814 (0,056737)***	0,217351 (0,043661)***
Ue_eps_dummy_neg$_t$	0,076426 (0,032688)**	0,063217 (0,031170)**	0,084293 (0,042992)**	0,071017 (0,04216)*	0,483845 (0,082980)***	0,310816 (0,069513)***
Analyst_report_ln$_t$	0,003032 (0,001192)**	0,003691 (0,001331)***	0,001220 (0,000512)**	0,001963 (0,000629)***	0,010899 (0,001862)***	0,015463 (0,002035)***
CNN_ln$_t$	0,003459 (0,006593)	0,010259 (0,006903)	0,009960 (0,002964)***	0,018732 (0,004658)***	-0,095539 (0,015034)***	0,020212 (0,015080)
Dclrdt$_t$	0,011845 (0,021912)	0,013356 (0,021847)	0,020740 (0,010441)**	0,021337 (0,010346)**	-0,020776 (0,031922)	0,003938 (0,029700)
Ret^2_t	6,895531 (5,230394)	8,927103 (4,834155)*	4,036154 (2,997824)	3,903011 (2,865391)	45,48410 (12,89077)***	-1,258486 (3,200715)
Turnover_ln$_{t-1}$		0,012689 (0,011735)		0,011042 (0,007533)		0,464957 (0,035334)***
Ue_eps_dummy_pos$_{t-1}$		-0,015034 (0,029920)		-0,017027 (0,019814)		0,833212 (0,058820)***
Ue_eps_dummy_neg$_{t-1}$		-0,015044 (0,031008)		-0,007745 (0,024873)		0,679918 (0,099188)***
Analyst_report_ln$_{t-1}$		0,001916 (0,001594)		0,002072 (0,000651)***		0,022004 (0,002205)***
CNN_ln$_{t-1}$		0,016944 (0,008174)**		0,019593 (0,005598)***		0,119228 (0,016969)***
Dclrdt$_{t-1}$		0,024454 (0,015146)		0,022319 (0,010681)**		0,170792 (0,037188)***
Ret$^2_{t-1}$		-8,470619 (3,475781)**		-2,356453 (1,075581)**		20,06803 (7,327365)***
Konstante	-0,004843 (0,001540)***	-0,003170 (0,000911)***	-0,003426 (0,000982)***	-0,002692 (0,000966)***	-0,017777 (0,002770)***	-0,023180 (0,002296)***
Abhängige Variable$_{t-1}$	Ja***	Ja***	Ja***	Ja***	Ja***	Ja***
Fixe Effekte	μ$_t$	μ$_t$	μ$_t$	μ$_t$	μ$_t$	μ$_t$
Beobachtungen	11000	11000	15000	15000	14906	14906
Unternehmen	22	22	30	30	30	30
R^2	0,232332	0,233127	0,427382	0,429766	0,519737	0,611154
R^2 (adjustiert)	0,195237	0,195533	0,407349	0,409532	0,502825	0,597266
Durbin-Watson Statistik	2,101584	2,101832	2,173730	2,172803	2,197260	2,224757

Inhalt dieser Tabelle ist eine Zusammenfassung der obigen Regressionsergebnisse zur Überprüfung der Einflüsse indirekter Aufmerksamkeitsvariablen (unabhängige Variablen) auf die Veränderungen von der Beitragsanzahl Sozialer Finanzmedien (abhängige Variable). Die abhängige Variable wird zusätzlich mit einer Zeitverzögerung von t-1 als unabhängige Variable berücksichtigt. Die Stichprobe umfasst für die Jahre 2011 und 2012 die im DJIA gelisteten Unternehmen. Die robusten Standardfehler sind unter den jeweiligen Regressionskoeffizienten in (Klammern) angegeben. In der Ergebnistabelle signalisieren ***, ** und * jeweils statistische Signifikanz auf dem 1 %, 5 % bzw. 10 % Niveau. Die Notwendigkeit zur Berücksichtigung fixer Effekte (für Unternehmen [μ$_i$] und / oder die Zeit [μ$_t$]) ergibt sich aus einem F- sowie Chi-Quadrat-Test.

Tabelle 52:   Zusammenfassung der Regressionsergebnisse zur Überprüfung der Hypothese A

In obenstehender Tabelle werden die wichtigsten Regressionsergebnisse nochmals zusammengefasst, um auch die Ergebnisse in Bezug auf die verschiedenen abhängigen Variablen besser vergleichen zu können. Mit Blick auf die Häufigkeit signifikanter Koeffizienten wird zunächst deutlich, dass die Veränderung des nichtkategorisierten Suchvolumens sowie des Beitragsvolumens Sozialer Finanzmedien scheinbar besser durch die berücksichtigten Variablen erklärt werden können als die Veränderungen des finanzkategorisierten Suchvolumens. Dies wird auch durch das Bestimmtheitsmaß des adjustierten R^2 verdeutlicht, welches in Bezug auf das kategorisierte Suchvolumen bei unter 20 % liegt, beim nichtkategorisierten Suchvolumen bei 40 % und beim Beitragsvolumen Sozialer Finanzmedien sogar über 50 %. Also scheint das kategorisierte Suchvolumen anders als die anderen beiden Variablen weniger stark auf Fundamental- und Börsendaten zu reagieren.

Die mittels des kategorisierten Suchvolumens gemessene Aufmerksamkeit der Marktteilnehmer scheint folglich weniger stark im Zusammenhang mit etablierten Aufmerksamkeitsgrößen von Marktteilnehmern zu stehen. Möglicherweise bilden also die drei Variablen die Aufmerksamkeit unterschiedlicher Marktteilnehmergruppen ab, wobei die Unterschiede zum finanzkategorisierten Suchvolumen am größten sind. Vergleicht man die beiden Google-Variablen und die Variable Sozialer Finanzmedien zeigt sich, dass das Suchvolumen sehr schnell auf die indirekten Aufmerksamkeitsvariablen reagiert, während Beiträge in Sozialen Finanzmedien eher erst mit einem Tag Verzögerung ansteigen. Dies hängt sicherlich damit zusammen, dass die Erstellung von Beiträgen Sozialer Finanzmedien mehr Zeit in Anspruch nimmt als die Eingabe des Unternehmensnamens in die Suchmaske von Google. Hier kommen die sehr charakteristischen Eigenschaften des Google-Suchvolumens (mit und ohne Kategorienfilter) einerseits und des Nachrichtenvolumens in Sozialen Finanzmedien andererseits zum Ausdruck: Während über Google Informationen gesucht werden, werden sie in Sozialen Finanzmedien vielmehr bereitgestellt. Was also bei Google die Eingabe des Suchbegriffs ist, ist in Sozialen Finanzmedien das Verfassen eines Beitrags. Die in Sozialen Finanzmedien aktiven Marktteilnehmer greifen in ihren Beiträgen die hier betrachteten Ereignisse auf oder werden sogar erst durch diese zu einer Beitragsverfassung motiviert. Ein Teil der dann entstehenden Beiträge wird noch am selben Tag veröffentlicht, während ein Großteil mit einem Tag Verzögerung auf das Informationsereignis folgt. Abgesehen von Twitter umfassen die in anderen Sozialen Finanzmedien veröffentlichten Beiträge meist mehr als 140 Zeichen und charakterisieren sich auch dadurch, dass sie die Geschehnisse an den Finanzmärkten einordnen, interpretieren und häufig sogar Handlungsempfehlungen beinhalten.[431] Dem muss jedoch eine Auseinandersetzung des Beitragsschreibenden mit dem entsprechenden Informationsereignis vorausgehen, so dass die Erklärung für Verzögerungen von einem Tag im Charakter der Beiträge zu finden ist. Es liegt nahe – was jedoch mit dem vorliegenden Datensatz nicht überprüft werden kann – dass das am selben Tag t des Ereignisses entstehende Beitragsvolumen eher durch die kurzen Twitternachrichten entsteht, während das um t-1 verzögert entstehende Beitragsvolumen dann wahrscheinlich auf andere Soziale Finanzmedien zurückzuführen ist. Und zwar nämlich auf solche wie bspw. wallstreet:online, Stockhouse, finanzen.net und Yahoo!Finance, deren Beitragslänge in der Regel deutlich größer ist als nur 140 Zeichen. Interessant ist zudem, dass mit einem Tag Verzögerung ausnahmslos alle indirekten Aufmerksamkeitsgrößen einen hochsignifikant positiven Beitrag zur Veränderung des Beitragsvolumens haben und damit das Beitragsvolumen als sehr gute Variable zur direkten Abbildung der Anlegeraufmerksamkeit würdigen.

Insgesamt zeigt sich, dass die berücksichtigten indirekten Aufmerksamkeitsvariablen signifikante Zusammenhänge zu den direkten Aufmerksamkeitsvariablen aufzeigen und die meisten der signifikanten Koeffizienten ein positives Vorzeichen aufweisen. Dementsprechend scheinen sich die betrachteten Aufmerksamkeitsvariablen in die gleiche Richtung zu bewegen und die hier vorgeschlagenen (abhängigen) Variablen geeignet zu sein, die Aufmerksamkeit der Kapitalmarktteilnehmer abzubilden. Außerdem zeigt sich, dass Informationsereignisse von gestern die Aufmerksamkeit von heute beeinflussen: Dies gilt beim Suchvolumen vor allem für die Informationsereignisse Analystenberichte, CNN-Berichterstattung, Ankündigungen durch den Vorstand sowie Kursveränderungen, während sich die durch das Beitragsvolumen Sozialer Finanzmedien erfasste Aufmerksamkeit im Zusammenhang mit allen betrachteten Informationsereignissen erhöht. Die direkten Google- und Soziale Medien-Variablen sind also durch die in t und t-1 berücksichtigten indirekten Variablen erklärbar.

Die **Hypothese A**, dass zwischen diesen Variablen ein messbarer Zusammenhang besteht, ist damit bestätigt. Ob dabei das finanzkategorisierte Suchvolumen die Aufmerksamkeit von Kapitalmarktteilnehmern präziser abbildet als das nichtkategorisierte Suchvolumen, kann an dieser Stelle noch nicht abschließend festgestellt werden. In

---

[431] Vgl. Das/Martínez-Jerez/Tufano (2005), S. 115.

Bezug auf die Variationsmöglichkeiten mit den Daten aus Sozialen Finanzmedien ergibt sich jedoch eine weitere interessante Erkenntnis: Regressiert man statt der Veränderung aller Beiträge nur die Veränderung der positiv oder negativ formulierten Beiträge auf die unabhängigen Variablen, so bleiben die Ergebnisse zunächst weitgehend unverändert (die Regressionsergebnisse werden hier nicht tabellarisch berichtet). Es lässt sich jedoch erkennen, dass negativ formulierte Beiträge nicht übermäßig stark auf negative Ergebnisüberraschungen reagieren und positiv formulierte Beiträge nicht nur im Zusammenhang mit positiven Ergebnisüberraschungen steigen. Dies drückt ebenfalls den Charakter der Sozialen Finanzmedien aus, Informationen nicht nur zu replizieren, sondern Ereignisse an den Kapitalmärkten einer Beurteilung und Interpretation zu unterziehen.[432] Interessant ist zudem, dass die Veränderungen positiv formulierter Beiträge deutlich besser durch die berücksichtigten indirekten Aufmerksamkeitsvariablen erklärt werden können als die Veränderungen negativ formulierter Beiträge (R^2 von 53,4 % im Vergleich zu einem R^2 von 42,6 %).

Interessanterweise zeigen weitere Ergebnisse (hier nicht in Tabellenform berichtet), dass sich die Veränderung des allgemeinen Suchvolumens und die Veränderung der Beitragsanzahl in Sozialen Finanzmedien gegenseitig bedingen: Steigt bspw. das nichtkategorisierte Suchvolumen, so nimmt am nächsten Tag auch die Anzahl veröffentlichter Berichte in Sozialen Finanzmedien zu. Umgekehrt gilt derselbe Zusammenhang, wonach das nichtkategorisierte Suchvolumen in Folge einer erhöhten Beitragsveröffentlichung ebenfalls steigt. Dies deutet darauf hin, dass beide die Aufmerksamkeit ähnlicher / gleicher Marktteilnehmergruppen abbilden. Zwischen dem finanzkategorisierten Suchvolumen und den Beiträgen in Sozialen Finanzmedien ist dieser Zusammenhang nicht messbar.

---

[432] Vgl. Das/Martínez-Jerez/Tufano (2005), S. 115.

6.2 Paneldaten-Regressionsmodell zur Überprüfung der Hypothese B

6.2.1 Modellbeschreibung und Durchführung der Regression

Das Ziel der folgenden Paneldaten-Regressionsmodelle ist eine Überprüfung der oben formulierten Hypothese B, wonach sich die am Markt beobachtbaren Handelsaktivitäten durch Veränderungen der (direkt mittels Google- und Soziale Medien-Daten gemessenen) Anlegeraufmerksamkeit gegenüber einzelnen Aktien erklären lassen. Handelsaktivitäten sind das Ergebnis individueller Entscheidungsprozesse der Kapitalmarktteilnehmer, für die die Aufmerksamkeit notwendige Voraussetzung ist. Demgemäß werden Veränderungen der am Markt beobachtbaren Handelsaktivitäten durch Veränderungen dieser Aufmerksamkeitsvariablen beeinflusst. Zur Überprüfung dieser Hypothese eignet sich die Betrachtung von Handelsaktivitäten als abhängige Variable deutlich besser als bspw. die Veränderung der Aktienkurse, weil letztgenannte Variable immer nur die aggregierte Markterwartung abbilden kann und sich verändernde Preiserwartungen einzelner Anleger(gruppen) so evtl. nicht erfassbar wären.[433]

Die Veränderungen der Handelsaktivitäten werden wie oben beschrieben in Gestalt einer Veränderung des sog. Aktienumschlags (*Turnover_ln*) gemessen.

Wie bereits in den obigen Regressionen gezeigt werden konnte, sind geeignete Variablen der direkten Aufmerksamkeitsabbildung unternehmensspezifische Suchanfragen in Google (mit und ohne Kategorienfilter) sowie unternehmensspezifische Beiträge in Sozialen Finanzmedien. Die tägliche Veränderung wird jeweils als natürlicher Logarithmus berechnet, so dass sich für ein Unternehmen *i* zum Zeitpunkt *t* die folgenden Variablen ergeben:

- *Search_fin_ln*$_{i,t}$ als die Veränderung der unternehmensspezifischen Suchanfragen mit Kategorienfilter Finanzen,
- *Search_all_ln*$_{i,t}$ als die tägliche Veränderung der unternehmensspezifischen Suchanfragen ohne Kategorienfilter Finanzen,
- *Socialm_total_ln*$_{i,t}$ als die Veränderung des gesamten unternehmensspezifischen Beitragsvolumen in Sozialen Finanzmedien,

---

[433] Vgl. Beaver (1968), S. 69 sowie Bamber/Barron/Stevens (2011), S. 432.

- $Socialm\_pos\_ln_{i,t}$ als die Veränderung des unternehmensspezifischen Beitragsvolumens in Sozialen Finanzmedien (positiv formulierte Beiträge),
- $Socialm\_neg\_ln_{i,t}$ als die Veränderung des unternehmensspezifischen Beitragsvolumens in Sozialen Finanzmedien (negativ formulierte Beiträge),
- $Socialm\_agree_{i,t}$ als Signalgröße für die Homogenität der in Sozialen Medien aktiven Kapitalmarktteilnehmer in Bezug auf die Einschätzung der Unternehmens- und Aktienkursentwicklung.

Die indirekten Aufmerksamkeitsvariablen sind zum einen Dummys der Ergebnisveröffentlichungen, die entweder über ($Ue\_eps\_dummy\_pos$) oder unter ($Ue\_eps\_dummy\_neg$) den zuvor veröffentlichten Analysteneinschätzungen liegen.[434] Ebenso werden hier Veränderungen der Anzahl von Analystenberichten[435] (*Analyst_report_ln*), Berichten auf CNNmoney (*CNN_ln*) sowie eine Dummyvariable für

---

[434] Empirische Untersuchungen zeigen deutlich, dass für eine Erklärung von Veränderungen der Handelsaktivitäten zwingend auf Termine von Ergebnisveröffentlichungen kontrolliert werden sollte, weil sich Handelsaktivitäten regelmäßig im unmittelbaren Umfeld von Ergebnisveröffentlichungen verändern. Schwankungen in den Handelsaktivitäten rund um Ergebnisbekanntgaben von Unternehmen können im Allgemeinen über zwei unterschiedliche Effekte erklärt werden: Zum einen ergeben sich Veränderungen im Handelsverhalten deshalb, weil Investoren bzgl. der bevorstehenden Ergebnisbekanntgabe unterschiedliche Informationen sammeln und diese individuell interpretieren, um hieraus eigene Handlungsentscheidungen abzuleiten. Aufgrund des zwischen den Anlegern differierenden Umgangs mit den verschiedenen Informationen, zeigen sich im Ergebnis unterschiedliche Handelsverhalten und zunehmende Schwankungen im Handelsverhalten vor allem unmittelbar im Zusammenhang mit planbaren Terminen der unternehmensbezogenen Ergebnisveröffentlichungen. In Form des zweiten Effekts können Schwankungen im Handelsverhalten dadurch gehäuft im Kontext mit Ergebnispublikationen zustande kommen, weil gleichzeitige Änderungen der Aktienliquidität und der Transaktionskosten ein zunehmendes Handelsvolumen seitens der Anleger erwarten lassen. Für eine ausführliche Darstellung theoretischer Überlegungen und empirischer Erkenntnisse zum Zusammenhang von Veränderungen der Handelsaktivitäten und Unternehmenspublizität, vgl. Bamber/Barron/Stevens (2011), S. 434–439.

[435] In Bezug auf Analystenberichte ist aus empirischen Studien bekannt, dass sich aus einer Zunahme der sog. *analyst coverage* oder *analyst following* Veränderungen im Handelsvolumen der jeweiligen Unternehmensaktien für den Folgetag vorhersagen lassen. Vgl. hierzu Bhushan (1989), S. 261. Ebenso scheint allerdings auch der umgekehrte Zusammenhang durchaus Gültigkeit zu besitzen, nach welchem vor allem solche Unternehmen besonders häufig von Analysten bewertet und kommentiert werden, welche insgesamt hohe Handelsaktivitäten ihrer ausstehenden Aktien aufweisen. Vgl. hierzu Alford/Berger (1999), S. 235.

Ankündigungen durch den Vorstand des jeweiligen Unternehmens berücksichtigt. Außerdem findet die Variable der quadrierten Rendite[436] (Ret^2) Anwendung.

Neben einer für alle Unternehmen und Zeitpunkte konstanten Größe c wird die endogene Variable jeweils mit einer zeitlichen Verzögerung von t-1 als unabhängige Variable im Modell berücksichtigt. Die Berücksichtigung unternehmensindividueller Eigenschaften im Sinne einer Schätzung fixer Unternehmenseffekte ist nicht notwendig, Dummyvariablen für die Zeit (fixe Zeiteffekte) hingegen schon.

Es werden jeweils zwei Regressionsmodelle geschätzt: Im ersten Regressionsmodell werden die erklärenden Variablen nur zum Zeitpunkt t, im zweiten Regressionsmodell zusätzlich auch noch zum Zeitpunkt t-1 berücksichtigt.[437]

Am Beispiel der zu erklärenden Veränderungen der Handelsaktivitäten durch Veränderungen im Suchvolumen mit Kategorienfilter Finanzen ergeben sich folglich die beiden nachfolgenden Regressionsmodelle:

---

[436] In zahlreichen empirischen Studien wird der Zusammenhang zwischen einer Renditeveränderung und Veränderungen der Handelsaktivitäten bestätigt, wenngleich die Frage nach der Richtung des Einflusses letztlich nicht eindeutig geklärt ist. Bhagat und Bhatia liefern bspw. Erkenntnisse dafür, dass Aktienkursveränderungen als Indikator für Schwankungen des Handelsverhaltens interpretiert werden können. Vgl. hierzu Bhagat/Bhatia (1996) zitiert nach Saatcioglu/Starks (1998), S. 217. Demgegenüber kann aus modelltheoretischer Sicht im Kontext der schrittweisen Informationsverarbeitung am Kapitalmarkt auch eine bidirektionale Beziehung zwischen Veränderungen der Aktienkurse und Schwankungen des Handelsverhaltens vermutet werden: Mittels Anwendung des sog. Granger-Kausalitätstests kommen Hiemstra und Jones zu ebendiesem Ergebnis, indem sie von 1915 bis 1946 sowie von 1947 bis 1990 die täglichen Aktienrenditen im Dow Jones notierter Unternehmen und die korrespondierenden Handelsaktivitäten an der New York Stock Exchange auf ihren wechselseitigen Ursache-Wirkungszusammenhang hin untersuchen. Vgl. hierzu Hiemstra/Jones (1994), S. 1641; 1659-1660.

[437] Um sog. Scheinzusammenhänge zu vermeiden, werden die unabhängigen Variablen in einem weiteren Modell neben den Zeitpunkten t und t-1 auch mit einer Verzögerung von t-2 im Regressionsmodell berücksichtigt. Die Notwendigkeit, eine solche Überprüfung durchzuführen, ergibt sich vor allem aus den Ergebnissen in Bezug auf die Hypothese A. Sofern sich die Ergebnisse unter zusätzlicher Berücksichtigung der t-2-Variablen jedoch nicht nennenswert von den hier berichteten Ergebnissen unterscheiden, soll hierauf nicht näher eingegangen werden. Im anderen Fall werden die Unterschiede jedoch benannt und interpretiert.

$$Turnover\_\ln_{i,t} = c + \beta_1 \cdot Search\_fin\_\ln_{i,t}$$
$$+ \beta_2 \cdot Ue\_eps\_dummy\_pos_{i,t} + \beta_3 \cdot Ue\_eps\_dummy\_neg_{i,t}$$
$$+ \beta_4 \cdot Analyst\_report\_\ln_{i,t} + \beta_5 \cdot CNN\_\ln_{i,t} + \beta_6 \cdot Dclrdt_{i,t}$$
$$+ \beta_7 \cdot \mathrm{Re}\,t^2_{i,t} + \beta_8 \cdot Turnover\_\ln_{i,t-1} + \mu_t + \varepsilon_{i,t}$$

Formel 24: Gleichung des Paneldaten-Regressionsmodells B in spezieller Form am Bsp. der Regression (7)

$$Turnover\_\ln_{i,t} = c + \beta_1 \cdot Search\_fin\_\ln_{i,t}$$
$$+ \beta_2 \cdot Ue\_eps\_dummy\_pos_{i,t} + \beta_3 \cdot Ue\_eps\_dummy\_neg_{i,t}$$
$$+ \beta_4 \cdot Analyst\_report\_\ln_{i,t} + \beta_5 \cdot CNN\_\ln_{i,t} + \beta_6 \cdot Dclrdt_{i,t}$$
$$+ \beta_7 \cdot \mathrm{Re}\,t^2_{i,t} + \beta_8 \cdot Turnover\_\ln_{i,t}$$
$$+ \beta_9 \cdot Search\_fin\_\ln_{i,t-1}$$
$$+ \beta_{10} \cdot Ue\_eps\_dummy\_pos_{i,t-1} + \beta_{11} \cdot Ue\_eps\_dummy\_neg_{i,t-1}$$
$$+ \beta_{12} \cdot Analyst\_report\_\ln_{i,t-1} + \beta_{13} \cdot CNN\_\ln_{i,t-1} + \beta_{14} \cdot Dclrdt_{i,t-1}$$
$$+ \beta_{15} \cdot \mathrm{Re}\,t^2_{i,t-1} + \beta_{16} \cdot Turnover\_\ln_{i,t-1} + \mu_t + \varepsilon_{i,t}$$

Formel 25: Gleichung des Paneldaten-Regressionsmodells B in spezieller Form am Bsp. der Regression (8)

6.2.2 Ergebnisse und Ergebnisinterpretation

Die nachfolgenden Tabellen stellen die Ergebnisse verschiedener Regressionen zur Erklärung von Veränderungen des unternehmensspezifischen Aktienumschlags (*Turnover_ln*) dar. Die am meisten interessierende unabhängige Variable ist in diesem Zusammenhang die der direkten Anlegeraufmerksamkeit: Diese wird je nach Regression entweder über die Veränderung des unternehmensspezifischen Suchvolumens in Google (mit und ohne Kategorienfilter Finanzen) oder über die Veränderung des unternehmensspezifischen Beitragsvolumen in Sozialen Finanzmedien abgebildet. Darüber hinaus prüfen die Proxies *Ue_eps_dummy_pos* sowie *Ue_eps_dummy_neg*, ob sich aufgrund einer Veröffentlichung unerwartet positiver bzw. negativer Quartals- oder Jahresergebnisse signifikante Veränderungen im Handelsvolumen beobachten lassen. Zusätzlich wird auf die Effekte im Handelsvolumen kontrolliert, die aufgrund von veröffentlichten Artikeln auf CNNmoney.com (*CNN_ln*), neuen Analystenberichten (*Analyst_report_ln*) sowie durch Ankündigungen durch den Vorstand der jeweiligen Unternehmen (*Dclrdt*) entstehen. Diese werden sowohl getrennt voneinander berücksichtigt, als auch in der gemeinsamen Dummyvariablen *Event_dummy* zusammengefasst. Der Einfluss der quadrierten Rendite auf den aktienspezifischen *Turnover* (*Turnover_ln*) wird durch Berücksichtigung der Variablen Ret^2 erfasst. Die robusten Standardfehler sind jeweils in (Klammern) angegeben. Die unabhängigen Variablen werden zum Zeitpunkt t sowie mit einer zeitlichen Verzögerung von $t-1$ im Regressionsmodell berücksichtigt.[438] Die abhängige Variable wird zusätzlich mit einer Zeitverzögerung von $t-1$ als unabhängige Variable berücksichtigt.

Zusätzlich zu den Regressionskoeffizienten wird in den Regressionstabellen u.a. die Durbin-Watson-Prüfgröße berichtet, um auf mögliche Autokorrelation zu prüfen. Ob die Berücksichtigung fixer Effekte (für Unternehmen [μ_i] und / oder die Zeit [μ_t]) notwendig ist, wird mittels F- sowie Chi-Quadrat-Test festgestellt und dann entsprechend angegeben.[439]

---

[438] Beachte hierzu die Ausführungen in Fußnote 437 auf Seite 222 der vorliegenden Arbeit.

[439] Detailliertere Ausführungen zur Durbin-Watson-Prüfgröße sowie zum F- oder Chi-Quadrat-Test finden sich im Anhang der vorliegenden Arbeit. In diesem im Anhang befindlichen Kapitel der Regressionsdiagnostik werden darüber hinaus zahlreiche Annahmen in Bezug auf die geschätzten Panelregressionen geprüft, um so die gewonnenen Ergebnisse abzusichern.

Modelle und Ergebnisse der empirischen Untersuchung

	(19)	(20)	(21)	(22)	(23)	(24)
			Turnover_ln$_t$			
Search_fin_ln$_t$	0,033631 (0,015815)**	0,022697 (0,012398)*	0,022222 (0,012349)*	0,020508 (0,011634)*	0,017886 (0,010705)*	0,019232 (0,011133)*
Ue_eps_dummy_pos$_t$		0,508296 (0,042076)***	0,503340 (0,042443)***	0,436488 (0,042528)***	0,417473 (0,038343)***	0,389566 (0,033418)***
Ue_eps_dummy_neg$_t$		0,500093 (0,055952)***	0,494247 (0,055972)***	0,423860 (0,058074)***	0,392116 (0,052685)***	0,355520 (0,047574)***
Event_dummy$_t$			0,018577 (0,005484)***			
Analyst_report_ln$_t$				0,008681 (0,001429)***	0,008319 (0,001218)***	0,011228 (0,001427)***
CNN_ln$_t$				0,072856 (0,009414)***	0,064712 (0,008021)***	0,082540 (0,009166)***
Dclrdt$_t$				0,067307 (0,029354)***	0,064384 (0,028588)**	0,065373 (0,027186)**
Ret^2_t					70,86394 (27,65189)**	84,09457 (24,83208)***
Search_fin_ln$_{t-1}$						0,018731 (0,006902)***
Ue_eps_dummy_pos$_{t-1}$						-0,038019 (0,070104)
Ue_eps_dummy_neg$_{t-1}$						-0,008362 (0,072204)
Analyst_report_ln$_{t-1}$						0,008917 (0,001556)***
CNN_ln$_{t-1}$						0,056502 (0,006351)***
Dclrdt$_{t-1}$						-0,023886 (0,019469)
Ret$^2_{t-1}$						-51,78855 (11,05076)**
Konstante	-0,000817 (0,000153)***	-0,008895 (0,000641)***	-0,021508 (0,003860)***	-0,008673 (0,000711)***	-0,026161 (0,004899)***	-0,015092 (0,002938)***
Abhängige Variable$_{t-1}$	Ja***	Ja***	Ja***	Ja***	Ja***	Ja***
Fixe Effekte	μ_t	μ_t	μ_t	μ_t	μ_t	μ_t
Beobachtungen	11000	11000	11000	11000	11000	11000
Unternehmen	22	22	22	22	22	22
R^2	0,454328	0,485015	0,485545	0,494021	0,516171	0,532237
R^2 (adjustiert)	0,428286	0,460335	0,460839	0,469622	0,492791	0,509306
Durbin-Watson Statistik	2,137425	2,167938	2,165815	2,192289	2,130670	2,184810

Inhalt dieser Tabelle sind Regressionsergebnisse zur Überprüfung der Einflüsse direkter und indirekter Aufmerksamkeitsvariablen (unabhängige Variablen) auf die Veränderungen von Handelsaktivitäten (abhängige Variable). Von besonderem Interesse ist dabei der Einfluss von Veränderungen der Suchanfragen mit Kategorienfilter Finanzen auf die Veränderung von Handelsaktivitäten. Bei der Variable *Turnover_ln$_t$* handelt es sich um die Anzahl der zum jeweiligen Datum (relative Veränderung zum Vortag) gehandelter Aktien (in Stück) im Verhältnis zu den an diesem Tag in Streubesitz befindlicher Aktien (in tausend Stück). Die abhängige Variable wird zusätzlich mit einer Zeitverzögerung von *t-1* als unabhängige Variable berücksichtigt. Die Stichprobe umfasst für die Jahre 2011 und 2012 die im DJIA gelisteten Unternehmen. Die robusten Standardfehler sind unter den jeweiligen Regressionskoeffizienten in (Klammern) angegeben. In der Ergebnistabelle signalisieren ***, ** und * jeweils statistische Signifikanz auf dem 1 %, 5 % bzw. 10 % Niveau. Die Notwendigkeit zur Berücksichtigung fixer Effekte (für Unternehmen [μ_i] und / oder der Zeit [μ_t]) ergibt sich aus einem F- sowie Chi-Quadrat-Test.

Tabelle 53: Ergebnisse des Paneldaten-Regressionsmodells (19) bis (24) zur Überprüfung der Hypothese B

In den Regressionen (19) bis (24) wird die Veränderung des aktienspezifischen *Turnovers* durch die abhängigen Variablen erklärt, wobei als Variable zur direkten Aufmerksamkeitserfassung die Veränderung des Suchvolumens mit Kategorienfilter Finanzen berücksichtigt wird. Mit Blick auf die Veränderung des adjustierten Bestimmtheitsmaßes R^2 zeigt sich zunächst, dass die schrittweise eingeführten Variablen jeweils zusätzlichen Erklärungsbeitrag für die Veränderung des aktienspezifischen Handelsvolumens liefern und damit zu einer Verbesserung der Modellgüte beitragen.

In Regression (19) zeigt sich der erwartet positive Zusammenhang zwischen einer Veränderung des Suchvolumens (mit Kategorienfilter Finanzen) und der Veränderung des Aktienumschlags zum selben Zeitpunkt *t*. Ebenso lässt sich aus den Ergebnissen der Regression (20) ableiten, dass das Handelsvolumen an Tagen von Ergebnisveröffentlichungen zunimmt. In diesem Kontext spielt es keine Rolle, ob das veröffentlichte Ergebnis über oder unter den zuvor veröffentlichten Analystenschätzungen liegt. Die Ergebnisse der Regressionen (21) und (22) bestätigen die Vermutung, dass die Veröffentlichung von Analystenberichten, Berichten auf CNNmoney.com sowie Ankündigungen durch den Vorstand mit einem erhöhten Aktienumsatz zusammenfallen. Hierbei weisen sowohl die alle drei Ereignisse zusammenfassende Variable *Event_dummy$_t$* sowie die Variablen zu den jeweiligen Einzelereignissen (Veränderung von Analystenberichten, Medienberichten sowie Ankündigungen durch den Vorstand) einen signifikant positiven Zusammenhang zur abhängigen Variable auf. Auch die quadrierte Rendite – so das Ergebnis der Regression (23) – steht in einem signifikant positiven Zusammenhang zur Veränderung des *Turnovers* desselben Tages.

In der Regression (24) werden zusätzlich die um *t*-1 verzögerten Variablen als Erklärungsfaktoren berücksichtigt. Hier beeinflussen die Veränderung des Suchvolumens (mit Kategorienfilter Finanzen), die Veränderung von Analystenberichten und Medienberichten sowie auffällige Renditeveränderungen die Handelsaktivitäten des Folgetages. Auf Ergebnisveröffentlichungen sowie Ankündigungen durch den Vorstand des Unternehmens scheinen die Handelsaktivitäten des Folgetages nicht zu reagieren. Mit Betrachtung der Koeffizienten in Regression (24) sind die folgenden Schlussfolgerungen zulässig: Während eine Suchvolumensteigerung von 10 % am selben Tag mit einer Zunahme des *Turnovers* von 0,2 % zusammenfällt, beträgt auch die Zunahme der Handelsaktivitäten des Folgetages c.p. 0,2 %. Nun erscheint zwar die Zunahme des *Turnovers* um 0,2 % zunächst wenig, muss jedoch im Kontext der tatsächlichen Rahmenbedingungen betrachtet werden: So ist der Anteil privater Anleger am täglichen Handelsvolumen ohnehin nur sehr gering, so dass die genannte *Turnover*-Steigerung für diese Gruppe von Marktteilnehmern durchaus eine merkliche Steigerung darstellt.[440] Aufgrund des hochsignifikanten Koeffizienten ist von einer Ursache-Wirkung-Beziehung in der Form auszugehen, dass sich der *Turnover* in Folge zunehmender Suchanfragen erhöht. Dementsprechend können die Suchanfragen in Google (mit Kategorienfilter Finanzen) als geeignete Variable betrachtet werden, um in direkter Form die Aufmerksamkeit der Kapitalmarktteilnehmer gegenüber unternehmens- und aktienspezifischen Inhalten abzubilden. Weil Handelsaktivitäten das Ergebnis individueller Entscheidungsprozesse der Kapitalmarktteilnehmer sind, für die die Aufmerksamkeit notwendige Voraussetzung ist, lassen die signifikant positiven Zusammenhänge eine solche Interpretation der Ergebnisse zu.

Auch die anderen als indirekte Aufmerksamkeitsvariablen bekannten Messgrößen zeigen mehrheitlich die erwarteten positiven Zusammenhänge zur *Turnover*-Veränderung auf. So steigt der *Turnover* an Tagen positiver (negativer) Ergebnisveröffentlichungen um 39 % (36 %), während der Aktienumsatz in Bezug auf gestrige Ergebnisveröffentlichungen keine signifikanten Reaktionen zeigt. Eine Zunahme der Anzahl veröffentlichter Analystenberichte um 10 % führt sowohl am selben als auch am Folgetag zu einer jeweiligen Steigerung des *Turnovers* von 0,1 %. Relativ ähnlich verhält es sich mit Beiträgen auf CNNmoney.com, deren 10 prozentige Steigerung am selben Tag eine 0,8 prozentige Steigerung des *Turnovers* mit sich bringt und den *Turnover* des Folgetages c.p. um ebenfalls knapp 0,6 % steigen lässt. Am Tag einer Ankündigung durch den Vorstand des Unternehmens nimmt der *Turnover* um 0,6 % zu, während der *Turnover* des Folgetages hierauf keine Reaktion mehr zeigt. Die Koeffizienten in Bezug auf die quadrierte Rendite sind ebenfalls hochsignifikant, wobei der Zusammenhang desselben Tages positiv und der Zusammenhang zwischen t und $t-1$ überraschenderweise negativ ist. Mit einer Renditeveränderung von 10 % fällt eine Steigerung des *Turnovers* um knapp 84 % zusammen. Der *Turnover* des Folgetages hingegen sinkt c.p. um knapp 52 %, wenn sich die Rendite um 10 % verändert.

---

[440] Handelsdaten der NYSE belegen, dass das Handelsvolumen privater Anleger am täglichen Handelsvolumen durchschnittlich einen Anteil von weniger als 2 % ausmacht. Vgl. hierzu Davis Evans (2009b), S. 37 sowie Davis Evans (2009a), S. 1105.

Dieses Ergebnis deutet auf übermäßig starke Reaktionen am selben Tag hin, die zum Teil am Folgetag wieder korrigiert werden.

Modelle und Ergebnisse der empirischen Untersuchung

	(25)	(26)	(27)	(28)	(29)	(30)
			Turnover_ln$_t$			
Search_all_ln$_t$	0,125348 (0,033267)***	0,091785 (0,027395)***	0,090908 (0,027237)***	0,080464 (0,026017)***	0,072102 (0,024098)***	0,071736 (0,025546)***
Ue_eps_dummy_pos$_t$		0,526118 (0,039772)***	0,520187 (0,039988)***	0,450160 (0,039657)***	0,427049 (0,035998)***	0,396505 (0,033896)***
Ue_eps_dummy_neg$_t$		0,510344 (0,049759)***	0,503907 (0,049929)***	0,430407 (0,051517)***	0,400607 (0,045618)***	0,362918 (0,041996)***
Event_dummy$_t$			0,019049 (0,004100)***			
Analyst_report_ln$_t$				0,010094 (0,001269)***	0,009506 (0,001123)***	0,012027 (0,001219)***
CNN_ln$_t$				0,075901 (0,009179)***	0,066040 (0,007802)***	0,089452 (0,009909)***
Dclrdt$_t$				0,040342 (0,026537)	0,039445 (0,025934)	0,039396 (0,024950)
Ret^2_t					67,62609 (17,70439)***	75,39543 (16,11513)***
Search_all_ln$_{t-1}$						0,037707 (0,015659)**
Ue_eps_dummy_pos$_{t-1}$						-0,057468 (0,058103)
Ue_eps_dummy_neg$_{t-1}$						-0,033928 (0,068786)
Analyst_report_ln$_{t-1}$						0,008263 (0,001301)***
CNN_ln$_{t-1}$						0,071358 (0,009324)***
Dclrdt$_{t-1}$						-0,006902 (0,020214)
Ret$^2_{t-1}$						-41,59991 (9,717863)***
Konstante	-0,000775 (0,000203)***	-0,009072 (0,000585)***	-0,021324 (0,002713)***	-0,008424 (0,000570)***	-0,025389 (0,003252)***	-0,015219 (0,002464)***
Abhängige Variable$_{t-1}$	Ja***	Ja***	Ja***	Ja***	Ja***	Ja***
Fixe Effekte	μ_t	μ_t	μ_t	μ_t	μ_t	μ_t
Beobachtungen	15000	15000	15000	15000	15000	15000
Unternehmen	30	30	30	30	30	30
R^2	0,434649	0,467471	0,468048	0,477170	0,499882	0,514236
R^2 (adjustiert)	0,415112	0,448993	0,449551	0,458916	0,482386	0,496998
Durbin-Watson Statistik	2,134354	2,159571	2,157081	2,186384	2,132524	2,181227

Inhalt dieser Tabelle sind Regressionsergebnisse zur Überprüfung der Einflüsse direkter und indirekter Aufmerksamkeitsvariablen (unabhängige Variablen) auf die Veränderungen von Handelsaktivitäten (abhängige Variable). Von besonderem Interesse ist dabei der Einfluss von Veränderungen der Suchanfragen ohne Kategorienfilter Finanzen auf die Veränderung von Handelsaktivitäten. Bei der Variable *Turnover_ln$_t$* handelt es sich um die Anzahl der zum jeweiligen Datum (relative Veränderung zum Vortag) gehandelter Aktien (in Stück) im Verhältnis zu an diesem Tag in Streubesitz befindlicher Aktien (in tausend Stück). Die abhängige Variable wird zusätzlich mit einer Zeitverzögerung von *t*-1 als unabhängige Variable berücksichtigt. Die Stichprobe umfasst für die Jahre 2011 und 2012 die im DJIA gelisteten Unternehmen. Die robusten Standardfehler sind unter den jeweiligen Regressionskoeffizienten in (Klammern) angegeben. In der Ergebnistabelle signalisieren ***, ** und * jeweils statistische Signifikanz auf dem 1 %, 5 % bzw. 10 % Niveau. Die Notwendigkeit zur Berücksichtigung fixer Effekte (für Unternehmen [μ_i] und / oder der Zeit [μ_t]) ergibt sich aus einem F- sowie Chi-Quadrat-Test.

Tabelle 54: Ergebnisse des Paneldaten-Regressionsmodells (25) bis (30) zur Überprüfung der Hypothese B

In den Regressionen (25) bis (30) wird die Veränderung des *Turnovers* erneut durch die bekannten indirekten Aufmerksamkeitsvariablen erklärt. Die direkte Aufmerksamkeitsvariable des Suchvolumens mit Kategorienfilter wird nun durch die Veränderung der Suchanfragen ohne Kategorienfilter ersetzt. Mit Blick auf die Veränderung des adjustierten Bestimmtheitsmaßes R^2 zeigt sich zunächst, dass die schrittweise eingeführten Variablen jeweils zusätzlichen Erklärungsbeitrag für die Veränderung des aktienspezifischen Handelsvolumens liefern und damit zu einer Verbesserung der Modellgüte beitragen. Das Ergebnis der Regression (25) zeigt für denselben Tag einen signifikant positiven Zusammenhang zwischen Veränderungen der Suchanfragen und der Veränderung der entsprechenden Handelsaktivitäten mit der Unternehmensaktie. Auch an Tagen von Quartals- und Jahresveröffentlichungen sind – so das Ergebnis der Regression (26) – im Vergleich zu Tagen ohne Ergebnisveröffentlichungen deutlich erhöhte Handelsaktivitäten festzustellen. Die Ergebnisse der Regression (27) und (28) deuten zudem darauf hin, dass vor allem die Veröffentlichung von Analystenberichten sowie Medienberichten auf CNNmoney erhöhte Handelsaktivitäten bedingen. Der direkte Ursache-Wirkung-Zusammenhang ist zwar an dieser Stelle noch nicht sicher, aus theoretischen Überlegungen heraus ist jedoch davon auszugehen, dass das Suchvolumen nicht die Anzahl von Analysten- und Medienberichten beeinflussen wird, sondern der umgekehrte Zusammenhang gilt. Durch die Koeffizienten der Regression (29) wird deutlich, dass zwischen der quadrierten Rendite und dem Suchvolumen am selben Tag ebenfalls ein signifikant positiver Zusammenhang besteht.

Direkte Ursache-Wirkung-Zusammenhänge sind erst mit Berechnung der Regression (30) möglich: Darin werden die Variablen zum Zeitpunkt *t* als auch mit einem *t*-1-lag berücksichtigt. Wie bereits beim Suchvolumen mit Kategorienfilter Finanzen zeigt auch die Veränderung des Suchvolumens ohne Kategorienfilter einen signifikant positiven Zusammenhang zur Veränderungen der Handelsaktivitäten über einen Tag hinweg, wonach eine Zunahme der Suchanfragen zu einer erhöhten Handelsaktivität am Markt führt. Steigen diese bspw. um 10 %, so hat das für den Folgetag eine Erhöhung des *Turnovers* von c.p. 0,4 % zur Folge. Für denselben Tag nimmt dieser um 0,7 % zu. Wie bereits weiter oben beschrieben, können die gewonnenen Ergebnisse mit Blick auf den ohnehin geringen Anteil privater Anleger am täglichen Handelsvolumen nicht nur als statistisch, sondern auch als ökonomisch signifikant und relevant eingestuft werden. Die Ergebnisse in Bezug auf die übrigen Variablen sind nicht überraschend, da die Variablen nicht verändert wurden.

Modelle und Ergebnisse der empirischen Untersuchung

	(31)	(32)	(33)	(34)	(35)	(36)
			Turnover_$\ln_t$			
Socialm_total_$\ln_t$	0,063307 (0,010462)***	0,053477 (0,010340)***	0,053076 (0,010265)***	0,052943 (0,009840)***	0,047613 (0,008893)***	0,030779 (0,007474)***
Ue_eps_dummy_pos$_t$		0,520947 (0,040380)***	0,515312 (0,040542)***	0,444716 (0,040006)***	0,422564 (0,036251)***	0,400167 (0,034892)***
Ue_eps_dummy_neg$_t$		0,501020 (0,049349)***	0,494928 (0,049528)***	0,420430 (0,050761)***	0,392118 (0,045386)***	0,368252 (0,042103)***
Event_dummy$_t$			0,018180 (0,004106)***			
Analyst_report_$\ln_t$				0,009392 (0,001215)***	0,008871 (0,001069)***	0,011387 (0,001207)***
CNN_$\ln_t$				0,079573 (0,009038)***	0,069513 (0,007753)***	0,086218 (0,009521)***
Dclrdt$_t$				0,045284 (0,025520)*	0,043985 (0,025023)*	0,043356 (0,023574)*
Ret^2_t					66,55397 (17,44220)***	57,52565 (16,02244)***
Socialm_total_$\ln_{t-1}$						-0,027117 (0,005799)***
Ue_eps_dummy_pos$_{t-1}$						-0,069667 (0,053902)
Ue_eps_dummy_neg$_{t-1}$						-0,039642 (0,064556)
Analyst_report_$\ln_{t-1}$						0,008302 (0,001294)***
CNN_$\ln_{t-1}$						0,064202 (0,009087)***
Dclrdt$_{t-1}$						-0,014292 (0,019345)
Ret$^2_{t-1}$						-40,86330 (9,653702)***
Konstante	-0,000680 (0,000187)***	-0,008898 (0,000598)***	-0,020577 (0,002778)***	-0,008302 (0,000600)***	-0,025065 (0,003225)***	-0,015264 (0,002545)***
Abhängige Variable$_{t-1}$	Ja***	Ja***	Ja***	Ja***	Ja***	Ja***
Fixe Effekte	μ_t	μ_t	μ_t	μ_t	μ_t	μ_t
Beobachtungen	14920	14920	14920	14920	14920	14920
Unternehmen	30	30	30	30	30	30
R^2	0,439098	0,471292	0,471817	0,481186	0,503223	0,517730
R^2 (adjustiert)	0,419607	0,452844	0,453350	0,462972	0,485746	0,500505
Durbin-Watson Statistik	2,138045	2,152587	2,150095	2,178926	2,125718	2,182522

Inhalt dieser Tabelle sind Regressionsergebnisse zur Überprüfung der Einflüsse direkter und indirekter Aufmerksamkeitsvariablen (unabhängige Variablen) auf die Veränderungen von Handelsaktivitäten (abhängige Variable). Von besonderem Interesse ist dabei der Einfluss von Veränderungen der Beiträge Sozialer Finanzmedien auf die Veränderung von Handelsaktivitäten. Bei der Variable *Turnover_$\ln_t$* handelt es sich um die Anzahl der zum jeweiligen Datum (relative Veränderung zum Vortag) gehandelter Aktien (in Stück) im Verhältnis zu den an diesem Tag in Streubesitz befindlichen Aktien (in tausend Stück). Die abhängige Variable wird zusätzlich mit einer Zeitverzögerung von *t*-1 als unabhängige Variable berücksichtigt. Die Stichprobe umfasst für die Jahre 2011 und 2012 die im DJIA gelisteten Unternehmen. Die robusten Standardfehler sind unter den jeweiligen Regressionskoeffizienten in (Klammern) angegeben. In der Ergebnistabelle signalisieren ***, ** und * jeweils statistische Signifikanz auf dem 1 %, 5 % bzw. 10 % Niveau. Die Notwendigkeit zur Berücksichtigung fixer Effekte (für Unternehmen [μ_i] und / oder die Zeit [μ_t]) ergibt sich aus einem F- sowie Chi-Quadrat-Test.

Tabelle 55: Ergebnisse des Paneldaten-Regressionsmodells (31) bis (36) zur Überprüfung der Hypothese B

In den Regressionen (31) bis (36) wird die Veränderung des *Turnovers* durch indirekte sowie eine direkte Aufmerksamkeitsvariable erklärt. Während die indirekten Variablen den durch die obigen Ausführungen bereits bekannten Variablen entsprechen, wird zur direkten Abbildung der Anlegeraufmerksamkeit die Veränderung des Beitragsvolumens Sozialer Finanzmedien verwendet. Es handelt sich dabei um die Anzahl der zum jeweiligen Datum (relative Veränderung zum Vortag) veröffentlichten Beiträge in Sozialen Medien mit Inhalten zu einem konkreten Unternehmen. Die Variablen werden schrittweise in die Regressionen eingeführt. Die Steigerung des Bestimmtheitsmaßes bei schrittweiser Variablenberücksichtigung bestätigt auch hier die Güte des Regressionsmodells. Die Ergebnisse sind in hohem Maße mit den oben beschriebenen Ergebnissen vergleichbar, so dass auch die Veränderung des Beitragsvolumens Sozialer Finanzmedien als geeignete Variable zur direkten Abbildung der Anlegeraufmerksamkeit betrachtet werden kann.

In Regression (31) zeigt sich der erwartet positive Zusammenhang zwischen der Veränderung des Beitragsvolumens Sozialer Finanzmedien und dem Aktienumsatz desselben Tages t. Dieser positive Zusammenhang bleibt auch dann bestehen, wenn zusätzlich die jeweils zur indirekten Anlegeraufmerksamkeit anerkannten Variablen schrittweise eingeführt werden. In Regression (36) werden die erklärenden Variablen zusätzlich mit einer Zeitverzögerung von t-1 berücksichtigt. Dabei zeigt sich, dass der Aktienumsatz am Tag einer 10 prozentigen Zunahme von Beiträgen in Sozialen Finanzmedien um 0,3 % steigt, während er am Folgetag einer solchen Beitragssteigerung um 0,3 % zurückgeht. Insbesondere der signifikant negative Koeffizient für t-1 ist zunächst überraschend. Berücksichtigt man nun jedoch zusätzlich die unabhängigen Variablen mit einer zeitlichen Verzögerung von t-2 zeigt sich, dass der Einfluss der gestrigen Volumenänderung an Beiträgen Sozialer Finanzmedien auf den heutigen Aktienumsatz tatsächlich den erwartet signifikant positiven Einfluss hat.[441]

Interessant sind auch die Ergebnisse (tabellarisch hier nicht berichtet), wenn anstatt des gesamten Beitragsvolumens nur die Veränderung positiver oder negativer Beiträge als Einflussfaktoren betrachtet werden: Auf eine Zunahme positiv sowie auf eine

---

[441] Erklärbar sind die Ergebnisunterschiede wohl damit, dass der Rückgang im Aktienumsatz eher erst zwei Tage nach dem jeweiligen aufmerksamkeitsgenerierenden Informationsereignis einsetzt. Werden diese t-2 Variablen jedoch nicht berücksichtigt, wird der Rückgang fälschlicherweise in t-1 der Beitragsveränderung Sozialer Finanzmedien zugeschlagen.

Zunahme negativ formulierter Beiträge steigen jeweils am selben Tag sowie am Folgetag die entsprechenden Handelsaktivitäten signifikant an, wenngleich der Zusammenhang zwischen positiven Beiträgen und neuen Handelsaktivitäten stärker ist.[442] Generell steht also auch die Veränderung des Beitragsvolumens Sozialer Finanzmedien neben den Googledaten in einem engen (positiven) Zusammenhang zu den am Markt beobachtbaren Handelsaktivitäten. Zur direkten Abbildung der Aufmerksamkeit der Kapitalmarktteilnehmer gegenüber bestimmten Aktien und Unternehmen scheint das Beitragsvolumen Sozialer Finanzmedien daher eine geeignete Messgröße zu sein: „(...) *message posting-activity is associated with trading activity and appears to reflect investor information rather than just random noise.*"[443]

Die gewonnenen Ergebnisse scheinen auch im Hinblick auf mögliche Manipulationsstrategien robust zu sein: So werden Aktienkursmanipulationen über Onlinemedien zum einen eher bei sehr niedrig kapitalisierten Unternehmen beobachtet, über die insgesamt sehr wenige Informationen an die Öffentlichkeit geraten.[444] Im vorliegenden Fall entstehen die Ergebnisse jedoch im Rahmen einer empirischen Untersuchung, welche die größten börsennotierten Unternehmen der USA betrachten. Zusätzlich zu deren hoher Marktkapitalisierung darf angenommen werden, dass über diese Unternehmen und Aktien ein stetiger Informationsfluss herrscht und häufig neue Informationen und Meinungen veröffentlicht werden. Darüber hinaus sind, wie oben beschrieben, insbesondere die Daten bzgl. des Beitragsvolumens in Sozialen Finanzmedien durch den Datenlieferanten Stockpulse auf manipulative Verhaltensweisen hin bereinigt. Die Tabelle 56 stellt die wichtigsten Regressionsergebnisse nochmals dar. Dabei gilt es zu beachten, dass in dieser Tabelle nicht die Regression (36) wie oben beschrieben dargestellt ist, sondern die Regression (36`), bei welcher die Kontrollvariablen zusätzlich mit ihrer Zeitverzögerung von $t-2$ berücksichtigt sind. Die Gründe für diese erweiterte Betrachtung und Darstellung sind zu Beginn dieses Kapitels beschrieben worden.

---

[442] In diesen beiden Regressionen sind ebenfalls die Kontrollvariablen sowohl für t, $t-1$ sowie $t-2$ berücksichtigt.

[443] Wysocki (2000), S. 3–4.

[444] Vgl. Sabherwal/Sarkar/Zhang (2011), S. 1232–1233.

Modelle und Ergebnisse der empirischen Untersuchung

	(23)	(24)	(29)	(30)	(35)	(36')
			Turnover_ln$_t$			
Search_fin_ln$_t$	0,017886 (0,010705)*	0,019232 (0,011133)*				
Search_fin_ln$_{t-1}$		0,018731 (0,006902)***				
Search_all_ln$_t$			0,072102 (0,024098)***	0,071736 (0,025546)***		
Search_all_ln$_{t-1}$				0,037707 (0,015659)***		
Socialm_total_ln$_t$					0,047613 (0,008893)***	0,034695 (0,007392)***
Socialm_total_ln$_{t-1}$						0,015002 (0,004792)***
Konstante	-0,026161 (0,004899)***	-0,015092 (0,002938)***	-0,025389 (0,003252)***	-0,015219 (0,002464)***	-0,025065 (0,003225)***	-0,011680 (0,001863)***
Abhängige Variable$_{t-1}$	Ja***	Ja***	Ja***	Ja***	Ja***	Ja***
Kontrollvariablen$_t$	Ja	Ja	Ja	Ja	Ja	Ja
Kontrollvariablen$_{t-1}$	Ja	Ja	Ja	Ja	Ja	Ja
Kontrollvariablen$_{t-2}$	Nein	Nein	Nein	Nein	Nein	Ja
Fixe Effekte	µ$_t$	µ$_t$	µ$_t$	µ$_t$	µ$_t$	µ$_t$
Beobachtungen	11000	11000	15000	15000	14920	14877
Unternehmen	22	22	30	30	30	30
R^2	0,516171	0,532237	0,499882	0,514236	0,503223	0,547766
R^2 (adjustiert)	0,492791	0,509306	0,482386	0,496998	0,485746	0,531385
Durbin-Watson Statistik	2,130670	2,184810	2,132524	2,181227	2,125718	2,098762

Inhalt dieser Tabelle ist eine Zusammenfassung der obigen Regressionsergebnisse zur Überprüfung der Einflüsse indirekter und direkter Aufmerksamkeitsvariablen (unabhängige Variablen) auf die Veränderungen von Handelsaktivitäten (abhängige Variable). Die abhängige Variable wird zusätzlich mit einer Zeitverzögerung von t-1 als unabhängige Variable berücksichtigt. Die Stichprobe umfasst für die Jahre 2011 und 2012 die im DJIA gelisteten Unternehmen. Die robusten Standardfehler sind unter den jeweiligen Regressionskoeffizienten in (Klammern) angegeben. In der Ergebnistabelle signalisieren ***, ** und * jeweils statistische Signifikanz auf dem 1 %, 5 % bzw. 10 % Niveau. Die Notwendigkeit zur Berücksichtigung fixer Effekte (für Unternehmen [µ$_i$] und / oder die Zeit [µ$_t$]) ergibt sich aus einem F- sowie Chi-Quadrat-Test. In Regression (36') sind im Vergleich zur Regression (36) die Kontrollvariablen zusätzlich mit ihrer Zeitverzögerung von t-2 berücksichtigt. Die Gründe für diese erweiterte Betrachtung und Darstellung sind oben beschrieben.

Tabelle 56: **Zusammenfassung der Regressionsergebnisse zur Überprüfung der Hypothese B**

Insgesamt zeigen die Ergebnisse sehr deutlich, dass das unternehmens- und aktienspezifische Suchvolumen in Google sowie das unternehmens- und aktienspezifische Beitragsvolumen in Sozialen Finanzmedien geeignete Variablen zur direkten Abbildung der handelsrelevanten Aufmerksamkeit der Kapitalmarktteilnehmer gegenüber unternehmens- und aktienspezifischen Inhalten sind. Nach den Ergebnissen der empirischen Überprüfung sind Veränderungen der am Markt beobachtbaren Handelsaktivitäten u.a. durch Veränderungen dieser direkten Aufmerksamkeitsvariablen erklärbar. Handelsaktivitäten wiederum sind das Ergebnis individueller Entscheidungsprozesse der Kapitalmarktteilnehmer, für die die Aufmerksamkeit notwendige Voraussetzung ist. Die signifikant positiven Regressionskoeffizienten bestätigen damit die **Hypothese B**.

Vermutungen, wonach die finanzkategorisierten Suchanfragen noch präziser die Aufmerksamkeit von Kapitalmarktteilnehmern abbilden können, sind mit den obigen Ergebnissen jedoch nicht beweisbar. Es scheint folglich nicht so zu sein, dass Suchanfragen mit Kategorienfilter Finanzen in Bezug auf einzelne Unternehmen spezielles Finanzinformationsinteresse von bspw. allgemeinem Produktinteresse separieren können. Oder anders ausgedrückt scheint das Suchvolumen mit Kategorienfilter nicht die präzisere Messgröße für die Aufmerksamkeit der Kapitalmarktteilnehmer zu sein als das allgemeine Suchvolumen ohne Kategorienfilter. Zwar ist die Anzahl der berücksichtigten Unternehmen in der Regression dann um acht niedriger, wenn anstatt dem allgemeinen das Suchvolumen mit Kategorienfilter Finanzen als Variable einbezogen wird. Eine Erklärung für diesen nicht beweisbaren Zusammenhang kann diese geringere Beobachtungsanzahl jedoch nicht sein, weil sich die Ergebnisse auch dann nicht merklich voneinander unterscheiden, wenn die Regression mit dem allgemeinen Suchvolumen ebenfalls um diese acht Unternehmen geschmälert wird.[445] Stattdessen lässt sich zum einen die Vermutung anstellen, dass Suchanfragen in Google generell bereits eine hohe Kapitalmarktrelevanz besitzen und somit viele der Suchanfragen von Personen abgegeben werden, die sich für kapitalmarktrelevante Inhalte interessieren.

Andererseits könnte man die Ergebnisse auch damit erklären, dass evtl. der Kategorienfilter zu unscharf ist, um eine wirkliche Abgrenzung und Separierung der Interessen der Suchenden gewährleisten zu können oder dass der Filter evtl. sogar noch verzerrt. Eine Kombination aus beiden Erklärungsansätzen ist ebenso denkbar, wonach der Anteil Kapitalmarktinteressierter unter den Googlenutzern generell hoch ist und zusätzlich der Kategorienfilter unscharf zwischen dem Interesse der Suchenden trennt. Das Problem in Bezug auf den Kategorienfilter könnte sein, dass Google das Interesse an Finanzthemen erst dann einem Suchenden zuordnet, wenn dieser vor und nach Eingabe des relevanten Suchbegriffs eine Internetseite mit finanzspezifischen Inhalten besucht hat. Damit werden aber all diejenigen Suchanfragen vernachlässigt, welche den Beginn einer (neuen) Informationssuche bilden. Vor allem aber die In-

---

[445] Die Ergebnisse dieser Regression sind hier nicht berichtet, da sich die Ergebnisse in nur sehr geringem Umfang von der ursprünglichen Regression unterscheiden.

formationssuche im Internet beginnt bei zahlreichen Internetnutzern mit der Verwendung der meistgenutzten Suchmaschine, so dass Google in vielen Fällen tatsächlich den Auftakt einer mehr oder weniger intensiven Informationsbeschaffung darstellt.[446] Weil dann jedoch nur die nach Eingabe des Suchbegriffs besuchte Internetseite finanzspezifische Inhalte bereithält, greift der Kategorienfilter ins Leere.

Weitere Ergebnisse zeigen (hier nicht in Tabellenform berichtet), dass die am Markt beobachtbaren Handelsaktivitäten auch davon abhängig sind, wie eindeutig die Stimmung in Sozialen Finanzmedien hinsichtlich eines Unternehmens / einer Aktie sind: Je homogener die Beiträge in ihrer Einschätzung (entweder homogen positiv oder negativ) hinsichtlich der Wertentwicklung der besprochenen Aktie, desto größer sind die aktienspezifischen Handelsaktivitäten des Folgetages. Zwischen den Variablen *Socialm_agree* sowie *Turnover_ln* besteht also über einen Tag hinweg ein signifikant positiver Zusammenhang. Man kann das Ergebnis folgendermaßen interpretieren: Je homogener die Meinungen der in Sozialen Finanzmedien aktiven Marktteilnehmer hinsichtlich einzelner Aktien ist, desto größer ist deren Motivation, die entsprechenden Aktien zu handeln.[447]

---

[446] Vgl. Stark (2014), S. 22.

[447] Das Ergebnis ist auch deshalb interessant, weil die Korrelation zwischen dem Homogenitätsindikator der Beiträge Sozialer Finanzmedien (*Socialm_agree*) und der Veränderung der Beiträge Sozialer Finanzmedien (*Socialm_total_ln*) fast null ist. Es ist also nicht davon auszugehen, dass die Homogenität der in Sozialen Medien aktiven Marktteilnehmer insgesamt eine Steigerung der Beitragsanzahl bedingt und das erwähnte Ergebnis dementsprechend nur einen sog. Scheinzusammenhang abbildet.

6.3 Paneldaten-Regressionsmodell zur Überprüfung der Hypothese C

6.3.1 Modellbeschreibung und Durchführung der Regression

Das Ziel der folgenden Paneldaten-Regressionsmodelle ist eine Überprüfung der oben formulierten Hypothese C, wonach sich die Liquidität von Aktien durch Veränderungen der Anlegeraufmerksamkeit gegenüber diesen Aktien erklären lassen. Die Zunahme der Aufmerksamkeit der Kapitalmarktteilnehmer gegenüber unternehmens- und aktienspezifischen Inhalten zieht entsprechende Handelsaktivitäten nach sich. Diese stammen annahmegemäß von privaten Anlegern und signalisieren dementsprechend einen verstärkten Markteintritt dieser Marktteilnehmergruppe. Deren Markteintritt wiederum führt zu einer Reduktion der Kosten adverser Selektion und erhöht damit die Liquidität der entsprechenden Aktien. Annahmegemäß wird die Liquidität durch Veränderungen dieser Aufmerksamkeitsvariablen so beeinflusst, dass mit zunehmender Aufmerksamkeit der (privaten) Marktteilnehmer die Liquidität der jeweiligen Aktien steigt.

Zur Erfassung der Liquidität bzw. Illiquidität einer Aktie existieren verschiedene Variablen, von denen die bekanntesten drei im Rahmen der vorliegenden Arbeit Anwendung finden. Dies ist neben dem Bid-Ask Spread (*Bid_ask_spread*) die von Amihud (2002) vorgeschlagene Messgröße der Illiquidität (*Illiq*) sowie die darauf basierende Erweiterung durch Florackis/Gregoriou/Kostakis (2011) (*Turnover_price_ impact*).

Wie bereits in den obigen Regressionen gezeigt werden konnte, sind geeignete Variablen der direkten Aufmerksamkeitsabbildung unternehmensspezifische Suchanfragen in Google (mit und ohne Kategorienfilter) sowie unternehmensspezifische Beiträge in Sozialen Finanzmedien. Die tägliche Veränderung wird jeweils als natürlicher Logarithmus berechnet, so dass sich für ein Unternehmen i zum Zeitpunkt t die folgenden Variablen ergeben:

- *Search_fin_ln*$_{i,t}$ als die Veränderung der unternehmensspezifischen Suchanfragen mit Kategorienfilter Finanzen,
- *Search_all_ln*$_{i,t}$ als die tägliche Veränderung der unternehmensspezifischen Suchanfragen ohne Kategorienfilter Finanzen,
- *Socialm_total_ln*$_{i,t}$ als die Veränderung des gesamten unternehmensspezifischen Beitragsvolumen in Sozialen Finanzmedien,

- *Socialm_pos_ln*$_{i,t}$ als die Veränderung des unternehmensspezifischen Beitragsvolumens in Sozialen Finanzmedien (positiv formulierte Beiträge),
- *Socialm_neg_ln*$_{i,t}$ als die Veränderung des unternehmensspezifischen Beitragsvolumens in Sozialen Finanzmedien (negativ formulierte Beiträge).

Die indirekten Aufmerksamkeitsvariablen sind neben den Handelsaktivitäten (*Turnover_ln*) zum einen Dummys der Ergebnisveröffentlichungen, die entweder über (*Ue_eps_dummy_pos*) oder unter (*Ue_eps_dummy_neg*) den zuvor veröffentlichten Analysteneinschätzungen liegen. Ebenso werden hier Veränderungen der Anzahl von Analystenberichten (*Analyst_report_ln*), Nachrichten auf CNNmoney (*CNN_ln*) sowie eine Dummyvariable für Ankündigungen durch den Vorstand des jeweiligen Unternehmens berücksichtigt. Außerdem findet die Variable der quadrierten Rendite (*Ret²*) Anwendung.

Neben einer für alle Unternehmen und Zeitpunkte konstanten Größe c wird die endogene Variable jeweils mit einer zeitlichen Verzögerung von $t-1$ als unabhängige Variable im Modell berücksichtigt. Die Berücksichtigung unternehmensindividueller Eigenschaften im Sinne einer Schätzung fixer Unternehmenseffekte ist nicht notwendig. Ebenso wenig sind Dummyvariablen für die Zeit (fixe Zeiteffekte) notwendig.[448]

Es werden jeweils zwei Regressionsmodelle geschätzt: Im ersten Regressionsmodell werden die erklärenden Variablen nur zum Zeitpunkt t, im zweiten Regressionsmodell zusätzlich auch noch zum Zeitpunkt $t-1$ berücksichtigt.[449]

Am Beispiel der zu erklärenden Aktienliquidität in Form des Bid-Ask Spreads durch Veränderungen im Suchvolumen mit Kategorienfilter Finanzen ergeben sich die beiden nachfolgenden Regressionsmodelle:

---

[448] Vgl. hierzu die jeweiligen Ausführungen zu den formalen Tests im Rahmen der Regressionsdiagnostik.

[449] Um sog. Scheinzusammenhänge zu vermeiden, werden die unabhängigen Variablen in einem weiteren Modell neben den Zeitpunkten t und $t-1$ auch mit einer Verzögerung von $t-2$ im Regressionsmodell berücksichtigt. Die Notwendigkeit, eine solche Überprüfung durchzuführen, ergibt sich vor allem aus den Ergebnissen in Bezug auf die Hypothese A. Sofern sich die Ergebnisse unter zusätzlicher Berücksichtigung der $t-2$-Variablen jedoch nicht nennenswert von den hier berichteten Ergebnissen unterscheiden, soll hierauf nicht näher eingegangen werden. Im anderen Fall werden die Unterschiede jedoch benannt und interpretiert.

$$Bid\_ask\_spread_{i,t} = c + \beta_1 \cdot Search\_fin\_\ln_{i,t} + \beta_2 \cdot Turnover\_\ln_{i,t}$$
$$+ \beta_3 \cdot Ue\_eps\_dummy\_pos_{i,t} + \beta_4 \cdot Ue\_eps\_dummy\_neg_{i,t}$$
$$+ \beta_5 \cdot Analyst\_report\_\ln_{i,t} + \beta_6 \cdot CNN\_\ln_{i,t} + \beta_7 \cdot Dclrdt_{i,t}$$
$$+ \beta_8 \cdot Ret^2_{i,t} + \beta_9 \cdot Bid\_ask\_spread_{i,t-1} + \varepsilon_{i,t}$$

Formel 26: Gleichung des Paneldaten-Regressionsmodells C in spezieller Form am Bsp. der Regression (41)

$$Bid\_ask\_spread_{i,t} = c + \beta_1 \cdot Search\_fin\_\ln_{i,t} + \beta_2 \cdot Turnover\_\ln_{i,t}$$
$$+ \beta_3 \cdot Ue\_eps\_dummy\_pos_{i,t} + \beta_4 \cdot Ue\_eps\_dummy\_neg_{i,t}$$
$$+ \beta_5 \cdot Analyst\_report\_\ln_{i,t} + \beta_6 \cdot CNN\_\ln_{i,t} + \beta_7 \cdot Dclrdt_{i,t} + \beta_8 \cdot Ret^2_{i,t}$$
$$+ \beta_9 \cdot Search\_fin\_\ln_{i,t-1} + \beta_{10} \cdot Turnover\_\ln_{i,t-1}$$
$$+ \beta_{11} \cdot Ue\_eps\_dummy\_pos_{i,t-1} + \beta_{12} \cdot Ue\_eps\_dummy\_neg_{i,t-1}$$
$$+ \beta_{13} \cdot Analyst\_report\_\ln_{i,t-1} + \beta_{14} \cdot CNN\_\ln_{i,t-1}$$
$$+ \beta_{15} \cdot Dclrdt_{i,t-1} + \beta_{16} \cdot Ret^2_{i,t-1}$$
$$+ \beta_{17} \cdot Bid\_ask\_spread_{i,t-1} + \varepsilon_{i,t}$$

Formel 27: Gleichung des Paneldaten-Regressionsmodells C in spezieller Form am Bsp. der Regression (42)

Weil die Daten der vorliegenden Arbeit u.a. von der NYSE sowie der NASDAQ stammen, sind sie auf die Situation des für einen Market-Maker Markt formulierten Modells von Easley u.a. (1996) ideal anwendbar: Während an der NASDAQ zueinander in Konkurrenz stehende Market-Maker eigene Aktienbestände halten und gültige Bid- und Askpreise stellen,[450] übernehmen an der NYSE sog. Designated Market-Maker (auch als Spezialisten bekannt) die Funktion des Market-Makers und erfüllen darüber hinaus weitere Aufgaben.[451] So verantworten sie zu Beginn und Ende des Handelstages die korrekte Preisfeststellung und stellen während der Handelszeit regelmäßig gültige Bid- und Ask-Preise. Außerdem korrigieren sie Ungleichgewichte im Angebot und der Nachfrage, indem sie entweder Aktien in ihren Bestand aufneh-

---

[450] Die Tatsache, dass es sich an der NASDAQ um mehrere und nicht wie im Modell angenommen um nur einen Market-Maker handelt, ist im Ergebnis gleichbedeutend. Vgl. hierzu Kyle (1985), S. 1318.

[451] Vgl. Hirth (2000), S. 10.

men oder bei einem Nachfrageüberhang aus diesem Aktien an den Markt bringen.[452] Easley u.a. (1996) nutzen zur empirischen Schätzung ihres Modells ebenfalls Daten der NYSE.[453] Grammig/Schiereck/Theissen (2000) zeigen darüber hinaus, wie das Modell selbst mit Daten geschätzt werden kann, die einer kontinuierlichen Auktion mit offenem Orderbuch entstammen und damit nicht direkt die Voraussetzung des Market-Maker Marktes erfüllen.[454]

---

[452] Vgl. NYSE (2014), S. 1.
[453] Vgl. Easley u.a. (1996), S. 1415.
[454] Vgl. Grammig/Schiereck/Theissen (2000), S. 627.

6.3.2 Ergebnisse und Ergebnisinterpretation

Die nachfolgenden Tabellen stellen die Ergebnisse verschiedener Regressionen zur Erklärung der Liquidität der betrachteten Unternehmensaktien dar. Dabei wird als abhängige Liquiditätsvariable zunächst der Bid-Ask Spread verwendet und in einem weiteren Schritt mit zwei alternativen Liquiditätsvariablen die Robustheit der Ergebnisse überprüft. Der Bid-Ask Spread ist eine Variable zur Abbildung der Illiquidität einer Aktie zum jeweiligen Tag. Im Rahmen der vorliegenden Arbeit ist sie eine Schätzung der Differenz (log-Quotient) zwischen Ask- und Bid-Kursen aus Tageshoch- und -tiefkursen nach der Methode von Corwin/Schultz (2012). Zur Robustheitsüberprüfung findet die von Amihud (2002) vorgeschlagene Illiquiditätskennzahl Anwendung sowie eine auf dieser basierenden Weiterentwicklung durch Florackis/Gregoriou/Kostakis (2011), welche zusätzlich robust gegenüber der Inflation und der Zunahme des Handelsvolumens im Zeitablauf ist.

Der Fokus liegt auf der direkten Anlegeraufmerksamkeit als unabhängige Variable: Diese wird je nach Regression entweder über die Veränderung des unternehmensspezifischen Suchvolumens in Google (mit und ohne Kategorienfilter Finanzen) oder über die Veränderung des unternehmensspezifischen Beitragsvolumen in Sozialen Finanzmedien abgebildet. Die Variable *Turnover_ln* kontrolliert auf die Veränderung der Handelsaktivitäten, da diese einen Einfluss auf die Liquidität der jeweils betrachteten Aktien haben. Darüber hinaus prüfen die Proxies *Ue_eps_dummy_pos* sowie *Ue_eps_dummy_neg*, ob sich aufgrund einer Veröffentlichung unerwartet positiver bzw. negativer Quartals- oder Jahresergebnisse signifikante Veränderungen der Liquidität ergeben. Zusätzlich wird auf die Liquiditätseffekte kontrolliert, die aufgrund von veröffentlichten Artikeln auf CNNmoney.com (*CNN_ln*), neuen Analystenberichten (*Analyst_report_ln*) sowie durch Ankündigungen durch den Vorstand der jeweiligen Unternehmen (*Dclrdt*) entstehen. Der Einfluss der Renditeschwankung auf die Liquidität wird durch Berücksichtigung der Variablen Ret^2 erfasst. Die robusten Standardfehler sind jeweils in (Klammern) angegeben. Die unabhängigen Variablen werden zum Zeitpunkt t sowie mit einer zeitlichen Verzögerung von t-1 im Regressionsmodell berücksichtigt.[455] Die abhängige Variable wird zusätzlich mit einer Zeitverzögerung von t-1 als unabhängige Variable berücksichtigt.

---

[455] Beachte hierzu die Ausführungen in Fußnote 449 auf Seite 239 der vorliegenden Arbeit.

Zusätzlich zu den Regressionskoeffizienten wird in den Regressionstabellen u.a. die Durbin-Watson-Prüfgröße berichtet, um auf mögliche Autokorrelation zu prüfen. Ob die Berücksichtigung fixer Effekte (für Unternehmen [μ_i] und / oder die Zeit [μ_t]) notwendig ist, wird mittels F- sowie Chi-Quadrat-Test festgestellt und dann entsprechend angegeben.[456]

---

[456] Detailliertere Ausführungen zur Durbin-Watson-Prüfgröße sowie zum F- oder Chi-Quadrat-Test finden sich im Anhang der vorliegenden Arbeit. In diesem im Anhang befindlichen Kapitel der Regressionsdiagnostik werden darüber hinaus zahlreiche Annahmen in Bezug auf die geschätzten Panelregressionen geprüft, um so die gewonnenen Ergebnisse abzusichern.

Modelle und Ergebnisse der empirischen Untersuchung

	(37)	(38)	(39)	(40)	(41)	(42)
			Bid_ask_spread$_t$			
Search_fin_ln$_t$	-0,000156 (0,000232)	-0,000346 (0,000195)*	-0,000354 (0,000192)*	-0,000354 (0,000193)*	-0,000327 (0,000193)*	-0,000514 (0,000216)**
Turnover_ln$_t$		0,001999 (0,000289)***	0,001973 (0,000298)***	0,001995 (0,000305)***	0,001685 (0,000342)***	0,002424 (0,000397)***
Ue_eps_dummy_pos$_t$			0,000383 (0,000958)	0,000490 (0,000926)	0,000551 (0,000786)	0,000241 (0,000759)
Ue_eps_dummy_neg$_t$			0,000950 (0,000731)	0,001059 (0,000726)	0,000887 (0,000738)	0,000617 (0,000727)
Analyst_report_ln$_t$				-5,59E-06 (1,74E-05)	-6,36E-06 (1,49E-05)	-1,95E-05 (1,51E-05)
CNN_ln$_t$				-0,000202 (9,82E-05)**	-0,000270 (0,000106)**	-0,000221 (0,000165)
Dclrdt$_t$				-6,60E-05 (0,000327)	-9,34E-05 (0,000315)	-8,61E-05 (0,000329)
Ret^2_t					1,259466 (0,159265)***	1,172276 (0,109182)***
Search_fin_ln$_{t-1}$						-0,000722 (0,000576)
Turnover_ln$_{t-1}$						0,001567 (0,000264)***
Ue_eps_dummy_pos$_{t-1}$						0,002125 (0,000438)***
Ue_eps_dummy_neg$_{t-1}$						0,001796 (0,000627)***
Analyst_report_ln$_{t-1}$						-1,12E-05 (1,49E-05)
CNN_ln$_{t-1}$						-0,000188 (0,000167)
Dclrdt$_{t-1}$						-3,38E-05 (0,000429)
Ret$^2_{t-1}$						0,067009 (0,146349)
Konstante	0,213025 (0,005849)***	0,191088 (0,004148)***	0,190521 (0,004330)***	0,190804 (0,004276)***	0,167120 (0,007277)***	0,159915 (0,009313)***
Abhängige Variable$_{t-1}$	Ja***	Ja***	Ja***	Ja***	Ja***	Ja***
Fixe Effekte	Nein	Nein	Nein	Nein	Nein	Nein
Beobachtungen	10978	10978	10978	10978	10978	10978
Unternehmen	22	22	22	22	22	22
R^2	0,065697	0,074335	0,074443	0,074570	0,096339	0,104289
R^2 (adjustiert)	0,065527	0,074082	0,074021	0,073895	0,095597	0,102900
Durbin-Watson Statistik	1,213637	1,206770	1,207272	1,207701	1,198279	1,181280

Inhalt dieser Tabelle sind Regressionsergebnisse zur Überprüfung der Einflüsse direkter und indirekter Aufmerksamkeitsvariablen (unabhängige Variablen) auf die Liquidität einer Aktie (abhängige Variable). Von besonderem Interesse ist dabei der Einfluss von Veränderungen der Suchanfragen mit Kategorienfilter Finanzen auf die Aktienliquidität. Die Variable *Bid_ask_spread$_t$* ist eine Schätzung der Differenz (log-Quotient) zwischen Ask- und Bid-Kursen aus Tageshoch- und –tiefkursen nach der Methode von Corwin/Schultz (2012). Die abhängige Variable wird zusätzlich mit einer Zeitverzögerung von *t*-1 als unabhängige Variable berücksichtigt. Die Stichprobe umfasst für die Jahre 2011 und 2012 die im DJIA gelisteten Unternehmen. Die robusten Standardfehler sind unter den jeweiligen Regressionskoeffizienten in (Klammern) angegeben. In der Ergebnistabelle signalisieren ***, ** und * jeweils statistische Signifikanz auf dem 1 %, 5 % bzw. 10 % Niveau. Die Notwendigkeit zur Berücksichtigung fixer Effekte (für Unternehmen [μ$_i$] und / oder die Zeit [μ$_t$]) ergibt sich aus einem F- sowie Chi-Quadrat-Test.

Tabelle 57: **Ergebnisse des Paneldaten-Regressionsmodells (37) bis (42) zur Überprüfung der Hypothese C**

In den Regressionen (37) bis (42) wird die mit dem Bid-Ask Spread abgebildete Aktienliquidität durch die abhängigen Variablen erklärt, welche sowohl direkte als auch indirekte Aufmerksamkeitsvariablen sind. Mit Blick auf die Veränderung des adjustierten Bestimmtheitsmaßes R^2 zeigt sich zunächst, dass die schrittweise eingeführten Variablen jeweils zusätzlichen Erklärungsbeitrag für die Liquidität liefern und damit zu einer Verbesserung der Modellgüte beitragen. Von besonderem Interesse ist der Einfluss der Veränderung des finanzkategorisierten Suchvolumens auf den Bid-Ask Spread.

Aus der oben genannten Theorie und der entsprechend formulierten Hypothese ist hier ein negativer Zusammenhang zu erwarten, welcher sich auch in Regression (37) zeigt, wenngleich in dieser einfachen Regression noch keine Signifikanz zu erkennen ist. Mit zusätzlicher Berücksichtigung der Veränderung des *Turnovers* in Regression (38) zeigt sich, dass der Aktienumsatz einen signifikant positiven Zusammenhang zum Bid-Ask Spread aufweist, wonach eine Zunahme des *Turnovers* im selben Zeitpunkt mit einer Verschlechterung der Liquidität einhergeht. Die Signifikanz des Zusammenhangs zur Veränderung von Suchanfragen wird erst durch die Berücksichtigung weiterer Variablen deutlich und entspricht damit den theoretischen Erwartungen. Aus den Ergebnissen der Regression (39) und (40) wird deutlich, dass weder positive noch negative Ergebnisüberraschungen einen Einfluss auf die Liquidität am Tag der Veröffentlichung haben. Die Ergebnisse der Regression (40) verdeutlichen, dass auch die Veröffentlichung von Analystenberichten sowie Ankündigungen durch den Vorstand keinen messbaren Einfluss auf die Liquidität desselben Tages haben. Die Zunahme von Berichten auf CNNmoney.com hingegen führt am selben Tag zu einer Steigerung der Liquidität, was durch den signifikant negativen Koeffizienten in Regression (40) deutlich wird. Berücksichtigt man darüber hinaus wie in Regression (41) noch die quadrierte Rendite als Erklärungsfaktor für die Liquidität einer Aktie, so zeigt sich, dass mit starken Renditeveränderungen (in positive wie negative Richtung) eine Liquiditätsverschlechterung einhergeht.

Betrachtet man zudem die berücksichtigten Variablen mit ihrer zeitlichen Verzögerung von *t*-1, zeigen sich interessante Ergebnisse: So lässt sich in Regression (42) erkennen, dass der Einfluss von Suchanfragen mit Kategorienfilter Finanzen zwar im selben Zeitpunkt *t* signifikant negativ ist, die Liquidität des Folgetages jedoch nicht durch Veränderungen in den Suchanfragen determiniert wird. Die genauen Ursache-

Wirkung-Zusammenhänge sind daher an dieser Stelle schwer zu beantworten, da grundsätzlich zunächst beide Richtungen denkbar wären: So kann sich das Suchvolumen bspw. aufgrund einer Verbesserung der Liquidität erhöhen. Aus den theoretischen Überlegungen heraus ist es jedoch ebenso möglich, dass sich die Liquidität deshalb verbessert, weil mit einer zunehmenden handelsrelevanten Aufmerksamkeit vor allem uninformierter Marktteilnehmer (abgebildet über das Suchvolumen) eine Reduktion asymmetrischer Informationsverteilungen einhergeht und der Market-Maker daher die Spanne des Bid-Ask Spread verkleinern kann. Mit Blick auf den Koeffizienten der Regression (42) lässt sich zunächst jedoch nur feststellen, dass ein Anstieg des finanzkategorisierten Suchvolumens um 10 % am selben Tag mit einer Reduktion des Bid-Ask Spreads von 0,005 Cent zusammenfällt. Dieses Ergebnis hat durchaus ökonomische Relevanz, wenn man bedenkt, dass der durchschnittliche Bid-Ask Spread hochliquider Aktien nur knapp einen Cent beträgt. Später wird sich jedoch zeigen, dass unter Verwendung anderer Liquiditätsvariablen als dem Spread die Hypothese C für das finanzkategorisierte Suchvolumen nicht vollständig bestätigt werden kann und spätere Ergebnisse diesen daher zumindest teilweise entgegenstehen.

Die Liquiditätsverschlechterung im Zusammenhang mit einer Zunahme des Handelsumsatzes gilt sowohl für t als auch für t-1, während die Bekanntgabe von positiven wie negativen Ergebnisüberraschungen nur die Liquidität des Folgetages nachteilig beeinflusst. Es ist jedoch bemerkenswert, dass sowohl die positiven als auch die negativen Ergebnisüberraschungen zu einer Verschlechterung der Liquidität führen. Zunächst könnte man nämlich in diesem Kontext vermuten, dass durch die Informationsbekanntgabe der Quartals- oder Jahresergebnisse ebenfalls Informationsasymmetrien im Markt abgebaut werden und somit die Liquidität eigentlich steigen müsste. Tatsächlich stehen die hier beobachteten Ergebnisse jedoch im Einklang mit einem vielbeachteten Modell von Kim/Verrecchia (1994), wonach sich die Liquidität im Zusammenhang mit Ergebnisveröffentlichungen verschlechtert: „*public disclosure of financial accounting data, particularly earnings announcements, provides a source of private information to certain traders through their information processing activities. This creates information asymmetry between these traders and Market-Makers. Institutionally, traders who process public announcements are those market participants most capable of marking informed judgements about firm's performance on the basis of publicly available information.*"[457] Die übrigen Variablen zeigen unter Berücksichtigung ihrer *lags* von *t*-1 keine signifikanten Zusammenhänge zur Liquidität der betrachteten Aktien. Dementsprechend weist die Renditeveränderung nur im selben Zeitpunkt *t* einen positiven Zusammenhang zum Bid-Ask Spread auf. Dies steht im Zusammenhang mit theoretischen Erkenntnissen, wonach der Zusammenhang zwischen Rendite und Bid-Ask Spread positiv ist, im Hinblick auf die Ursache-Wirkung-Beziehung jedoch davon ausgegangen wird, dass der Spread die Rendite beeinflusst.[458] Somit ist auch erklärbar, warum der *t*-1 Koeffizient in Regression (42) keine Signifikanz aufweist.

---

[457] Kim/Verrecchia (1994), S. 58–59.
[458] Vgl. Amihud/Mendelson (1986), S. 43.

Modelle und Ergebnisse der empirischen Untersuchung

	(43)	(44)	(45)	(46)	(47)	(48)
			Bid_ask_spread$_t$			
Search_all_ln$_t$	0,000251 (0,000209)	-0,000319 (0,000257)	-0,000358 (0,000243)	-0,000335 (0,000245)	-0,000268 (0,000220)	-0,000208 (0,000259)
Turnover_ln$_t$		0,002203 (0,000277)***	0,002160 (0,000285)***	0,002183 (0,000293)***	0,001884 (0,000307)***	0,002654 (0,000377)***
Ue_eps_dummy_pos$_t$			0,000843 (0,000738)	0,000936 (0,000707)	0,000961 (0,000596)	0,000613 (0,000580)
Ue_eps_dummy_neg$_t$			0,000987 (0,000659)	0,001096 (0,000648)*	0,000967 (0,000627)	0,000625 (0,000619)
Analyst_report_ln$_t$				7,61E-06 (1,67E-05)	3,45E-06 (1,50E-05)	-1,74E-05 (1,50E-05)
CNN_ln$_t$				-0,000274 (0,000120)**	-0,000369 (0,000135)***	-0,000296 (0,000171)*
Dclrdt$_t$				-0,000160 (0,000251)	-0,000140 (0,000240)	-0,000169 (0,000245)
Ret²$_t$					1,269320 (0,108728)***	1,180554 (0,076914)***
Search_all_ln$_{t-1}$						-0,000324 (0,000261)
Turnover_ln$_{t-1}$						0,001690 (0,000245)***
Ue_eps_dummy_pos$_{t-1}$						0,001911 (0,000326)***
Ue_eps_dummy_neg$_{t-1}$						0,001893 (0,000528)***
Analyst_report_ln$_{t-1}$						-2,22E-05 (1,48E-05)
CNN_ln$_{t-1}$						-0,000196 (0,000141)
Dclrdt$_{t-1}$						-7,24E-05 (0,000318)
Ret²$_{t-1}$						0,057950 (0,103477)
Konstante	0,211338 (0,004521)***	0,186407 (0,004325)***	0,185331 (0,004404)***	0,185671 (0,004290)***	0,158339 (0,008521)***	0,150906 (0,009708)***
Abhängige Variable$_{t-1}$	Ja***	Ja***	Ja***	Ja***	Ja***	Ja***
Fixe Effekte	Nein	Nein	Nein	Nein	Nein	Nein
Beobachtungen	14970	14970	14970	14970	14970	14970
Unternehmen	30	30	30	30	30	30
R²	0,066743	0,077180	0,077426	0,077646	0,101512	0,109512
R² (adjustiert)	0,066618	0,076995	0,077118	0,077153	0,100972	0,108500
Durbin-Watson Statistik	1,211986	1,204344	1,205132	1,205752	1,197459	1,175769

Inhalt dieser Tabelle sind Regressionsergebnisse zur Überprüfung der Einflüsse direkter und indirekter Aufmerksamkeitsvariablen (unabhängige Variablen) auf die Liquidität einer Aktie (abhängige Variable). Von besonderem Interesse ist dabei der Einfluss von Veränderungen der Suchanfragen ohne Kategoriefilter Finanzen auf die Aktienliquidität. Die Variable $Bid\_ask\_spread_t$ ist eine Schätzung der Differenz (log-Quotient) zwischen Ask- und Bid-Kursen aus Tageshoch- und –tiefkursen nach der Methode von Corwin/Schultz (2012). Die abhängige Variable wird zusätzlich mit einer Zeitverzögerung von $t-1$ als unabhängige Variable berücksichtigt. Die Stichprobe umfasst für die Jahre 2011 und 2012 die im DJIA gelisteten Unternehmen. Die robusten Standardfehler sind unter den jeweiligen Regressionskoeffizienten in (Klammern) angegeben. In der Ergebnistabelle signalisieren ***, ** und * jeweils statistische Signifikanz auf dem 1 %, 5 % bzw. 10 % Niveau. Die Notwendigkeit zur Berücksichtigung fixer Effekte (für Unternehmen [μ_i] und / oder die Zeit [μ_t]) ergibt sich aus einem F- sowie Chi-Quadrat-Test.

Tabelle 58: Ergebnisse des Paneldaten-Regressionsmodells (43) bis (48) zur Überprüfung der Hypothese C

In den Regressionen (43) bis (48) wird die mit dem Bid-Ask Spread erfasste Aktienliquidität neben indirekten Aufmerksamkeitsvariablen mit der Veränderung des Suchvolumens nach bestimmten Unternehmensnamen ohne Kategorienfilter Finanzen erklärt. Mit Blick auf die Veränderung des adjustierten Bestimmtheitsmaßes R^2 zeigt sich zunächst, dass die schrittweise eingeführten Variablen jeweils zusätzlichen Erklärungsbeitrag für die Liquidität liefern und damit zu einer Verbesserung der Modellgüte beitragen. Wie bereits oben erwähnt, bleibt ein Großteil der Varianz in der abhängigen Variablen jedoch unerklärt. Erwartungsgemäß sind die Ergebnisse vor allem im Hinblick auf die im Vergleich zu den Regressionen (37) bis (42) unveränderten Kontrollvariablen beinahe identisch: So bestätigt sich der positive Einfluss des *Turnovers* auf den Bid-Ask Spread sowohl für t als auch für t-1. Für t kann der negative Einfluss von Medienberichten auf den Bid-Ask Spread bestätigt werden, sowie der theoretisch gut begründbare positive Einfluss von Ergebnisveröffentlichungen auf den Spread des Folgetages. Erneut zeigt sich auch hier der aus anderen empirischen Untersuchungen bereits bekannte negative Zusammenhang zwischen der Kursveränderung und der Liquidität (positiver Zusammenhang zum Spread). Der aus theoretischen Überlegungen heraus erwartete negative Zusammenhang zwischen Veränderungen von Suchanfragen und dem Bid-Ask Spread kann jedoch in Bezug auf das nichtkategorisierte Suchvolumen nicht bestätigt werden. Zwar ist der gemessene Zusammenhang sowohl für t als auch für t-1 negativ, die Koeffizienten weisen jedoch keine statistische Signifikanz auf. Wird die Liquidität einer Aktie also wie im vorliegenden Fall über den Bid-Ask Spread abgebildet, so kann in Bezug auf das nichtkategorisierte Suchvolumen die Hypothese C nicht bestätigt werden. Später wird sich zeigen, dass unter Verwendung anderer Liquiditätsvariablen als dem Spread die Hypothese C auch für das nichtkategorisierte Suchvolumen bestätigt werden kann und spätere Ergebnisse den bisher dargestellten daher zumindest teilweise entgegenstehen.

Modelle und Ergebnisse der empirischen Untersuchung

	(49)	(50)	(51)	(52)	(53)	(54)
			Bid_ask_spread$_t$			
Socialm_total_ln$_t$	0,000295 (5,97E-05)***	0,000190 (5,56E-05)***	0,000180 (5,72E-05)***	0,000174 (5,76E-05)***	0,000135 (6,37E-05)**	-0,000402 (0,000101)***
Turnover_ln$_t$		0,002143 (0,000263)***	0,002104 (0,000270)***	0,002129 (0,000279)***	0,001842 (0,000296)***	0,002669 (0,000373)***
Ue_eps_dummy_pos$_t$			0,000749 (0,000742)	0,000834 (0,000712)	0,000884 (0,000598)	0,000719 (0,000591)
Ue_eps_dummy_neg$_t$			0,000888 (0,000673)	0,000989 (0,000662)	0,000886 (0,000642)	0,000869 (0,000611)
Analyst_report_ln$_t$				1,04E-05 (1,64E-05)	5,48E-06 (1,47E-05)	-2,08E-05 (1,45E-05)
CNN_ln$_t$				-0,000265 (0,000121)**	-0,000362 (0,000138)***	-0,000355 (0,000176)**
Dclrdt$_t$				-0,000165 (0,000260)	-0,000145 (0,000248)	-7,96E-05 (0,000247)
Ret^2_t					1,268177 (0,107745)***	1,254851 (0,080430)***
Sociam_total_ln$_{t-1}$						-0,000622 (0,000132)***
Turnover_ln$_{t-1}$						0,001871 (0,000278)***
Ue_eps_dummy_pos$_{t-1}$						0,002333 (0,000373)***
Ue_eps_dummy_neg$_{t-1}$						0,002340 (0,000613)***
Analyst_report_ln$_{t-1}$						-1,90E-05 (1,46E-05)
CNN_ln$_{t-1}$						-0,000217 (0,000151)
Dclrdt$_{t-1}$						-1,92E-05 (0,000307)
Ret$^2_{t-1}$						0,162091 (0,104576)
Konstante	0,210448 (0,004384)***	0,186096 (0,004308)***	0,185154 (0,004385)***	0,185467 (0,004271)***	0,158206 (0,008505)***	0,152515 (0,009371)***
Abhängige Variable$_{t-1}$	Ja***	Ja***	Ja***	Ja***	Ja***	Ja***
Fixe Effekte	Nein	Nein	Nein	Nein	Nein	Nein
Beobachtungen	14890	14890	14890	14890	14890	14876
Unternehmen	30	30	30	30	30	30
R^2	0,067411	0,077377	0,077573	0,077784	0,101600	0,116047
R^2 (adjustiert)	0,067286	0,077191	0,077263	0,077288	0,101056	0,113305
Durbin-Watson Statistik	1,211533	1,203920	1,204520	1,205245	1,197077	1,175385

Inhalt dieser Tabelle sind Regressionsergebnisse zur Überprüfung der Einflüsse direkter und indirekter Aufmerksamkeitsvariablen (unabhängige Variablen) auf die Liquidität einer Aktie (abhängige Variable). Von besonderem Interesse ist dabei der Einfluss von Veränderungen der Beitragsanzahl in Sozialen Finanzmedien auf die Aktienliquidität. Die Variable Bid_ask_spread$_t$ ist eine Schätzung der Differenz (log-Quotient) zwischen Ask- und Bid-Kursen aus Tageshoch- und –tiefkursen nach der Methode von Corwin/Schultz (2012). Die abhängige Variable wird zusätzlich mit einer Zeitverzögerung von $t-1$ als unabhängige Variable berücksichtigt. Die Stichprobe umfasst für die Jahre 2011 und 2012 die im DJIA gelisteten Unternehmen. Die robusten Standardfehler sind unter den jeweiligen Regressionskoeffizienten in (Klammern) angegeben. In der Ergebnistabelle signalisieren ***, ** und * jeweils statistische Signifikanz auf dem 1 %, 5 % bzw. 10 % Niveau. Die Notwendigkeit zur Berücksichtigung fixer Effekte (für Unternehmen [μ_i] und / oder die Zeit [μ_t]) ergibt sich aus einem F- sowie Chi-Quadrat-Test.

Tabelle 59: Ergebnisse des Paneldaten-Regressionsmodells (49) bis (54) zur Überprüfung der Hypothese C

In den Regressionen (49) bis (54) wird der Bid-Ask Spread mit der Veränderung des Beitragsvolumens Sozialer Finanzmedien erklärt und darüber hinaus auf den Einfluss indirekter Aufmerksamkeitsvariablen kontrolliert. In Bezug auf die relevanten Kontrollvariablen sind die hier gewonnenen Ergebnisse den oben beschriebenen sehr ähnlich, so dass hierauf an dieser Stelle nicht nochmals detailliert eingegangen werden soll. In Bezug auf die Veränderung des Beitragsvolumens Sozialer Finanzmedien ist der geschätzte Koeffizient erwartungsgemäß negativ und zwar sowohl für t als auch für t-1 auf jeweils statistisch hochsignifikantem Niveau. Steigt also bspw. das Beitragsvolumen um 10 %, so ist am selben Tag mit einer Verringerung des Spreads um 0,004 Cent zu rechnen, während der Spread des Folgetages c.p. um 0,006 Cent zurückgeht. Dieses Ergebnis verdeutlicht, dass das Beitragsvolumen Sozialer Finanzmedien die handelsrelevante Aufmerksamkeit eher uninformierter Marktteilnehmer abbildet, die mit ihrem Markteintritt die asymmetrische Informationsverteilung in Bezug auf den Market-Maker verringern. Dieser kann daraufhin die Spanne zwischen Bid- und Ask-Preisen verringern, da er im Handel mit uninformierten Marktteilnehmern keine systematischen Verluste zu erwarten hat. Insbesondere das Ergebnis der Regression (54) ist daher als deutliche Bestätigung der Hypothese C im Kontext des Beitragsvolumens Sozialer Finanzmedien zu betrachten.

Betrachtet man anstatt des gesamten Beitragsvolumens nur die Veränderung positiv oder negativ formulierter Beiträge in Sozialen Finanzmedien als Erklärungsfaktoren für die Liquidität, zeigen sich im Ergebnis keine nennenswerten Unterschiede, wenngleich die Liquidität auf negative Nachrichten schneller zu reagieren scheint als auf positive Nachrichten (die Ergebnisse sind hier nicht in tabellarischer Form berichtet): Zumindest zeigt sich am selben Tag t auf zunehmend negativ formulierte Beiträge eine Verbesserung der Liquidität, während am selben Tag auf positiv formulierte Beiträge keine signifikante Veränderung der Liquidität festgestellt werden kann. In beiden Fällen zeigen jedoch die t-1 Variablen eine signifikante Reaktion, wonach sich in Folge einer Häufung positiver wie negativer Beiträge die Liquidität des Folgetages verbessert und der Bid-Ask Spread kleiner wird. Die Tatsache, dass die Liquidität und damit im Umkehrschluss eben auch die dahinterstehenden Handelsaktivitäten uninformierter Marktteilnehmer auf negative Nachrichten schneller reagieren als auf positive Nachrichten steht im Einklang mit Forschungsergebnissen von Gaa (2008), wonach negative Nachrichten im Vergleich zu positiven Nachrichten grundsätzlich mehr Beachtung finden.[459]

In der Tabelle 60 sind die Ergebnisse der obigen Regressionen nochmals dargestellt und zur besseren Darstellung die Koeffizienten bzgl. der Kontrollvariablen (indirekte Aufmerksamkeitsmessung) nichtmehr berichtet. Es zeigt sich deutlich, dass alle Koeffizienten den aus der Hypothese C heraus erwarteten negativen Zusammenhang aufweisen, dieser jedoch in Bezug auf das nichtkategorisierte Suchvolumen keine Signifikanz aufweist. Das finanzkategorisierte Suchvolumen sowie das Beitragsvolumen Sozialer Finanzmedien hingegen bilden messbar die handelsrelevante Aufmerksamkeit uninformierter Marktteilnehmer ab, weshalb mit deren Markteintritt eine Reduktion des Bid-Ask Spreads zu beobachten ist. Dieses Ergebnis ist vor allem deshalb bemerkenswert, weil die empirische Untersuchung im Zusammenhang mit hochliquiden Aktien und großkapitalisierten Unternehmen durchgeführt wurde. Dementsprechend hat das finanzkategorisierte Suchvolumen sowie das Beitragsvolumen Sozialer Finanzmedien eine hohe Relevanz im Rahmen der direkten Abbildung der handelsrelevanten Aufmerksamkeit sog. uninformierter Marktteilnehmer.

---

[459] Eine solche asymmetrische Reaktion auf den Inhalt von Nachrichten ist empirisch bereits relativ gut belegt. Vgl. hierzu die in Gaa (2008), S. 4 angegebenen Quellen.

	(41)	(42)	(47)	(48)	(53)	(54)
			Bid_ask_spread$_t$			
Search_fin_ln$_t$	-0,000327 (0,000193)*	-0,000514 (0,000216)**				
Search_fin_ln$_{t-1}$		-0,000722 (0,000576)				
Search_all_ln$_t$			-0,000268 (0,000220)	-0,000208 (0,000259)		
Search_all_ln$_{t-1}$				-0,000324 (0,000261)		
Socialm_total_ln$_t$					0,000135 (6,37E-05)**	-0,000402 (0,000101)***
Socialm_total_ln$_{t-1}$						-0,000622 (0,000132)***
Konstante	0,167120 (0,007277)***	0,159915 (0,009313)***	0,158339 (0,008521)***	0,150906 (0,009708)***	0,158206 (0,008505)***	0,152515 (0,009371)***
Abhängige Variable$_{t-1}$	Ja***	Ja***	Ja***	Ja***	Ja***	Ja***
Kontrollvariablen$_t$	Ja	Ja	Ja	Ja	Ja	Ja
Kontrollvariablen$_{t-1}$	Nein	Ja	Nein	Ja	Nein	Ja
Fixe Effekte	Nein	Nein	Nein	Nein	Nein	Nein
Beobachtungen	10978	10978	14970	14970	14890	14876
Unternehmen	22	22	30	30	30	30
R^2	0,096339	0,104289	0,101512	0,109512	0,101600	0,116047
R^2 (adjustiert)	0,095597	0,102900	0,100972	0,108500	0,101056	0,113305
Durbin-Watson Statistik	1,198279	1,181280	1,175769	1,175769	1,197077	1,175385

Inhalt dieser Tabelle ist eine Zusammenfassung der obigen Regressionsergebnisse zur Überprüfung der Einflüsse indirekter und direkter Aufmerksamkeitsvariablen (unabhängige Variablen) auf die Aktienliquidität in Gestalt des Bid-Ask Spread (abhängige Variable). Die abhängige Variable wird zusätzlich mit einer Zeitverzögerung von $t-1$ als unabhängige Variable berücksichtigt. Die Stichprobe umfasst für die Jahre 2011 und 2012 die im DJIA gelisteten Unternehmen. Die robusten Standardfehler sind unter den jeweiligen Regressionskoeffizienten in (Klammern) angegeben. In der Ergebnistabelle signalisieren ***, ** und * jeweils statistische Signifikanz auf dem 1 %, 5 % bzw. 10 % Niveau. Die Notwendigkeit zur Berücksichtigung fixer Effekte (für Unternehmen [μ_i] und / oder die Zeit [μ_t]) ergibt sich aus einem F- sowie Chi-Quadrat-Test.

Tabelle 60:   Zusammenfassung der Regressionsergebnisse zur Überprüfung der Hypothese C

Um die gewonnenen Ergebnisse auf ihre Robustheit hin überprüfen zu können, sollen neben dem Bid-Ask Spread zwei weitere anerkannte Liquiditätsvariablen berücksichtigt werden. So soll als abhängige Variablen zum einen die von Amihud (2002) vorgeschlagene Messgröße der Illiquidität (*Illiq*) den Bid-Ask Spread ersetzten. Darüber hinaus wird mit dem (*Turnover_price_impact*) eine auf dieser basierenden Weiterentwicklung durch Florackis/Gregoriou/Kostakis (2011) zur Robustheitsüberprüfung der Ergebnisse herangezogen. Die Ergebnisse sind in einer zusammengefassten Darstellung in den folgenden Tabellen (Tabelle 61 und Tabelle 62) dargestellt. Die Kontrollvariablen gleichen denen der obigen Regressionen, weshalb auf eine erneute Diskussion derer Koeffizienten verzichtet wird.

Modelle und Ergebnisse der empirischen Untersuchung

	(55)	(56)	(57)	(58)	(59)	(60)
			Illiq$_t$			
Search_fin_ln$_t$	-2,01E-13 (6,57E-13)	-1,75E-13 (6,52E-13)				
Search_fin_ln$_{t-1}$		-1,98E-13 (2,58E-13)				
Search_all_ln$_t$			-4,85E-12 (1,14E-12)***	-5,51E-12 (1,31E-12)***		
Search_all_ln$_{t-1}$				-1,54E-12 (5,92E-13)***		
Socialm_total_ln$_t$					-1,69E-12 (5,14E-13)***	-8,47E-13 (4,16E-13)**
Socialm_total_ln$_{t-1}$						-1,51E-13 (2,10E-13)
Konstante	1,05E-11 (1,66E-12)***	1,03E-11 (1,58E-12)***	1,06E-11 (1,46E-12)***	1,04E-11 (1,42E-12)***	1,06E-11 (1,46E-12)***	1,04E-11 (1,43E-12)***
Abhängige Variable$_{t-1}$	Ja***	Ja***	Ja***	Ja***	Ja***	Ja***
Kontrollvariablen$_t$	Ja	Ja	Ja	Ja	Ja	Ja
Kontrollvariablen$_{t-1}$	Nein	Ja	Nein	Ja	Nein	Ja
Fixe Effekte	Nein	Nein	Nein	Nein	Nein	Nein
Beobachtungen	11022	11000	15030	15000	14949	14906
Unternehmen	22	22	30	30	30	30
R^2	0,212813	0,248667	0,244390	0,274748	0,244887	0,273457
R^2 (adjustiert)	0,212169	0,247504	0,243937	0,273925	0,244432	0,272628
Durbin-Watson Statistik	2,148116	2,281418	2,178074	2,309874	2,181522	2,309096

Inhalt dieser Tabelle sind Regressionsergebnisse zur Überprüfung der Einflüsse direkter und indirekter Aufmerksamkeitsvariablen (unabhängige Variablen) auf die Liquidität einer Aktie (abhängige Variable). Die Koeffizienten der indirekten Aufmerksamkeitsvariablen sind aus Vereinfachungsgründen nicht in der Tabelle berichtet. Von besonderem Interesse ist dabei der Einfluss von Veränderungen im Suchvolumen (mit und ohne Kategorienfilter) sowie Veränderungen der Beitragsanzahl in Sozialen Finanzmedien auf die Aktienliquidität. Zur Überprüfung der Robustheit obiger Ergebnisse wird die Aktienliquidität hier nun mit der Variablen Illiq abgebildet. Es handelt sich dabei um eine Variable zur Abbildung der Illiquidität einer Aktie zum jeweiligen Tag. Sie ergibt sich als betragsmäßige Aktienkursveränderung zum Vortag des jeweiligen Unternehmens zum jeweiligen Tag, geteilt durch das Produkt aus Aktienkurs und gehandelter Aktien des jeweiligen Unternehmens am selben Tag. Die abhängige Variable wird zusätzlich mit einer Zeitverzögerung von $t-1$ als unabhängige Variable berücksichtigt. Die Stichprobe umfasst für die Jahre 2011 und 2012 die im DJIA gelisteten Unternehmen. Die robusten Standardfehler sind unter den jeweiligen Regressionskoeffizienten in (Klammern) angegeben. In der Ergebnistabelle signalisieren ***, ** und * jeweils statistische Signifikanz auf dem 1 %, 5 % bzw. 10 % Niveau. Die Notwendigkeit zur Berücksichtigung fixer Effekte (für Unternehmen [μ$_i$] und / oder die Zeit [μ$_t$]) ergibt sich aus einem F- sowie Chi-Quadrat-Test.

Tabelle 61: Ergebnisse des Paneldaten-Regressionsmodells (55) bis (60) zur Überprüfung der Hypothese C

Modelle und Ergebnisse der empirischen Untersuchung

	(61)	(62)	(63)	(64)	(65)	(66)
			Turnover_price_impact$_t$			
Search_fin_ln$_t$	4,07E-06 (6,52E-05)	1,70E-05 (7,14E-05)				
Search_fin_ln$_{t-1}$		1,07E-05 (2,59E-05)				
Search_all_ln$_t$			-0,000264 (5,29E-05)***	-0,000344 (6,34E-05)***		
Search_all_ln$_{t-1}$				-0,000205 (5,30E-05)***		
Socialm_total_ln$_t$					-5,89E-05 (1,77E-05)***	-4,06E-05 (2,04E-05)**
Socialm_total_ln$_{t-1}$						-4,10E-05 (1,51E-05)***
Konstante	0,004173 (7,94E-05)***	0,001426 (7,65E-05)***	0,001366 (8,44E-05)***	0,001335 (8,30E-05)***	0,001371 (8,40E-05)***	0,001343 (8,26E-05)***
Abhängige Variable$_{t-1}$	Ja***	Ja***	Ja***	Ja***	Ja***	Ja***
Kontrollvariablen$_t$	Ja	Ja	Ja	Ja	Ja	Ja
Kontrollvariablen$_{t-1}$	Nein	Ja	Nein	Ja	Nein	Ja
Fixe Effekte	Nein	Nein	Nein	Nein	Nein	Nein
Beobachtungen	11022	11000	15030	15000	14949	14906
Unternehmen	22	22	30	30	30	30
R^2	0,103344	0,130285	0,098450	0,120232	0,097529	0,118262
R^2 (adjustiert)	0,102611	0,128939	0,097910	0,119234	0,096986	0,117255
Durbin-Watson Statistik	1,947209	2,063179	1,975998	2,074556	1,977519	2,073076

Inhalt dieser Tabelle sind Regressionsergebnisse zur Überprüfung der Einflüsse direkter und indirekter Aufmerksamkeitsvariablen (unabhängige Variablen) auf die Liquidität einer Aktie (abhängige Variable). Die Koeffizienten der indirekten Aufmerksamkeitsvariablen sind aus Vereinfachungsgründen nicht in der Tabelle berichtet. Von besonderem Interesse ist dabei der Einfluss von Veränderungen im Suchvolumen (mit und ohne Kategorienfilter) sowie Veränderungen der Beitragsanzahl in Sozialen Finanzmedien auf die Aktienliquidität. Zur Überprüfung der Robustheit obiger Ergebnisse wird die Aktienliquidität hier nun mit der Variablen Turnover_price_impact abgebildet. Es handelt sich dabei um eine Variable zur Abbildung der Illiquidität einer Aktie zum jeweiligen Tag. Sie ergibt sich als betragsmäßige Aktienkursveränderung zum Vortag des jeweiligen Unternehmens zum jeweiligen Tag, geteilt durch den Turnover der Aktien des jeweiligen Unternehmens am selben Tag. Die abhängige Variable wird zusätzlich mit einer Zeitverzögerung von $t-1$ als unabhängige Variable berücksichtigt. Die Stichprobe umfasst für die Jahre 2011 und 2012 die im DJIA gelisteten Unternehmen. Die robusten Standardfehler sind unter den jeweiligen Regressionskoeffizienten in (Klammern) angegeben. In der Ergebnistabelle signalisieren ***, ** und * jeweils statistische Signifikanz auf dem 1 %, 5 % bzw. 10 % Niveau. Die Notwendigkeit zur Berücksichtigung fixer Effekte (für Unternehmen [μ_i] und / oder die Zeit [μ_t]) ergibt sich aus einem F- sowie Chi-Quadrat-Test.

Tabelle 62: Ergebnisse des Paneldaten-Regressionsmodells (61) bis (66) zur Überprüfung der Hypothese C

Die Ergebnisse der Robustheitsüberprüfung zeigen vor allem im Zusammenhang mit den beiden Suchvolumenvariablen unterschiedliche Ergebnisse: Während in Bezug auf den Bid-Ask Spread das finanzkategorisierte Suchvolumen einen signifikant negativen Zusammenhang aufweist, ist beim nichtkategorisierten Suchvolumen kein Zusammenhang feststellbar. Ersetzt man nun jedoch den Bid-Ask Spread durch die beiden (Il-)Liquiditätsvariablen *Illiq* bzw. *Turnover_price_impact*, so weist vielmehr das nichtkategorisierte Suchvolumen signifikant negative Koeffizienten auf, während das finanzkategorisierte Suchvolumen in keiner Wirkungsbeziehung zu den unabhängigen Variablen steht. Die Robustheitsüberprüfung kann folglich an dieser Stelle die Ergebnisse der Ausgangsregressionen nicht bestätigen. Nun gilt zwar der Bid-Ask Spread als das typische Maß zur Abbildung der Liquidität einer Aktie, so dass man vor diesem Hintergrund den gemessenen Zusammenhang zwischen dem finanzkategorisierten Suchvolumen und der Aktienliquidität als allgemeingültig bezeichnen könnte. In der Literatur ebenso anerkannt sind jedoch auch die beiden zur Robustheitsüberprüfung verwendeten (Il-)Liquiditätsvariablen, weshalb die Verallgemeinerbarkeit der Ergebnisse vorsichtig stattfinden muss:

> In Abhängigkeit der jeweiligen zu erklärenden Variable ist ein Zusammenhang zwischen Veränderungen von Googlesuchanfragen (mit und ohne Kategorienfilter) feststellbar, über die drei verschiedenen (Il-)Liquiditätsvariablen hinweg sind die Ergebnisse jedoch nicht konsistent. Die Ergebnisse zeigen, dass das finanzkategorisierte Suchvolumen Einfluss auf den Bid-Ask Spread hat, während das nichtkategorisierte Suchvolumen renditebasierte Liquiditätsvariablen beeinflusst.

Deutlich aussagekräftiger sind die Ergebnisse zum Zusammenhang zwischen der Liquidität einer Aktie und der Veränderung des Beitragsvolumens Sozialer Finanzmedien. Hier zeigen sich in Bezug auf den Bid-Ask Spread sowohl für t als auch für t-1 signifikant negative Koeffizienten, so dass davon auszugehen ist, dass eine Zunahme entsprechender Beiträge zu einer Verbesserung der Liquidität führt. Die signifikanten Ergebnisse können in den beiden Regressionen zur Robustheitsüberprüfung bestätigt werden, wo die Koeffizienten ebenfalls negativ und signifikant sind.[460] In Bezug auf das Beitragsvolumen in Sozialen Finanzmedien scheinen also die Ergebnisse sehr belastbar zu sein, so dass von dem folgenden Zusammenhang auszugehen ist:

> Beiträge Sozialer Finanzmedien haben einen messbaren Einfluss auf die Liquidität von Aktien in der Form, dass mit einer Zunahme des Beitragsvolumens die Liquidität der entsprechenden Aktie steigt.

Die Ergebnisse zeigen, dass vor allem das Beitragsvolumen Sozialer Finanzmedien eine geeignete Variable darstellt, die handelsrelevante Aufmerksamkeit der Kapitalmarktteilnehmer gegenüber unternehmens- und aktienspezifischen Inhalten abzubilden. Dabei handelt es sich mehrheitlich um die Aufmerksamkeit uninformierter

---

[460] Die einzige Ausnahme ist hier der nichtsignifikante Koeffizient aus t-1 in Regression (60).

Marktteilnehmer, was an der Liquiditätssteigerung aufgrund des Markteintritts dieser Marktteilnehmergruppe zu erkennen ist. Wie bereits im Modell Easley/Kiefer/ O`Hara/Paperman (1996) theoretisch erläutert, kann der Market-Maker mit einem verstärkten Markteintritt uninformierter Marktteilnehmer die Spanne des Bid-Ask Spread verringern, weil die Informationsasymmetrien ihm gegenüber reduziert werden. Im Vergleich zu informierten Marktteilnehmern, die immer nur dann gegen seine gestellten Bid- und Ask-Preise handeln wenn es für sie vorteilhaft ist, erleidet der Market-Maker im Handel mit Uninformierten nämlich nicht systematisch einen Verlust. Den Spread kann er nur deshalb verringern, weil er den Verlust im Handel mit informierten Marktteilnehmern über den (zunehmenden) Handel mit Uninformierten decken kann. Weil das Beitragsvolumen Sozialer Finanzmedien ebendiese handelsrelevante Aufmerksamkeit uninformierter Marktteilnehmer abbilden kann, zeigen sich in Folge einer Zunahme dieser direkten Aufmerksamkeitsvariablen Verbesserungen im Hinblick auf den Bid-Ask Spread und andere anerkannte Liquiditätsmaße. In Bezug auf das Beitragsvolumen Sozialer Finanzmedien ist die **Hypothese C** zu bestätigen.

Im Zusammenhang mit dem Suchvolumen in Google ist die **Hypothese C** nicht uneingeschränkt zu bestätigen. Hier zeigen sich Unterschiede im Hinblick auf die zur Anwendung kommenden unabhängigen Variablen, was die Einordnung der beiden Google-Variablen als direkte Abbildungsmöglichkeiten handelsrelevanter Aufmerksamkeit uninformierter Marktteilnehmer fraglich erscheinen lässt. Zunächst mögen diese nicht konsistenten Ergebnisse bzgl. der Einflüsse des Suchvolumens auf die Aktienliquidität verwundern, weil auch im Literaturüberblick Ergebnisse anderer Studien dargestellt wurden, die hier ein einheitlicheres Bild zeichnen. Unterschiede zwischen den vorliegenden Ergebnissen und denen anderer Studien können jedoch darin begründet sein, dass im Rahmen der vorliegenden Arbeit Daten auf Tagesbasis verwendet werden, während die meisten Studien Daten wöchentlicher oder sogar monatlicher Frequenz nutzen. Außerdem ist zu beachten, dass die Liquidität teilweise mittels unterschiedlicher Variablen abgebildet wird. Während im Rahmen der vorliegenden Arbeit die Robustheit der zunächst gewonnenen Ergebnisse im Sinne einer Verwendung anderer Liquiditätsvariablen nochmals kritisch überprüft wird, unterbleibt eine solche Absicherung der Ergebnisse in einigen der erwähnten anderen Studien.

6.4 Zusammenfassung zentraler Ergebnisse

Die Verarbeitungskapazität des menschlichen Gehirns ist auf natürliche Art und Weise begrenzt, und die Beschaffung von Informationen verursacht für Marktteilnehmer des Aktienmarktes erhebliche Kosten. Im Ergebnis führt dies zu einer Situation, in welcher der einzelne Marktteilnehmer zum einen nicht alle handelbaren Aktien des riesigen Anlageuniversums kennt und zum anderen nicht über all diese Aktien entsprechende Informationen besitzt. Kritiker der traditionellen Kapitalmarkttheorie führen in diesem Zusammenhang an, dass der Marktpreis eines Wertpapiers in einer solchen Situation nicht das gesamte Spektrum verfügbarer Informationen widerspiegelt. Stattdessen ergibt sich die im Kurs berücksichtigte Informationsmenge vielmehr daraus, wie viele Marktteilnehmer die entsprechende Aktie kennen und über diese Informationen besitzen. Dementsprechend scheint der Kurs einer Aktie aber auch davon abzuhängen, wie aufmerksam die Marktteilnehmer gegenüber dieser Aktie sind. Eine modelltheoretische Berücksichtigung der aktienspezifischen Aufmerksamkeit der Marktteilnehmer im Zusammenhang mit Preisbildungsprozessen am Aktienmarkt findet bereits seit einigen Jahren statt. Die Modelle von Merton (1987), Sims (2003), Hirshleifer/Teoh (2003) sowie Peng/Xiong (2006) sind in diesem Bereich prominente Vertreter. Aus einem empirischen Blickwinkel heraus betrachtet ist es eine große Herausforderung, die Aufmerksamkeit der Marktteilnehmer gegenüber Unternehmen und Aktien präzise zu messen. In der empirischen Kapitalmarktforschung haben sich deshalb Variablen etabliert, mit denen die Aufmerksamkeit der Marktteilnehmer erfasst werden soll. Hierzu zählen bspw. die Marketingaktivitäten eines Unternehmens, die Medienpräsenz, unternehmensbezogene Veröffentlichungen durch Analysten oder durch das Unternehmen selbst sowie außergewöhnliche Marktbewegungen im Form großer Rendite- oder Handelsvolumenschwankungen. All diese Variablen zur Erfassung der Anlegeraufmerksamkeit folgen dem Grundgedanken, dass eine Steigerung der Informationsmenge über das entsprechende Unternehmen bzw. über die Aktie eine Zunahme der Anlegeraufmerksamkeit bedingt. Dieser Zusammenhang zwischen Informationsangebot und Anlegeraufmerksamkeit gilt jedoch nicht automatisch. Denn ob die Anleger aufgrund der veröffentlichten Informationen tatsächlich auf die entsprechenden Aktien aufmerksam werden, kann nicht erfasst werden. Die genannten Proxies sind daher als indirekte Aufmerksamkeitsvariablen zu qualifizieren.

Durch eine aktive Informationssuche in Google oder durch die Veröffentlichung finanzspezifischer Beiträge in Sozialen Medien geben Marktteilnehmer heutzutage jedoch eher direkt preis, welche Aktien und Unternehmen derzeit besonders in ihrem Fokus stehen. Vor diesem Hintergrund können mit dem Suchvolumen in Google sowie dem Beitragsvolumen Sozialer Finanzmedien Variablen gefunden werden, die in direkter Form die Aufmerksamkeit der Marktteilnehmer erfassen. Für Proxies, welche zuverlässig die Anlegeraufmerksamkeit in direkter Form abbilden können, würde man dementsprechend erwarten, dass diese zumindest teilweise die bereits etablierten indirekten Aufmerksamkeitsvariablen in sich vereinen (Hypothese A). Die Ergebnisse der empirischen Untersuchung zeigen in diesem Zusammenhang deutlich, dass tatsächlich ein statistisch signifikanter Zusammenhang zwischen den indirekten und direkten Aufmerksamkeitsvariablen besteht und bestätigen damit deren direkten Charakter in der Aufmerksamkeitsabbildung. Sowohl das Suchvolumen in Google (mit oder ohne Kategorienfilter Finanzen) sowie das Beitragsvolumen Sozialer Finanzmedien reagiert auf Veränderungen der indirekten Variablen desselben Tages oder des Folgetages. Das Suchvolumen und Beitragsvolumen ist rund um Ergebnisveröffentlichungen deutlich erhöht und reagiert auf Veränderungen im Handelsvolumen sowie auf stark schwankende Kurse. Ebenso lässt sich ein positiver Zusammenhang zur Veröffentlichung neuer Analysten- und Medienberichte sowie zu Ankündigungen durch den Vorstand des Unternehmens zeigen.

Bemerkenswert ist das Ergebnis, dass die Veränderung des nichtkategorisierten Suchvolumens besser durch die berücksichtigten indirekten Aufmerksamkeitsvariablen erklärt werden kann als die Veränderung des finanzkategorisierten Suchvolumens. Von letzterem hätte man eigentlich zunächst annehmen können, dass es in noch präziserer Weise die Aufmerksamkeit von Kapitalmarktteilnehmern von der Aufmerksamkeit sonstiger Konsumenten, Kunden usw. separieren kann. Tatsächlich reagiert das finanzkategorisierte Suchvolumen jedoch weniger stark auf Fundamental- und Börsendaten.

Hervorzuheben ist zudem, dass die Ergebnisse den lern- und informationsspezifischen Charakter der Sozialen Finanzmedien bestätigen: Während das Suchvolumen sehr schnell auf die indirekten Aufmerksamkeitsvariablen reagiert, steigen die Beiträge in Sozialen Finanzmedien eher erst mit einem Tag Verzögerung deutlich an. Das zeigt, dass die in Sozialen Finanzmedien aktiven Marktteilnehmer in ihren Beiträgen die Geschehnisse an den Finanzmärkten einordnen, interpretieren und teilweise mit Handlungsempfehlungen versehen, während über Google rasch die wichtigsten Informationen gesucht werden. Während also die Beitragsverfassung in Sozialen Finanzmedien eine Auseinandersetzung des Beitragsschreibenden mit dem Informationsereignis erfordert, genügt bei einer Google-Suche die Eingabe des Unternehmensnamens in das Suchfeld. Dass diese Auseinandersetzung mit dem Informationsereignis bei in Sozialen Medien aktiven Marktteilnehmern erfolgt, kann durch die beobachtete zeitliche Verzögerung angenommen werden. Dass die Beiträge Sozialer Finanzmedien Geschehnisse an den Finanzmärkten tatsächlich beurteilen und interpretieren, zeigt sich auch dadurch, dass negativ formulierte Beiträge nicht übermäßig stark auf negative Ergebnisüberraschungen reagieren und positiv formulierte Beiträge nicht nur im Zusammenhang mit positiven Ergebnisüberraschungen ansteigen. Anstatt einer einfachen Replikation findet in Sozialen Finanzmedien also scheinbar eine intensive Auseinandersetzung mit dem Informationsereignis statt.

Folgt man dem oben formulierten Grundgedanken, dass nicht das Informationsangebot Kapitalmarktreaktionen hervorrufen kann, sondern nur die Aufmerksamkeit der Marktteilnehmer gegenüber diesen Informationen, dann ist auch die Sichtweise, Information würde automatisch zu Handel und zu Kursänderungen führen, anzupassen. Diese Anpassung hat in der Form zu erfolgen, dass erst die Aufmerksamkeit der Marktteilnehmer gegenüber bestimmten Informationen zu entsprechenden Handelsaktivitäten und Kursveränderungen führen kann. Variablen, die nun diese Aufmerksamkeit gegenüber Unternehmen und Aktien in direkter Form abbilden können, werden empirisch überprüfbare Zusammenhänge zu Handelsaktivitäten aufweisen, sofern man annimmt, dass zumindest ein Teil der aufmerksam gewordenen Marktteilnehmer die entsprechenden Titel auch handeln wird. Handelsaktivitäten sind also das Ergebnis individueller Informations- und Entscheidungsprozesse der Kapitalmarktteilnehmer, für die die Aufmerksamkeit notwendige Voraussetzung ist. Demgemäß werden Veränderungen der am Markt beobachtbaren Handelsaktivitäten durch Veränderungen der direkten Aufmerksamkeitsvariablen beeinflusst (Hypothese B). Die empirischen Ergebnisse zeigen sehr deutlich, dass Veränderungen von Suchanfragen in Google (mit und ohne Kategorienfilter) sowie Veränderungen des Beitragsvolumens Sozialer Medien die Handelsaktivitäten am Markt beeinflussen. So nehmen die Handelsaktivitäten im gleichen Zeitpunkt t zu, wenn das Such- oder Beitragsvolumen steigt. Aussagekräftiger sind jedoch die (allesamt statistisch hochsignifikanten) Ergebnisse, die den Einfluss über einen Tag hinweg betrachten: Steigen heute die Suchanfragen oder das Beitragsvolumen, so lassen sich für morgen signifikante Steigerungen der Handelsaktivitäten beobachten. Dieser Zusammenhang gilt neben dem Beitragsvolumen Sozialer Finanzmedien sowohl für das kategorisierte sowie für das nichtkategorisierte Suchvolumen in Google. Insgesamt zeigen die Ergebnisse also sehr deutlich, dass sich mit den direkten Aufmerksamkeitsvariablen zwei wichtige Prozessschritte im Rahmen der investorindividuellen Entscheidungsfindung abbilden lassen: In Bezug auf den Informationsprozess signalisieren sie, welchen Unternehmen und Aktien die Marktteilnehmer verstärkt ihre Aufmerksamkeit schenken. In Bezug auf den Prozessschritt der Handelsentscheidung wird deutlich, dass die direkten Aufmerksamkeitsvariablen zudem sehr hohe Handelsrelevanz haben. Die indirekten Aufmerksamkeitsvariablen in Gestalt des Google-Suchvolumens und Beitragsvolumens Sozialer Finanzmedien können also für den gesamten Informations- und Entscheidungsprozess der Marktteilnehmer relevante Abbildungsgrößen darstellen.

Wie die Ausführungen zur Marktmikrostruktur und hier insb. zu den sog. information-based models gezeigt haben, ist in Bezug auf die Marktteilnehmer des Aktienmarktes von unterschiedlichen Informationsständen auszugehen. Man unterscheidet generell neben dem Market-Maker zwei weitere Gruppen: Die informierten Marktteilnehmer einerseits sowie die Uninformierten andererseits. Vor diesem Hintergrund unterschiedlich gut informierter Marktteilnehmergruppen stellt sich jedoch die Frage, von welcher Marktteilnehmergruppe diese Variablen die handelsrelevante Aufmerksamkeit erfassen, sofern sie sich überhaupt einer dieser Gruppen zuordnen lassen. Um das empirisch quantifizieren zu können, liefert das Marktmikrostrukturmodell von Easley u.a. (1996) einen testbaren, theoretischen Hintergrund: Demnach wird mit einem steigenden Anteil uninformierter Marktteilnehmer die vom Market-Maker gesetzte Spanne zwischen dem Geld- und Briefkurs kleiner, während sie mit einem steigenden Anteil informierter Marktteilnehmer steigt. Dahinter steht die Annahme, dass informierte Marktteilnehmer einen Informationsvorsprung gegenüber dem Market-Maker haben und dementsprechend immer nur dann handeln, wenn es für sie vorteilhaft ist. Der Market-Maker erleidet jedoch im Handel mit diesen Verluste, so dass er diese über den Handel mit den Uninformierten wieder ausgleichen muss. Diesen Ausgleich wird er über den sog. Bid-Ask Spread steuern, welcher dementsprechend bei einem hohen Anteil Uninformierter vergleichsweise gering sein kann und nur mit einem zunehmenden Anteil informierter Marktteilnehmer steigen wird. Die Liquidität einer Aktie (hierfür ist der Spread ein typisches Maß), wird sich folglich mit dem Markteintritt sog. uninformierter Marktteilnehmer verbessern. Sofern nun die Google- und Soziale Mediendaten die handelsrelevante Aufmerksamkeit der uninformierten Marktteilnehmer abbilden, müsste sich mit einer Zunahme der entsprechenden Aufmerksamkeit die Liquidität der jeweiligen Aktien verbessern (Hypothese C).

Die empirischen Ergebnisse der vorliegenden Arbeit bestätigen den beschriebenen Zusammenhang, wenngleich eine differenzierte Betrachtung notwendig ist: So zeigt sich mit Blick auf den Bid-Ask Spread als abhängige Variable, dass vor allem das finanzkategorisierte Suchvolumen sowie das Beitragsvolumen Sozialer Finanzmedien offensichtlich die handelsrelevante Aufmerksamkeit der uninformierten Marktteilnehmer abbilden. Dieses Ergebnis passt zunächst zu den theoretischen Annahmen, wonach diese beiden Variablen im Vergleich zum nichtkategorisierten Suchvolumen die handelsrelevante Aufmerksamkeit von (uninformierten) Marktteilnehmern deutlich präziser erfassen können. Dahinter steht die Annahme, dass das nichtkategorisierte Suchvolumen auch durch solche Suchenden getrieben sein wird, die sich anstatt für die Aktie vielmehr für die Produkte und Dienstleistungen der jeweiligen Unternehmen interessieren und damit aber in erster Linie keine finanzspezifischen Absichten verfolgen. Ersetzt man nun jedoch zur Robustheitsüberprüfung den Bid-Ask Spread durch andere, ebenfalls anerkannte Liquiditätskennzahlen, zeigt sich eine interessante Veränderung in Bezug auf die beiden Google-Variablen: Demnach scheint nicht mehr das finanzkategorisierte Suchvolumen die präzisere Variable zur Abbildung der handelsrelevanten Aufmerksamkeit uninformierter Marktteilnehmer zu sein, sondern vielmehr das nichtkategorisierte Suchvolumen. Die Ergebnisse in Bezug auf das Suchvolumen sind also im Hinblick auf die Frage, von welcher Marktteilnehmergruppe die handelsrelevante Aufmerksamkeit erfasst wird, nicht konsistent. In Bezug auf das Beitragsvolumen Sozialer Finanzmedien wird hingegen über alle Robustheitstests hinweg die Signifikanz der Ergebnisse bestätigt. Die empirischen Ergebnisse zeigen daher sehr deutlich, dass das Beitragsvolumen Sozialer Finanzmedien die handelsrelevante Aufmerksamkeit uninformierter Marktteilnehmer präzise und in direkter Form erfasst. Damit ist eine relativ leicht implementierbare Variable gefunden, um theoretische Modelle der aktienspezifischen Aufmerksamkeit der Marktteilnehmer im Zusammenhang mit Preisbildungsprozessen am Aktienmarkt empirisch überprüfen zu können. Auch im Zusammenhang mit einer empirischen

Analyse des Informationsverhaltens uninformierter Marktteilnehmer, scheint vor allem das Beitragsvolumen Sozialer Finanzmedien eine geeignete Variable zu sein, weil es auch neben reinen Volumenveränderungen eine wertvolle Inhaltsanalyse erlaubt.

7. Fazit und Ausblick

Sowohl von steigenden als auch von fallenden Kursen zu profitieren, ist wohl der älteste aller Träume, dem täglich viele Millionen Anleger an den Aktienmärkten dieser Welt hinterherjagen. Die Strategien, dieses Ziel zu erreichen, sind dabei so vielfältig wie die Investitionsmöglichkeiten selbst: So vertrauen viele Anleger auf die Erfolge der Fundamental- oder Chartanalyse, schwören auf die Momentum-Strategien, kaufen ausschließlich dividendenstarke Titel oder ganz gezielt nur Aktien von Unternehmen, die kurz vor der Insolvenz stehen. Andere wiederum sind der Meinung, der Erfolg eines Unternehmens hänge mit der optischen Attraktivität des Vorstands zusammen, während wiederum manche Investoren der Börsenweisheit sell in may and go away folgen. Um den Anderen einen kleinen Schritt voraus zu sein, ist es nicht verwunderlich, dass Marktteilnehmer seit wenigen Jahren auch das Internet als Informationsquelle nutzen und sich aus Google, Facebook, Twitter & Co. wichtige Signale für eine erfolgreiche Geldanlage erhoffen.

Wie Kurse an den Aktienmärkten entstehen und evtl. vorhersagbar sind, steht seit Beginn der Kapitalmarktforschung im Mittelpunkt der Betrachtung.[461] Die Frage jedoch, welche Rolle Informationen und die Informationsstände der Marktteilnehmer dabei spielen, hat sich über die Jahre hinweg sehr stark verändert: In der sich Ende der 1950er Jahre entwickelnden neoklassischen Kapitalmarkttheorie geht man davon aus, dass sich die Wertpapiermärkte im Gleichgewicht befinden und der Preis alle verfügbaren (zumindest alle öffentlich verfügbaren) Informationen reflektiert. Die Arbeiten zur Markteffizienzhypothese des Nobelpreisträgers Eugene F. Fama bilden dabei den Kern der neoklassischen Sichtweise und verdeutlichen die Annahme, dass Informationen unmittelbar nach Bekanntwerden Eingang in die Marktpreise finden und alle Marktteilnehmer denselben Informationsstand bzgl. eines handelbaren Wertpapiers haben.

Weil der Informationsprozess eines einzelnen Marktteilnehmers in der Realität jedoch Kosten verursacht, wird seit Ende der 1980er Jahre mit der Neuen Institutionenökonomik und insb. mit der Marktmikrostruktur die Gleichgewichtsannahme aufgebrochen und stattdessen davon ausgegangen, dass Marktteilnehmer hinsichtlich der Informationsmenge und -qualität durchaus Unterschiede zueinander aufweisen kön-

---

[461] Einen sehr detaillierten Forschungsüberblick liefert hier bspw. Kothari (2001).

nen. Eine typische Annahme der Marktmikrostrukturforschung ist daher die asymmetrische Informationsverteilung, so dass sich die Zusammensetzung der Marktteilnehmerschaft dadurch charakterisieren lässt, dass manche Marktteilnehmer bessere bzw. mehr Informationen besitzen als andere. Mittlerweile existieren daher auch einige theoretische Modelle, die die Frage beantworten, wie die Zusammensetzung der Marktteilnehmerschaft die Preisbildung am Aktienmarkt beeinflusst. Möchte man jedoch die Zusammensetzung der Marktteilnehmerschaft mittels empirisch implementierbarer Variablen messbar machen, steht man vor einigen Herausforderungen. Begründet durch ein vielbeachtetes Modell von Easley u.a. (1996) wird mittels der Analyse von Bid-Ask Spreads versucht, aus der beobachtbaren Preissetzung des Market-Makers Rückschlüsse auf die Zusammensetzung der Marktteilnehmerschaft zu ziehen. Für empirische Analysen ist es in diesem Zusammenhang also zwingend notwendig, ausreichend Daten zu den Bid- und Ask-Kursen vorliegen zu haben. Wenngleich dies bei der mittlerweile hohen Datenverfügbarkeit in Bezug auf die Finanzmärkte ein eher überwindbares Problem darstellt, bleibt ein anderes jedoch bestehen: Der Bid-Ask Spread als Maß für die Liquidität einer Aktie setzt sich aus drei Komponenten zusammen, von denen sich nur eine mit einer sich verändernden Zusammensetzung der Marktteilnehmerschaft verändert. Er vermittelt so zumindest kein unverzerrtes Bild auf die tatsächliche Zusammensetzung der Marktteilnehmerschaft, wenngleich er hierfür trotzdem eine sehr geeignete Messgröße darstellt.

Das Ziel der vorliegenden Arbeit ist es daher, alternative Variablen vorzuschlagen, welche wertvolle Informationen zur Analyse der Zusammensetzung der Marktteilnehmerschaft liefern. Die Ergebnisse der empirischen Überprüfung zeigen deutlich, dass derartige Variablen aus Google- und Sozialen Medien-Daten konstruiert werden können. Die Veränderung der Suchanfragen in Google und des Volumens veröffentlichter Beiträge in Sozialen Finanzmedien sind dazu geeignet, die aktienspezifische Aufmerksamkeit der Marktteilnehmer in direkter Form zu erfassen. Weil diese Variablen darüber hinaus auch empirisch überprüfbare Zusammenhänge zu Handelsaktivitäten aufweisen, kann durch die Veränderung der auf Google- und Soziale Medien-Daten beruhenden Variablen die aktienspezifische, handelsrelevante Aufmerksamkeit der Marktteilnehmer erfasst werden. Zudem bestätigen die Ergebnisse der empirischen Überprüfung, dass Google und Soziale Finanzmedien eher von uninformierten Marktteilnehmern genutzt werden und somit eine Abschätzung bzgl. der Zusammensetzung der Marktteilnehmerschaft mit diesen Variablen möglich ist.

Das Besondere dieser im Vergleich zu bereits etablierten Variablen ist, dass die Information hinsichtlich der Zusammensetzung der Marktteilnehmerschaft in direkter Form von den Anlegern selbst stammt und dabei nicht der Umweg über die Preissetzung des Market-Makers gewählt werden muss. Im Hinblick auf die Ergebnisse der vorliegenden Arbeit lässt sich feststellen, dass Variablen aus Google- sowie Soziale Mediendaten durchaus als alternative Indikatoren für die Zusammensetzung der Marktteilnehmerschaft zu sehen sind und in Ergänzung zum etablierten Bid-Ask Spread und anderen Variablen Eingang in die empirische Kapitalmarktforschung finden sollten. Die Relevanz dieser Variablen für wissenschaftliche Fragestellungen in diesem Forschungsbereich lässt sich aus den Ergebnissen der vorliegenden Arbeit ableiten. Dass die Methodik der Aufmerksamkeitsmessung auch in anderen Wissenschaftsbereichen wie bspw. der Werbeforschung Anwendung findet, ist ebenso naheliegend.

Außerdem zeigen die Ergebnisse der vorliegenden Arbeit, dass Variablen aus Google- sowie Soziale Mediendaten entstehenden Orderstrom anzeigen können, bevor entsprechende Orders tatsächlich den Markt erreichen. Aus Praxissicht ist man deshalb geneigt, diesen Zusammenhang zum Aufbau einer superioren Handelsstrategie ausnutzen zu wollen. Der Literaturüberblick der vorliegenden Arbeit zeigt jedoch in diesem Zusammenhang auf, dass mit diesen Informationen das systematische und langfristige Erzielen von Überrenditen kaum möglich ist und unter Beachtung der Transaktionskosten keine profitable Handelsstrategie etabliert werden kann. Zumindest lässt sich nicht die konkrete Richtung einer Kursänderung mit statistischer Signifikanz vorhersagen. Es wird aber deutlich, dass Variablen aus Google- sowie Soziale Mediendaten als Indikator für eine zunehmende Volatilität am Markt genutzt werden können und hier eine relativ gute Prognosequalität liefern. Was also für die konkrete Richtung der Kursänderung nicht gelingt, gilt für die Schwankung der Kurse durchaus: Steigt nämlich das Suchvolumen oder das Nachrichtenvolumen Sozialer Finanzmedien bzgl. einer Aktie deutlich an, so lässt sich in den darauffolgenden Tagen eine deutlich höhere Volatilität beobachten. Auf Basis dieser Information ließe sich z.B. wie weiter oben erwähnt eine kurzfristige Optionsstrategie aufsetzen, die bei starker Volatilität der Kurse profitabel ist und sowohl bei großen Kursrückgängen als auch -steigerungen gewinnbringend ist. Andererseits gilt eine steigende Volatilität meist als Ausdruck einer zunehmenden Unsicherheit im Markt, so dass man die Variablen aus Google sowie Sozialen Finanzmedien auch als Indikator für das von den

Marktteilnehmern wahrgenommene Risiko betrachten könnte. Und einen solchen Risikoindikator sollte man wiederum ohnehin bei jeder Anlagestrategie im Blick zu behalten: Selbst wenn man mit ihm also keine direkten Gewinne erwirtschaften kann, so könnte er immerhin das eigene Portfolio vor manchen Verlusten bewahren.

8. Anhang: Regressionsdiagnostik

Die Regressionsdiagnostik verfolgt das Ziel einer Überprüfung und Absicherung der Regressionsergebnisse. Dabei soll insbesondere die Schätzung der Regressionskoeffizienten sowie die Gültigkeit der Anwendung statistischer Tests überprüft werden. Hierzu werden die Regressionsmodelle vor dem Hintergrund einer Erfüllung ihrer grundlegenden Annahmen betrachtet.

Im Rahmen der unten stehenden Ausführungen werden also die folgenden Annahmen überprüft:

- Linearität in den Parametern und keine perfekte Kollinearität
- Konstante Varianz des Störterms (Homoskedastiziät)
- Kovarianz des Störterms von Null (Keine Autokorrelation)
- Stationarität der berücksichtigten Variablen
- Verteilung der Residuen
- Berücksichtigung panelspezifischer Effekte

Sofern die Ausführungen graphisch oder in Tabellenform unterstützt werden, geschieht dies anhand geeigneter Beispiele, die sich auf ausgewählte Regressionen beziehen.

Graphische Überprüfungen verdeutlichen den linearen Zusammenhang zwischen der (den) abhängigen Variablen und den unabhängigen Variablen. Der systematische Teil des Modells charakterisiert sich somit als Linearbeziehung in den erklärenden Variablen und wird additiv vom zeit- und unternehmensfixen Term sowie vom Fehlerterm der Regression überlagert. In einzelnen Regressionen werden zudem explizit zeit- oder unternehmensspezifische Fixterme berücksichtigt.

Die sich aus den Beobachtungen der Regressoren ergebende Matrix hat vollen Rang und erfüllt die Annahme nicht vorhandener (perfekter) Kollinearität: Die Anzahl der Beobachtungen ist deutlich größer als die der Regressoren und zwischen keinen der einzelnen Vektoren der Beobachtungen besteht eine lineare Beziehung. Die insgesamt geringen Korrelationen zwischen den einzelnen Variablen (abhängig sowie unabhängig inkl. jeweiliger Zeitverzögerungen um $t-1$) sind berechnet und im Rahmen der deskriptiven Statistik entsprechend berichtet worden.

Die graphische Untersuchung der Residuenvarianzheterogenität in Bezug auf die einzelnen Unternehmen des Panelmodells lassen relativ konstante Varianzen der Störterme (y-Achse) in Abhängigkeit zur Veränderung der berücksichtigten erklärenden Variablen (x-Achse) erkennen.[462] In Bezug auf die quadrierte Rendite weißen jedoch die Störterme der Regressionen heteroskedastische Tendenzen in der Form auf, dass mit zunehmender Renditeschwankung die Schwankung der Residuen kleiner wird. Dies gilt insbesondere für die Panelregressionen (1) bis (18), bei welchen die direkten Aufmerksamkeitsvariablen die zu erklärenden Variablen darstellen. Für die Residuen der Panelregression (18) ist dies in Abbildung Anhang 1 in Bezug auf das Unternehmen mit dem Ticker MSFT anschaulich dargestellt. Um in der Schätzung die aufgrund von Heteroskedastizität verzerrten OLS-Standardfehler zu vermeiden, empfiehlt sich die Schätzung sog. robuster Standardfehler.[463] Dementsprechend sind robuste Standardfehler nach White berechnet.[464] Als Schätzer für die wahren Standardfehler gelten sie damit selbst bei heteroskedastischen Störtermen als konsistent, weshalb die Teststatistiken sowie die Konfidenzintervalle asymptotische Gültigkeit haben.[465]

---

[462] Für acht der betrachteten Unternehmen liegen in Bezug auf Googlesuchanfragen mit Kategorienfilter Finanzen keine Informationen vor.

[463] Vgl. Stocker (2014), S. 9.

[464] Schröder (2012), S. 87. Diese in EViews als White period bezeichnete Standardfehlerschätzmethode ist vor allem für Paneldaten geeignet und liefert insb. bei heteroskedastischen Störtermen in Bezug auf die einzelnen Unternehmen eine konsistente Schätzung der wahren Standardfehler. Darüber hinaus bleibt die Schätzung auch bei Autokorrelation der Fehlerterme in Bezug auf die einzelnen Unternehmen konsistent. Vgl. für weitere Ausführungen Quantitative Micro Software (2010), S. 611–612 sowie Schröder (2012), S. 86–89.

[465] Vgl. Stocker (2014), S. 10. Weil robuste Standardfehler im Vergleich zu normalen OLS-Standardfehlern normalerweise eine größere Varianz aufweisen (vgl. hierzu Schröder (2012), S. 88), kann der Empfehlung von Angrist/Pischke (2009) gefolgt werden: Demnach sind neben den robusten auch die OLS-Standardfehler zu berechnen und diejenigen Koeffizienten besonders vorsichtig zu interpretieren, bei welchen die robusten Standardfehler kleiner sind als die konventionellen. Vgl. hierzu Angrist/Pischke (2009), S. 307. In Bezug auf die in der vorliegenden Arbeit berichteten Ergebnisse ergeben sich hieraus keine abweichenden Ergebnisinterpretationen.

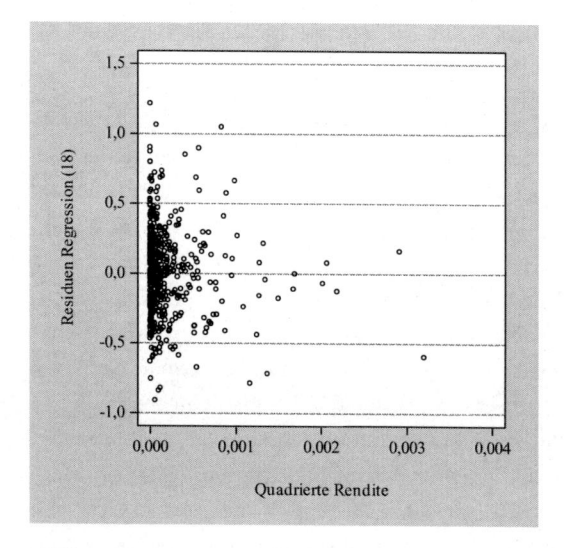

Abbildung Anhang 1: Graphische Untersuchung der Residuenvarianzheterogenität in Bezug auf die quadrierte Rendite

Abbildung Anhang 1 signalisiert, dass für einige der betrachteten Unternehmen der folgende Zusammenhang gilt: Je stärker (positiv oder negativ) die Rendite schwankt, desto kleiner die Residuen. Die Schwankung des unternehmensspezifischen Suchvolumens ist somit nicht konstant, sondern von der Höhe der Renditeschwankung abhängig. Eine mögliche Erklärung für diesen Zusammenhang könnte sein, dass in einer Phase starker Renditeveränderungen (positiv wie negativ) die dem Unternehmen durch die Öffentlichkeit (Such- und Beitragsvolumen in Google bzw. Sozialen Finanzmedien) entgegengebrachte Aufmerksamkeit ohnehin deutlich erhöht ist, so dass sich aufmerksamkeitsgenerierende Ereignisse in dieser Phase nicht so sehr auf eine merkliche Veränderung der Schwankung im Such- und Beitragsvolumen auswirken. Im Umkehrschluss lässt sich argumentieren, dass sich Unternehmen in Phasen wenig auffälliger Kursveränderungen einem insgesamt niedrigeren Aufmerksamkeitsniveau gegenüber sehen und deshalb aber auch einzelne aufmerksamkeitsgenerierende Ereignisse die Schwankungsbreite des Suchvolumens bemerkenswert stark erhöhen können. Die beobachtete Heteroskedastizität entsteht somit aus den Eigenschaften der untersuchten Daten und deren realen Zusammenhänge. Von einer Fehlspezifikation des Modells ist somit nicht auszugehen.[466] Die Schätzung robuster Standardfehler ist dementsprechend zweckmäßig.

Vor allem bei Zeitreihenanalysen ist damit zu rechnen, dass ein Teil der Daten sowie die Störgrößen im Modell autokorreliert sind, weshalb insbesondere in Bezug auf die Residuen hierauf ebenfalls im Rahmen der Regressionsdiagnostik gesondert zu testen ist.[467] Die Entstehung von Autokorrelation der Residuen kann nämlich auf die Nichtberücksichtigung eines relevanten Regressors im Modell zurückzuführen sein.[468] Weil im vorliegenden Fall die Veränderung der Aufmerksamkeit gegenüber verschiedenen Unternehmen mittels unabhängiger Variablen erklärt wird, ist das Nichtberücksichtigen eines solchen relevanten Regressors durchaus vorstellbar. So ist es bspw. denkbar, dass neben den im Modell berücksichtigten Variablen auch der Zeitpunkt vom Unternehmen platzierter Produktwerbung als erklärende Variable zu integrieren wäre. Außerdem können zusätzlich zur betrachteten Nachrichtenberichterstattung in CNNmoney weitere, die Medienpräsenz einzelner Unternehmen erfassende, Variablen einen Erklärungsbeitrag zur Veränderung der Aufmerksamkeit gegenüber einzelnen Unternehmen haben.[469] Als Folge der Nichtberücksichtigung einer relevanten Variablen würde sich diese zum Teil im Fehlerterm wiederspiegeln, so dass die Korrelationsstruktur der Störgröße dann in einem bestimmten Ausmaß durch diese bestimmt werden würde.[470] Um eine erste Abschätzung hinsichtlich einer möglicherweise vorliegenden Autokorrelation vor allem im Störterm zu erhalten, wird zu jeder Regression die entsprechende Durbin-Watson Statistik berichtet. Hierbei handelt es sich um einen Hypothesentest, welcher die Residuen im Hinblick auf Autokorrelation erster Ordnung prüft.[471] Hierzu wird zunächst der Autokorrelationskoeffizient erster Ordnung ρ_1 berechnet. Dieser gibt an, wie stark die um eine Zeiteinheit

---

[466] Vgl. Poddig/Dichtl/Petersmeier (2008), S. 321–322.
[467] Vgl. Hackl (2013), S. 206.
[468] Vgl. Hackl (2013), S. 207.
[469] Hier ist bspw. denkbar, dass Neuprodukteinführungen oder spezielle Rabattangebote das Aufmerksamkeitsniveau gegenüber dem jeweiligen Unternehmen sowie seinen Produkten erhöhen.
[470] Vgl. Hackl (2013), S. 208.
[471] Vgl. Poddig/Dichtl/Petersmeier (2008), S. 311.

auseinanderliegenden Störgrößen einer Zeitreihe miteinander korreliert sind. Formal ergibt sich die folgende Berechnung:[472]

$$\rho_1 = \frac{\text{Cov}(\varepsilon_t, \varepsilon_{t-1})}{\sqrt{\text{Var}(\varepsilon_t)} \cdot \sqrt{\text{Var}(\varepsilon_{t-1})}} = \frac{\sigma_{t,t-1}}{\sqrt{\sigma^2} \cdot \sqrt{\sigma^2}} = \frac{\sigma_{t,t-1}}{\sigma^2}$$

Formel Anhang 1: Formale Berechnung des Autokorrelationskoeffizienten erster Ordnung

Für die Details zur Berechnung der Durbin-Watson-Teststatistik soll an dieser Stelle auf die Literatur verwiesen werden und stattdessen eine anerkannte Approximationsformel Erwähnung finden.[473]

$$DW \approx 2 \cdot (1 - \rho_1)$$

Formel Anhang 2: Approximationsformel für die Durban-Watson-Teststatistik

Da der Autokorrelationskoeffizient ρ_1 Werte zwischen -1 und +1 annahmen kann, bewegen sich die Werte für die Durbin-Watson-Teststatistik (DW) zwischen 0 und +4. Mit Blick auf die Approximationsformel wird deutlich, dass ein Wert der Durbin-Watson-Teststatistik von null für positive Autokorrelation ($\rho_1 = +1$) steht, während ein Wert von vier negative Autokorrelation anzeigt ($\rho_1 = -1$). Liegt der Wert für die Durbin-Watson-Prüfgröße bei zwei, liegt keine Autokorrelation vor. Die im Rahmen der vorliegenden Arbeit berechneten Regressionen erfüllen dieses Kriterium. Weil in einem die abhängige Variable als *t*-1 verzögerten Regressor berücksichtigenden Regressionsmodell die zur Identifikation von Autokorrelation erster Ordnung normalerweise geeignete Durbin-Watson-Statistik zum Wert zwei hin verzerrt ist, sind in diesen Fällen weitere (graphische) Untersuchungen notwendig.[474] Die nachfolgende Abbildung Anhang 2 plottet die Störterme gegen die um einen Tag *t* verzögerten Störterme am Beispiel der Regression (18) bezogen auf das Unternehmen mit dem Ticker MSFT. Eine autokorrelative Struktur erster Ordnung ist nicht zu erkennen.

---

[472] Vgl. Poddig/Dichtl/Petersmeier (2008), S. 314.
[473] Vgl. Poddig/Dichtl/Petersmeier (2008), S. 317. Vgl. für die formale Herleitung der Durbin-Watson-Teststatistik den entsprechenden Originalaufsatz: Durbin/Watson (1950), S. 409–428.
[474] Vgl. Schröder (2012), S. 77.

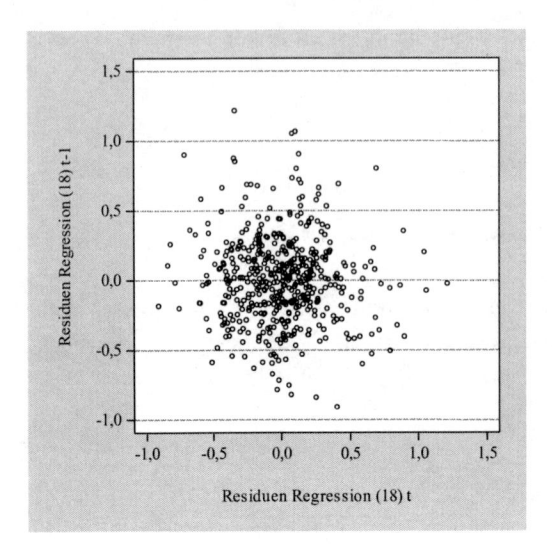

Abbildung Anhang 2: Graphische Untersuchung der Residuen zur Beurteilung von Autokorrelation erster Ordnung

Obwohl keine Autokorrelation festgestellt werden kann soll an dieser Stelle trotzdem darauf hingewiesen werden, dass die aufgrund festgestellter Heteroskedastizität verwendeten Standardfehler nach White ebenfalls robust gegenüber Autokorrelation wären.[475]

Die Möglichkeit von Scheinzusammenhängen aufgrund deterministischer Trends ist im Rahmen des obigen Paneldatenregressionsmodells aufgrund der berücksichtigten Variablen ausgeschlossen.[476] Ökonomische Zeitreihen sind jedoch häufig auch durch sich als stochastische Trends äußernde Persistenzeffekte geprägt, so dass diese vor

---

[475] Diese in EViews als White period bezeichnete Standardfehlerschätzmethode ist vor allem für Paneldaten geeignet und liefert insb. bei heteroskedastischen und autokorrelierten Störtermen in Bezug auf die einzelnen Unternehmen eine konsistente Schätzung der wahren Standardfehler. Vgl. für weitere Ausführungen Quantitative Micro Software (2010), S. 611–612.

[476] Ökonomische Zeitreihen charakterisieren sich dann durch einen deterministischen Trend, „wenn die Zeitreihe kontinuierlich jeweils von einem Zeitpunkt zum nächsten um einen konstanten Betrag zunimmt." (Poddig/Dichtl/Petersmeier (2008), S. 357).

dem Hintergrund der Stationaritätsannahme ebenfalls zu überprüfen sind.[477] Die betrachteten Zeitreihen müssen mindestens schwach stationär sein und ihre Beobachtungen damit einem mittelwert-, varianz- sowie kovarianzstationären stochastischen Prozess folgen. *„Bei derartigen Zeitreihen sind Erwartungswerte und Varianzen ihrer Elemente sowie Kovarianzen zwischen ihnen, kurz zusammengefasst, unabhängig vom Zeitindex t."*[478] Für Variablen mit stochastischen Trends existiert typischerweise die Möglichkeit einer stationaritätserzeugenden Transformation, welche regelmäßig in Form der sog. Differenzenmethode Anwendung findet: So kann bspw. durch die Differenzenbildung zeitlich aufeinander folgender Beobachtungswerte ein linearer Trend beseitigt werden, während für nichtlineare Trends mehrmalige Differenzenbildungen vorzunehmen sind.[479] *„Die Zeitreihe $y_1, y_2, ..., y_n$ wird als integriert vom Grade d (kurz I(d)) bezeichnet, wenn d die Anzahl der nötigen Differenzbildungen ist, um den Trend zu beseitigen."*[480] Zur Überprüfung des Integrationsgrades einer Zeitreihe existieren verschiedene Hypothesentests, deren Ergebnis eine Beurteilung bzgl. der Stationarität oder einer evtl. notwendigen Transformation der Zeitreihe ermöglicht.

Einer der hierfür geeigneten Tests ist der häufig mit DF abgekürzte Dickey-Fuller Test, bei welchem die Zeitreihe y_t durch einen autoregressiven Prozess approximiert wird.[481] Hierfür wird die Dynamik von y_t als autoregressiver Prozess erster Ordnung, AR(1), modelliert, aus welchem sich die nachfolgende Gleichung ergibt:[482]

$$y_t = \beta_1 y_{t-1} + \varepsilon_t$$

Formel Anhang 3:   Erklärung (1) Dickey-Fuller Test

---

[477] Der für Aktienkursverläufe typischerweise angenommene Random-Walk weist bspw. einen solchen stochastischen Trend auf und verletzt damit die notwendigen Eigenschaften der zumindest schwachen Stationarität. Vgl. hierzu Poddig/Dichtl/Petersmeier (2008), S. 363.

[478] Poddig/Dichtl/Petersmeier (2008), S. 96. Folglich ändern sich der Erwartungswert, die Varianz sowie die Kovarianz aller Zufallsvariablen nicht in Abhängigkeit der Zeit. Die zwischen den einzelnen Zufallsvariablen existierenden Kovarianzen ändern sich nur in Abhängigkeit von deren zeitlicher Entfernung zueinander. Vgl. hierzu Poddig/Dichtl/Petersmeier (2008), S. 96.

[479] Vgl. Poddig/Dichtl/Petersmeier (2008), S. 96–97.

[480] Poddig/Dichtl/Petersmeier (2008), S. 97.

[481] Vgl. Schröder (2012), S. 235.

[482] Vgl. Poddig/Dichtl/Petersmeier (2008), S. 365.

Falls $|\beta_1|=1$ ist, handelt es sich bei der betrachteten Zeitreihe um einen Random-Walk und somit um eine nichtstationäre Zeitreihe mit stochastischem Trend.[483] Ist hingegen $|\beta_1|<1$ bleiben sowohl die Varianz, der Erwartungswert sowie die Kovarianzen konstant und erfüllen damit die Voraussetzung der schwachen Stationarität.[484] Vor diesem Hintergrund prüft man im Rahmen der Durchführung des Dickey-Fuller Tests nun die Nullhypothese der Nichtstationarität gegenüber der mit erfüllter Stationarität formulierten Alternativhypothese:[485]

$$H_0 : \beta_1 = 1$$
$$H_1 : \beta_1 < 1$$

Formel Anhang 4: Erklärung (2) Dickey-Fuller Test

Zur Testdurchführung wird die obige Formel Anhang 3 verändert, indem auf beiden Seiten y_{t-1} subtrahiert wird und sich über mehrere Umformungen die nachfolgende Gleichung ergibt:[486]

$$y_t = \beta_1 y_{t-1} + \varepsilon_t$$
$$y_t - y_{t-1} = \beta_1 y_{t-1} - y_{t-1} + \varepsilon_t$$
$$\Delta y_t = (\beta_1 - 1) y_{t-1} + \varepsilon_t$$
$$\Delta y_t = \delta y_{t-1} + \varepsilon_t, \ mit: \delta = (\beta_1 - 1)$$

Formel Anhang 5: Erklärung (3) Dickey-Fuller Test

Die zu prüfenden Hypothesen verändern sich dementsprechend und lauten für die Null- bzw. Alternativhypothese wie folgt:

---

[483] Vgl. Poddig/Dichtl/Petersmeier (2008), S. 365 sowie Schröder (2012), S. 235. Die Nichtstationarität ist in einem solchen Fall vor allem deshalb gegeben, weil vergangene Störgrößen nie ihren Einfluss verlieren und die Zeitreihe folglich ein sog. langes Gedächtnis hat. Zufällige Schocks lassen aber den aktuellen Beobachtungswert vom vorangegangenen abweichen, so dass eine Random-Walk Zeitreihe teilweise lange in eine Richtung driftet, ohne dabei zum Zeitreihenmittelwert zurückzukehren. Bei erheblichen Abweichungen sind sogar sich verändernde Trendgeraden möglich, die den Mittelwert entweder erhöhen oder senken und dabei die Mittelwertstationarität verletzen.

[484] Vgl. Schröder (2012), S. 235. Einen solchen, die schwache Stationarität erfüllenden Prozess, nennt man auch Markov-Prozess. Vgl. hierzu Poddig/Dichtl/Petersmeier (2008), S. 365.

[485] Vgl. Poddig/Dichtl/Petersmeier (2008), S. 365.

[486] Vgl. Poddig/Dichtl/Petersmeier (2008), S. 365.

$H_0 : \beta_1 = 0$
$H_1 : \beta_1 < 1$

Formel Anhang 6: Erklärung (4) Dickey-Fuller Test

Im Rahmen einer Regression wird mittels der Methode der Kleinsten Quadrate nun der Parameter δ aus Formel Anhang 5 geschätzt und der dazugehörige t-Wert (Koeffizient geteilt durch seinen Standardfehler) bestimmt.[487] Die kritischen Werte zur Beurteilung des t-Werts werden beim Dickey-Fuller Test jedoch mittels Monte Carlo Simulationen und nicht mittels der sonst üblichen t-Verteilung bestimmt.[488] Unter diesen Voraussetzungen ist Stationarität dann gegeben,[489] wenn der t-Wert von Parameter δ unter Berücksichtigung der definierten Irrtumswahrscheinlichkeit kleiner ist als der kritische Wert der Dickey-Fuller-Tabelle.[490] Der Dickey-Fuller Test kann mit drei verschiedenen Regressionsmodellen durchgeführt werden, so dass je nach Zeitreihe neben dem oben beschrieben Modell zusätzlich noch eine Konstante und/oder ein Zeittrend berücksichtigt werden können.[491] In Ergänzung zu Formel Anhang 5 ergeben sich folglich die drei möglichen Regressionsmodelle im Rahmen des Dickey-Fuller Tests:[492]

(1) $\Delta y_t = \delta y_{t-1} + \varepsilon_t$
(2) $\Delta y_t = \beta_0 + \delta y_{t-1} + \varepsilon_t$
(3) $\Delta y_t = \beta_0 + \delta y_{t-1} + \beta_2 t + \varepsilon_t$

Abbildung Anhang 3: Erklärung (5) Dickey-Fuller Test

---

[487] Vgl. Poddig/Dichtl/Petersmeier (2008), S. 365.

[488] Ursächlich für die Nichtanwendbarkeit der t-Verteilung ist die Tatsache, dass unter Gültigkeit der Nullhypothese in diesem Fall zwei Zeitreihen unterschiedlicher Integrationsgrade aufeinander regressiert werden. Vgl. hierzu Poddig/Dichtl/Petersmeier (2008), S. 365–366.

[489] Die Annahme der Variablenstationarität ist in diesem Fall dann erfüllt, wenn die Nullhypothese verworfen werden kann.

[490] Vgl. Poddig/Dichtl/Petersmeier (2008), S. 366.

[491] Zusammengefasst sind also die folgenden drei Regressionsmodelle im Rahmen des Dickey-Fuller Tests möglich: *Ohne Konstante/ohne Trend*; *mit Konstante/ohne Trend* sowie *mit Konstante/mit Trend*. Vgl. hierzu Poddig/Dichtl/Petersmeier (2008), S. 367.

[492] Vgl. Poddig/Dichtl/Petersmeier (2008), S. 367.

Die Auswahl des zur Anwendung kommenden Modells sollte dabei neben theoretischen Überlegungen auf einer graphischen Untersuchung der jeweiligen Variablenzeitreihe beruhen: In Bezug auf das unternehmensspezifische Googlesuchvolumen zeigt sich bspw., dass zu jedem Unternehmen ein gewisses durchschnittliches, positives Suchvolumen festgestellt werden kann. Damit ist Modell (2) in diesem Fall geeigneter als Modell (1). Das obige Regressionsmodell (3) hingegen würde unterstellen, dass das periodenbezogene, unternehmensspezifische Googlesuchvolumen systematisch im Zeitablauf zunimmt. Dies widerspricht jedoch den theoretischen Annahmen im Hinblick auf diese Variable, weshalb in Bezug auf das Googlesuchvolumen das Dickey-Fuller Modell (2) zu schätzen wäre.

Weil die Validität der Dickey-Fuller Regression allerdings nur dann gewährleistet ist, wenn die Residuen die zentralen Annahmen der OLS-Schätzung erfüllen, sind diese in besonderem Maße zu betrachten: Während Homoskedastizität bei der Durchführung des Dickey-Fuller Tests unproblematisch ist,[493] sollte bei festgestellter Autokorrelation anstatt des normalen Dickey-Fuller Test der sog. Augmented Dickey-Fuller Test Anwendung finden.[494] EViews bietet im Kontext der Panelanalyse unabhängig davon ob Autokorrelation tatsächlich vorliegt oder nicht, standardmäßig den letztgenannten Test an. Bei diesem wird eine ggf. vorliegende Residuenautokorrelation dadurch beseitigt, indem die abhängige Variable mit verschiedenen Verzögerungen als unabhängige Variable aufgenommen wird.[495] Die Frage nach der Anzahl m der zu berücksichtigenden Verzögerungen der endogenen Variablen wird im vorliegenden Fall über die Ermittlung des Informationskriteriums nach Schwarz geklärt.[496] In allgemeiner Form ergeben sich die nachfolgenden Gleichungen des Augmented Dickey-Fuller Tests für die oben beschriebenen drei Modellversionen:[497]

---

[493] Vgl. MacKinnon (1991), S. 270.
[494] Vgl. Poddig/Dichtl/Petersmeier (2008), S. 368–369.
[495] Vgl. Poddig/Dichtl/Petersmeier (2008), S. 368.
[496] Dies entspricht einer in EViews vorgeschlagenen Berechnungsmöglichkeit. Vgl. hierzu Quantitative Micro Software (2010), S. 393–394.
[497] Vgl. Poddig/Dichtl/Petersmeier (2008), S. 368.

Anhang: Regressionsdiagnostik

(1)' $\Delta y_t = \delta y_{t-1} + \sum_{j=1}^{m} \gamma_j \Delta y_{t-j} + \varepsilon_t$

(2)' $\Delta y_t = \beta_0 + \delta y_{t-1} + \sum_{j=1}^{m} \gamma_j \Delta y_{t-j} + \varepsilon_t$

(3)' $\Delta y_t = \beta_0 + \delta y_{t-1} + \beta_2 t + \sum_{j=1}^{m} \gamma_j \Delta y_{t-j} + \varepsilon_t$

Abbildung Anhang 4: Erklärung (1) Augmented Dickey-Fuller Test

Im Hinblick auf eine Paneldatenstruktur liefert der Augmented Dickey-Fuller Test allerdings dahingehend eine Limitation, indem die Nullhypothese der Nicht-Stationarität selbst dann schon verworfen wird, wenn die Zeitreihe eines einzigen Unternehmens Stationär ist.[498] In einem extrem formulierten Fall kann dies bedeuten, dass der Augmented Dickey-Fuller Test Stationarität signalisiert, obwohl nur die Zeitreihe eines der betrachteten Unternehmen tatsächlich stationär ist. Um derartige Probleme zu vermeiden, soll der Augmented Dickey-Fuller Test im Rahmen der vorliegenden Arbeit auf das gesamte Panel sowie auf jede einzelne Unternehmenszeitreihe angewendet werden. So kann sichergestellt werden, dass alle Unternehmenszeitreihen die Stationaritätseigenschaft erfüllen. Diese ist bei allen Variablen des Panelregressionsmodells gegeben, was durch die in den nachfolgenden Tabellen abgebildeten Testergebnisse verdeutlicht wird. Weil damit alle Variablen die Annahmen der Stationarität erfüllen, sind im vorliegenden Paneldatenmodelle die in der englischsprachigen Literatur als spurious regressions bezeichneten Scheinzusammenhänge ausgeschlossen. Eine Kointegrationsanalyse ist vor diesem Hintergrund folglich nicht notwendig. Eine zu geringe Differenzierung kann vor allem auch deshalb ausgeschlossen werden, weil die Fehlerterme ebenfalls die Stationaritätsbedingung erfül-

---

[498] Vgl. Quantitative Micro Software (2010), S. 401. Hierzu konträr testet bspw. der ebenfalls von EViews angebotene Test nach Levin, Lin und Chu: In diesem wird die Nullhypothese der Nicht-Stationarität nur dann verworfen, wenn alle Zeitreihen der Unternehmen stationär sind. Vgl. hierzu Quantitative Micro Software (2010), S. 401. Vereinfacht kann man sich den Levin, Lin und Chu Test als einen Dickey-Fuller Test vorstellen, bei dem die Beobachtungen aller Reihen (aller Unternehmen) gemeinsam betrachtet werden. Vgl. hierzu Schröder (2012), S. 242. Weil jedoch die Varianzen der verschiedenen Reihen nicht identisch sind und teilweise unterschiedliche Variablenverzögerungen sowie deterministische Trends reihenspezifisch zu berücksichtigen sind, werden sämtliche Werte im Vorfeld der Schätzung standardisiert. Vgl. hierzu Schröder (2012), S. 242.

len.[499] Die Ergebnisse des ADF-Test für Nicht-Dummyvariablen sind in den nachfolgenden Tabellen (Tabelle Anhang 1 bis Tabelle Anhang 3) berichtet.

---

[499] Vgl. Plosser/Schwert (1978), S. 542.

Anhang: Regressionsdiagnostik

Test auf individuelle Einheitswurzel mit Konstante und ohne Zeittrend
Fisher-ADF (Augmented Dickey-Fuller Test)

Gesamtes Panel	Search_fin_ln_t	Search_all_ln_t	Socialm_total_ln_t	Socialm_pos_ln_t	Socialm_neg_ln_t
Fisher Chi-Quadrat	2921,61 (p = 0,0000)***	3374,80 (p = 0,0000)***	4149,21 (p = 0,0000)***	4270,20 (p = 0,0000)***	4386,96 (p = 0,0000)***
Choi Z-Statistik	-52,3310 (p = 0,0000)***	-55,8884 (p = 0,0000)***	-62,4731 (p = 0,0000)***	-63,4473 (p = 0,0000)***	-64,4993 (p = 0,0000)***
Unternehmenszeitreihen (Ticker)					
AA	Keine Daten	(p = 0,0000)***	(p = 0,0000)***	(p = 0,0000)***	(p = 0,0000)***
AXP	(p = 0,0000)***	(p = 0,0000)***	(p = 0,0000)***	(p = 0,0000)***	(p = 0,0000)***
BA	(p = 0,0000)***	(p = 0,0000)***	(p = 0,0000)***	(p = 0,0000)***	(p = 0,0000)***
BAC	(p = 0,0000)***	(p = 0,0000)***	(p = 0,0000)***	(p = 0,0000)***	(p = 0,0000)***
CAT	Keine Daten	(p = 0,0000)***	(p = 0,0000)***	(p = 0,0000)***	(p = 0,0000)***
CSCO	(p = 0,0000)***	(p = 0,0000)***	(p = 0,0000)***	(p = 0,0000)***	(p = 0,0000)***
CVX	(p = 0,0000)***	(p = 0,0000)***	(p = 0,0000)***	(p = 0,0000)***	(p = 0,0000)***
DD	(p = 0,0000)***	(p = 0,0000)***	(p = 0,0000)***	(p = 0,0000)***	(p = 0,0000)***
DIS	(p = 0,0000)***	(p = 0,0000)***	(p = 0,0000)***	(p = 0,0000)***	(p = 0,0000)***
GE	(p = 0,0000)***	(p = 0,0000)***	(p = 0,0000)***	(p = 0,0000)***	(p = 0,0000)***
HD	(p = 0,0000)***	(p = 0,0000)***	(p = 0,0000)***	(p = 0,0000)***	(p = 0,0000)***
HPQ	Keine Daten	(p = 0,0000)***	(p = 0,0000)***	(p = 0,0000)***	(p = 0,0000)***
IBM	(p = 0,0000)***	(p = 0,0000)***	(p = 0,0000)***	(p = 0,0000)***	(p = 0,0000)***
INTC	(p = 0,0000)***	(p = 0,0000)***	(p = 0,0000)***	(p = 0,0000)***	(p = 0,0000)***
JNJ	Keine Daten	(p = 0,0000)***	(p = 0,0000)***	(p = 0,0000)***	(p = 0,0000)***
JPM	(p = 0,0000)***	(p = 0,0000)***	(p = 0,0000)***	(p = 0,0000)***	(p = 0,0000)***
KO	(p = 0,0000)***	(p = 0,0000)***	(p = 0,0000)***	(p = 0,0000)***	(p = 0,0000)***
MCD	Keine Daten	(p = 0,0000)***	(p = 0,0000)***	(p = 0,0000)***	(p = 0,0000)***
MMM	(p = 0,0000)***	(p = 0,0000)***	(p = 0,0000)***	(p = 0,0000)***	(p = 0,0000)***
MRK	(p = 0,0000)***	(p = 0,0000)***	(p = 0,0000)***	(p = 0,0000)***	(p = 0,0000)***
MSFT	(p = 0,0000)***	(p = 0,0000)***	(p = 0,0000)***	(p = 0,0000)***	(p = 0,0000)***
PFE	Keine Daten	(p = 0,0000)***	(p = 0,0000)***	(p = 0,0000)***	(p = 0,0000)***
PG	Keine Daten	(p = 0,0000)***	(p = 0,0000)***	(p = 0,0000)***	(p = 0,0000)***
T	(p = 0,0000)***	(p = 0,0000)***	(p = 0,0000)***	(p = 0,0000)***	(p = 0,0000)***
TRV	(p = 0,0000)***	(p = 0,0000)***	(p = 0,0000)***	(p = 0,0000)***	(p = 0,0000)***
UNH	(p = 0,0000)***	(p = 0,0000)***	(p = 0,0000)***	(p = 0,0000)***	(p = 0,0000)***
UTX	Keine Daten	(p = 0,0000)***	(p = 0,0000)***	(p = 0,0000)***	(p = 0,0000)***
VZ	(p = 0,0000)***	(p = 0,0000)***	(p = 0,0000)***	(p = 0,0000)***	(p = 0,0000)***
WMT	(p = 0,0000)***	(p = 0,0000)***	(p = 0,0000)***	(p = 0,0000)***	(p = 0,0000)***
XOM	(p = 0,0000)***	(p = 0,0000)***	(p = 0,0000)***	(p = 0,0000)***	(p = 0,0000)***

Tabelle Anhang 1: Überprüfung der Stationaritätseigenschaften der Variablen (I)

Anhang: Regressionsdiagnostik

Test auf individuelle Einheitswurzel mit Konstante und ohne Zeittrend
Fisher-ADF (Augmented Dickey-Fuller Test)

Gesamtes Panel	Socialm_agree$_t$	Turnover_ln$_t$	Analyst_report_ln$_t$	CNN_ln$_t$	Ret^2_t
Fisher Chi-Quadrat	3776,37 (p = 0,0000)***	4337,00 (p = 0,0000)***	4273,27 (p = 0,0000)***	3837,24 (p = 0,0000)***	3029,59 (p = 0,0000)***
Choi Z-Statistik	-57,6738 (p = 0,0000)***	-64,2076 (p = 0,0000)***	-63,6169 (p = 0,0000)***	-60,2275 (p = 0,0000)***	-52,0961 (p = 0,0000)***
Unternehmenszeitreihen (Ticker)					
AA	(p = 0,0000)***	(p = 0,0000)***	(p = 0,0000)***	(p = 0,0000)***	(p = 0,0000)***
AXP	(p = 0,0000)***	(p = 0,0000)***	(p = 0,0000)***	(p = 0,0000)***	(p = 0,0000)***
BA	(p = 0,0000)***	(p = 0,0000)***	(p = 0,0000)***	(p = 0,0000)***	(p = 0,0000)***
BAC	(p = 0,0000)***	(p = 0,0000)***	(p = 0,0000)***	(p = 0,0000)***	(p = 0,0000)***
CAT	(p = 0,0000)***	(p = 0,0000)***	(p = 0,0000)***	(p = 0,0000)***	(p = 0,0000)***
CSCO	(p = 0,0001)***	(p = 0,0000)***	(p = 0,0000)***	(p = 0,0000)***	(p = 0,0000)***
CVX	(p = 0,0000)***	(p = 0,0000)***	(p = 0,0000)***	(p = 0,0000)***	(p = 0,0000)***
DD	(p = 0,0000)***	(p = 0,0000)***	(p = 0,0000)***	(p = 0,0000)***	(p = 0,0000)***
DIS	(p = 0,0000)***	(p = 0,0000)***	(p = 0,0000)***	(p = 0,0000)***	(p = 0,0000)***
GE	(p = 0,0020)***	(p = 0,0000)***	(p = 0,0000)***	(p = 0,0000)***	(p = 0,0000)***
HD	(p = 0,0000)***	(p = 0,0000)***	(p = 0,0000)***	(p = 0,0000)***	(p = 0,0000)***
HPQ	(p = 0,0000)***	(p = 0,0000)***	(p = 0,0000)***	(p = 0,0000)***	(p = 0,0000)***
IBM	(p = 0,0000)***	(p = 0,0000)***	(p = 0,0000)***	(p = 0,0000)***	(p = 0,0000)***
INTC	(p = 0,0000)***	(p = 0,0000)***	(p = 0,0000)***	(p = 0,0000)***	(p = 0,0000)***
JNJ	(p = 0,0000)***	(p = 0,0000)***	(p = 0,0000)***	(p = 0,0000)***	(p = 0,0000)***
JPM	(p = 0,0000)***	(p = 0,0000)***	(p = 0,0000)***	(p = 0,0000)***	(p = 0,0000)***
KO	(p = 0,0000)***	(p = 0,0000)***	(p = 0,0000)***	(p = 0,0000)***	(p = 0,0000)***
MCD	(p = 0,0000)***	(p = 0,0000)***	(p = 0,0000)***	(p = 0,0000)***	(p = 0,0000)***
MMM	(p = 0,0000)***	(p = 0,0000)***	(p = 0,0000)***	(p = 0,0000)***	(p = 0,0000)***
MRK	(p = 0,0000)***	(p = 0,0000)***	(p = 0,0000)***	(p = 0,0000)***	(p = 0,0000)***
MSFT	(p = 0,0000)***	(p = 0,0000)***	(p = 0,0000)***	(p = 0,0000)***	(p = 0,0000)***
PFE	(p = 0,0000)***	(p = 0,0000)***	(p = 0,0000)***	(p = 0,0000)***	(p = 0,0000)***
PG	(p = 0,0000)***	(p = 0,0000)***	(p = 0,0000)***	(p = 0,0000)***	(p = 0,0000)***
T	(p = 0,0000)***	(p = 0,0000)***	(p = 0,0000)***	(p = 0,0000)***	(p = 0,0000)***
TRV	(p = 0,0000)***	(p = 0,0000)***	(p = 0,0000)***	(p = 0,0000)***	(p = 0,0000)***
UNH	(p = 0,0000)***	(p = 0,0000)***	(p = 0,0000)***	(p = 0,0000)***	(p = 0,0000)***
UTX	(p = 0,0000)***	(p = 0,0000)***	(p = 0,0000)***	(p = 0,0000)***	(p = 0,0000)***
VZ	(p = 0,0000)***	(p = 0,0000)***	(p = 0,0000)***	(p = 0,0000)***	(p = 0,0000)***
WMT	(p = 0,0000)***	(p = 0,0000)***	(p = 0,0000)***	(p = 0,0000)***	(p = 0,0000)***
XOM	(p = 0,0000)***	(p = 0,0000)***	(p = 0,0000)***	(p = 0,0000)***	(p = 0,0000)***

Tabelle Anhang 2: Überprüfung der Stationaritätseigenschaften der Variablen (II)

Anhang: Regressionsdiagnostik

Test auf individuelle Einheitswurzel mit Konstante und ohne Zeittrend
Fisher-ADF (Augmented Dickey-Fuller Test)

Gesamtes Panel	Bid_ask_spread$_t$	Illiq$_t$	Turnover_price_impact$_t$	Zeitreihen der Residuen der Regressionen (1) bis (66)
Fisher Chi-Quadrat	1142,46 (p = 0,0000)***	2752,57 (p = 0,0000)***	3799,63 (p = 0,0000)***	Stationaritätsannahme erfüllt
Choi Z-Statistik	-30,8487 (p = 0,0000)***	-48,6990 (p = 0,0000)***	-58,9813 (p = 0,0000)***	
Unternehmenszeitreihen (Ticker)				
AA	(p = 0,0000)***	(p = 0,0000)***	(p = 0,0000)***	
AXP	(p = 0,0001)***	(p = 0,0000)***	(p = 0,0000)***	
BA	(p = 0,0000)***	(p = 0,0000)***	(p = 0,0000)***	
BAC	(p = 0,0000)***	(p = 0,0000)***	(p = 0,0000)***	
CAT	(p = 0,0000)***	(p = 0,0000)***	(p = 0,0000)***	
CSCO	(p = 0,0001)***	(p = 0,0000)***	(p = 0,0000)***	
CVX	(p = 0,0000)***	(p = 0,0000)***	(p = 0,0000)***	
DD	(p = 0,0000)***	(p = 0,0000)***	(p = 0,0000)***	
DIS	(p = 0,0000)***	(p = 0,0000)***	(p = 0,0000)***	
GE	(p = 0,0020)***	(p = 0,0000)***	(p = 0,0000)***	
HD	(p = 0,0000)***	(p = 0,0000)***	(p = 0,0000)***	
HPQ	(p = 0,0000)***	(p = 0,0000)***	(p = 0,0000)***	
IBM	(p = 0,0000)***	(p = 0,0000)***	(p = 0,0000)***	
INTC	(p = 0,0000)***	(p = 0,0000)***	(p = 0,0000)***	
JNJ	(p = 0,0000)***	(p = 0,0000)***	(p = 0,0000)***	Stationaritätsannahme erfüllt
JPM	(p = 0,0000)***	(p = 0,0000)***	(p = 0,0000)***	
KO	(p = 0,0000)***	(p = 0,0000)***	(p = 0,0000)***	
MCD	(p = 0,0000)***	(p = 0,0000)***	(p = 0,0000)***	
MMM	(p = 0,0000)***	(p = 0,0000)***	(p = 0,0000)***	
MRK	(p = 0,0000)***	(p = 0,0000)***	(p = 0,0000)***	
MSFT	(p = 0,0000)***	(p = 0,0000)***	(p = 0,0000)***	
PFE	(p = 0,0000)***	(p = 0,0000)***	(p = 0,0000)***	
PG	(p = 0,0001)***	(p = 0,0000)***	(p = 0,0000)***	
T	(p = 0,0000)***	(p = 0,0000)***	(p = 0,0000)***	
TRV	(p = 0,0000)***	(p = 0,0000)***	(p = 0,0000)***	
UNH	(p = 0,0000)***	(p = 0,0000)***	(p = 0,0000)***	
UTX	(p = 0,0000)***	(p = 0,0000)***	(p = 0,0000)***	
VZ	(p = 0,0000)***	(p = 0,0000)***	(p = 0,0000)***	
WMT	(p = 0,0000)***	(p = 0,0000)***	(p = 0,0000)***	
XOM	(p = 0,0000)***	(p = 0,0000)***	(p = 0,0000)***	

Tabelle Anhang 3: Überprüfung der Stationaritätseigenschaften der Variablen (III)

Die nachfolgende Abbildung Anhang 5 zeigt die Verteilung der Residuen in Bezug auf die beispielhaft ausgewählte Regression (18) in Bezug auf das Unternehmen mit dem Ticker MSFT. Dabei sieht man, dass keine perfekte Normalverteilung vorliegt (im Bsp.: Mittelwert: 0,003; Schiefe: 0,3503; Kurtosis: 3,9123), was bei den übrigen Regressionen im Rahmen der vorliegenden Arbeit ebenfalls der Fall ist.

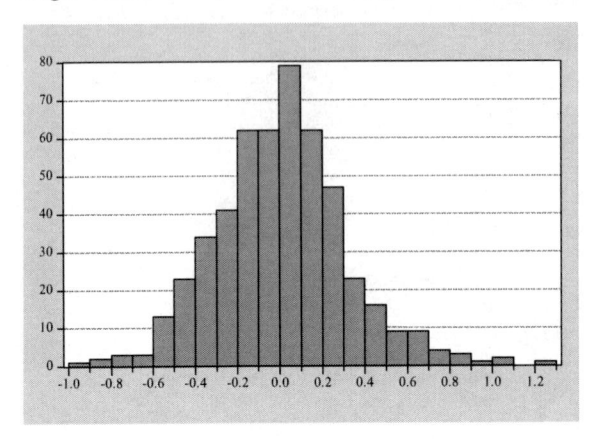

Abbildung Anhang 5: Häufigkeitsverteilung der Residuen

Bei einer hohen Anzahl an Beobachtungen ist jedoch das tatsächliche Vorliegen einer normalen Residuenverteilung nicht notwendige Voraussetzung: In zahlreichen Simulationsstudien konnte nämlich festgestellt werden, dass die t-Werte gegenüber der Verletzung dieser Normalverteilungsannahme robust sind.[500] Dies gründet auf dem zentralen Grenzwertansatz und lässt sich wie folgt erklären: Eine nichtnormale Verteilung der Residuen kommt vor allem deshalb zustande, weil meist nicht alle Variablen berücksichtigt werden können, die eigentlich zur vollständigen Erklärung der abhängigen Variablen notwendig wären. Diese unberücksichtigt gebliebenen Variablen spiegeln sich dann jedoch im Fehlerterm wider. Handelt es sich hierbei nun um mehrere voneinander unabhängige Variablen, so tendiert deren Summe bei genügend großer Anzahl an Beobachtungen in Richtung Normalverteilung weshalb dann für die Residuen Normalverteilung angenommen werden kann.[501] Selbst Signifikanztests behalten dann unabhängig der tatsächlichen Residuenverteilung ihre Gültigkeit, sofern nicht eine Fehlspezifikation des Modells für die Nichtnormalverteilung der Residuen

---

[500] Vgl. Bohrnstedt/Carter (1971), S. 123. Vergleiche insbesondere auch die dort angegebene Literatur.

[501] Vgl. Bohrnstedt/Carter (1971), S. 123.

verantwortlich ist.[502] Fehlspezifikationen würden bspw. dann vorliegen, wenn die unabhängigen Variablen im Modell eher über nichtlineare anstatt der angenommenen linearen Effekte einen Großteil der Varianz der abhängigen Variable beschreiben würden oder wenn die Modellvariablen durch Messfehler stark verzerrt wären.[503] In Anlehnung an die obigen Ausführungen ist dies für die vorliegende Untersuchung nicht anzunehmen. Die Gültigkeit des zentralen Grenzwertsatzes und der asymptotisch vorliegenden Normalverteilung der Residuen wird neben der ausreichend großen Menge an Beobachtungen jedoch nur durch die weitere Eigenschaft der in der englischsprachigen Literatur als weakly dependent bezeichneten asymptothischen Unkorreliertheit innerhalb der Zeitreihe gesichert.[504] Die asymptotische Unkorreliertheit der Beobachtungspunkte liegt dann vor, wenn mit zunehmendem Zeitabstand zwischen den Beobachtungspunkten einer Zeitreihe die Korrelation zwischen diesen immer kleiner wird und für einen unendlich großen Zeitabstand gegen Null strebt.[505] Für die vorliegenden Daten ist diese Eigenschaft gegeben.

Panelmodelle erlauben es, zusätzlich zu einem über die Zeit sowie über alle Unternehmen hinweg konstanten Faktor einzeln fixe Zeit- und/oder Unternehmenseffekte zu berücksichtigen. Ob derartige Effekte im Regressionsmodell zu berücksichtigen sind, kann mittels formaler Tests durchgeführt werden, die standardmäßig in EViews implementiert sind. Zur Durchführung eines solchen Tests ist das Regressionsmodell zunächst einmal ohne fixe Unternehmenseffekte zu schätzen, um dann in einem weiteren Schritt zeit- und/oder unternehmensspezifische Effekte zu berücksichtigen. Mittels zwei verschiedener Testmethoden (F-Test sowie Chi-Quadrat-Test) wird dann festgestellt, ob die Berücksichtigung fixer Effekte notwendig oder redundant ist. Ausgangssituation beider Testverfahren ist jeweils die Nullhypothese, wonach die Berücksichtigung fixer Effekte redundant ist. Beim F-Test wird die Nullhypothese dann verworfen, wenn die Fehlerquadratsumme der Modelle mit fixer Effekte signifikant kleiner ist als bei dem Modell ohne fixe Effekte. Im Rahmen eines Chi-Quadrat-Tests werden die Modelle mittels einer Likelihood-Funktion verglichen und

---

[502] Vgl. Backhaus u.a. (2003), S. 92.
[503] Vgl. Urban/Mayerl (2011), S. 200.
[504] Vgl. Wooldridge (2009), S. 379–381.
[505] Vgl. Wooldridge (2009), S. 379–381.

hierüber die unterstellte Redundanz fixer Unternehmenseffekte beurteilt.[506] Für alle Regressionen wurden derartige Tests durchgeführt. Wenn die Berücksichtigung fixer Effekte (für Unternehmen [μ_i] und / oder die Zeit [μ_t]) notwendig ist, wird das in den Regressionstabellen entsprechend angegeben.

---

[506] Vgl. Quantitative Micro Software (2010), S. 674.

9. Literaturverzeichnis

Adobe (2015): Which Social Networks Should You Care About in 2014?, unter: http://blogs.adobe.com/digitaleurope/social-media/social-networks-care-2014 am 19.07.2015.

Ahmed, Anwer S. /Schneible Jr., Richard A. /Stevens, Douglas E. (2003): An Empirical Analysis of the Effects of Online Trading on Stock Price and Trading Volume Reactions to Earnings Announcements, in: Contemporary Accounting Research, 20. Jg., Nr. 3, S. 413–439.

Alford, Andrew W. /Berger, Philip G. (1999): A Simultaneous Equations Analysis of Forecast Accuracy, Analyst Following, and Trading Volume, in: Journal of Accounting, Auditing & Finance, 14. Jg., o. Nr., S. 219–240.

Amihud, Yakov (2002): Illiquidity and stock returns: cross-section and time-series effects, in: Journal of Financial Markets, 5. Jg., Nr. 1, S. 31–56.

Amihud, Yakov /Mendelson, Haim (1986): Liquidity and Stock Returns, in: Financial Analysts Journal, 42. Jg., Nr. 3, S. 43–48.

Amihud, Yakov /Mendelson, Haim (2000): The Liquidity Route to a Lower Cost of Capital, in: Journal of Applied Corporate Finance, 12. Jg., Nr. 4, S. 8–25.

Andersen, Torben G. (1996): Return Volatility and Trading Volume: An Information Flow Interpretation of Stochastic Volatility, in: The Journal of Finance, 51. Jg., Nr. 1, S. 169–204.

Andreas, Oehler (2000): Das europäische Finanz- und Börsenwesen: Strukturveränderungen und Entwicklungstendenzen, Universität Bamberg, Diskussionsbeiträge des Lehrstuhls für Betriebswirtschaftslehre, insbesondere Finanzwirtschaft, Nr. 14.

Angrist, Joshua D. /Pischke, Jörn-Steffen (2009): Mostly Harmless Econometrics - An Empiricist's Companion, New Jersey.

Antonides, Gerrit /von Raaij, Fred W. (1998): Consumer Behaviour - A European Perspective, Chichester et al.

Antweiler, Werner /Frank, Murray Z. (2002): Internet Stock Message Boards and Stock Returns, University of British Columbia, Faculty of Commerce and Business Administration, o. Nr., 31 Seiten.

Antweiler, Werner /Frank, Murray Z. (2004): Is All That Talk Just Noise? The Information Content of Internet Stock Message Boards, in: The Journal of Finance, 59. Jg., Nr. 3, S. 1259–1294.

Aouadi, Amal /Arouri, Mohamed /Teulon, Frédéric (2013): Investor attention and stock market activity: Evidence from France, in: Economic Modelling, 35. Jg., o. Nr., S. 674–681.

Asur, Sitaram /Huberman, Bernardo A. (2010): Predicting the Future With Social Media, HP Labs, Social Computing Lab, o. Nr., 8 Seiten.

Atiase, Rowland K. /Bamber, Linda S. (1994): Trading volume reactions to annual accounting earnings announcements - The incremental role of predisclosure information asymmetry, in: Journal of Accounting and Economics, 17. Jg., o. Nr., S. 309–329.

AVG Technologies (2013): The History of The Internet, unter: http://www.avg.com/history-of-internet am 05.08.2013.

Azar, Ofer H. (2007): The Slowdown In First-Response Times Of Economics Journals: Can It Be Beneficial?, in: Economic Inquiry, 45. Jg., Nr. 1, S. 179–187.

Backhaus, Klaus /Erichson, Bernd /Plinke, Wulff /Weiber, Rolf (2003): Multivariate Analysemethoden - Eine anwendungsorientierte Einführung, 10. Auflage, Berlin et al.

Bajari, Patrick /Hortacsu, Ali (2003): The Winner's Curse, Reserve Prices, and Endogenous Entry: Empirical Insights from eBay Auctions, in: The RAND Journal of Economics, 34. Jg., Nr. 2, S. 329–355.

Bamber, Linda S. (1987): Unexpected Earnings, Firm Size, and Trading Volume around Quarterly Earnings, in: The Accounting Review, 62. Jg., Nr. 3, S. 510–532.

Bamber, Linda S. /Barron, Orie E. /Stevens, Douglas E. (2011): Trading Volume Around Earnings Announcements and Other Financial Reports: Theory, Research Design, Empirical Evidence, and Directions for Future Research, in: Contemporary Accounting Research, 28. Jg., Nr. 2, S. 431–471.

Bamber, Linda S. /Cheon, Youngsoon S. (1995): Differential Price and Volume Reactions to Accounting Earnings Announcements, in: The Accounting Review, 70. Jg., Nr. 3, S. 417–441.

Bank, Matthias /Larch, Martin /Peter, Georg (2011): Google search volume and its influence on liquidity and returns of German stocks, in: Financial Markets and Portfolio Management, 25. Jg., Nr. 3, S. 239–264.

Barber, Brad M. /Odean, Terrance (2008): All That Glitters: The Effect of Attention and News on the Buying Behavior of Individual and Institutional Investors, in: The Review of Financial Studies, 21. Jg., Nr. 2, S. 785–818.

Beaver, William H. (1968): The Information Content of Annual Earnings Announcements, in: Journal of Accounting Research, 6. Jg., o. Nr., S. 67–92.

Beckmann, Liesel (1956): Die betriebswirtschaftliche Finanzierung, 2. Auflage, Stuttgart.

Berkman, Henk /Koch, Paul D. (2008): Disagreement, Short Sale Constraints, and Speculative Trading Before Earnings Announcements, Massey Univerity, University of Kansas, o. Nr., 55 Seiten.

Bhagat, Sanjai /Bhatia, Sanjiv (1996): Trading volume and price volatility: Evidence on lead-lag relations from granger-causality tests, University of Colorado, o. Nr.

Bhattacharjee, Sudip /Gopal, Ram D. /Lertwachara, Kaveepan /Marsden, James R. (2006): Impact of Legal Threats on Online Music Sharing Activity: An Analysis of Music Industry Legal Actions, in: Journal of Law and Economics, 49. Jg., Nr. 1, S. 91–114.

Bhushan, Ravi (1989): Firm characteristics and analyst following, in: Journal of Accounting and Economics, 11. Jg., o. Nr., S. 255–274.

Blankespoor, Elizabeth /Miller, Gregory S. /White, Hal D. (2014): The Role of Dissemination in Market Liquidity: Evidence from Firms' Use of Twitter, in: The Accounting Review, 89. Jg., Nr. 1, S. 79–112.

Blechschmidt, Carsten (2007): Untersuchung des Anlageverhaltens von Sparkassenkunden aus dem Blickwinkel der Behavioral Finance, Hamburg.

Bloomberg (2015): StockTwits May Change How You Trade, unter: http://www.bloomberg.com/bw/technology/content/feb2009/tc20090210_875439.htm am 20.07.2015.

boerse.ARD.de (2012): "Social Web demokratisiert die Börse", unter: http://boerse.ard.de/meldungen/-social-web-demokratisiert-die-boerse-100.html am 22.03.2013.

Bohrnstedt, George W. /Carter, Michael T. (1971): Robustness in Regression Analysis, in: Sociological Methodology, 3. Jg., o. Nr., S. 118–146.

Bollen, Johan /Mao, Huina /Zeng, Xiaojun (2011): Twitter mood predicts the stock market, in: Journal of Computational Science, 2. Jg., Nr. 1, S. 1–8.

Bordino, Ilaria /Battiston, Stefano /Caldarelli, Guido /Cristelli, Matthieu, et al. (2012): Web Search Queries Can Predict Stock Market Volumes, in: PLoS ONE, 7. Jg., Nr. 7, S. 1–17.

Börse Frankfurt (2015): Marktteilnehmer: Investoren und Unternehmen - Wie funktioniert Börse?, unter: http://www.boerse-frankfurt.de/de/wissen/marktplatzprinzip+und+marktteilnehmer/marktteilnehmer+investoren+unternehmen am 09.11.2015.

Börsen-Zeitung (2013): Stimmungsbilder aus sozialen Medien in Anlageentscheidung einbeziehen, unter: https://www.boersen-zeitung.de/index.php?li=1&artid=2013206813 am 14.10.2015.

Brennan, Michael T. /Hughes, Patricia J. (1991): Stock Prices and the Supply of Information, in: The Journal of Finance, 46. Jg., Nr. 5, S. 1665–1691.

Brynjolfsson, Erik /Hu, Yu (Jeffrey) /Simester, Duncan (2011): Goodbye Pareto Principle, Hello Long Tail: The Effect of Search Costs on the Concentration of Product Sales, in: Management Science, 57. Jg., Nr. 8, S. 1373–1386.

Bundesanstalt für Finanzdienstleistungsaufsicht (2014): Directors' Dealings, unter: http://www.bafin.de/DE/Aufsicht/BoersenMaerkte/Transparenzpflichten/Directors Dealings/directorsdealings_node.html am 06.02.2014.

Burghof, Hans-Peter /Schroff, Sebastian /Spankowski, Ulli Friedrich Paul (2012): Die Suche nach dem verborgenen Finanzwissen, in: Die Bank - Zeitschrift für Bankpolitik und Bankpraxis, o. Jg., Nr. 10, S. 86–90.

Busemann, Katrin /Gscheidle, Christoph (2011): Web 2.0: Aktive Mitwirkung verbleibt auf niedrigem Niveau, in: Media Perspektiven, o. Jg., Nr. 7-8, S. 360–369.

Camacho, Adriana /Conover, Emily (2011): The Impact of Receiving Price and Climate Information in the Agricultural Sector, Inter-American Development Bank, IDB Working Paper Series, Nr. IDB-WP-220, 25 Seiten.

Campbell, John Y. /Grossman, Sanford J. /Wang, Jiang (1993): Trading Volume and Serial Correlation in Stock Returns, in: The Quarterly Journal of Economics, 108. Jg., Nr. 4, S. 905–939.

Cavallo, Alberto (2012): Scraped Data and Sticky Prices, MIT Sloan School of Management, o. Nr., 54 Seiten.

Chemmanur, Thomas /Yan, An (2009): Advertising, Attention, and Stock Returns, Boston College, Fordham University, o. Nr., 50 Seiten.

Chevalier, Judith /Goolsbee, Austan (2003): Measuring Prices and Price Competition Online: Amazon.com and BarnesandNoble.com, in: Quantitative Marketing and Economics, 1. Jg., Nr. 2, S. 203–222.

Chicago Board Options Exchange (Hrsg.) (2012): Volatility Indexes at CBOE, Chicago.

Choi, Hyunyoung /Varian, Hal (2009): Predicting the Present with Google Trends, Google Inc., o. Nr., 20 Seiten.

Choi, Hyunyoung /Varian, Hal (2012): Predicting the Present with Google Trends, in: The Economic Record, 88. Jg., o. Nr., S. 2–9.

Chordia, Tarun /Huh, Sahn-Wook /Subrahmanyam, Avenidhar (2007): The Cross-Section of Expected Trading Activity, in: The Review of Financial Studies, 20. Jg., Nr. 3, S. 709–740.

Cisco Systems (2013): Visual Networking Index (VNI), unter: http://www.cisco.com/en/US/netsol/ns827/networking_solutions_sub_solution.html#~forecast am 05.08.2013.

Corwin, Shane A. /Schultz, Paul (2012): A Simple Way to Estimate Bid-Ask Spreads from Daily High and Low Prices, in: The Journal of Finance, 67. Jg., Nr. 2, S. 719–760.

Culotta, Aron (2010): Detecting influenza outbreaks by analyzing Twitter messages, Southeastern Louisiana University, Department of Computer Science, o. Nr., 11 Seien.

Da, Zhi /Engelberg, Joseph /Gao, Pengjie (2010): Internet Search and Momentum, University of Notre Dame, University of North Carolina, o. Nr., 32 Seiten.

Da, Zhi /Engelberg, Joseph /Gao, Pengjie (2011a): In Search of Attention, in: The Journal of Finance, 66. Jg., Nr. 5, S. 1461–1499.

Da, Zhi /Engelberg, Joseph /Gao, Pengjie (2011b): In Search of Fundamentals, University of Notre Dame, University of North Carolina at Chapel Hill, o. Nr., 35 Seiten.

Daniel, Kent /Hirshleifer, David /Subrahmanyam, Avanidhar (1998): Investor Psychology and Security Market Under- and Overreactions, in: The Journal of Finance, 53. Jg., Nr. 6, S. 1839–1885.

Daniel Von Der Helm (2013): Entwicklung des Internet, unter: http://www.dvdh.de/internet/entwicklung-des-internet.html# am 05.08.2013.

Das, Sanjiv /Martínez-Jerez, Asís /Tufano, Peter (2005): eInformation: A Clinical Study of Investor Discussion and Sentiment, in: Financial Management, 34. Jg., Nr. 3, S. 103–137.

Das, Sanjiv R. /Chen, Mike Y. (2007): Yahoo! for Amazon: Sentiment Extraction from Small Talk on the Web, in: Management Science, 53. Jg., Nr. 9, S. 1375–1388.

Davis Evans, Alicia (2009a): A Reqiuem for the Retail Investor?, in: Virginia Law Review, 95. Jg., Nr. 4, S. 1105–1129.

Davis Evans, Alicia (2009b): Do Individual Investors Affect Share Price Accuracy? Some Preliminary Evidence, University of Michigan Law School, Law & Economic Working Papers, o. Nr., 45 Seiten.

de Jong, Frank /Rindi, Barbara (2009): The Microstructure of Financial Markets, Cambridge.

de Long, Bradford J. /Shleifer, Andrei /Summers, Lawrence H. /Waldmann, Robert J. (1990): Positive Feedback Investment Strategies and Destabilizing Rational Speculation, in: The Journal of Finance, 45. Jg., Nr. 2, S. 379–395.

Dellavigna, Stefano /Pollet, Joshua M. (2009): Investor Inattention and Friday Earnings Announcements, in: The Journal of Finance, 64. Jg., Nr. 2.

Delort, Jean-Yves /Arunasalam, Bavani /Leung, Henry /Milosavljevis, Maria (2011): The impact of manipulation in internet stock message boards, in: The International Journal of Banking and Finance, 8. Jg., Nr. 4, S. 1–18.

DeMarzo, Peter M. /Vayanos, Dimitri /Zwiebel, Jeffrey (2003): Persuasion Bias, Social Influence, and Unidimensional Opinions, in: The Quarterly Journal of Economics, 118. Jg., Nr. 3, S. 909–968.

Deutsche Börse (2014): Liquidität: Hin und Her macht Taschen leer, unter: http://www.boerse-frankfurt.de/de/wissen/ablauf+des+handels/stichwort+liquiditaet am 29.08.2014.

Deutsche EuroShop und Deutsche Vereinigung für Finanzanalyse und Asset Management (Hrsg.) (2011): The Use of Social Media by European Investment Professionals, Hamburg, Frankfurt am Main.

Dewally, Michael (2003): Internet Investment Advice: Investing with a Rock of Salt, in: Financial Analysts Journal, 59. Jg., Nr. 4, S. 65–77.

Dimpfl, Thomas /Jank, Stephan (2011): Can Internet search queries help to predict stock market volatility?, University of Tübingen, Working papers in economics and finance, Nr. 18, 33 Seiten.

Ding, Rong /Hou, Wenxuan (2011): Retail Investor's Active Attention and Stock Liquidity, Durham University, o. Nr., 16 Seiten.

Drake, Michael S. /Roulstone, Darren T. /Thornock, Jacob R. (2012): Investor Information Demand: Evidence from Google Searches Around Earnings Announcements, in: Journal of Accounting Research, 50. Jg., Nr. 4, S. 1001–1040.

Durbin, J. /Watson, G. S. (1950): Testing for Serial Correlation in Least Squares Regression: I, in: Biometrika, 37. Jg., Nr. 3/4, S. 409–428.

Easley, David /Kiefer, Nicholas M. /O'Hara, Maureen /Paperman, Joseph B. (1996): Liquidity, Information, and Infrequently Traded Stocks, in: The Journal of Finance, 51. Jg., Nr. 4, S. 1405–1436.

Easley, David /O'Hara, Maureen (1987): Price, trade size, and information in securities markets, in: Journal of Financial Economics, 19. Jg., Nr. 1, S. 69–90.

Easley, David /O'Hara, Maureen (1992): Time and the Process of Security Price Adjustment, in: The Journal of Finance, 47. Jg., Nr. 2, S. 577–605.

Edelman, Benjamin (2012a): Earnings and Rating at Google Answers, in: Economic Inquiry, 50. Jg., Nr. 2, S. 309–320.

Edelman, Benjamin (2012b): Using Internet Data for Economic Research, in: Journal of Economic Perspectives, 26. Jg., Nr. 2, S. 189–206.

Epps, Thomas W. /Epps, Mary Lee (1976): The Stochastic Dependence of Security Price Changes and Transaction Volumes: Implications for the Mixture-of-Distributions Hypothesis, in: Econometrica, 44. Jg., Nr. 2, S. 305–321.

Falkenstein, Eric G. (1996): Preferences for Stock Characteristics as Revealed by Mutual Fund Portfolio Holdings, in: The Journal of Finance, 51. Jg., Nr. 1, S. 111–135.

Fama, Eugene F. (1970): Efficient Capital Markets: A Review of Theory and Empirical Work, in: The Journal of Finance, 25. Jg., Nr. 2, S. 383–417.

Fama, Eugene F. (1991): Efficient Capital Markets: II, in: The Journal of Finance, 46. Jg., Nr. 5, S. 1575–1617.

Fama, Eugene F. /French, Kenneth R. (1996): Multifactor Explanations of Asset Pricing Anomalies, in: The Journal of Finance, 51. Jg., Nr. 1, S. 55–84.

Fang, Peress (2009): Media Coverage and the Cross-section of Stock Returns, in: The Journal of Finance, 64. Jg., Nr. 5, S. 2023–2052.

Fehle, Frank /Tsyplakov, Sergey /Zdorovtsov, Vladimir (2005): Can Companies Influence Investor Behaviour through Advertising? Super Bowl Commercials and Stock Returns, in: European Financial Management, 11. Jg., Nr. 5, S. 625–647.

Fieseler, Christian /Hoffmann, Christian /Meckel, Miriam (2010): IR 2.0 - Soziale Medien in der Kapitalmarktkommunikation, Hamburg.

Fink, Christopher /Johann, Thomas (2013): May I Have Your Attention, Please: The Market Microstructure of Investor Attention, University of Mannheim, o. Nr., 44 Seiten.

FIRST (2015): How to focus on the relevant while making financial decisions in a world of information overkill?, unter: http://project-first.eu am 18.07.2015.

Florackis, Chris /Gregoriou, Andros /Kostakis, Alexandros (2011): Trading frequency and asset pricing on the London Stock Exchange: Evidence from a new price impact ratio, in: Journal of Banking & Finance, 35. Jg., Nr. 12, S. 3335–3350.

Fotak, Veljko (2007): The Impact of Blog Recommendations on Security Prices and Trading Volumes, Bocconi University, Center on International Markets, Money, and Regulation, o. Nr., 42 Seiten.

Frankfurter Allgemeine Zeitung (2013): Momentum, unter: http://boersenlexikon.faz.net/momentum.htm am 28.03.2013.

Frankfurter Allgemeine Zeitung (2014): Wenn die Telefonnummer unsere Urteilskraft lähmt, unter: http://www.faz.net/aktuell/finanzen/fonds-mehr/behavioralfinance-5-wenn-die-telefonnummer-unsere-urteilskraft-laehmt-1657514.html am 23.05.2014.

Frankfurter Allgemeine Zeitung (2015): Börsenmanipulation mit gefälschten Twitter-Accounts?, unter: http://www.faz.net/aktuell/technik-motor/computer-internet/nach-dem-hashtag-crash-boersenmanipulation-mit-gefaelschten-twitter-accounts-13091045.html am 23.08.2015.

Frieder, Laura /Subrahmanyam, Avanidhar (2005): Brand Perceptions and the Market for Common Stock, in: Journal of Financial and Quantitative Analysis, 40. Jg., Nr. 1.

Fung, William K. H. /Hsieh, David A. (2006): Hedge Funds: An Industry in Its Adolescence, Federal Reserve Bank of Atlanta, Economic Review, Forth Quarter, 34 Seiten.

Fürtjes, Christian (2013): Zur Effektivität freiwilliger Devisenmarktinterventionen - Eine Analyse auf Basis des Mikrostrukturansatzes der Wechelkursentwicklung, Düsseldorf.

Gaa, Charles (2008): Good News is No News: Asymmetric Inattention and the Neglected Firm Effect, Sauder School of Business, 60 Seiten, o. Nr.

Gervais, Simon /Kaniel, Ron /Mingelgrin, Dan H. (2001): The High-Volume Return Premium, in: The Journal of Finance, 56. Jg., Nr. 3, S. 877–919.

Gervais, Simon /Odean, Terrance (2001): Learning to Be Overconfident, in: The Review of Financial Studies, 14. Jg., Nr. 1, S. 1–27.

Ginsberg, Jeremy /Mohebbi, Matthew H. /Patel, Rajan S. /Brammer, Lynnette, et al. (2009): Detecting influenza epidemics using search engine query data, in: Nature, 457. Jg., o. Nr.

Glaser, Markus /Weber, Martin (2003): Momentum and Turnover: Evidence from the German Stock Market, in: Schmalenbach Business Reviews, 55. Jg., Nr. 2, S. 108–135.

Glaser, Markus /Weber, Martin (2004): Overconfidence and Trading Volume, Universität Mannheim, o. Nr., 63 Seiten.

Glosten, Lawrence R. /Milgrom, Paul R. (1985): Bid, Ask and Transaction Prices in a Specialist Market with Heterogeneously Informed Traders, in: Journal of Financial Economics, 14. Jg., Nr. 1, S. 71–100.

GNIP (Hrsg.) (2013): Social Media in Financial Markets: The Coming of Age..., Boulder.

Goldberg, Joachim /von Nitzsch, Rüdiger (2000): Behavioral Finance - Gewinnen mit Kompetenz, 2. Auflage, München.

Google (2015a): Google Trends-Hilfe: Anpassung der Trends-Daten, unter: https://support.google.com/trends/answer/4365533?hl=de&ref_topic=4365599&vid=0-635757466969190263-1104680008 am 21.08.2015.

Google (2015b): Google Trends-Hilfe: Herkunft der Trends-Daten, unter: https://support.google.com/trends/answer/4355213?hl=de&ref_topic=4365599 am 21.08.2015.

Grammig, Joachim /Schiereck, Dirk /Theissen, Erik (2000): Informationsbasierter Aktienhandel über IBIS, in: Zeitschrift für betriebswirtschaftliche Forschung, 52. Jg., o. Nr., S. 619–642.

Grossman, Sanford J. /Stiglitz, Joseph E. (1980): On the Impossibility of Informationally Efficient Markets, in: The American Economic Review, 70. Jg., Nr. 3, S. 393–408.

Grullon, Gustavo /Kanatas, George /Weston, James P. (2004): Advertising, Breadth of Ownership, and Liquidity, in: The Review of Financial Studies, 17. Jg., Nr. 2, S. 439–461.

Gupta, Ambrish (2009): Financial Accounting for Management - An Analytical Perspective, 3. Auflage, Delhi et al.

Hackl, Peter (2013): Einführung in die Ökonometrie, 2. Auflage, München et al.

Handelsblatt (2015): SEC erlaubt börsenrelevante Tweets, unter: http://www.handelsblatt.com/finanzen/maerkte/boerse-inside/anleger-mitteilungen-sec-erlaubt-boersenrelevante-tweets/8012502.html am 20.07.2015.

Harrington, David E. (1989): Economic News on Television - The Determinants of Coverage, in: Public Opinion Quarterly, 53. Jg., o. Nr., S. 17–40.

Hartmuth, Armin J. (2003): Institutioneller Wandel von Börsen - Eine evolutionsökonomische Analyse, Wiesbaden.

Hettler, Uwe (2010): Social Media Marketing - Marketing mit Blogs, Sozialen Netzwerken und weiteren Anwendungen des Web 2.0, München.

Heun, Michael (2007): Finanzmarktsimulation mit Multiagentensystemen - Entwicklung eines methodischen Frameworks, Wiesbaden.

Hiemstra, Craig /Jones, Jonathan D. (1994): Testing for Linear and Nonlinear Granger Causality in the Stock Price-Volume Relation, in: The Journal of Finance, 49. Jg., Nr. 5, S. 1639–1664.

Hirshleifer, David /Teoh, Siew Hong (2003): Limited attention, information disclosure, and financial reporting, in: Journal of Accounting and Economics, 36. Jg., Nr. 1, S. 337–386.

Hirth, Hans (2000): Zur Theorie der Marktmikrostruktur, Ulm.

Hong, Harrison /Kubik, Jeffrey D. /Stein, Jeremy C. (2004): Social Interaction and Stock-Market Participation, 59. Jg., Nr. 1, S. 137–163.

Hou, Kewei /Peng, Lin /Xiong, Wei (2009): A Tale of Two Anomalies: The Implications of Investor Attention for Price and Earnings Momentum, Ohio State University, City University of New York, Princeton University and NBER, o. Nr., 43 Seiten.

Hsieh, Chang-Tai /Miguel, Edward /Ortega, Daniel /Rodriguez, Francisco (2011): The Price of Political Opposition: Evidence from Venezuela's Maisanta, in: American Economic Journal: Applied Economics, 3. Jg., Nr. 2, S. 196–214.

Huberman, Gur /Regev, Tomer (2001): Contagious Speculation and a Cure for Cancer: A Nonevent that Made Stock Prices Soar, in: The Journal of Finance, 56 Jg., Nr. 1, S. 387–396.

Jacobs, Heiko /Weber, Martin (2012): The Trading Volume Impact of Local Bias: Evidence from a Natural Experiment, in: Review of Finance, 16. Jg., Nr. 4, S. 867–901.

Jacoby, Jacob /Szybillo, George T. /Busato-Schach, Jacqueline (1977): Information acquisition behavior in brand choice situations, in: Journal of consumer research, 3. Jg., Nr. 4, S. 209–216.

Jaffe, Jeffrey F. (1974): Special Information and Insider Trading, in: The Journal of Business, 47. Jg., Nr. 3, S. 410–428.

James, Christopher /Edmister, Robert O. (1983): The Relation Between Common Stock Returns Trading Activity and Market Value, in: The Journal of Finance, 38. Jg., Nr. 4, S. 1075–1086.

Jegadeesh, Narasimhan /Titman, Sheridan (1993): Returns to Buying Winners and Selling Losers: Implications for Stock Market Efficiency, in: The Journal of Finance, 48. Jg., Nr. 1, S. 65–91.

Jegadeesh, Narasimhan /Titman, Sheridan (2001): Profitability of Momentum Strategies: An Evaluation of Alternative Explanations, in: The Journal of Finance, 56. Jg., Nr. 2.

Jones, Charles M. /Kaul, Gautam /Lipson, Marc L. (1994): Transactions, Volume, and Volatility, in: The Review of Financial Studies, 7. Jg., Nr. 4, S. 631–651.

Kaas, Klaus Peter /Jordan, Jenny (2003): Finanzpsychologie und das Marketing von Finanzanlagen: Die Bedeutung von Ankereffekten am Beispiel der Investmentfondswerbung, in: Wirtschaftspsychologie ((Themenheft: Finanzpsychologie II)), 5. Jg., Nr. 4, S. 5–22.

Kahneman, Daniel (1973): Attention and Effort, New Jersey.

Kahneman, Daniel /Tversky, Amos (1972): Subjective Probability: A Judgment of Representativeness, in: Cognitive Psychology, 3. Jg., Nr. 3, S. 430–454.

Kahneman, Daniel /Tversky, Amos (1979): Prospect Theory: An Analysis of Decision under Risk, in: Econometrica, 47. Jg., Nr. 2, S. 263–292.

Karabulut, Yigitcan (2012): Can Facebook Predict Stock Market Activity?, Goethe Universität Frankfurt, Workingpaper, o. Nr., 38 Seiten.

Kebeck, Günther (1997): Wahrnehmung - Theorien, Methoden und Forschungsergebnisse der Wahrnehmungspsychologie, 2. Auflage, Weinheim, München.

Kempf, Alexander /Korn, Olaf (1999): Preisprognosen mit Handelsvolumen, in: Finanzmarkt und Portfolio Management, 13. Jg., Nr. 2, S. 178–193.

Kiell, G /Stephan, E (1997): Urteilsprozesse bei Finanzanlageentscheidungen von Experten, Universität Köln, Abschlussbericht einer experimentellen Studie mit professionellen Devisenhändlern. Forschungsbericht des Instituts für Wirtschafts- und Sozialpsychologie, o. Nr.

Kim, Oliver /Verrecchia, Robert E. (1994): Market liquidity and volume around earnings announcements, in: Journal of Accounting and Economics, 17. Jg., Nr. 1-2, S. 41–67.

Kim, Young Han /Meschke, Felix (2013): CEO Interviews on CNBC, Nanyang Business School, University of Kansas, o. Nr., 64 Seiten.

Kirsch, Werner (1978): Die Handhabung von Entscheidungsproblemen, München.

Kösler, Raphael /Mohr, Andreas (2012): Social Media Analytics, in: Trends in der IT 2012, hrsg. von Anett Mehler-Bicher, Lothar Steiger, Mainz, S. 174–178.

Kothari, S. P. (2001): Capital market research in accounting, in: Journal of Accounting and Economics, 31. Jg., Nr. 1-3, S. 105–231.

Krahnen, Jan Pieter (1993): Finanzwirtschaftslehre zwischen Markt und Institution, in: Die Betriebswirtschaft, 53. Jg., Nr. 6, S. 793–805.

Kroeber-Riel, Werner /Weinberg, Peter /Gröppel-Klein, Andrea (2009): Konsumentenverhalten, 9. Auflage, München.

Kroft, Kory /Pope, Devin G. (2012): Does Online Search Crowd Out Traditional Search and Improve Matching Efficiency? Evidence from Craigslist, University of Toronto, University of Chicago and NBER, o. Nr., 46 Seiten.

Kyle, Albert S. (1985): Continous Auctions and Insider Trading, in: Econometrica, 53. Jg., Nr. 6, S. 1315–1336.

Laffont, Jean-Jacques /Maskin, Eric S. (1990): The Efficient Market Hypothesis and Insider Trading in the Stock Market, in: Journal of Political Economy, 98. Jg., Nr. 1, S. 70–93.

Lakonishok, Josef /Vermaelen, Theo (1986): Tax-Induced Trading around Ex-Dividend Days, in: Journal of Financial Economics, 16. Jg., Nr. 3, S. 287–319.

Lamberti, Matthias (2009): Moderne Kapitalmarkttheorie und Behavioral Finance Theorie - Eine kritische Würdigung und die Möglichkeit der Optimierung, Munich Business School, Munich Business School Working Paper, Nr. 2009-02, 21 Seiten.

Lamont, Owen /Frazzini, Andrea (2007): The Earnings Announcement Premium and Trading Volume, National Bureau of Economic Research, NBER Working Paper Series, Nr. 13090, 51 Seiten.

Lamoureux, Christopher G. /Lastrapes, William D. (1990): Heteroskedasticity in Stock Return Data: Volume versus GARCH Effects, in: The Journal of Finance, 45. Jg., Nr. 1, S. 221–229.

Lamoureux, Christopher G. /Lastrapes, William D. (1994): Endogenous Trading Volume and Momentum in Stock-Return Volatility, in: Journal of Business & Economic Statistics, 12. Jg., Nr. 2, S. 253–260.

Lee, Charles M. C. (2001): Market efficiency and accounting research: a discussion of `capital market research in accounting' by S.P. Kothari, in: Journal of Accounting and Economics, 31. Jg., o. Nr., S. 233–253.

Lee, Charles M. C. /Swaminathan, Bhaskaran (2000): Price Momentum and Trading Volume, in: The Journal of Finance, 55. Jg., Nr. 5, S. 2017–2069.

Leinweber, David J. /Madhavan, Ananth N. (2001): Three Hundred Years of Stock Market Manipulations, in: The Journal of Investing, 10. Jg., Nr. 2, S. 7–16.

Lerman, Alina (2011): Individual Investors' Attention to Accounting Information: Message Board Discussions, Yale School of Management, o. Nr., 71 Seiten.

Lo, Andrew W. /Wang, Jiang (2000): Trading Volume: Definitions, Data Analysis, and Implications of Portfolio Theory, in: The Review of Financial Studies, 13. Jg., Nr. 2, S. 257–300.

Lo, Andrew W. /Wang, Jiang (2006): Trading Volume: Implications of an Intertemporal Capital Asset Pricing Model, in: The Journal of Finance, 61. Jg., Nr. 6, S. 2805–2840.

Lou, Dong (2014): Attracting Investor Attention through Advertising, London School of Economics, o. Nr., 45 Seiten.

Lüdecke, Torsten (1996): Struktur und Qualität von Finanzmärkten, Wiesbaden.

MacKinnon, James G. (1991): Critical Values for Cointegration Tests, in: Long-Run Economic Relationships: Readings in Cointegration, hrsg. von Robert F. Engle, Clive W. J. Granger, Oxford, S. 267–276.

Maier, Philipp (2005): A gloabl village without borders? International price differentials at eBay, De Nederlandsche Bank, DNB Working Paper, Nr. 044/2005, 26 Seiten.

Mattern, Conrad (2012): Kapitalmarkt, in: Galber Banklexikon (Bank - Börse - Finanzierung), hrsg. von Ludwig Gramlich, Peter Gluchowski, Andreas Horsch, Klaus Schäfer, Gerd Waschbusch, Wiesbaden, S. 827.

McGlone, Matthew S. /Reed, Ann B. (1998): Anchoring in the interpretation of probability expressions, in: Journal of Pragmatics, 30. Jg., Nr. 6, S. 723–733.

Meffert, Heribert /Burmann, Christoph /Kirchgeorg, Manfred (2015): Marketing - Grundlagen marktorientierter Unternehmensführung: Konzepte - Intrumente - Praxisbeispiele, 12. Aufl., Wiesbaden.

Merton, Robert C. (1987): A Simple Model of Capital Market Equilibrium with Incomplete Information, in: The Journal of Finance, 42. Jg., Nr. 3, S. 483–510.

Mestel, Roland (2008): Handelsvolumen auf Aktienmärkten - Univariate Analysen und kontemporäre Rendite-Mengen-Beziehungen, Wiesbaden.

Meyer Alexander, Raquel /Gentry, James K. (2014): Using social media to report financial results, in: Business Horizons, 57. Jg., Nr. 2, S. 161–167.

Michel, Jean-Baptiste /Shen, Yuan Kui /Aiden, Aviva Presser /Veres, Adrian, et al. (2011): Quantitative Analysis of Culture Using Millions of Digitized Books, in: Science, 331. Jg., o. Nr., S. 176–182.

Michelis, Daniel /Schildhauer, Thomas (2012): Social Media Handbuch - Theorien, Methoden, Modelle und Praxis, 2. Auflage, Baden-Baden.

Mondria, Jordi /Wu, Thomas /Zhang, Yi (2010): The determinants of international investment and attention allocation: Using internet search query data, in: Journal of International Economics, 82. Jg., Nr. 1, S. 85–95.

Morse, Dale (1980): Asymmetrical Information in Securities Markets and Trading Volume, in: Journal of Financial and Quantitative Analysis, 15. Jg., Nr. 5, S. 1129–1148.

NYSE (2014): Market Model (Overview), unter: https://www.nyse.com/market-model/overview am 16.11.2014.

o. V. (Die Welt) (2013): Twitter will die Oscars voraussagen, in: Die Welt, o. Nr. vom 17. Januar 2013.

Oehler, Andreas (1995): Die Erklärung des Verhaltens privater Anleger - Theoretischer Ansatz und empirische Analysen, Stuttgart.

Oehler, Andreas (2013): Verbraucherbildung für Erwachsene: Expertise finden, ohne Experte werden zu müssen?!, München, Ökonomische Verbraucherbildung - ein Leben lang. Projektmesse & Netzwerktagung am 6. März 2013, 59 Seiten.

Office of Investor Education and Advocacy (U.S. Securities and Exchange Commission) (Hrsg.) (2012): Investor Bulletin: Social Media and Investing-Tips for Seniors.

O'Hara, Maureen (1995): Market Microstructure Theory, Cambridge.

Ohlhorst, Frank (2013): Big data analytics - turning big data into big money, Hoboken.

Peng, Lin /Xiong, Wei (2006): Investor attention, overconfidence and category learning, in: Journal of Financial Economics, 80. Jg., Nr. 3, S. 563–602.

Petzold, Thomas (2012): Das Big Data Upgrade Neue Dimensionen der Datennutzung - Chancen und Risiken, in: WZB Mitteilungen, o. Jg., Nr. 137, S. 41–42.

Pindyck, Robert /Rubinfeld, Daniel (2009): Mikroökonomie, 7. Auflage, München.

Plosser, Charles I. /Schwert, William G. (1978): Money, Income, and Sunspots: Measuring Economic Relatrionships and the Effects of Differencing, in: Journal of Monetary Economics, 4. Jg., Nr. 4, S. 637–660.

Poddig, Thorsten /Dichtl, Hubert /Petersmeier, Kerstin (2008): Statistik, Ökonometrie, Optimierung - Methoden und ihre praktischen Anwendungen in Finanzanalyse und Portfoliomanagement, 4. Auflage, Bad Soden.

Preis, Tobias /Moat, Helen Susannah /Stanley, Eugene H. (2013): Quantifying Trading Behavior in Financial Markets Using Google Trends, 3. Jg., Nr. 1684, S. 1–6.

Preis, Tobias /Reith, Daniel /Stanley, Eugene H. (2010): Complex dynamics of our economic life on different scales: insights from search engine query data, in: Philosophical Transactions of The Royal Society, 368. Jg., o. Nr., S. 5707–5719.

PUNKTmagazin (2015): Die Twitter-Währung, unter: http://www.punktmagazin.ch/wirtschaftliches/die-twitter-wahrung am 23.08.2015.

Quantitative Micro Software (2010): EViews 7 User's Guide II, Irvine.

Rauscher, Marion (2012a): Emission, in: Galber Banklexikon (Bank - Börse - Finanzierung), hrsg. von Ludwig Gramlich, Peter Gluchowski, Andreas Horsch, Klaus Schäfer, Gerd Waschbusch, Wiesbaden, S. 457.

Rauscher, Marion (2012b): Emittent, in: Galber Banklexikon (Bank - Börse - Finanzierung), hrsg. von Ludwig Gramlich, Peter Gluchowski, Andreas Horsch, Klaus Schäfer, Gerd Waschbusch, Wiesbaden, S. 460.

Rock, Whitney /Hira, Tahira K. /Loibl, Cäzilia (2010): The Use of the Internet as a Source of Financial Information by Households in the United States: A National Survey, in: International Journal of Management, 27. Jg., Nr. 3, S. 754–769.

Röckemann, Christian (1995): Börsendienste und Anlegerverhalten - Ein empirischer Beitrag zum Noise Trading, Wiesbaden.

Roßbach, Peter (2001): Behavioral finance: eine Alternative zur vorherrschenden Kapitalmarkttheorie?, Hochschule für Bankwirtschaft und Frankfurt School of Finance and Management, Arbeitsberichte der Hochschule für Bankwirtschaft, Nr. 31, 38 Seiten.

Rubin, Amir /Rubin, Eran (2010): Informed Investors and the Internet, in: Journal of Business Finance & Accounting, 37. Jg., Nr. 7-8, S. 841–865.

Ryan, Paul /Taffler, Richard J. (2004): Are Economically Significant Stock Returns and Trading Volume Driven by Firm-specific News Releases?, in: Journal of Business Finance & Accounting, 31. Jg., Nr. 1 und 2, S. 49–86.

Saatcioglu, Kemal /Starks, Laura T. (1998): The stock price-volume relationship in emerging stock markets: the case of Latin America, in: International Journal of Forecasting, 14. Jg., Nr. 2, S. 215–225.

Sabherwal, Sanjiv /Sarkar, Salil K. /Zhang, Ying (2008): Online talk: does it matter?, in: Managerial Finance, 34. Jg., Nr. 6, S. 423–436.

Sabherwal, Sanjiv /Sarkar, Salil K. /Zhang, Ying (2011): Do Internet Stock Message Boards Influence Trading? Evidence from Heavily Discussed Stocks with No Fundamental News, in: Journal of Business Finance & Accounting, 38. Jg., Nr. 9 und 10, S. 1209–1237.

Scatizzi, Cara (2009): Using Social Media for Investment Issues, in: American Association of Individual Investors Journal, o. Jg., o. Nr., S. 27–29.

Schachter, Stanley /Hood, Donald C. /Andreassen, Paul B. /Gerin, William (1986): Aggregate variables in psychology and economics: Dependence and the stock market, in: Handbook of behavioral economics - behavioral macroeconomics (B), hrsg. von Benjamin Gilad, Stanley Kaish, Greenwich, S. 237–272.

Schmidt, Jutta (2004): Anlageentscheidungen am Aktienmarkt - Eine experimentelle Analyse der Informations- und Entscheidungsprozesse individueller Anleger, Frankfurt am Main.

Schmidt, Reinhard H. (2007): Die Betriebswirtschaftslehre unter der Dominanz der Finanzmärkte?, in: Schmalenbachs Zeitschrift für betriebswirtschaftliche Forschung, 56. Jg., Sonderheft, S. 61–81.

Schröder, Michael (2012): Finanzmarkt-Ökonometrie, 2. Auflage, Stuttgart.

Seamans, Robert /Zhu, Feng (2010): Technology Shocks in Multi-Sided Markets: The Impact of Craigslist on Local Newspapers, Stern School of Business, Marshall School of Business, NET Institute, Nr. 10-11, 30 Seiten.

Seasholes, Mark S. /Wu, Guojun (2007): Predictable behavior, profits, and attention, in: Journal of Empirical Finance, 14. Jg., Nr. 5, S. 590–610.

Shanghai Stock Exchange (2014): Trading Overviews, unter: http://biz.sse.com.cn/sseportal/en/c04/p1101/c1504_p1101.shtml am 16.02.2014.

Sims, Christopher A. (2003): Implications of rational inattention, in: Journal of Monetary Economics, 50. Jg., Nr. 3, S. 665–690.

Soroka, Stuart N. (2006): Good News and Bad News: Asymmetric Responses to Economic Information, in: The Journal of Politics, 68. Jg., Nr. 2, S. 372–385.

Spiegel Online (2013): Datenumsatz in Servern: Ein Bücherstapel bis Alpha Centauri, unter: http://www.spiegel.de/netzwelt/web/datenumsatz-in-servern-ein-buecherstapel-bis-alpha-centauri-a-756215.html am 05.08.2013.

Sprenger, Timm O. /Tumasjan, Andranik /Sandner, Philipp G. /Welpe, Isabell M. (2013): Tweets and Trades: the Information Content of Stock Microblogs, in: European Financial Management, o. Jg., o. Nr., S. 1–32.

Stark, Birgit (2014): Die Googleisierung der Informationssuche: Die Macht von Google und die Ohnmacht der Nutzer, Johannes Gutenberg-Universität Mainz, Institut für Publizistik, Vortrag im Rahmen der Wissenschaftspreisverleihung am 15. September 2014, 38 Seiten.

Statista (2014a): Meistbesuchte Webseiten nach Anzahl der Besucher in den USA 2013, unter: http://de.statista.com/statistik/daten/studie/172548/umfrage/meistbesuchte-webseiten-nach-anzahl-der-besucher-in-den-usa am 28.02.2014.

Statista (2014b): Umfrage zur Nutzung von einer oder mehreren Suchmaschinen, unter: http://de.statista.com/statistik/daten/studie/225946/umfrage/nutzung-von-einer-oder-mehreren-suchmaschinen-aus-nutzersicht am 28.02.2014.

Statista (2014c): Wie Internetnutzer in den USA bevorzugte Inhalte finden, unter: http://de.statista.com/statistik/daten/studie/200801/umfrage/wie-internetnutzer-in-den-usa-bevorzugte-inhalte-finden am 28.02.2014.

Statman, Meir /Thorley, Steven /Vorkink, Keith (2006): Investor Overconfidence and Trading Volume, in: The Review of Financial Studies, 19. Jg., Nr. 4, S. 1531–1565.

Stausberg, Thomas (2012): Ansatzpunkte für ein verbessertes Risikomanagement der Banken, in: Frühwarnindikatoren und Krisenfrühaufklärung - Konzepte zum präventiven Risikomanagement, hrsg. von Jürgen Jacobs, Hermann Schulte-Mattler, Johannes Riegler, Günter Weinrich, Wiesbaden, S. 287–320.

Stocker (2014): Heteroskedastizität, unter: http://www.uibk.ac.at/econometrics/einf/kap12.pdf am 05.03.2014.

Stockpulse GmbH (2012): Die StockPulse-Methode, unter: https://www.stockpulse.de/company/method/ am 04.09.2012.

Stockpulse GmbH (2015a): Über StockPulse - Wie geht StockPulse mit Spam um?, unter: https://www.stockpulse.de/de/uber-stockpulse/faqs/#11 am 23.08.2015.

Stockpulse GmbH (2015b): Über StockPulse - Wie kann man Online-Nachrichten einer Aktie zuordnen?, unter: https://www.stockpulse.de/de/uber-stockpulse/faqs/#7 am 23.08.2015.

Stockpulse GmbH (2015c): Über StockPulse - Wie sammelt StockPulse Daten ein?, unter: https://www.stockpulse.de/de/uber-stockpulse/faqs/#6 am 23.08.2015.

Stoll, Hans R. (1989): Inferring the Components of the Bid-Ask Spread: Theory and Empirical Tests, in: The Journal of Finance, 44. Jg., Nr. 1, S. 115–134.

Südwest Presse (2012): Erinnerungen an die New-Economy-Blase, unter: http://www.swp.de/ulm/nachrichten/wirtschaft/Erinnerungen-an-die-New-Economy-Blase;art4325,1466865 am 19.10.2012.

Tetlock, Paul C. (2007): Giving Content to Investor Sentiment: The Role of Media in the Stock Market, in: The Journal of Finance, 62, Nr. 3, S. 1139–1168.

Tetlock, Paul C. (2011): All the News That's Fit to Reprint: Do Investors React to Stale Information?, in: The Review of Financial Studies, 24. Jg., Nr. 5, S. 1481–1512.

Tetlock, Paul C. /Saar-Tsechansky, Maytal /Macskassy, Sofus (2008): More Than Words: Quantifying Language to Measure Firms' Fundamentals, in: The Journal of Finance, 63. Jg., Nr. 3, S. 1437–1467.

The New York Times (1999): Internet's Role Is Implicated In Stock Fraud, unter: http://www.nytimes.com/1999/12/16/business/internet-s-role-is-implicated-in-stock-fraud.html am 13.10.2015.

The Wall Street Journal (2015): False AP Twitter Message Sparks Stock-Market Selloff, unter: http://www.wsj.com/articles/SB10001424127887323735604578440971574897016 am 20.07.2015.

Trommsdorff, Volker /Teichert, Thorsten (2011): Konsumentenverhalten, 8. Auflage, Stuttgart.

Tumarkin, Robert (2002): Internet Message Board Activity and Market Efficiency: A Case Study of the Internet Service Sector using RagingBull.com, in: Financial Markets, Institutions & Instruments, 11. Jg., Nr. 4, S. 313–335.

Twitter (2015): Now you can click on ticker symbols like $GE on http://twitter.com to see search results about stocks and companies, unter: https://twitter.com/twitter/status/230098997010911233 am 20.07.2015.

Tyrell, Marcel (2000): Kapitalmärkte und Banken - Formen der Informationsverarbeitung als konstitutives Merkmal, Frankfurt am Main.

U.S. Securities and Exchange Commission (2014): Important Information About EDGAR, unter: http://www.sec.gov/edgar/aboutedgar.htm am 06.02.2014.

Urban, Dieter /Mayerl, Jochen (2011): Regressionsanalyse: Theorie, Technik und Anwendung, 4. Auflage, Wiesbaden.

Verrecchia, Robert E. (2001): Essays on disclosure, in: Journal of Accounting and Economics, 32. Jg., Nr. 1-3, S. 97–180.

Vlastakis, Nikolaos /Markellos, Raphael N. (2012): Information demand and stock market volatility, in: Journal of Banking & Finance, 36. Jg., Nr. 6, S. 1808–1821.

von Rosen, Rüdiger (2012): Aktienmarkt, in: Galber Banklexikon (Bank - Börse - Finanzierung), hrsg. von Ludwig Gramlich, Peter Gluchowski, Andreas Horsch, Klaus Schäfer, Gerd Waschbusch, Wiesbaden, S. 27.

von Rosen, Rüdiger /Gerke, Wolfgang (2001): Kodex für anlegergerechte Kapitalmarktkommunikation, Frankfurt am Main, Nürnberg.

Wärneryd, Karl-Erik (1997): Demystifying Rational Expectations Theory through an Economic-Psychological Model, in: Advances in Economic Psychology, hrsg. von Gerrit Antonides, Fred W. van Raaij, Shlomo Maital, Chichester et al., S. 211–236.

Wilson, Timothy D. /Houston, Christopher E. /Etling, Kathryn M. (1996): A new look at anchoring effects: Basic anchoring and its antecedents, in: Journal of Experimental Psychology, 125. Jg., Nr. 4, S. 387–402.

Wooldridge, Jeffrey M. (2009): Introductory Econometrics - A Modern Approach, 4. Auflage, Mason.

Wysocki, Peter (1998): Cheap Talk on the Web: The Determinants of Postings on Stock Message Boards, University of Michigan Business School, Research Support, Nr. 98025, 34 Seiten.

Wysocki, Peter D. (2000): Private Information, Earnings Announcements and Trading Volume or Stock Chat on the Internet: A Public Debate About Private Information, University of Michigan Business School, o. Nr., 29 Seiten.

Yuan, Yu (2011): Attention and Trading, Wharton School of the University of Pennsylvania, o. Nr., 44 Seiten.

Zeit Online (2013): Big Data - Wer hebt das Datengold?, unter: http://www.zeit.de/2013/02/Big-Data am 06.08.2013.

Zhang, Ying /Swanson, Peggy E. (2010): Are day traders bias free? - Evidence from internet stock message boards, in: Journal of Economics and Finance, 34. Jg., Nr. 1, S. 96–112.

Aus unserem Verlagsprogramm:

Philipp von Thunen
Die Wirkung von Handlungen der Europäischen Zentralbank auf den Aktienmarkt im Euroraum und der Einfluss der Stimmung
Hamburg 2017 / 342 Seiten / ISBN 978-3-8300-9764-8

Christian Kurz
Menschliches Verhalten, Kapitalmarktanomalien und ihre Ausnutzung durch kombinierte Momentum- und Trendfolgestrategien
Eine empirische Analyse am internationalen Aktienmarkt
Hamburg 2017 / 426 Seiten / ISBN 978-3-8300-9533-0

Andreas Warkentin
Trade-off Beziehungen in den Dimensionen der Wertpapierliquidität
Ein optionspreistheoretischer Ansatz auf Basis der Optionseigenschaften von Limit Orders
Hamburg 2016 / 234 Seiten / ISBN 978-3-8300-8788-5

Dennis Hoffmann
Langfristige Kapitalmarktsimulationen
Eine empirische Untersuchung der Eignung von Historically Consistent Neural Networks zur langfristigen Kapitalmarktsimulation im Kontext der Alterssicherung
Hamburg 2015 / 618 Seiten / ISBN 978-3-8300-8740-3

Sebastian B. Schmitz
Renditeeigenschaften, Replikationsqualität und Preiseffizienz von Leveraged, Short und Leveraged Short Exchange-Traded Funds
Hamburg 2015 / 444 Seiten / ISBN 978-3-8300-8576-8

Alexander Rauch
Restrukturierung im Mittelstand und Hausbankprinzip
Hamburg 2014 / 312 Seiten / ISBN 978-3-8300-7140-2

Stefan Gotsche
Das CAPM und die höheren Momente am deutschen Aktienmarkt
Hamburg 2013 / 260 Seiten / ISBN 978-3-8300-7492-2

Philipp Eustermann
Behavioral Finance, Private Equity und Asset Price Bubbles
– Implikationen für Finanzsystemstabilität und Geldpolitik –
Hamburg 2010 / 216 Seiten / ISBN 978-3-8300-5312-5

Damir Križanac
Finanzsysteme und Wirtschaftswachstum
Eine theoretische und empirische Untersuchung des Zusammenhangs zwischen finanzieller Entwicklung und realem Wirtschaftswachstum
Hamburg 2010 / 178 Seiten / ISBN 978-3-8300-5135-0

VERLAG DR. KOVAČ
FACHVERLAG FÜR WISSENSCHAFTLICHE LITERATUR

Postfach 57 01 42 · 22770 Hamburg · www.verlagdrkovac.de · info@verlagdrkovac.de